Pletícha
Deutsche Geschichte

Deutsche Geschichte

Band 1

Vom Frankenreich
zum Deutschen Reich
500 –1024

Herausgegeben von
Heinrich Pleticha

BERTELSMANN
LEXIKON VERLAG

Die Autoren dieses Bandes:
Manfred Firnkes, Johannes Glanz, Lothar Häusler, Hermann Hofmann, Dr. Günter Merwald, Dr. Hanswernfried Muth, Prof. Dr. Heinrich Pleticha, Dietger Reinhold, Margarete Schwind, Winfried Stadtmüller, Dr. Roland Vocke

Zeichnungen und Karten:
Hermann Schäfer

Redaktion: Erhard Bethke und Margarete Schwind
Schlußredaktion: Birgit Willmann
Graphische Gestaltung: Hans Roßdeutscher

Druck und Verarbeitung: Elsnerdruck – Ein Mohndruck-Betrieb
Printed in Germany. ISBN 3-570-03755-X

Inhalt

Wege zur Geschichte – Wege durch ein Geschichtswerk in 12 Bänden · 10

Ein Wort zu diesem Band · 17

JOHANNES GLANZ/LOTHAR HÄUSLER

DAS FRANKENREICH KARLS DES GROSSEN · 21

Wege zur Geschichte – Wege durch ein Geschichtswerk in 12 Bänden

Eine Deutsche Geschichte von den Anfängen bis zur Gegenwart ist gewiß keine neue Idee. Im Mittelalter berichteten die Chroniken und Jahrbücher der Klöster und Städte oder Geschichtsschreiber über einzelne historische Ereignisse und über zeitlich wie räumlich oft eng begrenzte Teilgebiete, sei es beispielsweise über die Ereignisse einiger Jahre oder Jahrzehnte aus der Sicht eines Klosters oder einer Stadt, sei es über die Geschichte einzelner Stämme, sei es über das Leben von Königen, weltlichen oder geistlichen Fürsten oder von Heiligen. Alle diese Werke sind Bausteine eines Fundaments, auf dem dann vom 16. Jahrhundert an zögernd die ersten zusammenfassenden Darstellungen deutscher Geschichte erschienen. Um auch dem interessierten Laien einen einführenden Überblick zu geben, führen wir im folgenden einige der wesentlichsten Werke deutscher Historiographie auf:
Der aus dem Elsaß stammende Pfarrer Jakob Wimpheling (auch Wimpfeling, 1450–1528) schrieb 1505 seine »Epitome rerum Germanicarum«, eine deutsche Geschichte, in der er als glühender Patriot alles Vortreffliche nur den Deutschen zuerkennen wollte. Spätere Geschichtsschreiber waren dann glücklicherweise nicht mehr so eifrig oder nationalistisch.
Sebastian Frank (1499–1542) vermischte 1538 in seinem »Germanicae Chronicon. Von des ganzen Teutschlands aller Völker Herkommen« Geschichte und Geschichten und wandte sich damit zum erstenmal gleich an einen breiten Leserkreis. In den folgenden Jahrhunderten erschienen weniger ausgewachsene Gesamtdarstellungen deutscher Geschichte als gute Einzeluntersuchungen wie etwa Samuel Pufendorfs (1632–1694) Darstellungen der brandenburgisch-preußischen Geschichte oder im 18. Jahrhundert Friedrich Schillers (1759–1805) »Geschichte des Dreißigjährigen Krieges«.

Rückbesinnung auf die eigene Vergangenheit

Erst seit der Romantik, also seit dem Beginn des 19. Jahrhunderts, setzte das Interesse nicht nur für die mittelalterliche Geschichte, sondern ganz allgemein für die deutsche Geschichte in breitestem Umfang ein. Die napoleonische Zeit und die Besetzung der deutschen Staaten durch französische Truppen förderten, wie wir in Band 8 dieses Werkes noch ausführlich hören werden, die nationale Begeisterung in einem durchaus positiven Sinne. Als 1808 der Jenaer Professor Heinrich Luden (1780–1847) seine Vorlesungen über das Studium der deutschen Geschichte hielt, war nicht nur sein Hörsaal, sondern auch das Treppenhaus und der Hof des Universitätsgebäudes mit begeisterten Zuhörern gefüllt.

1819 wurde auf Anregung des Reichsfreiherrn vom Stein die »Gesellschaft für Deutschlands ältere Geschichtskunde« gegründet. Sie gab wichtige Impulse zum Sammeln der verstreuten schriftlichen Quellen und zu neuen nationalgeschichtlichen Darstellungen. Heinrich Luden schrieb zwischen 1825 und 1837 seine »Geschichte des deutschen Volkes«, ein Muster rationalistischer Geschichtsschreibung, die in zwölf Bänden die Zeit bis 1237 erfaßte. Wenn er dort im Vorwort feststellte, daß die Zeit der Gleichgültigkeit gegenüber der deutschen Vergangenheit vorüber sei, so können wir das auch wieder für unsere Zeit sagen und an den Beginn unserer ebenfalls zwölfbändigen Deutschen Geschichte setzen.

Die Geschichtsschreibung des 19. Jahrhunderts und der Gegenwart

Zwar dominieren in der Folgezeit nach wie vor die breit angelegten Darstellungen bestimmter Epochen, beginnend mit Friedrich von Raumers (1781–1873) »Geschichte der Hohenstaufen und ihrer Zeit« (1823–1825), dann Leopold von Rankes (1795–1886) »Deutsche Geschichte im Zeitalter der Reformation« (1839–1847) oder seine »Neun Bücher preußischer Geschichte« (1847/48), Wilhelm von Giesebrechts (1814–1889) »Geschichte der deutschen Kaiserzeit« (ab 1855) oder Heinrich von Treitschkes (1834–1896) »Deutsche Geschichte im 19. Jahrhundert« (ab 1879), daneben gab es aber auch zusammenfassende Geschichten des deutschen Volkes und kulturhistorische Gesamtdarstellungen. Denken wir nur an Gustav Freytags (1816–1895) »Bilder aus der deutschen Vergangenheit« (1859–1867), die heute noch nichts von ihrem Reiz eingebüßt haben. Sie alle sind Wege zur Geschichte

und durch die deutsche Geschichte. Mit dem ausgehenden 19. Jahrhundert wuchs ihre Zahl in einer für den Laien fast beängstigenden Weise. Vom katholischen Standpunkt aus schrieb Johannes Janssen (1829–1891) ab 1876 seine »Geschichte des deutschen Volkes seit dem Ausgang des Mittelalters«, ein achtbändiges Werk, das zwanzig Auflagen erlebte. Die Aufzählung der Namen ließe sich beliebig erweitern, von K. W. Nitzsch zu O. Kaemmel, K. Brandi, J. Haller, J. Bühler, Ricarda Huch, M. Freund oder H. Diwald.
Zu den Gesamtdarstellungen gesellten sich die wichtigen Handbücher, allen voran Bruno Gebhardts »Handbuch der deutschen Geschichte«, das ab 1970 in 9. Auflage erschien, und immer wieder neue kritische Einzeluntersuchungen. Längst benötigt schon der Fachmann eigene »Wegweiser«, will er sich nicht verirren. Der Laie aber bleibt wahrscheinlich verängstigt am Rande stehen. Vielleicht ist die Fülle der Einzeluntersuchungen, die zunehmende Spezialisierung in allen Bereichen der politischen Geschichte, der Kultur, Kunst-, Literatur- und Wirtschaftsgeschichte mit ein Grund für eine aus Resignation erwachsene Geschichtsmüdigkeit. Um so notwendiger erschien es, wieder einmal einen einfacheren Weg zur Geschichte aufzuzeigen. Da sich der Leser aber auch auf ihm verirren kann, erscheint es angebracht, ein paar allgemeine Hinweise zu geben und damit die Benutzung und Lektüre zu erleichtern.

Zielsetzung und Gestaltungsprinzipien dieser Reihe

Eine zwölfbändige Deutsche Geschichte, die von Karl dem Großen bis zur Gegenwart führt, bietet die Möglichkeit, einmal ganz schematisch vorzugehen und ohne Rücksicht auf Zusammenhänge *jedem Jahrhundert,* sei es gewichtig oder nicht, *einen Band* zu widmen. Das ist sicher ganz interessant, aber auch anfechtbar, selbst wenn man kleine Verschiebungen in Kauf nimmt. Umgekehrt sollte aber auch jene heute so beliebte *ungleiche Gewichtung vermieden* werden, die der jüngsten Vergangenheit einen besonders breiten Raum gewährt, die älteren Epochen aber nur knapp und summarisch behandelt. So bot sich ein Kompromiß an:

■ Die *Jahrhundert-Konzeption pro Band* wurde für die Zeit bis 1815 zeitlich etwas erweitert, so daß acht Bände ein Jahrtausend umfassen, während die nächsten vier Bände, also immerhin ein Drittel des Gesamtwerks, dann das 19. und 20. Jahrhundert behandeln.

Für Mittelalter und frühe Neuzeit ließen sich dementsprechend sinnvolle Zäsuren finden:

1 Der erste Band umfaßt das Werden des Deutschen Reiches bis zum Ende der Sachsenkönige.

2/3 Im Mittelpunkt des zweiten Bandes stehen die Salier, in dem des dritten die Staufer. Ihr Ende gibt wieder eine natürliche Begrenzung. Schwieriger ist es dagegen schon, solche Grenzen im späten Mittelalter zu finden.

4 Für den vierten Band wurde das Ende der Regierungszeit Karls IV. als Abschluß gewählt, weil mit ihr gleichzeitig eine Periode der Konsolidierung ausklang.

5 Die folgenden 140 Jahre, die der fünfte Band behandelt, sind gekennzeichnet durch Unruhe und Verschiebung, wenn auch in dieser Zeit mit Friedrich III. ein römisch-deutscher Kaiser die längste Regierungszeit erlebte.

6 Mit dem Jahr 1517, dem Jahr des Thesenanschlags, beginnt der sechste Band, der ohne weiteres auch zwei Jahre später mit dem Regierungsantritt Karls V. hätte beginnen können. Wesentlich schwieriger war es schon, für diesen Band einen Abschluß zu finden. Er hätte sich sinnvoll mit dem Ende des Dreißigjährigen Krieges angeboten, doch hätte das wiederum eine stoffliche Überlastung bedeutet. So mußte die Grenze ausnahmsweise einmal aus formalen Gründen gezogen und an den Vorabend des Großen Krieges gesetzt werden.

7 Dementsprechend umfaßt der siebte Band die dreißig Kriegsjahre, das Werden des brandenburgisch-preußischen Staates und Österreichs Kampf im Südosten gegen die Türken.

8 Mit dem gleichzeitigen Regierungsantritt Friedrichs des Großen und Maria Theresias beginnt der achte Band, der die sehr unruhigen 75 Jahre bis zum Wiener Kongreß behandelt.

9/10 Der Vormärz, die Revolutionsjahre von 1848/49 und die Neuordnung Preußens stehen im Mittelpunkt des neunten, das Bismarck-Reich im Zentrum des zehnten Bandes, der auch die Regierungszeit Wilhelms II. behandelt und mit dem Ersten Weltkrieg abschließt.

11/12 So verbleiben für die deutsche Gegenwartsgeschichte seit 1919 noch die beiden letzten Bände, von denen der eine bis 1945 reicht und der andere sich mit der jüngsten Geschichte des geteilten und wiedervereinigten Deutschlands auseinandersetzt.

■ Die Geschichte der *Schweiz* und *Österreichs* wird mitbehandelt, solange diese dem Reichsverband angehören, bei der Schweiz also bis zum Westfälischen Frieden und bei Österreich bis zum Auseinanderfall des Deutschen Bundes.

■ Eine umfangreiche moderne Darstellung der deutschen Geschichte kann sich nicht auf politische Geschichte allein beschränken, sondern muß auch die *Kulturgeschichte*, die *Kunst- und Literaturge-*

schichte im großen Zusammenhang der Entwicklung des ganzen Volkes mit einbeziehen. Wir sind heute längst davon abgekommen, historisches Geschehen nur an den sogenannten »Großen« zu orientieren. Niemand wird die Bedeutung der Kaiser und Könige, der weltlichen und geistlichen Fürsten, der Politiker und Feldherren abstreiten wollen. Zumindest für das Mittelalter müssen wir uns weitgehend an ihren Leistungen und Werken orientieren. Aber eine Geschichte des deutschen Volkes will mehr sein, will den einzelnen in der Gemeinschaft erkennen und auch die Lebensformen breiter Bevölkerungsschichten zu erfassen suchen. Diese spiegeln sich in Kultur, Literatur und bildender Kunst, aber auch im Wirtschaftsleben und den sozialen Verhältnissen. Der alte Kinderreim vom »Kaiser, König, Edelmann . . .« soll daher bis hin zum Bettelmann programmatischer Leitsatz sein. So begegnen wir ihnen allen, den »Großen« wie den »Kleinen«, den einen mehr, weil zeitgenössische Quellen ausführlich über sie berichten, den anderen weniger, weil sich nur mühsam über die Jahrhunderte hinweg schriftliche Nachrichten über das Alltagsleben finden lassen.

■ Damit bietet sich ein gewisses feststehendes Gliederungsschema für alle Bände an: Das Rückgrat sozusagen bilden jeweils zwei bis vier umfangreichere Kapitel zur politischen Geschichte, ihnen beigeordnet sind in jedem Band kürzere Abschnitte über Kunst und Literatur. Die kultur- und geistesgeschichtlichen Übersichten sowie die Kapitel zur Sozial- und Wirtschaftsgeschichte verteilen sich schwergewichtig über das Gesamtwerk. Das Leben der Bauern beispielsweise hat sich das ganze Mittelalter hindurch wenig verändert, so daß ein Kapitel im zweiten Band als Überblick ausreicht.

Die Mode, die bis zum 14. Jahrhundert weitgehend konstant blieb, erfuhr dann einen erheblichen Wandel, so daß sich gerade für den vierten Band ein entsprechender Überblick anbietet. Daß Musik und Theater gerade in der Barockzeit ausführlicher behandelt werden müssen, versteht sich von selbst. Solche Beispiele ließen sich noch genügend aufzählen, hier soll nur das Anliegen deutlich werden, auf stets gleichbleibend festem Gerüst und buntem kulturhistorischem Beiwerk jeweils das Bild eines runden Jahrhunderts deutscher Geschichte erstehen zu lassen.

■ Aber auch die jeweiligen Zeitgenossen und Akteure selbst sollen zu Wort kommen. Sicher ließe sich eine zwölfbändige Deutsche Geschichte nur aus *Quellentexten,* d.h. aus Aussagen und Berichten von Zeitgenossen, aus Urkunden, Zeitungsberichten u.ä. zusammenstellen. Aber um dann dem Leser und Nichthistoriker die Zusammenhänge deutlich werden zu lassen, bedürfte es zusätzlich mehrerer Kommentarbände. Da aber solche zeitgenössischen Berichte aller Art die Begegnung mit der Geschichte ungemein erleichtern und zugleich auch vertiefen können, wurde ihnen schwerpunktmäßig in dem Gesamtwerk genügend Platz eingeräumt. So sprechen Augenzeugen und Chroniken, Dokumente und Flugblätter, aber auch Dichter, Theologen und Philosophen unmittelbar zum Leser, und diese *Texte der Zeit* wachsen aus der Beschreibung heraus und ergänzen sie.

■ Die *Kurzbiographien (Porträts)*, von denen jeder Band etwa ein Dutzend enthält, sollen ebenfalls zur Abrundung dienen. Es sind Begegnungen mit jenen Frauen und Männern, die das politische Geschehen, aber auch Kultur und Literatur nachhaltig beeinflußt haben. Sie sollen dabei nicht noch einmal wiederholen, was die einzelnen Kapitel schon aussagen, sondern Lebensumstände, Person und Werk ergänzend deutlich werden lassen.

■ Jedem Kapitel wurde unter der Hauptüberschrift eine stichwortartige *Inhaltsübersicht* vorangestellt, die – wie die *Stichworte zur Zeit* am Ende der Hauptkapitel – den Überblick erleichtern sollen. *Informationskästchen* erläutern wichtige Begriffe und Vorgänge.

■ Einen Hinweis benötigen auch die *Literaturangaben* am Ende eines jeden Kapitels und am Ende jeden Bandes: Aus verschiedenen Erwägungen heraus kann nur eine Auswahl gebracht werden, die sich auf das Wesentliche beschränken muß. Es werden daher die wichtigsten Standardwerke und Einzeluntersuchungen zitiert, die ihrerseits wieder mit weiterführenden Literaturangaben ausgestattet sind und dem Leser dann einen vertieften Einstieg ermöglichen. Da sich dieses Werk in erster Linie an den Nichthistoriker wendet, wurden bewußt auch populäre moderne Sachbuchtitel aufgenommen, um die Begegnung mit der Historie in bestimmten Bereichen zu erleichtern.

Autorenteam und Redaktion

Ein so vielschichtiges, vielseitiges und zugleich so umfangreiches Werk konnte nicht von einem einzelnen bewältigt werden. Die Zeiten sind vorüber, in denen fleißige Gelehrte in der Geborgenheit ihrer Studierstuben vielbändige enzyklopädische Werke schrieben, weil sie beim damaligen Stand der Forschung nicht nur Teile, sondern den weiten Gesamtbereich eines Wissensgebietes überblickten und so über Jahre und Jahrzehnte hinweg Band um Band edieren konnten. Die Literatur ist heute schon in Teilbereichen so angewachsen, daß sich der einzelne spezialisieren muß. Wenn dann, wie bei dieser Deutschen Geschichte, aus organisatorischen Gründen die zeitliche Dauer der Edition verhältnismäßig begrenzt ist, bleibt nur die Teamarbeit. Das aber hat Vor- und Nachteile zugleich. Wenn sich mehrere Autoren in eine Aufgabe teilen, können sie sich auf Teilgebiete spezialisieren und diese entsprechend gründlich behandeln. Zwangsläufig ergibt sich dabei aber eine gewisse Unterschiedlichkeit in Stil und Gestaltung. Sie in Grenzen zu halten, war ein wichtiges Ziel des Herausgebers.

Illustration

Besonderer Wert wurde von Herausgeber und Redaktion auf die Ausstattung gelegt. Das heißt: neben mehreren tausend Manuskriptseiten, Hunderten von Literaturangaben wurden über zweitausend Bilder und Karten den Bänden beigegeben. Die Fotos sind fast immer authentisches Material aus der jeweiligen Epoche. Auf historisierende Bilder wurde möglichst verzichtet, um einen »echten« Eindruck von Zeitgefühl und Lebensformen der jeweiligen Zeit zu vermitteln.
Herausgeber und Redaktion würden sich freuen, wenn dieses umfangreiche, mit viel Mühen verbundene Gesamtwerk einen Beitrag zur Formung eines modernen Geschichtsbildes leisten könnte.

Sigel:
M. F. = Manfred Firnkes
H. H. = Hermann Hofmann
L. H. = Lothar Häusler
H. P. = Prof. Dr. Heinrich Pleticha
D. R. = Dietger Reinhold
W. S. = Winfried Stadtmüller

K: verweist auf Informations-Kästchen mit Erläuterungen wichtiger und für die Zeit symptomatischer Begriffe oder Vorgänge.

Hinter den Herrschernamen werden in der Regel die Regierungsdaten angegeben, hinter sonstigen Namen die Lebensdaten. Im Einzelfall erfolgt auch Angabe des Geburts- oder Todesjahres, Klammerangaben in Übersichten geben zusätzlich zu den Regierungsdaten, wo es interessant erscheint, auch die Lebensdaten.

Ein Wort zu diesem Band

Der erste Band einer Deutschen Geschichte sollte wohl mit den Anfängen des mittelalterlichen Deutschen Reiches beginnen. Aber da ergeben sich schon gewisse Schwierigkeiten; denn noch sind sich die Gelehrten nicht einig, wo genau diese Anfänge liegen. Wir könnten weit ausholen, schon bei der Frühgeschichte beginnen und bis in die Steinzeit zurückgehen. Wir könnten auch zumindest bei den germanischen Stämmen einsetzen. Ist nicht die vielzitierte »Schlacht im Teutoburger Walde« auch schon ein Ereignis dieser deutschen Geschichte? Wir könnten uns aber auch an die bewährte konservative Gliederung halten und mit 919, dem Jahr der Thronbesteigung Heinrichs I. beginnen, wie man es früher in der Schule gelernt hat.

Bei solchen Extremen liegt es nahe, nach einem Mittelweg zu suchen, nicht in die Römer- oder gar in die Steinzeit auszuweichen, sondern den Wurzeln des ersten Reiches der Deutschen nachzuspüren. Sie führen zurück in das fränkische Reich Karls des Großen, den Deutsche wie Franzosen zu Recht heute gleichermaßen als ihren Ahnherrn ansehen. Mit seinem Leben und Werk beginnt deshalb auch unser Buch. Es sieht Karl nicht nur als Herrscher, Feldherrn und Machtpolitiker, sondern zugleich auch in seiner Bedeutung für Wissenschaft und Kunst. Deshalb ist ein eigenes kleines Kapitel dem Hof Karls gewidmet, von dem wichtige kulturelle Impulse auch für das spätere ostfränkische Reich ausgingen.

Schon Karls Vater Pippin der Jüngere hatte ein enges Bündnis mit der römischen Kirche geschlossen, das dann von seinem Sohn erneuert und vertieft wurde. Aus dieser Verbindung erwuchs das Kaisertum Karls, das von den ersten deutschen Königen erneuert wurde. Eine Deutsche Geschichte muß sich deshalb auch mit den Anfängen des Christentums im Fränkischen Reich auseinandersetzen, wie es auf verschiedenen Wegen, sei es durch irische, schottische und angelsächsische Mönche, sei es von Italien her über die Alpen, in das Fränkische Reich getragen wurde und hier Fuß faßte. Die ersten Klöster, denen ebenfalls ein eigenes Kapitel gewidmet ist, bildeten die entscheidenden kulturellen Zentren, die auch das politische Leben im späteren Deutschen Reich beeinflußten.

Das zweite große Hauptkapitel des Buches behandelt das Jahrhundert nach Karls Tod, jene verworrenen Jahre, in denen das karolingische Imperium auseinanderbrach und im ostfränkischen Reich die Anfänge deutscher Geschichte zu suchen sind. Zu den Feinden, die damals die Grenzen der Teilreiche bedrohten und die immer wieder tief in das Innere des Landes ihre Raubzüge unternahmen, zählten vor allem die Wikinger (Normannen). Daß es aber falsch ist, sie nur als Räuber und Plünderer zu sehen, soll das Kapitel über Haithabu zeigen, das zugleich ihren Spuren im Europa der Frankenzeit nachgehen will.

Wenn dann in der Mitte des Buches ein kleiner Abschnitt über die Entstehung der deutschen Stämme und der späteren Stammesherzogtümer folgt, so ist ihm die Funktion einer Klammer oder Brücke zugedacht. Er führt noch einmal zurück zu den Anfängen der deutschen Stämme und im großen Bogen über die Völkerwanderungszeit zum Frankenreich und zeigt das Werden jener »Altstämme« auf, die zu den Trägern deutscher Geschichte wurden und aus denen die führenden Geschlechter hervorgingen. Er leitet hinüber zum dritten Hauptkapitel, das sich mit dem 10. Jahrhundert und der ersten Phase der eigentlichen deutschen Geschichte befaßt. In seinem Mittelpunkt stehen die fünf Könige aus dem Geschlecht der Liudolfinger, das im 9. Jahrhundert die Herzogswürde in Sachsen erlangt hatte. Sie lösten nun als »Sachsenkönige« die letzten Karolinger ab, und unter ihrer Herrschaft erlebte das neue Reich seine erste politische und kulturelle Blüte. Hier begegnen wir auch den Anfängen der deutschen Literatur, die in den Klöstern gepflegt und gefördert wurde. So bilden das dritte Hauptkapitel und die Abschnitte über das Klosterleben, die Anfänge der deutschen Literatur und die Kunst der ottonischen Zeit wieder eine Einheit, die beschlossen wird mit einem Überblick über die sozialen Verhältnisse im frühen Mittelalter, mit dem Blick also auf die breite Masse der Bevölkerung, die damals überwiegend noch in kleinen Siedlungen auf dem Lande lebte. Der letzte Abschnitt über die Herrschaftsauffassungen der deutschen Könige und Kaiser wendet sich an jene Leser, die eine Vertiefung ihres Wissens anstreben und eine Abklärung der auch für die frühe deutsche Geschichte wichtigen politischen Grundauffassungen suchen.

Allen Kapiteln wurden Informationskästchen beigegeben, die für die

jeweilige Zeit wichtige Begriffe und Vorgänge hervorheben und erläutern. Ebenso findet der Leser am Ende eines jeden Kapitels spezielle Literaturhinweise und am Ende des Buches eine Übersicht über allgemeine und weiterführende Literatur.
Bei der Illustration wurde angestrebt, jeweils authentisches Material aus der Zeit zu bringen. Entsprechend dem auf uns gekommenen Erbe überwiegen in diesem Band etwas die kirchlichen Kunstwerke und Buchmalereien, aber auch architektonische Beispiele geben einen Eindruck von dieser frühen Epoche. Mögen die Karten, Zeichnungen und Übersichten zusätzlich helfen, diese Zeit zu erschließen.

Herausgeber und Verlag

Karl der Große. *Plastik, vorwiegend des 9. Jhs., aus mehreren Teilen zusammengesetzt. Kopie · Mainz, Römisch-Germanisches Zentralmuseum.*

JOHANNES GLANZ/LOTHAR HÄUSLER

DAS FRANKENREICH KARLS DES GROSSEN

Die Anfänge des fränkischen Reiches – Machtzuwachs und Krisen des Merowingerreiches – Aufstieg der karolingischen Hausmeier – Ausbreitung und Bedeutung des Christentums – Pippin, erwählter König und »Gesalbter des Herrn« – Ausbau der Beziehungen zwischen Papst und König – Erweiterung und Festigung des Reiches durch König Karl – Kaiser Karls Friedens- und Reformpolitik – Der Hof Karls des Großen – Aachen: Zentrum des Reiches – Die Kunst der Karolinger – Architektur, Buchmalerei und Plastik – Christianisierung der Franken – Iroschottische und englische Mission – Das Wirken des heiligen Bonifatius – Die Reichskirche – Die Wikinger – Handelsstadt Haithabu – Kriege und Fernhandel – Plünderung des Frankenreiches – Ohnmächtige Karolinger – Das Ende der Normannennot.

Als der Ostgotenkönig Theoderich der Große 526 starb, hatte sich – knapp fünfzig Jahre nach dem Zusammenbruch des Römischen Weltreiches – die Landkarte Europas verändert. Auf den drei südlichen Halbinseln residierten verschiedene Herren: Spanien war weitgehend in der Hand der Westgoten, Italien zählte zum Reich der Ostgoten, und das Oströmische Reich, das sich für den Rechtsnachfolger des zerfallenen Gesamtreiches ausgab, beherrschte von seiner Hauptstadt Byzanz, nach dem römischen Kaiser Konstantin dem Großen auch Konstantinopel genannt, über die griechische Halbinsel hinaus das östliche Mittelmeer mit allen Anrainern von der heutigen Türkei bis nach Libyen in Nordafrika.
Das Ostgotenreich beschränkte sich aber nicht auf Italien. Theoderich, aus der Sage als Dietrich von Bern bekannt, hatte eine Machtbasis ausgebaut, die bis an die Mündung der Rhône reichte, im Norden die heutige Schweiz, Österreich und Westungarn einschloß und im Osten den Westteil Jugoslawiens einbezog. Sein Plan, darüber hinaus die anderen germanischen Herrschaften in Mittel- und Westeuropa durch eine ausgeklügelte Heiratspolitik enger an sich zu binden und damit durch die Bildung eines germanischen Machtblocks Byzanz vor Rückeroberungsgelüsten zu warnen, scheiterte an dem ebenfalls zielstrebigen Vorgehen des Frankenkönigs Chlodwig.

Der »Bund der Freien« – Die Franken

Von allen Reichsgründungen, die im Laufe der Völkerwanderung auf römischem Reichsboden stattfanden, war die der westgermanischen Franken am dauerhaftesten und für den weiteren Verlauf der europäischen Geschichte am folgenreichsten. Die Anfänge sind schwer nachzuzeichnen. Germanische Gruppen am Mittel- und Niederrhein – die Chamaven, Chattuarier, Brukterer, Usipier, Amsivarier, Sigambrer, Bataver, Tenkterer u. a. – gaben sich den gemeinsamen Namen »Franken«, was die »Freien« oder die »Kühnen« bedeutet, blieben aber in Kleinkönigtümer gespalten. Aus diesem lockeren Zusammenschluß bildeten sich mit der Zeit zwei Stammesteile, die zunächst keinen eigenen Namen trugen. Später bezeichnete man die von der Rheinmündung bis an den Ärmelkanal vorgedrungene Gruppe als »Salier«, während die das Rhein-Mosel-Gebiet besiedelnden »Ripuarier« genannt wurden. Letztere nutzten bald die römische Schwäche aus und gründeten ein Reich um den Mittelpunkt Köln, das auch Gebiete der Hessen umfaßte. Die Salier aber hielt es nicht an der Küste der südlichen Nordsee und des Ärmelkanals: Unaufhaltsam drängten sie weiter

Fränkischer Stammeskrieger. *Grabstein der Merowingerzeit aus Niederdollendorf/Königswinter (Ende des 7. Jhs.). Bonn, Rheinisches Landesmuseum.*

nach Süden. Immer wieder versuchte Rom, sie in das Reich zu integrieren: Um sie aufzuhalten, teilte man ihnen Siedlungsland zu, um ihre Kampfeslust abzulenken, setzte man sie als Verbündete Roms gegen die einfallenden Westgoten, Sachsen und Alemannen (auch: Alamannen) ein, wofür es entsprechende Belohnung gab.

Chlodwig und die Allianz zwischen Merowingern und Galloromanen

486 endlich entledigte sich ein salischer Kleinkönig aus dem Geschlecht der Merowinger – der erwähnte Chlodwig – der römischen Herrschaft mit einem Sieg über die letzten römischen Statthalter. Er setzte sich auch gegen alle übrigen Kleinkönige durch, wozu ihm jedes Mittel recht war. In drei Jahrzehnten zwang er ganz Westeuropa unter seine Herrschaft; sein Einfluß reichte vom Atlantik bis in den Raum Werra-Main-Donau, von den Pyrenäen bis an die Zuidersee. Er drängte dabei zunächst in Südwest- und Südfrankreich die herrschenden Westgoten aus ihrem Reich um Toulouse zurück nach Spanien, die Alemannen weit nach Osten. Diese Vormachtstellung konnte er noch solider verankern, indem er den römisch-katholischen Glauben annahm. Die übrigen germanischen Stämme auf ehemaligem römischen Reichsgebiet hatten sich der Richtung des Arianismus angeschlossen, dessen Glaubensinhalt ihren bisherigen religiösen Vorstellungen entgegenkam. Schon das Konzil von Nicäa 325 hatte die Auffassung des Arius – Jesus Christus könne als Mensch nicht auch zugleich Gott sein – als Irrlehre gebrandmarkt, doch eine weitere Verbreitung nicht verhindern können. Die Zuwendung Chlodwigs zum Glauben seiner galloromischen Untertanen erleichterte den Verschmelzungsprozeß zwischen Siegern und Besiegten und schuf die Voraussetzungen für engere Beziehungen zum Bischof in Rom, dessen Ansehen als Nachfolger des heiligen Petrus ständig wuchs.
Chlodwig hatte noch als Heide erkannt, daß die einheimischen Bischöfe die eigentlichen Autoritäten in den städtischen Zentren Galliens waren, und von allem Anfang an eine gute Zusammenarbeit gesucht. Nach seiner Taufe nahm er die Gelegenheit wahr, seinen Einfluß als christlich-katholischer König klug zu vergrößern. Auf der Synode von Orléans 511 ließ er sich das Recht auf Ernennung oder Bestätigung der Bischöfe verbriefen: ein Eingriff in innerkirchliche Vorgänge, der bisher in diesem Ausmaß nicht üblich war und die wachsende Eigenständigkeit der ›Fränkischen Landeskirche‹ kennzeichnete.

Fränkische und europäische Geschichte in Daten

482–511	Chlodwig I., König des Fränkischen Reiches
687	Pippin der Mittlere, Hausmeier, setzt sich nach der Schlacht von Tertry in Neustrien, Austrien und Burgund durch
714–741	Karl Martell, Hausmeier
732	Schlacht bei Tours und Poitiers: Sieg über die Araber; das Languedoc kommt zum Frankenreich
751	Absetzung der Merowinger, Krönung und Salbung Pippins des Jüngeren
751–768	König Pippin I., der Jüngere
756	Pippinsche Schenkung an Papst Stephan II.
768–814	Karl der Große, König und Kaiser
772–804	Sachsenkriege
774	Eroberung des Langobardenreiches, Karl wird König der Langobarden
788	Absetzung Herzog Tassilos von Baiern
793	Wikinger überfallen Kloster Lindisfarne
800	Kaiserkrönung Karls
804	Erste Nennung des Wikingerortes Sliestorp-Haithabu
814–840	Ludwig I. der Fromme, König und Kaiser
817	Ordinatio imperii – Lothar wird Mitkaiser
820	Waräger in Rußland
820/857/861/885	Wikinger auf der Seine, vor und in Paris
830–833	Aufstände der Söhne Ludwigs des Frommen
843	Vertrag zu Verdun: Reichsteilung

Chlodwig förderte außerdem Annäherung und Verschwägerung zwischen Franken und Einheimischen, indem er die gallorömischen Verwaltungseinrichtungen übernahm, Gallier und Franken rechtlich gleichstellte, ohne Stammestraditionen zu verletzen. Für ein vernünftiges Zusammenleben hatte übrigens der römische Kaiser Julian schon vor hundert Jahren ein Signal gegeben, als er germanische Kriegsgefangene großmütig behandelte und auf römischem Großgrundbesitz im heutigen Nordfrankreich ansiedelte.
Chlodwig wußte sicher, daß er auf die Loyalität der Einheimischen angewiesen war, denn die fränkischen Siedlungen bildeten nur Inseln im

besetzten Gebiet. Er erwarb sich auch Sympathien, als er den im Land so beliebten heiligen Martin zum Schutzpatron seines Hauses und des Reiches machte und dessen Stammkirche in Tours reich beschenkte. Während Wirtschaft und Kultur im romanischen Süden blühten, wurde im fränkischen Norden Paris politischer Mittelpunkt des Merowingerreiches, in dem nun auch das »Kölner Reich« der Ripuarier aufging. Daß man in der europäischen Politik mit den Franken rechnete, zeigen die Ehrungen, mit denen Chlodwig z. B. vom byzantinischen Kaiser ausgezeichnet wurde: Der König der Franken wurde Ehrenkonsul der Römer und erhielt als Geschenk einen Königsornat mit Diadem und Purpurmantel. Drei Jahrzehnte später legte sich der Enkel Chlodwigs, Theudebert I., nach einem Sieg über Ostgoten und Byzantiner in Italien den Beinamen »Augustus« (= Mehrer des Reiches) zu und ließ – was als kaiserliches Privileg galt – Goldmünzen mit eigenem Namen und Bild prägen.
Nach dem Tod Chlodwigs blieb das Reich zunächst als Ganzes erhalten; nebeneinander herrschten gleichberechtigt die vier Söhne als Könige der Franken in ihren Reichsteilen. Dieses Prinzip der Herrschaftsteilung (siehe auch *K: Individualsukzession, Seite 125)* stützte sich auf den germanischen Volksglauben, der allen Mitgliedern der königlichen Sippe gleichermaßen magische, charismatische Kräfte – nämlich das Königsheil – zuerkannte, das ungeteilt für die Herrschaft nutzbar gemacht werden sollte. Getreu dem politischen Konzept des Vaters trieben die vier Söhne den Ausbau eines Universalreiches weiter voran. Bis zur Mitte des 6. Jahrhunderts wurden Thüringer und Burgunder unterworfen, gerieten die Baiern in Abhängigkeit, verloren die Westgoten den Rest ihrer Besitzungen in Südfrankreich bis auf einen Küstenstreifen von der Mündung der Rhône bis zu den Pyrenäen. Doch bald wurde deutlich, daß die straffe Hand fehlte, diesen Riesengebieten vom Atlantik bis zum Böhmerwald, vom Mittelmeer bis fast an die Nordsee eine zukunftsweisende politische Ordnung zu geben.

Allmählicher Zerfall des merowingischen Großreichs und Aufstieg der karolingischen Hausmeier

Wiederholte Teilungen führten schließlich zur Aufteilung des merowingischen Frankenreichs in drei Reichsteile, die sich zu selbständigen Teilreichen entwickelten, die einander bekämpften. Man unterschied Austrien (das Ostland) mit den Residenzen Reims und Metz, Neustrien (das Westland) mit Paris und Soissons und schließlich Burgund an der Loire und Rhône mit der Hauptstadt Orléans. Jeder Teil-

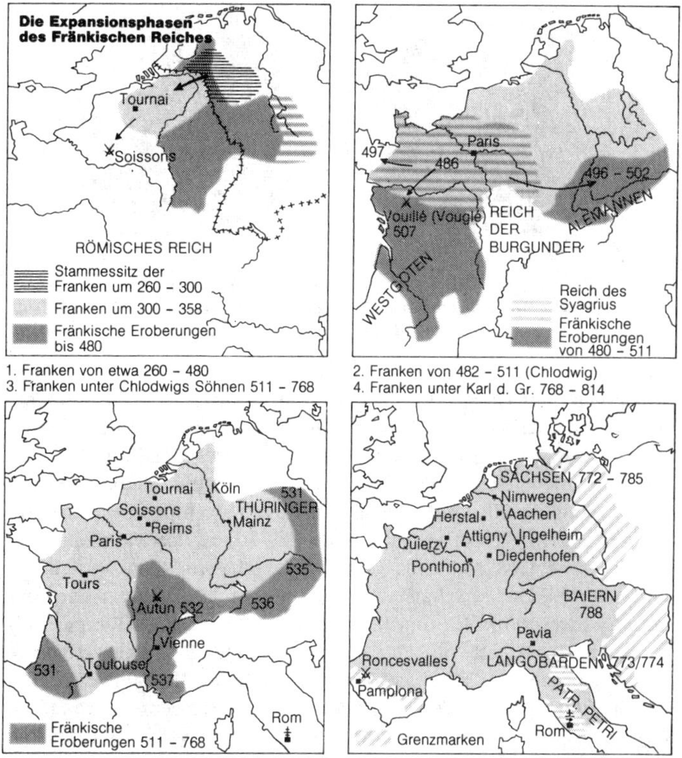

1. Franken von etwa 260 - 480
2. Franken von 482 - 511 (Chlodwig)
3. Franken unter Chlodwigs Söhnen 511 - 768
4. Franken unter Karl d. Gr. 768 - 814

könig nahm sich auch ein Stück vom Kuchen des reichen Südens und Südwestens, der Provence und Aquitaniens. Brutale Machtkämpfe zwischen den Königen – vor allem in Ost und West – sowie zwischen Adel und Herrschern ruinierten das Reich. Schließlich führten die Merowingerkönige nur noch ein Schattendasein.

In dieser Zeit rissen die obersten Hof- und Staatsbeamten, die Hausmeier – benannt nach dem lateinischen Titel »Maior domus« (= der Größere im Hause, Hausälteste) –, allmählich immer größere Machtbefugnisse an sich. Waren sie ursprünglich nur Vorsteher der königlichen Hofhaltung, wurden sie bald Führer der berittenen königlichen Gefolgschaft, übernahmen die Leitung der königlichen Güter, nahmen die führende Position im Adel ein und wurden so zu den Mächtigsten im Staat. Als die eigentlichen Herrscher leiteten sie die Politik und forderten nach dem Vorbild der Könige die Erblichkeit ihres Amtes.

Merowingisches Geld. *Solidus Childerichs II. Der Solidus wurde ursprünglich von Kaiser Konstantin d. Gr. 309 n. Chr. eingeführt. Berlin, Staatliche Museen.*

687 besiegte der Hausmeier von Austrien Pippin II., der Mittlere, bei Tertry seinen Rivalen, der unbeschränkt über Neustrien und Burgund geherrscht hatte, und regierte nun über das Gesamtreich, in dem sich allerdings die Gebiete südlich der Loire sowie die Alemannen und Baiern ziemlich selbständig gemacht hatten. Er gehörte dem Adelsgeschlecht der Karolinger an, das den Bischof Arnulf von Metz zu seinen Ahnen zählte. Mit dem Sieg von Tertry verlagerte sich der Schwerpunkt der Reichsherrschaft von der Seine an die Maas. Allerdings mußte sich Pippins II. Sohn Karl, später Martell (d.h. Hammer) genannt, die Herrschaft von neuem erkämpfen. Den Beinamen verdiente er zu Recht, denn er unterwarf die Friesen, band Alemannien wieder fest ans Reich und wurde vor allem berühmt durch seinen legendären Sieg über die Araber bei Tours und Poitiers 732. Wie Kaiser Leo III. durch die erfolgreiche Verteidigung Konstantinopels 717/18 im Osten, hatte nun Karl Martell auch im Westen den Ansturm der arabischen Weltmacht aufgehalten, deren Herrschaft vom Indus bis zum Atlantik reichte.

Da in diesem Zusammenhang oft von der Rettung des christlichen Abendlandes gesprochen wird, sollte man auch nachforschen, wie es um das Christentum der Germanen im Frankenreich stand. Der Taufe Chlodwigs folgte keineswegs eine planmäßige oder erzwungene Christianisierung der Franken und anderen germanischen Bevölkerungsteilen. Die Merowinger setzten sich überhaupt nicht sonderlich für die Missionierung ein. War sie aber durch die Mönche aus Irland, Schottland und England, durch Columban oder Kilian, durch Kolonat, Totnan, Pirmin, Emmeram oder Corbinian (siehe auch Seite 97–108) erfolgt, so schienen die Bekehrungen nicht immer sehr dauerhafte Folgen gehabt zu haben.

Wichtig für die Festigung der christlichen Kirche und ihrer Gemeinden im Lande war nun vor allem eine feste Organisation. Die aus römischer Zeit stammenden Bistümer konnten die neue Aufgabe allein nicht mehr erfüllen. Hier Wandel geschaffen zu haben, ist hauptsächlich das Verdienst Willibrords, der seit 690 den Friesen den christlichen Glauben brachte und Erzbischof von Utrecht wurde, sowie die Leistung des Mönches Winfrid, der vom Papst den Namen Bonifatius erhielt, in päpstlichem Auftrag in Hessen und Thüringen missionierte und als Legat für »Germanien« die baierische Kirche organisierte, neue Bistümer gründete und für seine Tätigkeit einen Schutzbrief Karl Martells besaß.

Später baten ihn Karl Martells Söhne Pippin der Jüngere und Karl-

Fränkische Waffen

Eiserne Kampf- und Wurfbeile und Schwerter

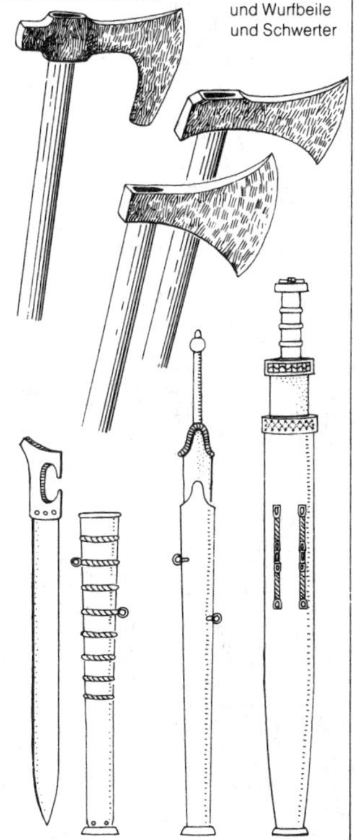

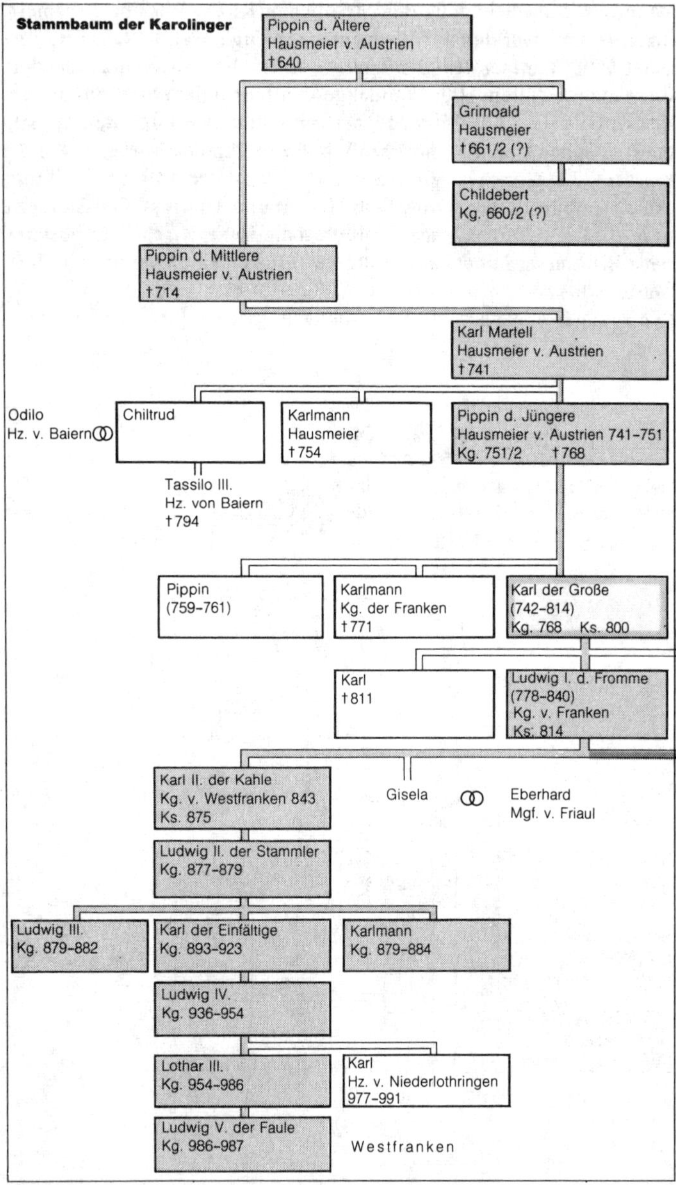
Stammbaum der Karolinger
Pippin d. Ältere Hausmeier v. Austrien †640
Grimoald Hausmeier †661/2 (?)
Childebert Kg. 660/2 (?)
Pippin d. Mittlere Hausmeier v. Austrien †714
Karl Martell Hausmeier v. Austrien †741
Odilo Hz. v. Baiern
Chiltrud
Karlmann Hausmeier †754
Pippin d. Jüngere Hausmeier v. Austrien 741–751 Kg. 751/2 †768
Tassilo III. Hz. von Baiern †794
Pippin (759–761)
Karlmann Kg. der Franken †771
Karl der Große (742–814) Kg. 768 Ks. 800
Karl †811
Ludwig I. d. Fromme (778–840) Kg. v. Franken Ks. 814
Karl II. der Kahle Kg. v. Westfranken 843 Ks. 875
Gisela
Eberhard Mgf. v. Friaul
Ludwig II. der Stammler Kg. 877–879
Ludwig III. Kg. 879–882
Karl der Einfältige Kg. 893–923
Karlmann Kg. 879–884
Ludwig IV. Kg. 936–954
Lothar III. Kg. 954–986
Karl Hz. v. Niederlothringen 977–991
Ludwig V. der Faule Kg. 986–987
Westfranken

mann, die fränkische Kirche zu reformieren: Die Beschlüsse der 742 einberufenen Synode erhielten Gesetzeskraft. Zunächst ging es um die Herstellung von Zucht und Ordnung in der Kirche. Keine Einigung konnte erzielt werden über die Rückgabe der Kirchengüter, die vor allem Karl Martell für geleistete Heeresdienste großzügig an Adelige verschenkt hatte. Das wichtigste Ergebnis der Synode aber war eine engere Verbindung der fränkischen mit der römischen Kirche. Über die schwierigen Fragen der Überschneidung von Landeskirchenherrschaft und Ansprüchen des päpstlichen Primats, d.h. der Vorrangstellung des Bischofs von Rom stand Pippin der Jüngere persönlich im Briefwechsel mit Papst Zacharias. Diese Verbindung sollte sich für ihn bald als nützlich erweisen.

Sturz der Merowinger, Krönung und Salbung des Hausmeiers Pippin zum König

Diesen Hausmeier hinderte an der Erhebung zum König lediglich die überkommene Auffassung von der Weihe und magischen Kraft der Mitglieder des Königshauses; der ›amtierende‹ Merowingerkönig

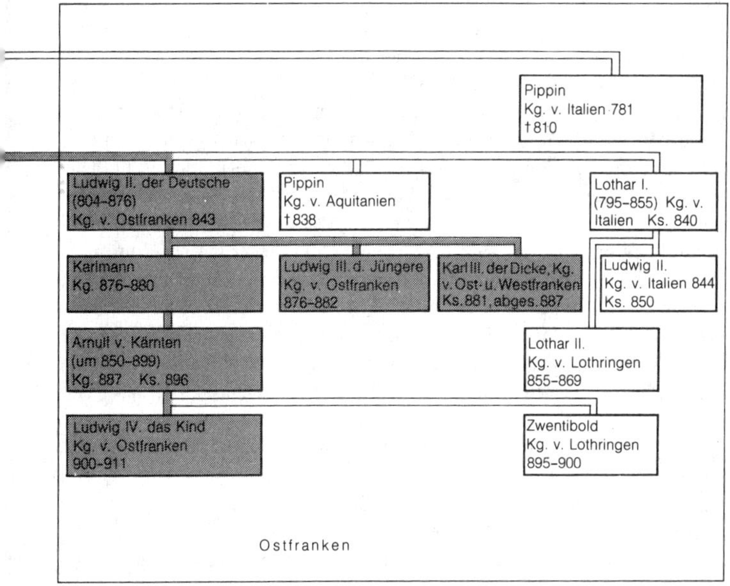

Childerich III. war politisch ein Schwächling und hätte kein Hindernis für eine offizielle Machtergreifung gebildet, denn längst hatte sein Hausmeier mehr Macht als dieser ›Schattenkönig‹. Pippin ließ nun durch den Abt von St. Denis und den Bischof von Würzburg in Rom anfragen »betreffs der Könige im Frankenreich, die damals nicht die königliche (Amts-)Gewalt besaßen, ob das gut sei oder nicht«. Papst Zacharias ließ ausrichten: »es sei besser, daß der König heiße, der die Gewalt habe, als der, dem keine königliche Gewalt verblieben sei«. Pippin schickte darauf Childerich III. in ein Kloster, wurde 751 in Soissons vom fränkischen Adel zum König gewählt und vom päpstlichen Legaten Bonifatius gesalbt. Diese Königssalbung war keine Neuerung; auch die Westgoten hatten sie nach alttestamentarischem Vorbild übernommen, um den gewählten König aus der Schar der Großen herauszuheben. Für Pippin den Jüngeren war es wichtig, daß ihm das bisher fehlende Charisma, die »Geblütsheiligkeit«, verliehen worden war und er nun eine eigene Königssippe begründen konnte.

Franken, Langobarden und der Kirchenstaat

In Italien hatte sich das politische Bild seit der Ostgotenzeit völlig verändert. Kaum hatte Byzanz in jahrzehntelangen, harten Kämpfen die Halbinsel den Ostgoten abgerungen und als oströmische Provinz eingerichtet, fielen 568 von Norden her die Langobarden ein. Gegen 650 ergibt sich folgende Situation: Oberitalien, die »Lombardei«, ist fest in der Hand der Langobarden, und zu ihrem Reich gehören auch weite Teile Mittelitaliens. Dieses Langobardenreich wird durch byzantinische Gebiete von den langobardischen Herzogtümern Spoleto und Benevent in Unteritalien getrennt. Auch nach dem offiziellen Frieden suchen die Langobarden jede Gelegenheit, Byzanz die restlichen italienischen Besitzungen abzujagen. Als sie bei einer dieser Unternehmungen in der Grafschaft (d. h. dem »Dukat« von) Rom eingefallen waren, hatte 739/40 Papst Gregor III., der hier faktisch unabhängig von Byzanz regierte, das erste Mal die Franken um Hilfe gebeten. Karl Martell hatte sich jedoch zurückgehalten, da ihm die Langobarden im Kampf gegen die Araber Waffenhilfe geleistet hatten und er sie nicht zu seinen Feinden machen wollte. Als aber Papst Stephan II. 754 von der gleichen Gefahr bedroht wurde und persönlich in der Residenz Pippins des Jüngeren erschien, nachdem er den eigentlichen Schutzherrn, den oströmischen Kaiser, vergeblich um Hilfe gebeten hatte, erhielt er von Pippin ein feierliches Schutzversprechen, ja sogar die urkundlich verbriefte Versicherung, daß der König der Franken die Rückgabe ehemaliger byzantinischer Gebiete »an die Römer« garantiere, wozu vor allem Ravenna – der Sitz des byzantinischen Statthalters – und der Dukat von Rom gehörten. Als Gegenleistung wiederholte der Papst die Königssalbung, um noch einmal in aller Öffentlichkeit die Würde und Weihe der neuen karolingischen Königssippe hervorzuheben, und verlieh Pippin dem Jüngeren und seinen Söhnen, wahrscheinlich sogar im Einverständnis mit dem Kaiser in Byzanz, den Titel »Patricius Romanorum«, Schutzherr der Römer. In zwei Feldzügen erzwang Pippin der Jüngere daraufhin von den Langobarden die Herausgabe der Eroberungen an den Papst. Dies war die Geburtsstunde des Kirchenstaats: Der Papst tritt offiziell seine weltliche Herrschaft an und löst sich aus der Abhängigkeit vom oströmischen Kaisertum. In der päpstlichen Kanzlei wurde die sogenannte »Pippinsche Schenkung« sofort in einen recht weitgehenden Besitzanspruch umgeformt. Man fälschte dazu eine Urkunde, die sogenannte »Konstantinische Schenkung«, derzufolge schon Kaiser Konstantin der Große dem damaligen Papst Silvester kaiserlichen Rang und als Besitz Rom und alle Provinzen Italiens und des Westens übertragen haben soll. Dieser komplexe Vorgang sollte die europäische Politik auf Jahrhunderte hin schwer belasten.

Erweiterung des Reiches in Italien durch Karl den Großen

Karl wurde 742 als ältester Sohn Pippins des Jüngeren und dessen Gemahlin Bertrada geboren. Als Neunjähriger erlebte er die feierliche Krönung seines Vaters, beeindruckt vom religiösen Ritual, und schließlich den Aufstieg der jungen karolingischen Königsmacht, die ihre Führungsstellung in Europa nach allen Seiten ständig ausbaute. Noch vor seinem Tod hatte Pippin der Jüngere das Reich zwischen seine Söhne, den älteren Karl und den jüngeren Karlmann aufgeteilt. Er ließ die Grenzen durch Austrien und Neustrien verlaufen, wohl in der Meinung, er könne dadurch ein Aufflackern neuer Kämpfe zwischen den beiden zerstrittenen Reichsteilen von vornherein verhindern. Doch schon bald entfremdeten sich die Brüder, als Karlmann Karl die erbetene Hilfeleistung für einen Feldzug gegen die rebellierenden Aquitanier im Südwesten des heutigen Frankreich versagte. Die Spannungen verschärften sich, als Bertrada, im guten Glauben, dem Reich einen Dienst zu erweisen, die Heirat Karls mit der Tochter des Langobardenkönigs Desiderius einfädelte und Karlmann sich durch diese politische Aufwertung seines Bruders benachteiligt fühlen mochte.

Schild, Schwert und Speer.
Die Initiale einer Handschrift von 810 aus Corbie (»Davids Kampf mit Goliath«) zeigt Waffen und Rüstung karolingischer Zeit.
Amiens, Bibliothèque Municipale.

Nur der Tod Karlmanns verschonte das noch nicht gefestigte Frankenreich vor einem Bruderkrieg. Als Karl des Bruders Reichsanteil neunundzwanzigjährig übernahm, flüchtete seine Gattin mit ihren Kindern an den langobardischen Königshof. Sie fand dort freundliche Aufnahme, da Desiderius sich von seinem Schwiegersohn Karl brüskiert fühlte, als dieser die Ehe mit seiner Tochter auflöste, um die schöne dreizehnjährige Alemannin Hildegard zu heiraten. Neue Spannungen zwischen dem Papst und den Langobarden gaben dann Karl die sicher willkommene Gelegenheit, einem Hilferuf Roms Folge zu leisten. Er zog gegen Desiderius zu Felde, besiegte ihn und machte sich selbst zum König der Langobarden. Seit 774 führte er den Titel »König der Franken und Langobarden und Schutzherr der Römer«, womit er die Fülle seiner Macht dokumentierte, zugleich aber auch unterstrich, daß er entschlossen war, die Verpflichtungen einzuhalten, die sein Vater gegenüber dem Nachfolger des heiligen Petrus in Rom ein-

gegangen war. Dessen Gebietswünsche wußte er so geschickt einzugrenzen, daß dem »Patrimonium Petri«, dem Erbgut Petri, also dem Kirchenstaat, zwei große byzantinische Verwaltungseinheiten, nämlich der Dukat von Rom und das Exarchat von Ravenna – der ehemalige Sitz des oströmischen Statthalters – zufielen, das benachbarte Langobardenherzogtum Spoleto aber dem päpstlichen Zugriff entzogen blieb. Da nun die westlichen und östlichen Territorien des »Kirchenstaates« nur durch den schmalen Korridor des Tibertals miteinander verbunden waren, boten sie einem möglichen Angreifer von Nord oder Süd offene Flanken. Diese Problematik bestimmte die künftige päpstliche Territorialpolitik und ließ Italien nicht zur Ruhe kommen.
Einen weiteren Spannungsherd bildeten Spoleto und Benevent in Mittel- und Unteritalien. Diese beiden Herzogtümer hatten sich schon bisher einer engeren Bindung an die langobardische Krone entzogen und verstanden es, auch weiterhin eine gewisse Eigenständigkeit zu wahren. Dies glückte ihnen um so eher, als sie im Schnittpunkt der Machtinteressen von Ost und West lagen und so als Pufferzone eine politische Rolle spielten.
Im übrigen hatte mit den Italienzügen der Karolinger ein Kapitel fränkischer Politik begonnen, das von grundsätzlicher Bedeutung für die spätere deutsche Geschichte werden sollte. Wie jetzt die Franken sich als »das auserwählte Volk« zum »Dienst am heiligen Petrus« berufen fühlten, so sollte nun jahrhundertelang die »Verteidigung der römischen Kirche« eine Hauptrolle in der Politik des Abendlandes spielen.

Der Fall des letzten Stammesherzogs: Tassilo III. von Baiern

Mit den Langobarden verloren die Baiern ihren mächtigsten Bundesgenossen. Ihr Stammesgebiet, das vom Lech bis an die Enns, von der Donau bis zur Etsch reichte, war nun vom Frankenreich umklammert. Schon seitdem die Merowinger Alemannen und Thüringer unterworfen hatten, konnten auch die Baiern ihre Unabhängigkeit einem so mächtigen Nachbarn gegenüber nicht mehr voll behaupten. So war ein vom fränkischen König eingesetzter Amtsherzog aus dem wohl burgundischen Adelsgeschlecht der Agilolfinger mit der Aufgabe der Herrschaftssicherung betraut worden. Seine Nachfolger hatten aber so guten Kontakt mit dem Volk schließen können, daß bald ein eigenes Stammesherzogtum entstanden war. Der alteingesessene baierische Adel allerdings war auf Distanz gegangen und schlug sich immer wieder in Konfliktsituationen gegen den eigenen Herzog auf fränkische Seite, und das Selbstbewußtsein der Baiern hatte sich wahrlich in wie-

Langobarden – Langobardenreich – Italienherrschaft

Herkunft und Wanderung	*Heimat der Langobarden war Gotland oder Schonen (um 100 v. Chr.). Vor dem Jahr 9 n. Chr. gehören die Langobarden zum Stammesverband des Markomannenkönigs Marbod, kämpfen aber später auf der Seite der Cherusker. Im 5. Jahrhundert tauchen sie rechts der mittleren Elbe und im Gebiet von Lüneburg auf (Bardengau, Bardowick!). 466 stoßen sie in den ungarischen Raum vor, um 490 in das heutige Niederösterreich. 526 wieder im Donauraum, kommt es 567 mit Unterstützung der Awaren zum Kampf mit den Gepiden, und 568 schließlich dringen die Langobarden in Italien ein, wo sie sich in der Lombardei und in Mittelitalien festsetzen. 650 ist die Besetzung abgeschlossen.*
Königreich und Herzogtümer	*Lombardei: In der Lombardei bildet sich ein langobardisches Königreich mit der Hauptstadt Pavia (langob. Papia), dem Krönungsort der langobardischen Könige, heraus. Pavia war bereits zeitweilige Residenz des Ostgotenkönigs Theoderich des Großen und bleibt auch nach der fränkischen Besetzung bis 1024 Krönungsort. Wie die anderen bedeutenden Zentren des langobardischen Kernlandes (Mailand, Cremona, Como) erringt Pavia im 11. Jahrhundert seine Selbständigkeit als Stadtstaat.* *Verona: Die ehemalige Residenz Theoderichs des*

derholten Aufständen gegen fränkische Bevormundung deutlich genug gezeigt.

Das Ansehen der Agilolfinger bestätigten schließlich Eheverbindungen mit dem langobardischen Königshaus und den karolingischen Hausmeiern.

Als 757 der junge Herzog Tassilo Baiern als Lehen aus der Hand König Pippins des Jüngeren angenommen hatte, womit er sich im Kriegsfall zur Heeresfolge verpflichtete, hatte er im Augenblick sicher klug gehandelt, da seine langobardischen Freunde soeben von den Franken besiegt worden waren und er sich nur durch diese Handlungsweise vor völliger Unterwerfung retten konnte. Doch bald hatte er den Gehorsam wieder aufgekündigt und sich durch die Heirat der Prinzessin Liutburc eng an das langobardische Königshaus gebunden. Eine fränkische Invasion hatte er geglaubt nun um so weniger fürchten zu müs-

Großen ist unter den Langobarden Residenz König Alboins. 572 wird Verona Herzogtum, 774 unter den Franken Grafschaft, 952 unter Otto I. Markgrafschaft zum Schutz der Brennerstraße.
Tuscien (Toscana): Das alte etruskische Kulturland um Lucca, unter den Langobarden Herzogtum, unter den Franken Grafschaft, seit dem 9. Jahrhundert Markgrafschaft, spielt im 11. Jahrhundert unter den Markgrafen aus dem Haus Canossa eine bedeutende Rolle und expandiert nach Norden über den Apennin. Höhepunkt: Markgräfin Mathilde († 1115).

Italienherrschaft

Spoleto, Benevent, Salerno und Capua:
Die überragende Bedeutung der Herzog- und Fürstentümer Salerno und Benevent liegt in der Frontstellung zum byzantinischen Unteritalien und – zusammen mit Tuscien – in der Umklammerung des Patrimoniums Petri (Kirchenstaat). Die Oberhoheit über das Langobardenreich und seine Fürstentümer bot die entscheidende Möglichkeit, Italien zu beherrschen. Spoleto wird 774 fränkische Mark, Benevent erkennt die fränkische Oberhoheit an und zerfällt im 9. Jahrhundert in die Fürstentümer Benevent, Capua und Salerno, die bis zur Eroberung durch die Normannen im 11. Jahrhundert mehr oder weniger selbständig bleiben und eine Balancepolitik zwischen Oberitalien, Patrimonium Petri und Byzanz betreiben.

sen, da er zum Schwager des Karolingers Karl geworden war. Als dieser jedoch seine langobardische Frau verstieß, schien es dem Baiernherzog ratsam, sich wieder mit dem fränkischen Hof ins Einvernehmen zu setzen, zumal der diplomatische Druck von seiten des Papstes, der den Franken sehr verpflichtet war, eine Umorientierung nahezulegen schien. Tassilo erneuerte daher 781 in Worms seinen Lehnseid. Als er aber nach Grenzzwischenfällen einer Vorladung nicht Folge leistete, rückte Karl mit drei Heeresabteilungen in Baiern ein. Da sich Tassilo von der großen Gruppe fränkischer Parteigänger im Adel und in der Kirche im Stich gelassen sah, unterwarf er sich. Wiederum erhielt er das Herzogtum als fränkisches Lehen von Karl zurück, doch er verlor bald das Vertrauen seines Volkes, als er Verhandlungen mit dem im Osten drohenden Landesfeind, den Awaren, aufnahm. 788 wurde Tassilo deshalb auf der Reichsversammlung in Ingelheim abgesetzt

und verhaftet. Man klagte ihn an, in geheimem Bündnis mit den Awaren zu stehen, in seinem Herzogtum königliche Lehnsleute verfolgt zu haben, vor allem aber legte man ihm die 25 Jahre zurückliegende Verweigerung der Heeresfolge gegenüber König Pippin dem Jüngeren zur Last, worauf die Todesstrafe stand. Sie wurde auch ausgesprochen, doch König Karl machte von seinem Begnadigungsrecht Gebrauch und wandelte sie in lebenslängliche Klosterhaft um. Das bisher selbständige Herzogtum Baiern wurde eine relativ abhängige fränkische Grafschaft, ebenso Kärnten, das bis 748 ein slowenisches Herzogtum gewesen war und sich dann aus Furcht vor dem Awarenansturm Baiern unterstellt hatte. Gerold, der Schwager Karls, wurde als »Präfekt« eingesetzt.
Baiern verlor zwar seine Souveränität, nicht aber seine politische und kirchliche Einheit. Vor allem konnte das ehemalige Herzogtum auf eine vielfältige Bildungstradition verweisen, die in Kulturzentren wie Salzburg, Regensburg oder Freising bewahrt und weitergeführt wurde, wo das geistige Leben Anregungen aus dem Süden und Westen Europas erhielt. Die baierische Kirche wiederum hatte unter den Agilolfingern eine rege Missionstätigkeit entfaltet, die über das Stammland hinaus in slawisches Gebiet hineinwirkte. Salzburg und Kloster Kremsmünster waren zwei bedeutende Zentren; letzteres 777 von Tassilo gegründet, der im Land als ein »neuer Konstantin« gefeiert wurde.

Kämpfe gegen die Awaren

Mit der Eingliederung Baierns in das fränkische Reich wurde Karl vor eine neue Aufgabe gestellt: die Grenzen im Osten zu sichern. Das tatarische Reitervolk der Awaren hatte im 6. Jahrhundert seine Wohnsitze am Schwarzen Meer verlassen, Byzanz bedroht, die ostgermanischen Gepiden in der Theißebene im Bunde mit den Langobarden geschlagen und machte nun die Slawen im weiteren Umkreis tributpflichtig. Als sie 788 nach Baiern und Italien vorstießen, wehrte sie Karl ab, ohne ihnen eine entscheidende Niederlage zufügen zu können.
Um den Nachschub für ein größeres Unternehmen zu sichern, begann Karl der Große den Bau eines Kanals, der Rhein, Main und Donau verbinden sollte: die »Fossa Carolina«. Doch schon 796 führte sein Sohn Pippin im Kampf gegen die Awaren von Italien aus die Entscheidung herbei: Unterstützt vom Markgrafen von Friaul, stieß er an der Raab vor und nahm den »Hauptring« der Awaren, der durch viele Vorwälle befestigt war. Als Siegesbeute wurde der sagenhafte, große Awarenschatz ins Frankenreich eingebracht. Karl beließ den Stam-

Fränkischer Spangenhelm. *Prunkstück aus dem Fürstengrab von Morken/Erft (um 600). Bonn, Rheinisches Landesmuseum.*

mesfürsten ihre Rechte, machte sie aber zu seinen Dienstmannen. Die Macht der Awaren war nun gebrochen, zugleich aber auch ihre Widerstandskraft gegenüber den immer stärker andrängenden Slawen, so daß Karl wieder vorrücken mußte, um als Schiedsrichter zwischen den Parteien zu vermitteln. In der Folgezeit wurde das Gebiet als Pannonische Mark unter fränkische Verwaltung gestellt, und die Awaren arbeiteten als zinspflichtige Bauern auf königlichen Gütern. Der fränkische Einfluß erstreckte sich noch weiter nach Süden bis an die Adria; im Osten rückten nun die Bulgaren bis an die Donau vor. Nach dem Tod des Präfekten Gerold wurde für das Gebiet östlich der Enns ein eigener Markgraf bestellt, dem das wiedererrichtete slowenische Herzogtum Karantanien, also Kärnten, untergeordnet war.

30 Jahre Krieg gegen die Sachsen

Härter als im Süden wurde Karl der Große im Norden gefordert. Bittere lange dreißig Jahre dauerten die blutigen Kämpfe mit den sich standhaft der Missionierung und damit Eingliederung widersetzenden Sachsen, und als die Nordgrenze nach der Eroberung ihres Stammesgebietes gesichert schien, fielen die Dänen ein.
Schon seit dem 5. Jahrhundert gerieten die Franken immer wieder mit ihren nördlichen Nachbarn aneinander, deren Siedlungsgebiete von der Nordsee bis zum hessisch-thüringischen Raum und von der Elbe bis nahe an den Rhein reichten. Ost- und Westfalen umschlossen den Teilstamm der Engern an der Weser; jenseits der Niederelbe in Holstein wohnten die Nordalbinger. Das gesamte Territorium war eineinhalbmal so groß wie das heutige Bayern und hatte eine dreihundert Kilometer lange gemeinsame Grenze mit dem Frankenreich. Die Sachsen haben ursprünglich wahrscheinlich im westlichen Holstein gesessen. Bei ihrem Vorstoß nach Süden und Westen überrannten, überlagerten oder integrierten sie seit dem 2. Jahrhundert die Gebiete der Chauken an Unterems und Unterelbe, die Angrivarier an der Mittelweser, die Cherusker im Weserbergland, die Thüringer, die Stämme Westfalens, vor allem auch die Brukterer, einen wahrscheinlichen Teilstamm der Franken an Ems und Lippe.
Als Karl 772 das erstemal gegen die Sachsen zog, wollte er durch eine militärische Aktion die wegen seiner Heiratsaffäre und der Art und Weise seiner Machtergreifung erhitzten Gemüter daheim ablenken, den Sachsen aber sollte die Macht des neuen Frankenkönigs und die Schlagkraft seines Heeres demonstriert werden. Darüber hinaus nahm er sich vor, Voraussetzungen für eine spätere Missionierung zu schaf-

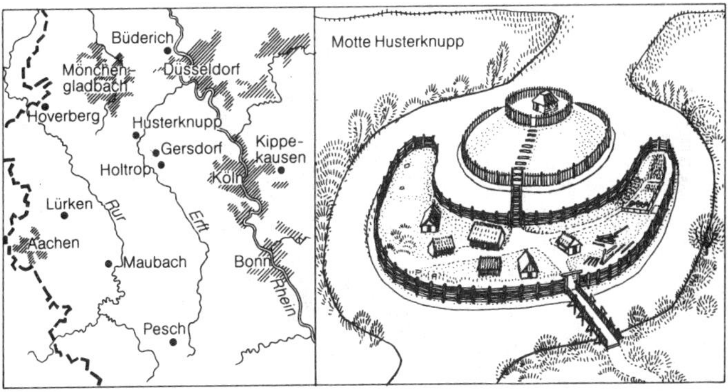

Burganlagen frühfränkischer Zeit

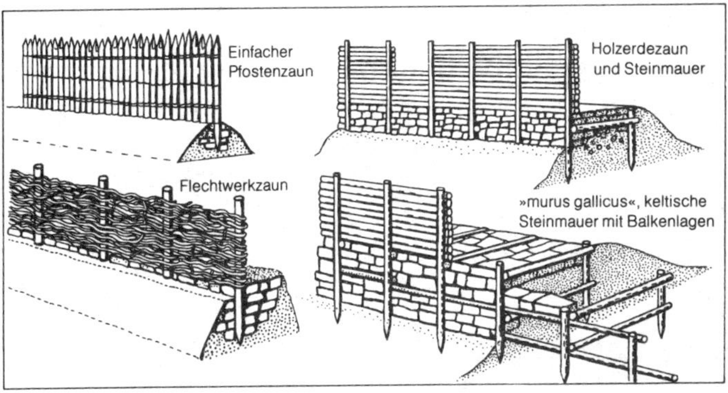

fen, ganz erfüllt von dem christlichen Herrschaftsgedanken, der dem König die Aufgabe zuwies, als »Schwert Gottes«, ja »Stellvertreter Gottes auf Erden« einen gerechten und heiligen Krieg gegen die »Heiden« zu führen. Das Unternehmen verlief nach Wunsch: Eine wichtige Grenzfestung, die Eresburg an der Diemel (im nordöstlichen Sauerland zwischen Paderborn und Kassel), wurde zerstört, die nahe gelegene Irminsul – eine alte Säule, die nach heidnischer Auffassung das Himmelsgewölbe trug – gefällt. Man erzählte, daß danach – als das Heer Wassermangel litt – ganz in der Nähe plötzlich eine Quelle – vielleicht der Bullerborn bei Altenbeken – emporgesprudelt sei, was als ein Wunderzeichen des Christengottes gedeutet wurde: Die göttliche Berufung des Frankenkönigs werde vom Himmel bestätigt. Die Sachsen aber sahen in der Schändung ihres Heiligtums einen unerhör-

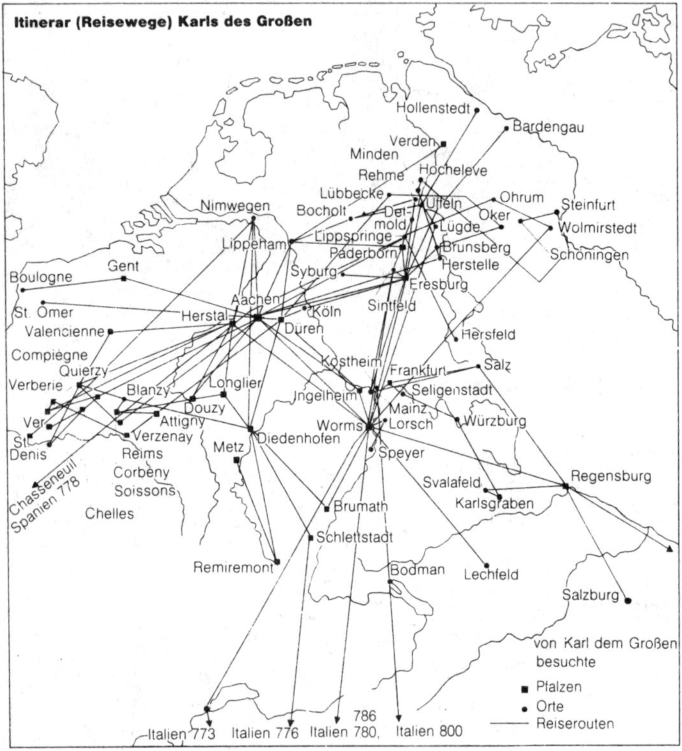

Itinerar (Reisewege) Karls des Großen

ten Frevel. »Nicht um Beute zu machen, sondern um Rache zu nehmen« fielen sie in fränkisches Gebiet ein, als Karl nach Italien abgezogen war. Sie zerstörten die Kirchen und jagten die Christen. Karl schäumte; er schwur, »das treulose Volk der Sachsen so lange zu bekriegen, bis es entweder vertilgt wäre oder das Christentum angenommen habe«, wie sein Biograph berichtet. Das größte Heer, das die Franken bisher aufgeboten hatten, setzte sich in Bewegung, eine straff organisierte, schlagkräftige Truppe. Der Kern des Aufgebots bestand aus Panzerreitern, deren ruhmvolle Tradition bis in die Zeit Karl Martells zurückreichte. Diese Reitergarde kämpfte in schwerer Panzerkleidung, die aus schuppenförmig angeordneten Metallplättchen bestand, bewaffnet mit den berühmten Frankenschwertern, besonders kostbar durch ihre Gold- und Silbereinlagen – übrigens ein begehrter Exportartikel, der besonders von Skandinaviern, Engländern und Arabern ge-

schätzt wurde. Geschützt wurden die Reiter durch einen kegelförmigen Helm ohne Visier und durch Beinschienen. Für die Schlagkraft der Reitertruppen war es auch wichtig, daß in dieser Zeit Steigbügel, Sattel und Hufeisen eingeführt wurden, die dem Reiter größere Sattelfestigkeit und mehr Beweglichkeit gaben. Neben diesen Panzerreitern setzte Karl der Große auch eine leichte, sehr bewegliche Kavallerie ein, die durch ihre plötzlichen Angriffe überraschte und deren Ausrüstung aus Pferd, Schild, Lanze, einem Schwert und einem dolchartigen Halbschwert bestand; gelegentlich führte man auch Pfeil und Bogen mit. Tausende Fußsoldaten kämpften mit Lanzen, Bogen und Pfeilen und schützten sich mit Schilden. Karl, wie seine Krieger von Kopf bis Fuß in Eisen, führte das Heer. Seine strategische Begabung wurde gerühmt; er habe einen Blick für die jeweilige Situation gehabt und den Feind dadurch verwirrt, daß er ihn oft aus mehreren Richtungen habe angreifen lassen. Selbst allerdings habe er nicht oft mitgekämpft.
Das Frankenheer überschritt schließlich sogar die Weser und drang in völlig unbekanntes Land ein.
Die überraschten Ostfalen und Engern kapitulierten. Mit den Westfalen kam es zum Kampf, doch mußte sich ihr Herzog Widukind der fränkischen Übermacht beugen. Aber die »Unterwerfung« dauerte nur bis zum nächsten Frühjahr. Karl rückte wieder bis an die Quellen der Lippe und lud die Herzöge zur Rechtfertigung in sein Lager. Ostfalen und Engern kamen, Widukind blieb aus. Karl wurde klar, daß er, um Widukind zu besiegen und das Land beherrschen zu können, den Adel für sich gewinnen mußte. Diese kleine, reichbegüterte Gruppe spielte eine führende Rolle und nahm wahrscheinlich wesentlichen Einfluß auf die Beschlüsse der alljährlichen sächsischen Volksversammlung in Marklo, nördlich von Minden an der Weser. Allerdings stießen diese ›privilegierten Edelinge‹ – wie man vermutet – immer mehr auf den Widerstand der freien Bauern, die sich gegen die wachsende ›Selbstherrlichkeit‹ der Führungsschicht und ihr Paktieren mit den Franken wehrte. Diplomatisch versprach Karl den Adeligen den Schutz ihrer Vorrechte, wenn sie dafür seine Oberhoheit anerkannten und den christlichen Glauben annähmen. Das ›politische Geschäft‹ wurde abgeschlossen, die ›Missionierung‹ begann. Auf den Befehl ihrer Führer strömten Scharen der Ostfalen und Engern herbei zur Massentaufe, die von Priestern vollzogen wurde, welche im Troß des fränkischen Heeres mitmarschiert waren. Um die fränkische Herrschaft für die Zukunft doppelt abzusichern, ließ Karl jeden einzelnen Bauern bei Verfall von Leib und Gut das Treuegelöbnis beeiden, sich also Besitz und persönliche Freiheit der Sachsen als Treuepfand versprechen. Nach sächsischem Volksrecht ging beides im Falle des Treuebruchs,

also auch im Fall eines Aufstandes, an die Franken verloren. Von einer Einziehung von Kirchensteuern nahm Karl vorläufig Abstand, um die Gemüter nicht zu sehr zu erhitzen.
Doch langfristig machte man die Rechnung ohne Widukind, dessen Einfluß Karl falsch einschätzte: Widukind stand nicht auf der Seite des Adels, sondern auf der der ›unteren Stände‹, die den Anschluß an das Karlsreich heftig ablehnten.
Um aller Welt zu demonstrieren, daß Sachsen unterworfen und für den christlichen Glauben gewonnen sei, berief Karl die Reichsversammlung des Jahres 777 mitten in das eroberte Land nach Paderborn ein. Stolz nahm er die Huldigungen an, stolz konnte er wieder auf Massentaufen verweisen. Im Überschwang des vermeintlichen Sieges versprach er der Abordnung einer muslimischen Splitterpartei, die aus Spanien hierher geeilt war, Unterstützung für ihr Anliegen und hoffte, nun das Kreuz in einem Siegeszug auch in das arabische Spanien führen zu können. Der Mißerfolg dieses Unternehmens ist in die Sage, nämlich in das Rolandslied, eingegangen. Nach der Erstürmung Pamplonas und der Schlappe von Saragossa wurde der Feldzug abgebrochen. Karl erkannte, daß er die Gesamtlage falsch eingeschätzt hatte, denn auch die Christen in Spanien verspürten keine Lust, sich in das Frankenreich einordnen zu lassen. Auf dem Rückzug über die Pyrenäen wurde die fränkische Nachhut im Paß von Roncesvalles überfallen. Das Selbstbewußtsein Karls war stark erschüttert, zumal sich unter den Gefallenen Markgraf Roland befand, dem Karl so zugetan war, daß im Volk das Gerücht entstand, er sei vielleicht sein Sohn.
Das war der Augenblick für die Sachsen. Unter Widukinds Führung erhoben sich große Teile der freien Bauern gegen die fränkische Herrschaft und verjagten vor allem die Missionare. Als Karl wieder Herr der Lage war, ging er härter als bisher vor: Für Ungehorsam gegen die adeligen Herrn wurde die Todesstrafe angedroht, mit dem Tode bestraft wurde aber zukünftig auch jeder, der eine Kirche schändete, beraubte oder verbrannte, ein Strafmaß, wie es bisher die ›Heiden‹ gegen Frevler an den alten Heiligtümern verhängt hatten. Wie bei den Langobarden wurde nun auch in Sachsen unter Berücksichtigung des einheimischen Adels die Grafschaftsverfassung eingeführt; die bisherigen Adelsherrschaften verloren ihre Souveränität.
Als bei einem neuerlichen Aufstand eine fränkische Abteilung am Süntel vernichtet wurde, hielt Karl in Verden an der Aller ein Strafgericht. Die Reichsannalen, eine Art Jahrbuch, berichten, daß er 4500 sächsische Verräter habe hinrichten lassen. Selbstverständlich dürfen wir heute dieser runden Zahl mit Skepsis begegnen.
Doch der ›Racheakt‹ bewirkte gerade das Gegenteil. Jetzt stand ganz

Sachsen zu Widukind, und Widukind gewann auch die Friesen, deren Unabhängigkeitsstreben schon in dieser Zeit ausgeprägt war, für die gemeinsame Sache. Hartnäckig schlug Karl zurück, verbrachte den ganzen Winter 784/85 in Sachsen, verwüstete das Land und erstickte rücksichtslos jeden Widerstand. Auf einer erneut in Sachsen einberufenen Reichsversammlung wurde das Gesetz über die fränkischen Gebiete, die »Capitulatio de partibus Saxoniae« rechtskräftig. Das einst so mächtige Herzogtum wurde fränkische Provinz. Jeder heidnische Kult wurde verboten, das Christentum zur Staatsreligion erklärt. Jeder auch nur formale Verstoß gegen kirchliche Gebote wurde mit dem Tode bestraft, Frevler sollten enthauptet oder verbrannt werden, heidnische Priester waren auszuliefern. Versammlungen unter freiem Himmel waren verboten, Gericht hielt nur der fränkische Graf, niemand durfte bei Verhandlungen in Waffen erscheinen. Der zehnte Teil der Ernte und des Einkommens war an die Kirche zu entrichten: ein Tribut an den neuen Christengott. Schutz vor diesem Schreckensregiment – welcher Widerspruch – bot die Kirche: Jeder Verurteilte war der Strafverfolgung entzogen, wenn er in ein christliches Gotteshaus flüchtete. So blieb das Asylrecht ein letzter Rest persönlicher Freiheit.
Widukind gab jeden Widerstand auf, als der siegreiche Karl versprach, für seine Sicherheit Geiseln zu stellen. Er ließ sich und die Seinen in Attigny bei Reims taufen. Karl selbst war Pate. Nach der Legende soll sein Patengeschenk ein kostbares Täschchen aus Gold und Edelsteinen zur Aufbewahrung von Reliquien gewesen sein.
Die Sachsen aber waren selbst danach noch nicht endgültig unterworfen. Karl mußte Jahr für Jahr neue Aufstände niederschlagen.

Grenzsicherung und grenzüberschreitender Handel

804 waren die Nordalbinger jenseits der Niederelbe bezwungen. Sie wurden in fränkische Gebiete deportiert; ihr Stammland aber durften die slawischen Abroditen (Obodriten) in Besitz nehmen. Diese hatten auf fränkischer Seite gegen die Sachsen gekämpft und wurden nun mit der Grenzwacht gegen die Dänen betraut. Als Verteidigungszentrum und Grenzbastion errichtete Karl die Burg Itzehoe, als Schutzwall gegenüber dem slawischen Bereich sollte der »Limes Saxoniae« dienen, vielleicht eine Wildnisgrenze mit einzelnen Befestigungen von der Elbe bei Lauenburg, östlich entlang der oberen Trave, bis zum Plöner See und zur Kieler Förde. Aber die lange Grenze von der Ostsee bis nach Böhmen blieb in ständiger Bewegung; immer wieder drängten Slawenstämme nach Westen. Karl der Große setzte sich auch hier

durch; er begnügte sich allerdings mit der Grenzsicherung, auf Eingliederung der Grenzvölker verzichtete er. Der trotz aller kriegerischen Auseinandersetzungen rege Handelsverkehr (neben den Nord-Süd-Handelswegen vom Mittelmeerraum her wurde der Ost-West-Handel von den Slawenländern über Köln und Mainz bis Spanien wichtig) wurde von den Franken an bestimmten Grenzstationen kontrolliert und von Kastellen aus, wie z. B. Magdeburg und Halle, abgesichert. Begehrte Importgüter waren Felle, Pelze, Honig, Wachs und Sklaven, die man zum Teil im Zwischenhandel weiter nach England und vor allem in das islamische Spanien leitete. Das Streben des Adels nach Prestige und standesgemäßem Aufwand riefen einen ständigen Bedarf an Luxusgütern hervor: Räucherwerk, Gewürze, Pelze, kostbare Stoffe, Schmuck, Gegenstände aus Edelmetall und Elfenbein waren begehrte Artikel für den karolingischen Adel, der sich dies durch zunehmenden

»Fossa Carolina« oder »Karlsgraben« bei Weißenburg. *Ein einmaliger technischer Versuch Karls des Großen: die Kanalverbindung der Flußsysteme von Main und Donau. Freigeg. durch Luftamt Südbayern Nr. G5/2304.*

Wohlstand und wachsende Abhängigkeit und Verarmung des Bauernstandes leisten konnte. Die Franken wiederum führten u.a. Waffen, Textilien, Töpfer- und Glaswaren aus. Die Wirtschaftsbeziehungen sprengten den europäischen Rahmen, sie überspannten Völker und Räume vom Orient bis nach Skandinavien, von Asien bis zu den Britischen Inseln. Jedenfalls gab es in dieser Zeit Ansätze eines regen Handels nicht nur mit Luxusgütern, sondern auch Gütern des täglichen Bedarfs, die nicht nur dem Adel, der Kirche, dem Hof, sondern auch dem kleinen Mann zugute kamen.

Karl der Große – »Führer des Gottesstaates«

Unwidersprochen war Karl der Herr Europas. Skandinavien und England führten in den Randzonen ihr politisches Eigenleben, Spanien war zwar nicht vom Kontinent abgeschnitten, aber doch im größten Teil als mohammedanisches Kalifat zum Orient hin ausgerichtet. Aus dem fränkischen Stammeskönigtum war nun ein das Festland weithin umspannender christlicher ›Einheitsstaat‹ geworden, bei bleibenden sprachlichen und stammesmäßigen Differenzen natürlich nicht zu vergleichen mit einem modernen. Karl verstand sich in seinem Herrscheramt als Führer und Verteidiger eines ›Gottesstaates‹ auf Erden; so jedenfalls interpretierte er handfest die für das ganze Mittelalter programmatische Schrift des Kirchenlehrers Augustinus, der diesen Idealzustand einer Herrschaft allerdings erst am Ende aller Zeiten, wenn die Weltgeschichte abgelaufen sei, erfüllt sah. Karl hatte das Werk Augustinus' schon während der Langobardenfeldzüge kennengelernt und dessen Gedanken mit Begeisterung aufgegriffen.
Je mehr sich Byzanz im Abwehrkampf gegen Araber und Slawen verbrauchte, um so dringender fühlte er sich zum Repräsentanten christlicher Herrschaft und zur Verteidigung des wahren Glaubens gegen die »Mächte der Finsternis«, den nordischen Götterglauben und den heidnischen Islam, berufen. Er bezeichnete sich als »Führer der Kirche«, als ihren »ergebenen Beschützer und Mehrer«, der Klerus wandte sich an ihn, den »Herrn und Vater, König und Priester, aller Christen Leiter und Führer«. Ja, der Papst selbst betete: »Herr, bewahre den König, denn siehe, ein neuer allerchristlicher Gottesherrscher ist in unserer Zeit entstanden!«
794 verwarf die Synode zu Frankfurt unter Karls Vorsitz die Beschlüsse des allgemeinen Konzils von Nicäa über die Bilderverehrung, denen der Papst zugestimmt hatte. Der König faßte also seine Rolle als »Stellvertreter Gottes auf Erden« so wörtlich auf, daß er sich das Recht herausnahm, auch in theologischen Fragen eigene Entscheidungen zu treffen und seine Lehrmeinung gegen die des Papstes zu setzen. In den »Libri Carolini«, den Karolinischen Büchern, die Karl selbst verfaßt haben soll, wandte er sich gegen den Anspruch des ›Königs des Ostens‹, d. h. gegen den Kaiser von Byzanz, für die ganze Christenheit zu sprechen. Er, Karl, dürfe bei Dingen, die alle Christen beträfen, nicht übergangen werden. Ihm ging es also im wesentlichen um Zuständigkeit und Gleichberechtigung, ein Problem, das die eigentliche Sachfrage, ob nämlich den Heiligenbildern göttliche Verehrung zukomme oder nicht, in den Hintergrund treten ließ, zumal die Entscheidung von Nicäa, die Bilderverehrung zu gestatten, nicht endgültig war

und Bilderstürmer (Ikonoklasten) und Bilderverehrer (Ikonodulen) weiter miteinander im Streit lagen.

Karls Krönung in Rom – Kalkül oder Zufall?

Im Jahre 795 bestieg Leo III. den Stuhl Petri. Gleich nach seiner einstimmig erfolgten Wahl übersandte der neue Papst dem Frankenkönig als »Schutzherrn der Römer« nicht nur die Wahlanzeige, sondern auch die Schlüssel zum Grab Petri und das Banner Roms, symbolische Zeichen dafür, daß er Karl als den neuen Herrn Roms anerkannte. Zwar hatte sein Vorgänger Hadrian I. noch vor zehn Jahren die byzantinischen Herrscher als »Herren« angeredet, doch war inzwischen das Symbol für diese päpstlich-kaiserliche Abhängigkeit, der Titel »Basileus« (= griech.: König) von päpstlichen Urkunden und Münzen verschwunden, was die Lösung von Ostrom und die Emanzipation des Papsttums von seinem weltlichen Herrn in Byzanz deutlich ausdrückte. Das Vorgehen Leos III. nahm nun die römische Adelsopposition zum Anlaß, die Autorität des neuen Papstes zu untergraben, indem man ihn der Unzucht und des Meineids beschuldigte. Verständlich, daß Leo III., nach einem Aufstand aus Rom verjagt, Hilfe beim fränkischen König in Paderborn suchte und auch fand. Karl führte den Papst von Paderborn nach Rom zurück, berief eine Versammlung der geistlichen und weltlichen Großen in der Basilika von St. Peter ein und drängte Leo, einen Reinigungseid zu leisten. Der Papst würdigte die empfangenen Wohltaten durch die Krönung des fränkischen Königs zum Kaiser am 25. Dezember des Jahres 800. Karl kniete am Altar und betete. Als er sich erheben wollte, trat Leo III. heran und setzte ihm eine Krone auf, während Chor und Volk nach byzantinischem Vorbild dreimal den Hochruf wiederholten: »Carlo Augusto, dem von Gott gekrönten großen und friedeschaffenden Kaiser der Römer, Leben und Sieg!« Dreimal warf sich Leo III. vor dem Gekrönten aufs Knie, nachdem er ihm mit heiligem Öl die Stirn gesalbt hatte.
Der »Patricius« war mit diesem Akt »Imperator und Augustus« geworden und hatte damit den Titel erhalten, den die römischen Kaiser als Inhaber der Weltherrschaft und später die Herrscher in Byzanz führten, die sich als legitime Nachfolger in diesem Amt fühlten. Als Herr Roms verurteilte Karl nach römischem Recht die Gegner Leos III. als Rebellen.
Der Geschichtsschreiber des Kaisers, Einhard, zieht in Zweifel, ob Karl überhaupt in die Kirche gegangen wäre, wenn er gewußt hätte, was der Papst geplant habe. Die »Lorcher Annalen« berichten: Da-

KARL DER GROSSE

Das Prädikat »der Große« garantiert keinen Ehrenplatz von Dauer. Das Beispiel des Karolingers zeigt es: Ein ungebrochenes Verhältnis zu diesem Kaiser haben wir Deutsche keineswegs immer besessen, obwohl wir immerhin Karl Voraussetzungen zum Deutschen Reich und Kaisertum des Mittelalters verdanken. Daß die einen ihn zum Franzosen, die anderen zum Deutschen machen konnten, beweist, was Nachruhm bedeutet. Karl war eben kein Franzose und kein Deutscher. Auch die spätere moralische Würdigung Karls sorgte für ein schwankendes Bild. Friedrich Barbarossa ließ ihn zum Heiligen erklären. Seitdem hat es die Kirche mit einem heiligen Karl sehr schwer. Für die antirömische Partei war er schlichtweg ein Sachsenschlächter. Noch heute gibt es über die Methoden seiner Christianisierung gelehrte Dispute. Neben dem vielzitierten »Blutbad von Verden« zog Karl noch gut fünfzigmal ins Feld. Wann war in seinem Reich jemals Friede? Vielleicht war Karl der Große mehr gefürchtet als geehrt. Und das Wort »Ehrfurcht« ist wahrlich ein schillernder Begriff. Andererseits trifft es zu, daß er zu jenen Persönlichkeiten zählt, die schon zu Lebzeiten Maßstäbe setzen. Ein großer Teil der damaligen Welt sah zu ihm auf, leistete ihm treue Gefolgschaft. Sein Imperium überspannte ein Areal von mehr als eine Million Quadratkilometern. Vermutlich waren es rund 15 Millionen Menschen, über die er regiert hat. Sein Rechtstitel nennt ihn »König der Franken, Langobarden, Kaiser und Schutzherr Roms« – ein weitgesteckter Anspruch in der Tat. Und dennoch: Der Titel täuscht nicht hinweg über das Provisorium, das seine Staatsorganisation kennzeichnet. Der Politiker Karl besaß selbst genügend Überblick, um zu wissen, daß sein Reich eine zeitbedingte Konstruktion war, basierend auf der Kunst des Möglichen. Schon zu Lebzeiten Karls des Großen war es sichtbar, daß die Einheit des Reiches nicht fortdauern würde. Dafür wirkt das Eigentliche, das er begründet hat, fort, jene geistig-kulturelle Einheit, die aus germanischen, antiken und christlichen Elementen gefügt ist und zuweilen »Abendland« genannt wird. (L. H.)

mals habe Ostrom nur eine Kaiserin und damit kein rechtmäßiges Kaisertum besessen, so daß der »Papst und ein Konzil« – gemeint ist offenbar die von Karl einberufene Versammlung im Petersdom – die Krönung beschlossen hätten, um den zum Kaiser zu bestimmen, der ohnedies über Rom herrschte, wo einst die Caesaren ihre Residenz besessen hätten. Einer solchen Bitte habe sich Karl nicht entziehen können. Ostrom sah den Sachverhalt nüchtern: Karl habe bereits als König über Rom regiert und die Kaiserkrone lediglich als Belohnung für die Wiedereinsetzung Leos III. erhalten. Karl selbst mochte geärgert haben, daß sich Römer und Papst bei diesem Akt in den Vordergrund spielten. Hatte er doch Rom längst als König der Franken erobert; seine Herrschaft über diese Stadt bedurfte nach seiner Auffassung nicht der Bestätigung durch die Römer. So führte er den Kaisertitel in Zukunft neben den Königstiteln der Franken und Langobarden, wodurch herausgestellt werden sollte, daß nunmehr die Franken als herrschendes Volk die Römer abgelöst hätten. Auf seine Kaiserbulle setzte er die Losung »Renovatio Romani imperii« (= Erneuerung des römischen Weltreiches), worunter er allerdings nicht eine Wiederherstellung früherer Verhältnisse, sondern eine echte Neuschöpfung verstand. Dafür spricht auch, daß er die Reiterstatue Theoderichs des Großen nach Aachen überführen ließ, um deutlich zum Ausdruck zu bringen, daß auch dieser germanische Fürst über Rom geherrscht hatte. Selbstbewußt stellte er sich in eine Reihe mit den römischen Kaisern, vor allem sah er sich als Nachfolger des großen Konstantin, der das alte heidnische Reich in ein christliches Imperium umgewandelt hatte. Schon bisher hatte er betont, daß er ein König von Gottes Gnaden – »dei gratia« – war; nun verpflichtete jeden Untertan ein Eid auf den Kaiser nicht nur zur Treue gegenüber der Person, sondern auch zur Übernahme sittlicher und religiöser Pflichten. Ein inneres Umdenken sollte nun eintreten; dagegen war die Verfassung des Reiches als äußere Form schon gegeben und eine Änderung nicht nötig.

Damals ging es keineswegs um die Frage, wessen Rang höher sei, der des Kaisers oder der des Papstes: Beide Gewalten standen ganz im Sinn des Augustinischen »Gottesstaates« im Dienst des göttlichen Willens und waren dessen Vollstrecker. Die Formel »von Gott gekrönt« wurde wörtlich verstanden. Diese Auffassung bestätigt auch das damals entstandene Lateran-Mosaik, das Karl und Leo auf gleicher Stufenebene zu Füßen des heiligen Petrus zeigt. Byzanz allerdings wurde mißtrauisch und fürchtete, Karl könne, mit dem neuen Titel ausgestattet, daran denken, den Osten zu unterwerfen. Doch Karl, der zwar in den folgenden Jahren Venetien und Dalmatien den Byzantinern abnahm, verzichtete auf diese Eroberungen gegen die Anerken-

Karl der Große
Beschreibung seines Freundes Einhard

Er war von breitem und kräftigem Körperbau, hervorragender Größe, die jedoch das richtige Maß nicht überschritt – denn seine Länge betrug wie bekannt sieben seiner Füße –, der obere Teil seines Kopfes war rund, seine Augen waren sehr groß und lebendig, die Nase ging etwas über das Mittelmaß, er hatte schöne weiße Haare und ein freundliches, heiteres Gesicht. So bot seine Gestalt, mochte er sitzen oder stehen, eine höchst würdige und stattliche Erscheinung, wiewohl sein Nacken dick und kurz, sein Bauch etwas herabhängend erscheinen konnte: das Ebenmaß der anderen Glieder verdeckte das. Er hatte einen festen Gang, eine durchaus männliche Haltung des Körpers und eine helle Stimme, die jedoch zu der ganzen Gestalt nicht recht passen wollte; seine Gesundheit war gut, außer daß er in den vier Jahren vor seinem Tod häufig von Fiebern ergriffen wurde und zuletzt auch mit einem Fuß hinkte. Aber auch damals folgte er mehr seinem eigenen Gutdünken als dem Rat der Ärzte, die ihm beinahe verhaßt waren, weil sie ihm rieten, dem Braten, den er zu speisen pflegte, zu entsagen und sich an gesottenes Fleisch zu halten. Beständig übte er sich im Reiten und Jagen, wie es die Sitte seines Volkes war: denn man wird nicht leicht auf Erden ein Volk finden, das sich in dieser Kunst mit den Franken messen könnte. Sehr angenehm waren ihm auch die Dünste der warmen Quellen, er übte seinen Leib fleißig im Schwimmen und verstand das so trefflich, daß es ihm keiner darin zuvortat. Darum erbaute er sich auch zu Aachen ein Schloß und wohnte in seinen letzten Lebensjahren bis zu seinem Tod beständig darin. Und nicht bloß seine Söhne, sondern auch die Vornehmen und seine Freunde, nicht selten auch die ganze Schar seines Gefolges und seine Leibwächter lud er zum Bade, so daß bisweilen hundert Menschen und darüber zusammen badeten.

Er kleidete sich nach vaterländischer, nämlich fränkischer Weise. Auf dem Leib trug er ein leinenes Hemd und leinene Unterhosen, darüber ein Wams, das mit seidenen Streifen verbrämt war, und Hosen; sodann bedeckte er die Beine mit Binden und die Füße mit Schuhen und schützte mit einem aus Seehunds- und Zobelpelz verfertigtem Rock im Winter Schulter und Brust; endlich trug er einen meergrünen Mantel und beständig das Schwert an der Seite, dessen Griff und Gehenk von Gold und Silber war. Ausländische Kleidung wies er zurück, mochte sie auch noch so schön sein, und ließ sie sich niemals anlegen; nur in Rom kleidete er sich einmal nach dem Wunsch des Papstes Hadrian und ein zweites Mal auf die Bitte von dessen Nachfolger Leo in die lange Tunika und Chlamys und zog auch römische Schuhe an. Bei festlichen Gelegenheiten schritt er in einem mit Gold durchwirktem Kleid und mit Edelsteinen besetzten Schuhen, den Mantel durch einen goldenen Haken zusammengehalten, auf dem Haupt ein aus Gold und Edelsteinen verfertigtes Diadem, einher. An anderen Tagen unterschied sich seine Kleidung wenig von der gemeinen Volkstracht.

In Speise und Trank war er mäßig, mäßiger jedoch noch im Trank, denn die Trunkenheit verabscheute er an jedem Menschen aufs äußerste, geschweige denn an sich und den Seinen. Im Essen jedoch konnte er nicht so enthaltsam sein, vielmehr klagte er häufig, daß das Fasten seinem Körper schade. Höchst selten gab er Gastereien und nur bei besonderen festlichen Gelegenheiten, dann jedoch in zahlreicher Gesellschaft. Auf seine gewöhnliche Tafel ließ er nur vier Gänge auftragen, außer dem Braten, den ihm die Jäger am Bratspieß zu bringen pflegten und der ihm lieber war als jede andere Speise. Während der Tafel hörte er gern Musik oder einen Vorleser. Er ließ sich die Geschichten und Taten der Alten vorlesen; auch an den Büchern des heiligen Augustinus hatte er Freude, besonders an denen, die »Vom Staate Gottes« betitelt sind. Im Genuß des Weins und jeglichen Getränks war er so mäßig, daß er bei Tisch selten mehr als dreimal trank. Im Sommer nahm er nach dem Mittagessen etwas Obst zu sich und trank einmal, dann legte er Kleider und Schuhe ab, wie er es bei Nacht tat, und ruhte zwei bis drei Stunden. Nachts unterbrach er den Schlaf vier- oder fünfmal, indem er nicht bloß aufwachte, sondern auch aufstand.

Aus: Vita Caroli Magni (Das Leben Karls des Großen) von Einhard (um 770–840), einem Zeitgenossen und Freund Karls.
Übers.: O. Abel und W. Wattenbach

nung als »Imperator« und »Basileus« durch Ostrom. Daß ihn der byzantinische Kaiser als »Bruder« anredete, sah er als Bestätigung seiner Auffassung vom gleichberechtigten Nebeneinander des Ost- und Westreiches im christlichen Gottesstaat, der einst die ganze Welt umfassen sollte. Byzanz dachte da anders, doch blieben seine Ansprüche auf die Rechtsnachfolge der römischen Caesaren reine Theorie; sein Einflußbereich wurde immer deutlicher auf den östlichen Teil der griechischen Halbinsel und das Gebiet der heutigen Türkei eingegrenzt.

Treueid, Grafschaftsverfassung und Königsboten: Versuche, ein Riesenreich zusammenzuhalten

Das karolingische Imperium reichte nun vom Ebro bis zur Elbe, von Süditalien bis an den Atlantik und die Nordsee; es umfaßte damit eine Fläche von rund einer Million Quadratkilometern mit schätzungsweise 15 Millionen Einwohnern. Als Beweis für Karls des Großen hohes politisches Ansehen in der ganzen Welt werden die diplomatischen Beziehungen zu Harun al-Raschid, dem abbasidischen Kalifen von Bagdad, rühmend hervorgehoben. Man tauschte wertvolle Geschenke, darunter den besonders gern erwähnten Elefanten Abulabas und eine kunstvolle Wasseruhr, die durch ein herabfallendes Kügelchen die Stunden anzeigte, wofür sich Karl als Gegengeschenk mit kostbaren friesischen Tuchen revanchierte. Er wußte im übrigen, daß er mit dieser politischen Freundschaft die Omajjaden in Spanien in Schach hielt.

Als Gesandte des Patriarchen aus Jerusalem dem fränkischen König die Schlüssel zur Grabeskirche Jesu Christi überbrachten, wurde im Ansatz auch hier eine gewisse Schutzherrschaft sichtbar.

Die Verwaltung des gewaltigen Reiches stellte Karl den Großen vor eine Fülle von Aufgaben, die er trotz der Last der vielen Feldzüge mit Weitblick und übergroßer Gewissenhaftigkeit im Detail zu lösen versuchte.

Zunächst mußte für eine Vielzahl von Stämmen mit eigenen Traditionen ein Rahmen geschaffen werden, der ihre Verschiedenheiten berücksichtigte, zugleich aber auch eine einheitliche Ordnung garantierte. Zwar verloren die Stämme, wie wir an Baiern gesehen haben, nach der Einsetzung der Grafen ihre Souveränität, wurden jedoch nicht völlig aus- oder gleichgeschaltet: die Herzogtümer verschwanden zwar, aber die Stammesrechte blieben im wesentlichen erhalten. Als neue Verwaltungseinheiten wurden Grafschaften eingerichtet. Bestimmendes Kriterium für die Auswahl des Grafen war seine Ergeben-

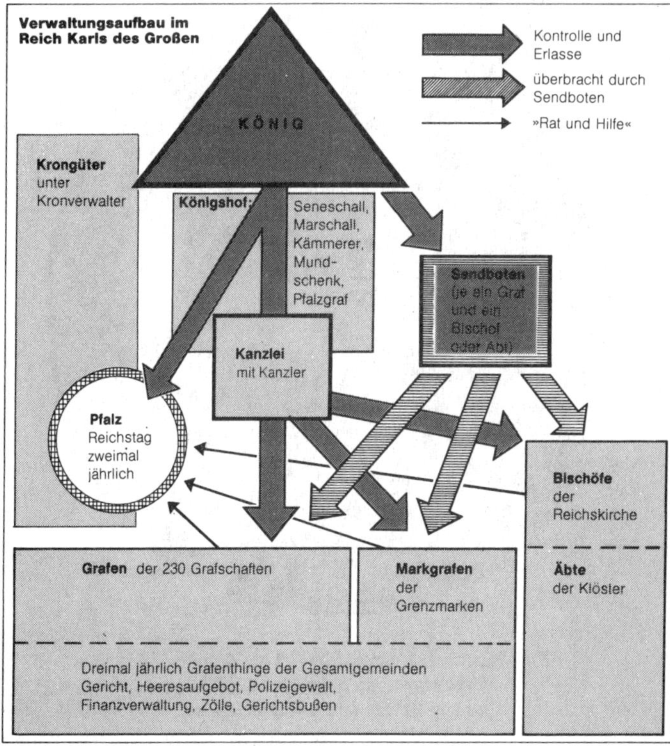

heit dem König gegenüber. Karl versuchte jeweils den Stammesadel für sich zu gewinnen und schuf mit der Zeit eine neue Reichsaristokratie, die, üppig mit Grundbesitz ausgestattet, in ihrer Gesamtheit die Idee eines stämmeübergreifenden europäischen Universalreichs repräsentieren sollte. Doch ein solches Gebilde war nicht in wenigen Jahren zusammenzuschmieden; nur eine starke Bindung an die Person des Königs vermochte die vielen auseinanderstrebenden Kräfte und Interessen zusammenzuhalten. Zu diesem Zweck schuf er die Einrichtung der »Königsboten«. Jeweils ein geistlicher und ein weltlicher Beauftragter, die für dieses Amt auf Zeit ernannt waren, bereisten ständig die Grafschaften eines bestimmten Gebietes, um Bischöfe und Grafen zu kontrollieren, königliche Anordnungen unmittelbar durchzuführen und gegebenenfalls im Auftrag des Königs Recht zu sprechen. Sie deckten viele Unregelmäßigkeiten auf, kämpften aber letztlich doch ver-

Karolingischer »Mainzer Pfennig« aus dem Jahr 780.
Silberne Münze mit Schriftbild CAROLUS
als eine Art Signet Karls des Großen.

geblich gegen die ständig wachsende Eigenmächtigkeit der Grafen. Beim Erlaß von Gesetzen war Karl an die Zustimmung der Großen im Reich gebunden, wie es germanischer Rechtsauffassung entsprach. So wurden die Reichsgesetze, die sogenannten Kapitularien, auf den Reichsversammlungen (Hoftagen), bei denen allerdings nur die Großen quasi stellvertretend am Hofe zusammenkamen, beraten und verabschiedet. Auch der große Karl konnte die Verfassungstradition nicht sprengen; das fränkische Reich blieb eine Adelsherrschaft mit dem Monarchen an der Spitze, der als »Primus inter pares« auch nicht verhindern konnte, daß die von ihm ernannten Grafen die Erblichkeit ihres Amtes durchsetzten, das ja ursprünglich nur auf Zeit einer eigens ausgewählten Person verliehen worden war. Um so eher kann man verstehen, daß der König, um die Reichseinheit sicherzustellen, jeden mindestens zwölf Jahre alten Reichsbewohner in die Treuepflicht nahm, die er feierlich mit einem Eid besiegeln ließ. Jeder Untertan mußte geloben, Gott getreu zu dienen, den Geboten der Kirche zu gehorchen, sich zum Waffendienst zu verpflichten, das Recht zu achten und der öffentlichen Autorität Folge zu leisten. Der Inhalt des Eides zeigt, wie sich politische Absicht und religiöses Gedankengut unlösbar miteinander verbinden. Als christlicher Herrscher fühlte sich Karl der Große verantwortlich für das »irdische und himmlische Heil« seines Volkes. Er war überzeugt, daß er einmal vor Gottes Richterstuhl sogar über die Pflichtauffassung seiner Beamten und Dienstleute Rechenschaft ablegen müsse.

Reformierte Rechtsprechung Karls

Aus den geschilderten Vorstellungen sucht Karl der Große besonders im Rechtswesen den »Geist wahrer Gerechtigkeit« für alle sichtbar werden zu lassen. Der Geschichtsschreiber Niethard, ein Enkel Karls, stellte dem Großvater das Zeugnis aus, dieser habe stets dahin gewirkt, daß niemand etwas anderes zu unternehmen wagte, als was dem »allgemeinen Besten« entsprach. Karl ging bei seinen Rechtsreformen mit Augenmaß vor und tat nur das Mögliche und Nötige wie z. B. bei der Reform des »echten« Things, das eine in regelmäßigen Abständen stattfindende Versammlung der freien, waffenfähigen Männer eines Dorfes oder größeren Verbands war, auf der vor allem Gericht gehalten wurde und zu der allgemeine Erscheinungspflicht bestand. Diese »Thingpflicht« empfanden viele als lästig und überflüssig, zumal sich langsam der Brauch durchsetzte, Grafen als Beisitzer (Schöffen) oder Richter bei der Rechtsprechung mitwirken zu lassen. Karl verringerte die Zahl der »verpflichtenden Grafenthinge« auf drei im Jahr und befahl, daß die »gebotenen Thinge«, die ursprünglich nach Bedarf durch Gebot einberufen werden konnten, nun 14tägig stattfanden und nur von wirtschaftlich unabhängigen, erfahrenen und vereidigten Männern geleitet werden sollten. Erscheinen mußten nur Gerichtsvorsitzender, Schöffen und Parteien. Mit seinen Reformen legte Karl der Große den Grund zu einer Schöffengerichtsbarkeit, die ein einheitliches Vorgehen gewährleisten sollte, indem sie den Schöffen klar umrissene Rechte und Pflichten auferlegte. Karl setzte sich auch für eine bessere Aufklärung von Straftaten ein. Manches Verbrechen blieb bisher ungesühnt, weil es keinen Kläger gab, denn viele Geschädigte unterließen die Klage aus Angst vor der Rache des Täters. Karl bestellte deshalb sogenannte »Rügezeugen«, die verpflichtet waren, alle in ihrem Aufsichtsbezirk bekannt gewordenen Verbrechen anzuzeigen. Der

Text der Zeit

Aus der Verordnung Karls des Großen über Krongüter und Reichshöfe

»Unsere Amtmänner sollen die Weinberge in ihrem Amtsbezirk empfangen [oder auch: Trauben ernten] und sie gut bearbeiten; den Wein haben sie in feste Behälter zu füllen und sorgsam darauf zu achten, daß er auf keine Weise vergeudet wird. Ferner sollen sie noch Landwein kaufen lassen, um damit unsere Gutshöfe versorgen zu können. Wird mehr von diesem Wein angeschafft, als zur Versorgung unserer Gutshöfe nötig ist, so muß man uns das melden. [. . .]«
»23. Auf jedem unserer Krongüter sollen die Amtmänner einen möglichst großen Bestand an Kühen, Schweinen, Schafen, Ziegen und Böcken halten; fehlen darf dies Vieh niemals. Außerdem sollen sie Kühe bereithalten, um mit Hilfe unserer Knechte die anfallenden Arbeiten zu verrichten, so daß sich der Bestand an Kühen und Pflug und Wagen für unsere Wirtschaft auf keinen Fall verringert. [. . .]«
»34. Mit ganz besonderer Sorgfalt ist darauf zu achten, daß alles, was mit den Händen verarbeitet und zubereitet wird – wie Speck, Rauchfleisch, Sülze, Pökelfleisch, Wein, Essig, Brombeerwein, Würzwein, Most, Senf, Käse, Butter, Malz, Malzbier, Met, Honig, Wachs, Mehl –, daß dies alles mit größter Sauberkeit hergestellt wird. [. . .]«
»42. Jedes Krongut soll in seinem Lagerraum vorrätig haben: Bettdecken, Matratzen, Federkissen, Bettlinnen, Tischtücher, Bankpolster, Gefäße aus Kupfer, Blei, Eisen und Holz, Feuerböcke, Ketten, Kesselhaken, Hobeleisen, Spitzhauen, Bohrer, Schnitzmesser – kurzum alles nötige Gerät, so daß man es nicht anderswo zu erbitten oder zu entleihen braucht. Auch das eiserne Kriegsgerät muß man hier verwahren, damit es gut erhalten bleibt. [. . .]«
»44. Von den Fastenspeisen sollen jährlich zwei Drittel für unseren Hofhalt geliefert werden: Gemüse und Fisch, Käse, Butter, Honig, Senf, Essig, Kolben- und Fenchelhirse, getrocknetes und frisches Küchengewürz, Rettich, Steckrüben, ferner Wachs, Seife und andere Kleinigkeiten. [. . .]«
»49. Unsere Frauenarbeitshäuser sind in guter Ordnung zu halten: die Wohnhäuser, Werkstuben und gedeckten Schuppen oder Webkeller. Ringsum sollen sie mit starken Zäunen umgeben sein und feste Türen haben, damit die Frauen die Arbeit für uns ungestört durchführen können. [. . .]«
»53. Jeder Amtmann sehe zu, daß in seinem Bereich unter unseren Leuten keine Strolche und Zauberer aufkommen können. [. . .]«
»56. Jeder Amtmann soll in seinem Bezirk öfters Gerichtstage abhalten, Recht sprechen und dafür sorgen, daß unsere Hofleute ein ordentliches Leben führen.«

Aus: Capitulare de villis. Um 795.
Übers.: G. Franz

Gesetzgebung

»Volksrechte«	*Im Mittelalter wurde nicht nach dem Recht eines Territoriums geurteilt, sondern nach der Volks- oder Herrschaftszugehörigkeit (Personalitätsprinzip). Volksrechte galten als Weisungen erfahrener, rechtskundiger Männer, wurden später aufgezeichnet und banden auch den König.*
Formelsammlungen	*aus der Antike wurden auch im Frankenreich weiterbenutzt; römische Rechtskultur lebte damit weiter.*
Kapitularien	*heißen seit 779 die königlichen Erlasse, weil ihre Einzelteile »capitula« genannt wurden. Sie ergänzten die Volksrechte, griffen in die Kirchengesetzgebung ein, enthielten Anweisungen an die Königsboten oder Erlasse, die von diesen »missi« verkündet wurden. Sie bezogen sich auf Verfassung, Verwaltung, Privat-, Strafrecht und Strafprozeß. Ihre Gesetzeskraft rührte von der königlichen Banngewalt und der Zustimmung der beratenden Großen her.*

Gerügte, d.h. der Verdächtigte, wurde vom Rügezeugen vor Gericht geladen. Wenn er seine Unschuld beteuerte, mußte er einen Reinigungseid leisten, andernfalls wurde er verurteilt. Mit dieser Einrichtung wirkte Karl auch der Selbsthilfe in Form von Fehde und Blutrache mit Erfolg entgegen.

Wie Karl der Große seine Kriege bezahlte: Heeresreform, Vasallität und Lehnswesen

Folgenreiche Neuerungen hat Karl der Große auch auf dem Gebiet des Heerwesens durchgeführt. Das schon von Karl Martell eingeführte Panzerreitersystem erforderte so viel Aufwand, daß der einfache Mann bald nicht mehr die kostspielige Rüstung aufbringen konnte. Die Grafen gingen daher zur individuellen Dienstbefreiung über, was wiederum die Wehrgerechtigkeit in Frage stellte. Karls des Großen realistische Einschätzung der Verhältnisse äußert sich in der Verfügung, daß die Heerbannpflicht von einer Mindestbesitzgröße abhängig sei. Damit aber auch die Kleinbesitzer die Verteidigungslast mittragen konnten, führte Karl den »Gestellungsverband« ein: Kleinere

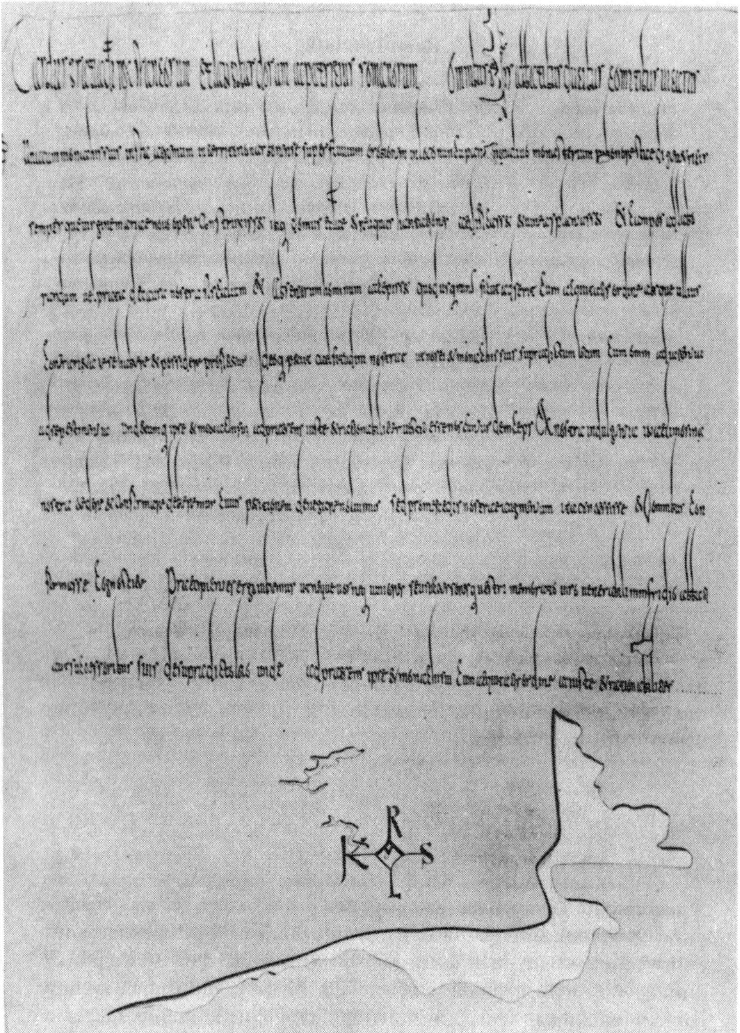

Das kaiserliche Signet. *Bestätigung einer Urkunde des 8. Jhs. durch das kunstvolle Signet Karls des Großen, der nur das Häkchen im Zentrum, den »Vollziehungsstrich«, selbst einsetzte.*

Grundbesitzer schlossen sich zusammen, um im Kriegsfall einen vom Grafen ausgewählten Waffenpflichtigen auszurüsten. Aus der Tatsache, daß auch in diesem Sektor Aufsichtsbeamte eingesetzt werden mußten, die von säumigen Zahlern dieser Art Heeressteuer eine »Heerbannbuße« eintrieben, läßt sich schließen, daß das System doch nicht reibungslos funktionierte. Da übrigens Priester und Mönche vom Wehrdienst befreit waren, traten viele – vor allem kleine – Leute in den Dienst der Kirche, um sich der Wehrpflicht zu entziehen. So legten diese Reformen auch die Brüchigkeit des sozialen Gefüges offen und konnten trotz bester Absichten letztlich den Abstieg der Bauern in immer größere Abhängigkeit nicht verhindern.
Die im wesentlichen agrarwirtschaftlich bestimmte Gesellschaft des Karolingerreichs räumte naturgemäß den reichen ›Großen‹ die meisten Vorteile ein, die sie selbstverständlich zu wahren und weiter auszubauen suchten.
Mit ihren mehreren hundert oder oft sogar mehreren tausend Hektar Land und ihrer ›edlen Abkunft‹ waren sie die Mächtigen im Lande. Sie nahmen die hohen Ämter ein und nutzten ihre Gewalt, um die armen »Freien« zur Abtretung oder zum Verkauf ihres Besitzes zu veranlassen oder gar zu zwingen und sie so schließlich in ihre Abhängigkeit zu bringen.
Diese Adeligen bezeichneten sich als Vasallen ihres Königs und drückten damit ein sehr enges persönliches Verhältnis aus. Aber der Begriff »vassus« (von mittellat. und kelt. vasallus = unfreier Diener) traf dieses Abhängigkeitsverhältnis nur unscharf, denn wenn sich auch der Vasall völlig dem Dienst für einen Mächtigeren verschrieb, so büßte er bis auf diesen Sachverhalt nichts von seiner Freiheit ein. Im Gegenteil, da er wußte, daß der andere besonders in Kriegszeiten auf seinen Einsatz angewiesen war, baute er seine Stellung als Dienstmann aus, forderte als angemessene Entlohnung Ländereien, Ämter und Würden und drängte auf die Erblichkeit seiner »Lehen«. Die Vasallität beherrschte im Laufe der Zeit die ganze Gesellschaftsordnung: Die Großen waren Vasallen des Königs; sie selbst versammelten um sich wiederum eine Schar abhängiger Dienstmannen, die ihrerseits wieder andere in ihren Dienst nahmen. Die Landschenkungen belasteten vor allem die Krone; ihre Vasallen gaben einen Teil des ihnen anvertrauten Landes an ihre Dienstleute weiter, so daß ein kompliziertes System von weitergeliehenem Land entstand. Als Karl Martell das Krongut ausging, griff er eigenmächtig auf Kirchengut zurück, um seine Vasallen zu befriedigen.
Dieser Eingriff war ein Vorgang, der lang andauernde Spannungen zwischen der fränkischen Kirche und der weltlichen Macht wegen der

Rückgabe auslöste. Nur Eroberungen konnten schließlich dem obersten Lehnsherrn aus der Verlegenheit helfen.
Die »Freien«, d.h. die freien Bauern – in den Kapitularien als »Franci« bezeichnet – waren keineswegs das Rückgrat der Gesellschaft; sie nahmen zahlenmäßig ständig ab und gerieten bei ihrem sozialen Abstieg in eine Zwischenzone, die ihren Freiheitsstatus nicht mehr deutlich erkennen läßt.
Die breite Masse der Bevölkerung waren die »Kolonen«, deren Freiheit stark eingeengt war. Sie lebten nicht auf eigenem Grund und Boden, sondern bestellten das Land der Großgrundbesitzer, das sie ohne dessen Erlaubnis nicht verlassen durften. Ihm mußten sie eine Kopfsteuer zahlen, er erlaubte oder verbot die Eheschließung, er konnte sie sogar züchtigen wie Sklaven. Aber der Kolone war Staatsbürger und mußte Militärdienst leisten, konnte vor Gericht Klage erheben und als Zeuge auftreten. Auch durfte er nicht unbeschränkt zur Arbeit herangezogen werden; seine Leistungen waren gewohnheitsrechtlich festgelegt. So hatte sich das Gewohnheitsrecht gebildet, daß er zur Zeit der Aussaat und Ernte Saisonarbeit leistete und in den Zwischenzeiten sich selbst versorgen durfte. Meist hatten die Kolonen einen kleinen Bauernhof auf dem Gut ihres Herrn sozusagen in Pacht, den sie bewirtschafteten. Wiesen und Wälder waren ohnehin für die allgemeine Nutzung freigegeben.
Die Gesellschaft der Karolingerzeit beruhte wie die der Antike auf der Sklaverei. In Frankreich waren damals ein Zehntel bis ein Fünftel der Gesamtbevölkerung Sklaven. Sie waren Sachen, gehörten zum Besitz und wurden mit diesem verkauft, wobei oft ohne Bedenken Sklavenfamilien auseinandergerissen wurden. Die meisten dieser untersten gesellschaftlichen Kategorie waren als Sklaven geboren, doch konnten auch Freie immer noch in Sklaverei geraten. Einer Verordnung aus der Zeit Karls des Großen ist zu entnehmen, daß sich ein freier Mann in die Sklaverei verkauft habe, um seine Frau vor dem Hungertod zu retten. Neue Sklavenscharen kamen als Handelsware aus dem Osten, vor allem aus Rußland; sie wurden gern weiter an die Muslims nach Spanien verkauft und waren ein beliebter und einträglicher Exportartikel.
Die Lebensumstände der Sklaven waren von Ort zu Ort verschieden; sie hingen vielfach von der Art der Beschäftigung ab, denn Sklaven bevölkerten nicht nur die Güter der Großgrundbesitzer, sondern bewährten sich auch als Handwerker und Kaufleute. Über ihr alltägliches Leben, ihre Empfindungen erfahren wir nichts; die Geschichtsquellen schweigen darüber, es sei denn, man erwähnt am Rande das Gesindel, die »gemeinen und schändlichen Leute«, die eben zu den Randgruppen der Gesellschaft gehören.

Das karolingische Süd-Nord-Gefälle

Durch die vornehmlich agrarwirtschaftliche Ordnung bedingt, dauerten die Abhängigkeiten der bäuerlichen und gewerblichen Bevölkerung vom Reichsadel in veränderter Form noch Jahrhunderte an. Die krassen Unterschiede in der gesellschaftlichen Hierarchie sagen aber nicht in allen Fällen etwas über die wirtschaftliche Lage aus: Freiheit bringt nicht unbedingt Reichtum, Sklaverei oder Abhängigkeit bedingen nicht Armut. Manch ein Begüterter war gezwungen, sich einem Grundherrn zu unterstellen, wenn er durch fortgesetzte Erbteilungen in wirtschaftliche Schwierigkeiten gekommen war. Je nach seinem noch verbliebenen Vermögen mußte er sich ganz verknechten oder konnte vertraglich wenigstens seine persönliche Freiheit retten. Zu den sozialen kommen regionale Verschiedenheiten. Der reiche romanische Süden mit seiner von Gewerbe und Handel geprägten Stadtkultur spiegelte ein anderes, differenzierteres soziales Gefüge wider als der mehr naturalwirtschaftlich geprägte, germanisch bestimmte Norden. Der Westen gab in fast jeder Hinsicht, gleich ob wirtschaftlich oder politisch, dem Osten entscheidende Impulse, wo der ›Fortschritt‹ Hand in Hand mit der Missionierung einherging: die Klöster waren zugleich Musterbetriebe und Bildungszentren.

Während der karolingischen Herrschaft nahm der Verschmelzungsprozeß zwischen Germanen und Galloromanen einen ruhigen Verlauf; die Romanisierung der Franken im südlichen Frankreich machte erhebliche Fortschritte, Nordfrankreich stand noch weitgehend unter germanischem Einfluß. Die germanischen Stammesgebiete im Osten wahrten trotz fränkischer Oberhoheit insgesamt ihre Eigenart. Die große politische Leistung Karls, die zweifellos auf seiner starken Persönlichkeit beruhte, äußerte sich im Ausgleich der vielfältigen Spannungen. Er hatte es gut verstanden, die Kirche als allumspannende Or-

Literatur

Delperrié de Bayac, Jacques: Karl der Große, Leben und Zeit, Wien 1976

Fleckenstein, Josef: Karl der Große, Göttingen/Berlin/Frankfurt 1962

Heer, Friedrich: Karl der Große und seine Welt, Wien/München/Zürich 1977

Löwe, Heinz: Deutschland im fränkischen Reich, in: Gebhardt: Handbuch der deutschen Geschichte, hrsg. von Herbert Grundmann, Bd. 1, München 1976

ganisation und bestimmende geistige Macht gezielt in seine Dienste zu stellen. Er dachte an den volkswirtschaftlichen Nutzen, wenn er sie mit Besitz ausstattete, er wußte, daß sie dem Staat soziale Dienstleistungen abnehmen konnte, wenn er ihr die Einziehung des Kirchenzehnts, einer Kirchensteuer, gewährte. Er förderte die Abhaltung von Märkten im Anschluß an Festgottesdienste; dabei steigerte die neu eingeführte Silberwährung den Umsatz erheblich.
Karls Reich zerbrach bald. Doch er hatte Grundlagen für eine spätere Entwicklung geschaffen. Otto der Große griff eine Tradition auf, als er – ein Jahrhundert später – zur Königskrönung nach Aachen zog. Für viele weitere Jahrhunderte wurde nun die mit der berühmten Palastkapelle geschmückte Lieblingspfalz Karls des Großen die Krönungsstadt der deutschen Könige.

Stichworte zur Regierungszeit Karls des Großen

Expansionspolitik: Unterwerfung und Christianisierung der Sachsen (772–804); Eroberung des Langobardenreiches (774); Eingliederung Baierns nach Treueidprozeß gegen Tassilo III. (788); Unterwerfung der Awaren (796).
Sicherheitspolitik: Errichtung von Marken an Grenzen gegen Slawen, Araber, Dänen, Awaren; Bau einer Flotte; Heeresreform.
Rom und Kirchenpolitik: Fortsetzung der Haustradition Pippins – Erneuerung des Kirchenstaates, Patriziat über Rom, Intervention zugunsten Papst Leos III.; römischer Kaisertitel bei der Krönung in Rom 800. Innere Reformen der Kirche eingeleitet; sakral verstandenes Herrschertum greift in kircheninterne Angelegenheiten ein, besetzt Bistümer und Abteien.
Reichsverwaltung: Bemühung, über Kapitularien (königliche Erlasse) zu kirchlichen, wirtschaftlichen, rechtlichen und militärischen Fragen eine gewisse innere Einheit bei Tolerierung überlieferter Volksrechte zu erzielen; Königsboten stellen zwischen Grafschaften und Hof Kontakt her; Hoftage mit Beratung der Königserlasse.

LOTHAR HÄUSLER

Der Hof Karls des Großen

Das Wesen des königlichen Hofes – Die Pfalzen – Aachen als Hauptstadt des Reiches – Würde der Hofämter – Die Hofkapelle – Die Hofschule als geistiger Mittelpunkt des Reiches.

Zweiundfünfzig Jahre war Karl der Große alt und eben zum fünftenmal vermählt, als er 794 seinen Hof nach Aachen verlegte und nun fast ausschließlich von da aus sein Reich regierte. Das war keineswegs selbstverständlich, hatte bis dahin doch der königliche Hof keinen festen Platz gehabt, regierten doch die Könige vor und auch nach ihm überwiegend im Umherziehen und ließen sich jeweils nur für begrenzte Zeit an verschiedenen Orten ihres Reiches nieder, wie es eben die politische oder strategische Lage erforderte.

›Hof‹ bedeutete im Verständnis des Mittelalters etwas Räumliches und Personelles zugleich. Einmal war es die Gesamtheit der über das Reich verstreuten sogenannten Pfalzen (von lat.: palatium = Palast), wie man jene größeren ›Gutshöfe‹ nannte, die dem König und seinem Gefolge als Residenz und gleichzeitig zur Versorgung dienten. ›Hof‹ meinte zum andern aber auch die Gesamtheit der an diesen Pfalzen tätigen Beamten und Bediensteten. Während Pippin der Jüngere, der Vater Karls des Großen, vor allem in der Umgebung von Paris seinen Hof abzuhalten pflegte, wählte Karl der Große anfangs Ingelheim, Nimwegen, Diedenhofen und Metz und gelegentlich auch schon Aachen, wo er dann nach 794 fast ausschließlich residierte.

Die Nähe zu den großen Flüssen und den genannten anderen Pfalzorten, die günstige strategische Lage zum unruhigen Nordosten des Reiches und nicht zuletzt die seit der Römerzeit bekannten heißen Quellen mögen die Wahl des Königs mitbestimmt haben. Mit der ihm eigenen Energie und aus den Mitteln des von den Awaren eroberten großen Schatzes ließ er den Platz aufs prächtigste ausbauen. Trotz intensiver archäologischer Forschung fällt es heute – sieht man einmal von der Pfalzkapelle ab – nicht leicht, uns ein Bild von der ehemaligen Gesamtanlage zu machen, die einst die Besucher aus Orient und Okzi-

Frühe Darstellung des Aachener Münsters.
Widmungsrelief des Karlsschreins, Aachen, von 1215:
Karl der Große weiht Maria die Aachener Münsterkirche.

dent begeisterte. Imposante Empfangssäle, großzügige Archiv- und Bibliotheksräume, Arkaden und Pavillons, eine mächtige Königshalle mit ihren Bronzetüren, das ausgedehnte Thermalbad oder das berühmte Reiterstandbild Theoderichs, das der König aus dem Langobardenfeldzug mitgebracht hatte, mögen einen tiefen Eindruck hinterlassen haben. Gleiches gilt von jenem herrlichen Kuppelbau der Pfalzkapelle, die unter der Leitung Odos von Metz nach dem Vorbild der Kirche von San Vitale zu Ravenna errichtet und 805 eingeweiht wurde. Sie bildet heute den Mittelpunkt des Münsters zu Aachen. »Halb Menschenwerk, halb göttliches Werk«, sagten die Zeitgenossen von diesem bedeutendsten Denkmal karolingischer Baukunst. Hier wurde noch am Tage seines Ablebens 814 der Kaiser beigesetzt, hier wurden zweiunddreißig Könige des deutschen Mittelalters gekrönt, und hier steht heute noch der ehrwürdige Thron Karls.
In dieser ausgedehnten Pfalz arbeiteten die Beamten und Bediensteten des königlichen Hofes, an ihrer Spitze die Inhaber der auf lange Tradi-

Das Aachener Münster heute, von Südwesten gesehen. *Zwischen den in späterer Zeit um- oder überbauten Bauteilen das karolingische Oktogon, der achteckige Zentralbau.*

tion zurückblickenden Hofämter: der Kämmerer als der oberste Verwalter der königlichen Güter, der Seneschall als Oberaufseher der Hofhaltung, der Mundschenk und der Marschall. Gegenüber der Zeit Pippins des Jüngeren waren diese Funktionen erhöht worden, so daß nun beispielsweise der Marschall nicht mehr wie früher die königlichen Gestüte und die Stallungen zu verwalten hatte, sondern als Reiterführer Dienst tat. Ihnen unterstellt waren die Quartiermeister, die Oberjäger, Falkner und Schatzmeister, die ihrerseits wieder über eine Schar von Bediensteten, Jägern, Knechten wachten. Besondere Bedeutung kam dem Pfalzgrafen zu, der oberster Richter war und den König bei seiner Abwesenheit in der Pfalz vertrat.
Zu den weltlichen Beamten gesellten sich Bischöfe, Äbte und Kleriker, die den geistlichen Hofdienst versahen. Sie bildeten die »Hofkapelle«, eine typisch karolingische Einrichtung, deren Name auf eine von den fränkischen Königen besonders verehrte Reliquie zurückging, nämlich den Mantel des heiligen Martin, »capella Sancti Martini« genannt. So

Geschichten um Karl den Großen
Erzählt von Notker dem Stammler

Als der siegreiche Karl nach langer Abwesenheit nach Gallien heimkehrte, ließ er die Knaben, welche er dem Clemens anvertraut hatte, vor sich kommen und hieß sie ihre Briefe und Gedichte vorzeigen. Da brachten ihm die Knaben von geringer und die von niedriger Herkunft die ihrigen über alle Erwartung mit jeglicher Würze der Weisheit gesüßt, die vornehmen aber wiesen ganz unnütze und nichtige Ware vor. Karl, der sehr weise Richter, tat nach dem Vorbild des ewigen Richters; er sonderte die guten Arbeiter aus, stellte sie zu seiner Rechten und redete sie solchergestalt an: »Habt vielen Dank, meine Söhne, daß ihr meinen Befehl zu euerm Frommen nach Kräften auszuführen bemüht gewesen seid. Jetzt also bestrebt euch, die Vollendung zu erreichen, dann werde ich euch gar herrliche Bistümer und Klöster geben, und ihr werdet immer hochgeehrt in meinen Augen sein.« Darauf wandte er sein Angesicht mit großem Unwillen zu den Linksstehenden, erschütterte ihr Gewissen mit flammendem Blick und stieß mit furchtbarem Hohn, mehr donnernd als redend, diese Worte gegen sie aus: »Ihr hochgeborenen, ihr Fürstensöhne, ihr zierlichen und hübschen Leutchen, die ihr vertraut auf eure Abkunft und euern Reichtum, meinen Befehl und euern Ruhm hintansetzend, habt ihr die Wissenschaften vernachlässigt und im Wohlleben mit Spiel, Nichtstun und leerem Treiben die Zeit verbracht.« Und nach diesem Eingang erhob er sein erhabenes Haupt und die nie besiegte Rechte zum Himmel und rief, gleich einem Wetterstrahl, seinen gewohnten Schwur: »Beim Herrn des Himmels! Ich gebe nicht viel auf euern Adel und euer hübsches Aussehen, wenn auch andere euch anstaunen mögen; und dessen seid versichert, wenn ihr nicht eiligst euere frühere Nachlässigkeit durch sorgsame Anstrengung wiedergutmacht, so habt ihr von Karl nie etwas Gutes zu erwarten.«

Einmal kam der Kaiser auf einer Reise zu einer großen Kirche, und ein wandernder Priester, der Karls Zucht nicht kannte, trat ungerufen in den Chor ein; er hatte aber niemals etwas gelernt und blieb stumm und dumm mitten unter den Sängern stehen. Der Vorsinger erhob seinen Stab und drohte ihm, wenn er nicht singen wolle. Da wußte er nicht, was er tun sollte, noch wohin sich wenden; denn hinauszugehen wagte er nicht, drehte also den Hals im Kreise umher und machte den Mund weit auf, um, so gut er konnte, die Art der Singenden nachzuahmen. Niemand vermochte das Lachen zu unterdrücken, der tapfere Kaiser aber, den auch größere Dinge nie aus seiner ruhigen Fassung brachten, tat, als ob er seine gezwungenen Gebärden nicht bemerke, und erwartete in aller Ordnung das Ende der Messe. Darauf rief er den Armen zu sich; denn ihm dauerten seine Anstrengungen und seine Angst, und tröstete ihn mit den Worten: »Hab vielen Dank, guter Mann, für deinen Gesang und deine Mühe.« Und um ihn in seiner Armut zu unterstützen, befahl er, ihm ein Pfund Silber zu geben.

Ein Bistum lag Karl auf seinen Reisen gerade im Weg, er konnte es kaum vermeiden. Der Bischof aber wollte ihn gerne nach Gebühr aufnehmen und verwandte in seinem Dienst alles, was er auftreiben konnte. Als nun einmal der Kaiser unerwartet ankam, da eilte der Bischof in großer Unruhe wie eine Schwalbe hin und her, ließ nicht nur die Kirchen und Häuser, sondern auch die Höfe und selbst die Straßen ausfegen und zog ihm dann sehr müde und verdrießlich entgegen. Der fromme Karl bemerkte das, musterte alles mit den Augen und sprach zum Bischof: »Du bist der beste Wirt, immer läßt du zu unserm Empfang alles aufs schönste säubern.« Der erzitterte, gleich wie von göttlicher Stimme angeredet, ergriff die siegreiche Rechte, küßte sie und erwiderte, seinen Unwillen so gut wie er konnte verbergend: »Recht ist es Herr, daß, wohin ihr kommt, alles bis auf den Grund ausgekehrt werde.« Karl, der weiseste aller Könige, erkannte den Sinn der Worte und sprach: »Verstehe ich auszuleeren, so kann ich auch wieder füllen.« Dann setzte er hinzu: »Nimm jenes königliche Gut, das bei deinem Bischofssitz liegt, und behalte es für dich und deine Nachfolger auf ewige Zeiten.«

Aus: Gesta Caroli (Die Taten Karls des Großen), wahrscheinlich von dem St. Gallener Mönch Notker Balbulus (der Stammler) um 840–912.
Übers.: O. Abel und W. Wattenbach

Kaiserpfalz in Ingelheim, Rekonstruktionsversuch

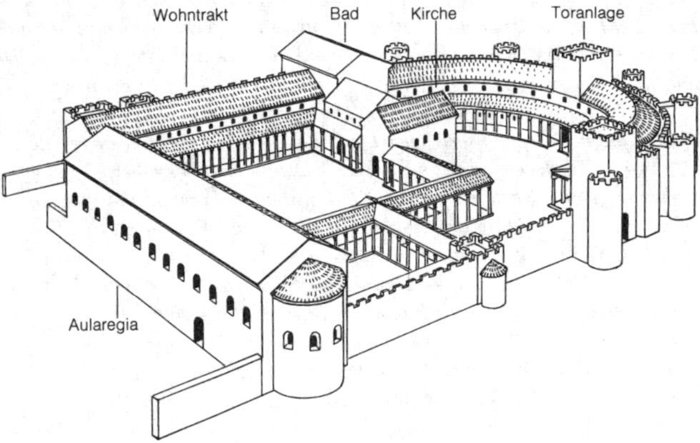

hießen die Kleriker, die sie im Gefolge des Königs mitführten und in den jeweiligen Pfalzkapellen bewachten, die »Kapelläne«. Sie unterstanden dem Erzkaplan, dem Leiter des geistlichen Hofdienstes, der den Rang eines Bischofs oder Abtes bekleidete, und hatten neben ihrer ursprünglichen geistlichen Tätigkeit, die sie ja kaum belastete, auch diplomatische und administrative Aufgaben wahrzunehmen. Damit aber kam ihnen eine Schlüsselstellung in der Verwaltung zu; denn in der Pfalz herrschte stets ein Kommen und Gehen, trafen Gesandte aus vielen Ländern ein, wurden die königlichen Erlasse ausgestellt, die »Königsboten« in die Grafschaften gesandt und Audienzen gewährt.

Aus der Pfalz ins Reich: Bildung, Kunst und Wissenschaft

Höchstes Ansehen gewann der Hof zu Aachen aber durch die sogenannte »Hofschule«, eine Art Akademie, zu der Karl schon bald nach seinem Regierungsantritt den Anstoß gegeben hatte. Von da an berief er, wo immer es notwendig und möglich erschien, die gelehrtesten Männer aus seinem Reich und aus benachbarten Ländern an seinen Hof. Franken waren darunter, Angeln, Iren, Sachsen, Langobarden, Westgoten, Friesen und Baiern. Der bedeutendste unter ihnen war der

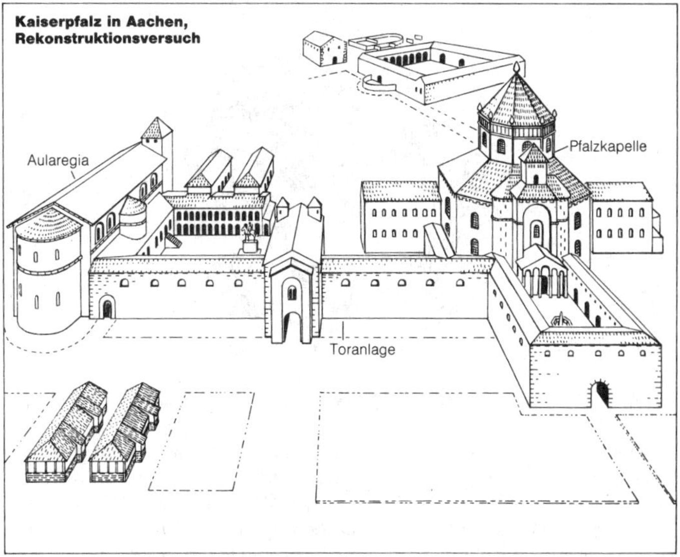

Angelsachse Alkuin, der seit 782 als Berater Karls wirkte, 796 dann als Abt nach Tours ging, also nicht mehr zum Hof von Aachen gehörte. In ihm besaß der König einen Universalgelehrten, der das Bildungswesen im fränkischen Reich organisierte, Stundenpläne und Lehrbücher für den Elementarunterricht entwarf und zugleich die antiken Wissenschaften mit der Überlieferung des Christentums zu verbinden suchte. »Man lernt um zu lehren«, war sein Wahlspruch, und noch Generationen nach ihm waren Gelehrte stolz, die Schüler seiner Schüler gewesen zu sein. Sein Nachfolger in Aachen wurde der Westgote Theodulf, ein empfindsamer, etwas verschrobener Gelehrter, der für die Überlieferung antiken Geistesgutes aber noch mehr leistete als Alkuin. Gefürchtet war seine spitze Feder, wenn er den Hof oder Mißstände im Rechtswesen rügte oder mit Frömmlern ins Gericht ging. Später wurde er Bischof von Orléans, doch setzte ihn Ludwig der Fromme, der Nachfolger Karls, wegen seiner freimütigen kritischen Äußerungen wieder ab.

Aus Italien kam der Langobarde Paulus Diaconus, der große Geschichtsschreiber seines Volkes. Das Hofleben behagte dem einfachen Mönch aber nicht, und so kehrte er nach sieben Jahren wieder in das Kloster von Monte Cassino in Unteritalien zurück. Zu den ersten fränkischen Gelehrten gehörte der junge Angilbert, vermutlich der Ge-

HRABANUS MAURUS

Zu seinen Lebzeiten galt Hrabanus Maurus als der bekannteste Theologe im fränkischen Reich. Um 780 in Mainz geboren, war Hrabanus bereits als Kind von seinen vornehmen Eltern in die Obhut des Klosters Fulda gegeben worden. Wegen seiner offenkundigen Begabung schickte ihn der Abt zum Studium nach Tours zu Alkuin, der ihm den Namen von Benedikts Lieblingsschüler Maurus beilegte. Schließlich wurde Hrabanus zum Lehrer und Leiter der Klosterschule von Fulda bestellt. 822 berief ihn das Vertrauen der Mönche zum Vorsteher der Abtei, die unter seiner Leitung eine Blütezeit erlebte. Als Freund Kaiser Lothars und Vertreter der Reichseinheit mußte Hrabanus bei den Streitigkeiten um die fränkische Herrschaftsteilung auf das Amt des Abtes verzichten. Fünf Jahre später berief ihn König Ludwig der Deutsche zum Erzbischof von Mainz.

Hrabanus Maurus hat eine vielgestaltige Wirksamkeit entfaltet. Neben der Volksseelsorge war ihm die Förderung von Wissenschaft und Erziehung ein besonderes Anliegen. Als Gelehrter verfügte er über eine umfassende Bildung und entwickelte eine fruchtbare literarische Tätigkeit. Bisweilen fehlende Originalität wurde dabei durch den Umfang und die inhaltliche Breite seines Werkes ersetzt. Neben seinen theologischen Schriften verfaßte er das Lexikon »De universo«, in dem er das ganze Wissen der Zeit sammelte. Von seinen Dichtungen hat sich der ihm zugeschriebene Heilig-Geist-Hymnus »Veni creator spiritus« bis heute in der kirchlichen Liturgie erhalten.

Hrabanus' Hauptverdienst liegt in der Begründung des gelehrten Schulwesens in Deutschland. Er entwickelte einen ersten Lehrplan und stellte pädagogische Grundsätze für den Unterricht auf. Unter seiner Leitung wurde die Klosterschule von Fulda zur bedeutendsten im Reich: Walahfrid Strabo, Otfrid von Weißenburg und viele Äbte und Bischöfe waren seine Schüler. Nach seinem Tod 856 wurde Hrabanus Maurus der Ehrentitel »Praeceptor Germaniae – Lehrer Deutschlands« verliehen. *(W.S.)*

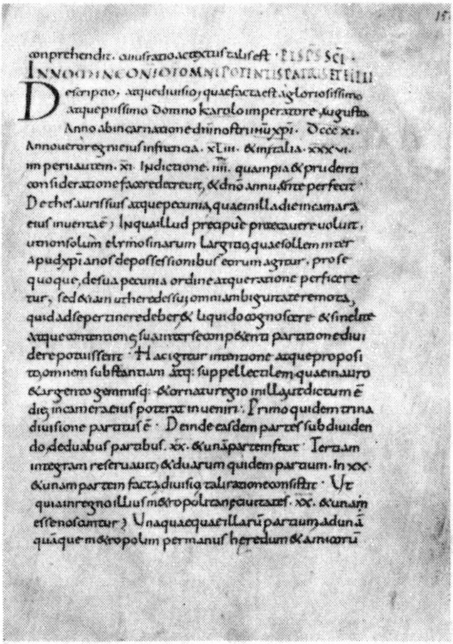
conprehendit. cuius ratio atque textus talis est ·
IN NOMINE DOMINI DEI OMNIPOTENTIS PATRIS ET FILII
Descriptio, atque divisio, quae facta est a gloriosissimo
atque piissimo domno karolo imperatore augusto.
Anno ab incarnatione dn̄i nostri ihū xp̄i · dcccxi ·
Anno vero regni eius in francia · xliii · et in italia · xxxvi ·
imperii autem · xi · Indictione · iiii · quam pia et prudenti
consideratione facere decrevit, et dn̄o annuente perfecit ·
De thesauris suis atque pecunia, quae in illa die in camara
eius inventa est; In qua illud praecipue praecavere voluit,
ut non solum elemosinarum largitio, quae sollemniter
apud xp̄ianos de possessionibus eorum agitur, pro se
quoque, de sua pecunia ordine atque ratione perficere-
tur, sed etiam ut heredes sui, omni ambiguitate remota,
quid ad se pertinere deberet, liquido cognoscere et sine lite
atque contentione sua inter se conpetenti partitione divi-
dere potuissent · Hac igitur intentione atque proposi-
to, omnem substantiam atque supellectilem quae in auro
et argento gemmisque et ornatu regio in illa ut dictum est
die in camera eius poterat inveniri; Primo quidem trina
divisione partitus est · Deinde easdem partes subdividen-
do, de duabus partibus · xxi · et unam partem fecit · Tertiam
integram reservavit, et duarum quidem partium · in xxi
et unam partem facta divisio tali ratione consistit · Ut
quia in regno illius metropolitanae civitates · xxi · et una
esse noscantur; Unaquaeque illarum partium ad unam-
quamque metropolim per manus heredum et amicorum

***»Vita Caroli Magni«**, die Lebensbeschreibung Karls des Großen durch Einhard, geschrieben in der sogenannten »Karolingischen Minuskel«. Wien, Österreichische Nationalbibliothek.*

liebte von Karls Tochter Berta, die ihm angeblich zwei Söhne schenkte. Der Klosterschule von Fulda entstammte der vielseitige, emsige Einhard, der in den klassischen Wissenschaften ebenso zu Hause war wie in der Praxis der Steinmetz- und Goldschmiedekunst. Er wirkte selbst als Baumeister, überwachte die königlichen Baumaßnahmen, reiste als königlicher Gesandter nach Rom und kontrollierte als Geheimsekretär nicht nur die Niederschrift der Hofannalen, sondern verfaßte auch selbst jene berühmte Lebensbeschreibung »Vita Caroli Magni« – Das Leben Karls des Großen –, mit der er seinem kaiserlichen Herrn und Freund ein liebevolles Denkmal gesetzt hat. Die berühmte Sage von Einhard (Eginhard) und Emma beruht allerdings auf einer Verwechslung mit dem oben erwähnten Angilbert.
Diese Männer standen zusammen mit einigen anderen im Mittelpunkt der Hofschule und beeinflußten die geistige Kultur des Karolingerrei-

Links: ***Löwenkopf*** *von der ältesten Bronzetür Deutschlands, dem zweiflügeligen Hauptportal (»Wolfstür«) des Aachener Münsters, entstanden unter Einhard in der Aachener Gießhütte um 800.*

Unten: ***Das älteste karolingische Gitter*** *von der Empore im Aachener Oktogon, entstanden an der Wende vom 8. zum 9. Jh.*

ches. Da ihre Schüler selbst wieder Schulen gründeten, verbreiteten sich die Früchte ihrer Studien und Forschungen erstaunlich schnell. Der König unterstützte sie, wo er nur konnte, und suchte ihren Umgang. Wie eng die freundschaftlichen Bindungen dabei waren, beweist die Sitte, sich im vertrauten Kreis Namen aus der Antike und der Bibel zu geben. Karl selbst hieß David, Theodulf war Pindar, Alkuin wurde Horaz genannt und Angilbert Homer.
Trotz seines immensen Arbeitspensums fand der König selbst Zeit für das Studium der Grammatik, auch nahm er Unterricht in Astronomie und Musik. Immer wieder wirkte er selbst als Anreger, forderte zu Fragen heraus, ließ beispielsweise über die Ursachen einer Mondfinsternis ebenso diskutieren wie über theologische und philosophische Probleme. Über die Hofschule förderte er zugleich die allgemeine Bildung in seinem Reich, die Ausbildung der Geistlichen, die damals sehr im argen lag, oder die Herausgabe theologischer und historischer Schriften. So konnte auch Alkuin lobend ausrufen: »Wenn viele wären wie Karl selbst, erstünde im Frankenreich ein neues Athen . . .!«
Wahrscheinlich entstand im Umkreis dieser Hofschule auch die sogenannte »Karolingische Minuskel«, eine Schrift mit kleinen Buchstaben, die aber im Gegensatz zu den stets gleichhohen Buchstaben der bisher gebräuchlichen Majuskelschrift Ober- und Unterlängen aufwies. In ihrer eleganten Form fand sie rasch Eingang in die Schreibstuben der Klöster und wurde zur Mutter der abendländischen Schriftfamilie.
Aber nicht nur um die lateinische Sprache und Schrift kümmerte sich Karl, sondern auch um die deutsche Volkssprache. So gab er den Monaten deutsche Namen, ließ eine deutsche Grammatik erstellen und germanische Heldenlieder sammeln. Leider fielen letztere dem bigotten Eifer Ludwigs des Frommen zum Opfer, der sie wegen ihrer »heidnischen« Einflüsse vernichten ließ.

Literatur

Die auf Seite 63 aufgeführte Literatur für das Frankenreich Karls des Großen enthält auch ausführliche Beschreibungen zum Leben und Hof Karls des Großen!

HANSWERNFRIED MUTH

Die Kunst der Karolinger

Die historischen Voraussetzungen der karolingischen Kunst – Karls des Großen persönliche Bedeutung für die karolingische Kunst – Der Begriff der »Karolingischen Renaissance« – Karolingische Architektur – Die bildenden Künste: Malerei, Buchmalerei und Plastik – Goldschmiedekunst und ihre Beziehung zur germanischen Tradition – Die Bedeutung der karolingischen Kunst für die Zukunft.

In den Anfangszeiten abendländischer Kunst lagen die Schwerpunkte kulturellen Schaffens vor allem im Mittelmeerraum. Nach dem Zusammenbruch des römischen Imperiums und nach dem allmählichen Verlöschen seines direkten Einflusses erstand nördlich der Alpen mit dem Frankenreich der Ansatz zu einem neuen Kunstzentrum.
Durch die Völkerwanderung war die schon immer vielstämmige Region zwischen Ostsee und Alpen, Atlantik und Elbe vermehrt von verschiedenen Volksstämmen durchmischt worden. Jeder dieser Stämme brachte seine eigene Kultur mit sich. Kennzeichnend für das künstlerische Wollen der germanischen und keltischen Bewohner Europas war die beiden gemeinsame Vorliebe für das Ornament und eine hochentwickelte Technik der Goldschmiedekunst. Dem steht das fast völlige Fehlen figürlicher Darstellungen – wie sie im Gegensatz dazu die antike Kunst vor allem kannte – gegenüber. Mit der Erneuerung des »römischen« Kaisertums unter Karl dem Großen kam es auch zur Begründung einer neuen abendländischen Kunst und Kultur unter teilweiser Verwendung spätantiker Traditionen und Vorstellungen. Vor allem die monumentale Baukunst war damals wie später in der absolutistischen Zeit zunächst eine höfische Kunst; sie bedeutete eine Steigerung der Persönlichkeit und Stellung des Herrschers. Weder im monumentalen Steinbau noch in der Malerei und Plastik war ein Anknüpfen an die germanische Vergangenheit möglich, da es keine germanische Monumentalkunst gab, an die man sich hätte anschließen können. So wurde man auf das römische Vorbild verwiesen.
Karolingische Kunst ist die Kunst des ganzen fränkischen Reiches, getragen von der Kirche und den Großen des Reiches. Dennoch war Karls Persönlichkeit Mittelpunkt aller kulturellen Bestrebungen. Das Rhein-Maas-Gebiet, aus dem Karl selbst stammte, war nicht nur das

Kerngebiet des Reiches, sondern auch im Zenit der karolingischen Zeit Zentrum der europäischen Kultur und Kunst. Ein solcher Schwerpunkt ist es geblieben bis zum hohen Mittelalter. An seinem Hof in Aachen, an dem Karl die bedeutendsten Köpfe aus dem ganzen Reich als Ratgeber versammelte, entstand das Wort: »Zurück zu den alten Zeiten und Sitten gewandt, gebiert sich dem Erdkreis erneuert das goldene Rom.« Den gleichen Gedanken, dem hier Modoin, seit 815 Bischof von Autun, Ausdruck verleiht, hat Alkuin in einem Brief an Karl im Jahr 790 ebenso deutlich ausgesprochen: Wenn viele dem Fleiß und Eifer des Königs folgen würden, entstehe in Aachen ein neues Athen im Reich der Franken, das freilich durch den Dienst am Herrn Jesus Christus alle Weisheit der griechischen Akademie übertreffen werde. Jenes alte Athen habe nur durch die Lehre Platos und die sieben freien Künste geglänzt; das neue Athen aber werde, durch die Fülle des Heiligen Geistes bereichert, das gesamte Verdienst der weltlichen Weisheit übertreffen.

Die sogenannte »Karolingische Renaissance«

Die Kunst des Karolingerreiches stellt den Versuch dar, den germanischen Franken in einem einzigartigen Anlauf die fremde Kunstwelt der römisch-byzantinischen Spätantike zu übermitteln. Die bewußte Hinwendung zu einer älteren und fremden Kunst ist das bestimmende Kennzeichen der karolingischen Kultur, die im wesentlichen freilich auf den Hof selbst, die führenden Klöster und einige Bischofssitze beschränkt blieb, während daneben eine oft ganz anders geartete Volkskunst weiterlebt, die viel stärker der heimischen Tradition verbunden ist. Gerade hierdurch wird das künstlerische Bild der Epoche so vielschichtig und erscheint oft widersprüchlich. Eine Hauptaufgabe der karolingischen Kunst war das Sammeln und Zusammenfügen der verschiedenen fremden Elemente, deren Übernahme sich oft ohne inneres Verständnis lediglich auf die Nachahmung äußerer Formen beschränkt. Die Aneignung spätantiker, vor allem römischer Kunstformen wird hierbei besonders durch den Anspruch des Kaisers getragen und legitimiert, der Erbe des weströmischen Reiches zu sein.
Wegen dieser bewußten Hinwendung zu antiken Traditionen hat man dieser Kunstepoche bisweilen den Namen einer »Karolingischen Renaissance« gegeben. Doch war diese ›Renaissance‹, diese Wiederbelebung der Antike, keine echte Neugeburt. Es war auch nicht die klassische Antike, die man erneuern wollte und deshalb als beispielhaft betrachtete. Nicht der Geist der Griechen sollte wiedererweckt wer-

Karolingische Baukunst. *Links: Fassade des Westwerks der Klosterkirche Corvey/Weser, in der unteren Hälfte karolingisch. – Oben links: »Königshalle« des Klosters Lorsch (um 790). – Oben rechts: Dreikonchenkirche, Mistail/Graubünden (Ende 8. Jh.). – Unten: Obergeschoß des Westwerks in Corvey mit »Kaiserloge« (873–885).*

den; die Götterwelt der Antike blieb aus den Darstellungen verbannt, allenfalls am Rande christlicher Themen tauchen z.B. heidnische Flußgötter, symbolisch umgedeutet, wieder auf. Weder der klassische Tempel, der im Klassizismus Vorbild auch des Kirchenbaus werden konnte, noch die nackte menschliche Gestalt, die den griechischen und römischen Bildhauern so viel bedeutet hatte, wurden nachgeahmt. Die bestimmenden Vorbilder wurden vielmehr im altchristlich-römischen und im byzantinischen Raum gesucht und ausgewählt. Die Kirche San Vitale in Ravenna, unter dem Ostgotenkönig Theoderich um 525 begonnen und nach Vernichtung des Ostgotenreiches durch den oströmischen Kaiser Justinian um 547 vollendet, wurde so zum Vorbild für das Oktogon der Pfalzkapelle Karls in Aachen, der dorthin auch eine Reiterstatue Theoderichs überführen ließ. Die Abteikirche in Fulda, in den Jahren zwischen 791 und 819 über dem Grab des heiligen Bonifatius errichtet, wurde erbaut »more romano« – »nach römischer Sitte«. Das heißt, ihr Vorbild war die alte konstantinische Petersbasilika in Rom, von der sie das breitlagernde Westquerhaus über dem Apostelgrab übernahm. Beide Beispiele zeigen, daß nicht in erster Linie die künstlerische Form, sondern die Sinnbedeutung, die man den Bauwerken beimaß, ausschlaggebend für die Wahl der Vorbilder wurde.
Stärker als in der Architektur setzte sich dagegen in den Bildkünsten – trotz aller Anlehnung an spätantike Vorbilder – eine eigene künstlerische Originalität durch. Zu einem Hauptproblem der Künstler wurde es, sich die ihnen bisher ungebräuchliche Darstellung der menschlichen Gestalt anzueignen. Deshalb reicht auch die Skala des Menschenbildes von stark abstrahierenden, fast ornamentalen Bildungen bis zur Nachahmung byzantinischer Bilder, die ›impressionistisch‹ die Farbfläche auflösen und auch eine perspektivische Raumandeutung kennen. Doch zukunftsweisend sind weniger diese naturalistischeren Bildformen, die nicht selten eine unverstandene Kopie spätrömischen Bildgutes darstellen, sondern vielmehr die naturfernen, strengflächigen Bilder, in denen unter Verzicht auf jeden Illusionismus der Mensch in seinem geistigen Sein als geistiges Wesen sichtbar wird.

Die karolingische Architektur

In der Baukunst der Karolingerzeit gewann der Steinbau seinen Rang zurück, den er in der antiken Kunst besessen hatte. Der Wille zum monumentalen Bauwerk wurde im Frankenreich neu geweckt. Wenn die karolingische Architektur dennoch nicht zur Wiederholung der römisch-antiken wurde, sondern zur Grundlage einer abendländischen Bauweise, so vor allem deshalb, weil sich mit dem Untergang des Römerreiches im Westen Europas von der Antike völlig verschiedene Verhältnisse entwickelt hatten.

Die Stadtkulturen des Mittelmeerraumes hatten dem Profanbau zahllose und mannigfache Aufgaben gestellt, die bei der stadtfremden, bäuerlichen Lebensform des beginnenden Mittelalters entfielen. Die Wohnhäuser waren im Norden auf lange Zeit hin einfache, meist rechteckige Bauten aus Flechtwerk und Holzpfosten; die Wände waren mit Lehm beworfen. Der Fachwerkbau hat hier seine Wurzeln. Aus heimischer Tradition entstanden auch die Burgen, Ringwälle mit Palisaden, Turmhügel oder wassergeschützte Flachsiedlungen in Holzbauweise. Nur die Pfalzen des Herrschers wurden zur großzügigen, vielseitigen Aufgabe einer bemerkenswerten profanen Bautätigkeit in Stein. Zum größten Teil gingen diese Pfalzen wie etwa die weitläufige Anlage zu Ingelheim am Rhein, errichtet um 780, oder die Pfalz zu Aachen, erbaut gegen 800, wieder unter. Nur durch ausgegrabene Reste sind sie uns in ihren ungefähren Umrissen bekannt. Die größeren Pfalzen stellten großartige Baugruppen dar, mit Säulengängen und Höfen, Absteigequartieren und Wirtschaftsgebäuden, Kapellen und einer Königshalle, in der die Herrscher ihren Amtsgeschäften nachgingen. Eine Vorstellung vom Aussehen solcher Profanbauten vermittelt uns nur noch die kaum veränderte »Torhalle« des sonst völlig zerstörten Klosters Lorsch in Hessen, die vermutlich als Triumphtor für Karl den Großen errichtet wurde, als er 774 an der Weihe der Klosterkirche teilnahm. Bemerkenswert ist die zierliche Wandgliederung der Fassaden. Über den Arkaden der unteren Halle trennt ein schmales Gebälk die Geschosse; den Oberbau gliedern flache Pilaster und spitze Dreieckgiebel, die der Wand aufgelegt sind. Bestimmt wird der Gesamteindruck jedoch durch die Buntheit der Tonplatten, die wie ein Teppich das Mauerwerk schmücken.

Weit größeres Gewicht als die profane Baukunst besaß die sakrale Architektur. Zwar spielte im ländlichen Kirchenbau, ähnlich wie bei den ländlichen Profanbauten, die Holzpfostentechnik eine wesentliche Rolle, aber die Bischofs- und Klosterkirchen strebten monumentales Maß und reiche Gliederung an.

Im frühkarolingischen Kirchenbau zeichnen sich mehrere Grundtypen ab: der schlichte Saalbau mit eingezogenem, viereckigem Altarhaus – besonders im ostfränkischen Reichsteil verbreitet – oder mit halbrundem Chorschluß, der sich vorwiegend im Hessischen durchsetzt. Dann die Saalkirche mit niedrigen seitlichen Anbauten oder auch mit erhöhtem Mittelbau über kreuzförmigem Grundriß, wie etwa

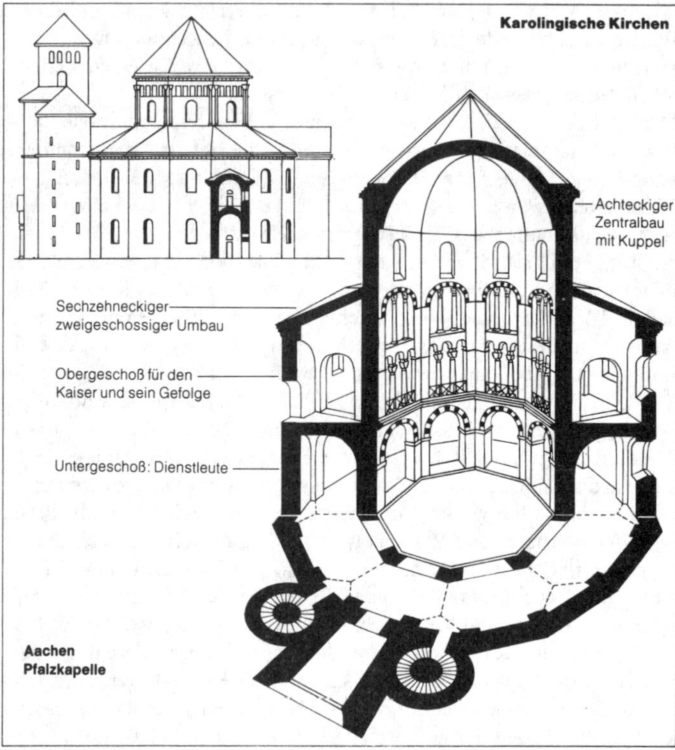
Karolingische Kirchen
Achteckiger Zentralbau mit Kuppel
Sechzehneckiger zweigeschossiger Umbau
Obergeschoß für den Kaiser und sein Gefolge
Untergeschoß: Dienstleute
Aachen Pfalzkapelle

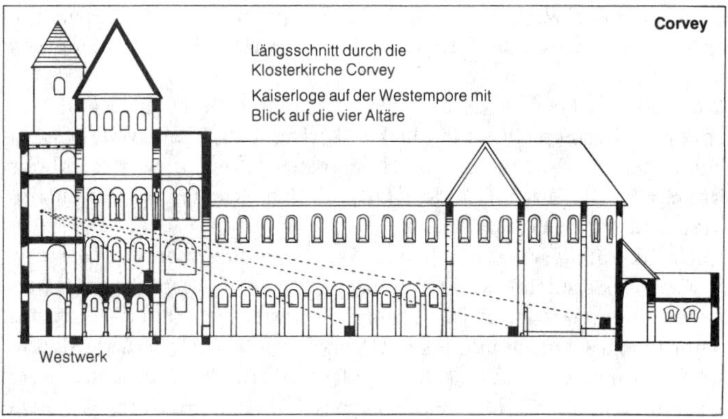
Corvey
Längsschnitt durch die Klosterkirche Corvey
Kaiserloge auf der Westempore mit Blick auf die vier Altäre
Westwerk

Karolingische Kirchen

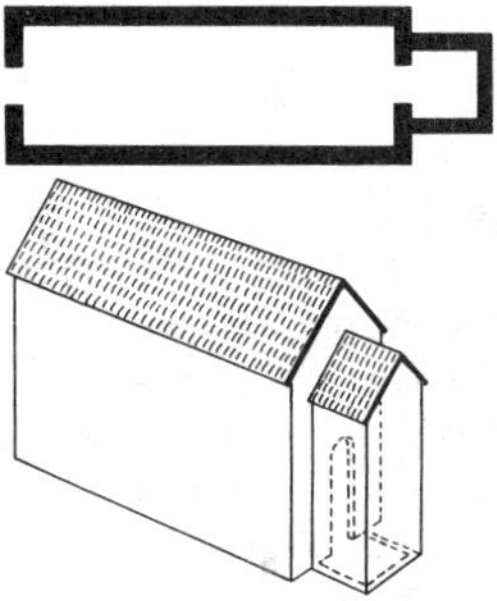

Frühkarolingische Klosterkirche
von Nivelles um 790 mit geradem Chorabschluß

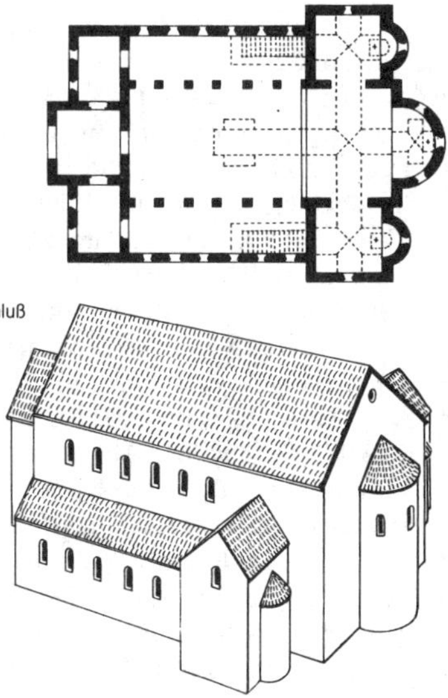

Steinbach, Odenwald
Einhardsbasilika (827) mit Krypta (Grundriß)
und Querschiff

Karolingische Kirche St. Peter
in Mistail, Hallenbau mit drei Apsiden

Westwerk von Kloster Corvey
und Grundriß

Westwerk

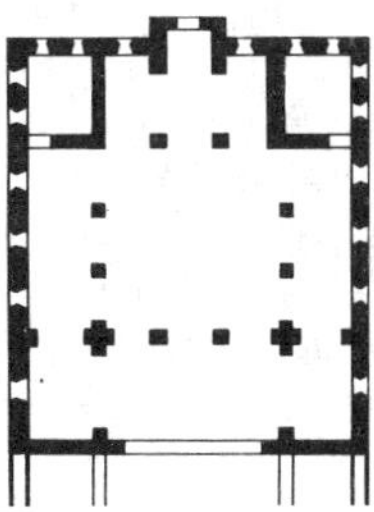

die alte Abteikirche in Neustadt am Main; letztere Typen gehen auf ostkirchliche Vorbilder zurück.
Um die Mitte des 8. Jahrhunderts wird mit der Aufnahme der stadtrömischen Basilikaform die monumentale Baugesinnung der karolingischen Bauherren deutlich. Gleich am Anfang einer langen baugeschichtlichen Entwicklung steht der programmatische und repräsentative Großbau der Abteikirche von St. Denis; Pippin ließ die Säulenbasilika 754 beginnen, Karl vollendete sie 775. Hier werden zwei für das Mittelalter so charakteristische Baugedanken erstmals verwirklicht: Die Entwicklung der funktionell befriedigenden Chorpartie mit östlichem Querhaus und eine markante Betonung des Westwerkes, in dem der König seinen Platz hatte. Der karolingische Kirchenbau verbreitet in seiner Blütezeit um 800 die Form der Basilika in alle Reichsteile. Gleichzeitig entstehen als Folge des aufblühenden Heiligenkultes neue Formen der Krypta, während die Türme zu einem wichtigen Faktor des Außenbaues werden. Das früheste erhaltene Westwerk findet sich in der 873 begonnenen Abteikirche zu Corvey an der Weser. Westwerk, Entwicklung des Chores, östliches Querhaus sowie der neue Baugedanke der Krypta sind eine Bereicherung der ursprünglich spätantiken basilikalen Bauform, die der altchristlichen Kirche nicht bekannt war und die befruchtend für Jahrhunderte werden sollte.
Wenige karolingische Kirchen blieben uns erhalten: Die ursprünglich dreischiffige Einhardsbasilika in Steinbach im Odenwald, geweiht 827, die – später veränderte – Michaelskapelle in Fulda, erbaut 820–822, und das dreischiffige Langhaus der ehemaligen Abteikirche in Seligenstadt am Main, die größte erhaltene Basilika der Zeit.
Als Karl Ende des 8. Jahrhunderts seine Pfalz in Aachen bauen ließ, fügte er ihr die Hofkapelle an, die 798 im Rohbau vollendet war und 805 von Papst Leo III. geweiht wurde. 814 wurde der Kaiser in ihr begraben. Odo von Metz leitete die Errichtung dieses Baus, für den in symbolischer Bedeutung Säulen und anderes Baumaterial aus Rom und Ravenna benutzt wurden. Hier ist alles von höchster Qualität und beweist in Programm und Baudetails Karls Absicht, römisch, kaiserlich und christlich zu bauen. Der Plan dieses Zentralbaues richtete sich nach San Vitale in Ravenna, weicht aber von seinem Vorbild ab: das innere Achteck ist einem äußeren Sechzehneck einbeschrieben, und das Achteck des Untergeschosses wird nicht von schlanken Säulen, sondern von wuchtigen Pfeilern gebildet. Erst im Oberbau herrscht eine ähnliche Auflockerung wie in jenem frühchristlichen Kirchenbau. Diese Gliederung ist symbolträchtig: Imperiale Macht und religiöse Gesinnung verbinden sich zum vollkommenen Gesamtwerk. Der Scheitel der achtseitigen Kuppel, die sich über einem Fenstergeschoß

Karolingische Säulen und Kapitelle. *Oben links: Mittelsäule aus der Krypta von St. Michael, Fulda, einer der ältesten Kirchen (Rundbau) Deutschlands. – Oben rechts: St. Justinus in Frankfurt-Höchst. – Unten: Westwerk von Corvey, Untergeschoß. Beide mit den charakteristischen, aus dem korinthischen Kapitell entwickelten Kompositkapitellen.*

erhebt, war ursprünglich mit einem goldschimmernden Christusmosaik geschmückt. Auch darin manifestierte sich der Herrschaftsanspruch des neuen Reiches: Der überkuppelte Zentralraum ist Zeichen der Welt, der in ihm Thronende ist Herrscher der Welt im Namen Christi, des Alleinherrschers.

Malerei, Buchillustration, Plastik

Was wir bildende Künste nennen, die Darstellung des Menschen und der ganzen sichtbaren Welt durch Linien und Farben auf der Fläche oder durch plastische Mittel im Raum, ist den germanischen Völkern der Frühzeit fremd geblieben. Die in sich vollkommene Buchmalerei im Irland des 7. und 8. Jahrhunderts etwa, die durch die Missionare auch auf dem Festland verbreitet war, ist weit von den künstlerischen Idealen der Antike entfernt. In ihr ist nicht der Mensch Maß und Mitte der Dinge und Inhalt der Darstellung. Vielmehr manifestiert sich in den Bildseiten dieser Handschriften die nordische Welt der phantastischen Fabelwesen, deren Leiber sich bandartig und geheimnisvoll verschlingen und bald alle körperhafte Funktion verlieren, so daß sie zum reinen Ornament werden. Auch wenn ein Mensch dargestellt werden muß, sei es einer der Evangelisten oder Christus selbst, überspielt das Ornament in abstrakten Formen den Körper. Wie schon einleitend gesagt, mußte der karolingische Bildkünstler überhaupt erst lernen, die menschliche Gestalt darzustellen. Folgerichtig geschah das in Anlehnung an spätantike Vorbilder, aber bei aller Übernahme solcher Elemente setzte sich in der Malerei, in der Elfenbeinschnitzerei und auch in der Goldschmiedekunst doch eine eigenkünstlerische Originalität durch.

Karolingische Kirchen waren ebenso wie die vorausgehenden byzantinischen und frühchristlichen vollständig ausgemalt oder mit Mosaiken geschmückt. Auch von Wandbildern in profanen Räumen wissen wir. Von diesen oft umfangreichen Werken der Wandmalerei ist kaum etwas erhalten geblieben. Nur in einer einzigen Kirche aus karolingischer Zeit besitzen wir noch das fast vollständige Bildprogramm: Es handelt sich um die bald nach 800 geschaffenen Fresken von St. Johann in Müstair/Graubünden, die das Leben König Davids und die Wunder Christi schildern.

Dagegen hat uns die Buchmalerei eine Fülle von Beispielen überliefert. Sie hatte die Möglichkeit, das spätantike Erbe nach verschiedenen Richtungen hin zu entwickeln, so daß gerade in den Malschulen der Klöster zahlreiche Keime für die Zukunft gelegt wurden. Für den

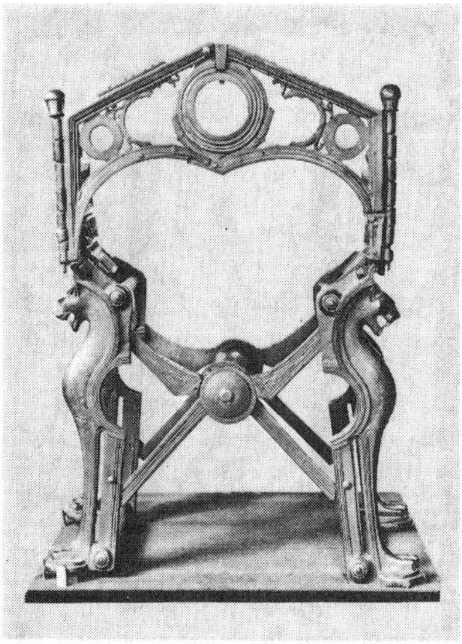

Bronzener Faltstuhl eines karolingischen Herrschers, *sogenannter »Thron König Dagoberts I.« (Unterteil 7., Oberteil 9. Jh.). Paris, Cabinet des Médailles.*

Kaiser selbst arbeitete, wohl in Aachen, die sogenannte »Hofschule«. In deren Handschriften, die alle mit großer Pracht ausgestattet sind, verbindet sich die Ornamentfreude der insularen, irischen wie angelsächsischen Kunst mit der Formenwelt der Antike. Die Tätigkeit dieser Werkstatt erreicht um 800 ihren Höhepunkt; ihr Hauptwerk ist ein Evangeliar, das bald nach 800 für St. Médard in Soissons geschrieben wurde (Paris, Bibliothèque Nationale). Die in Gold geschriebene Handschrift enthält über 600 Ornamentmotive, so daß keine Seite unverziert bleibt. Die zwölf Kanontafeln und Initialseiten werden mit feierlichen, figürlichen Bildern bereichert.
Der Antike wesentlich näher stehen die Miniaturen aus dem »Schatzkammer-Evangeliar« in Aachen, das wohl von Anfang an zur Ausstattung der Pfalzkapelle gehörte und vielleicht von zugewanderten griechischen Künstlern geschaffen wurde. Die Ausstattung des Buches folgt ganz dem Vorbild einer antiken Handschrift. Die Evangelisten, römischen Philosophen nachgebildet, sitzen in freier Landschaft. Ge-

***Karolingische Elfenbeinschnitzerei** im Dienst der Buchkunst: Deckel des »Lorscher Evangeliars« aus der Hofschule Karls des Großen, Aachen um 810. Rom, Vatikan.*

meinsam ist allen Werken dieser Malschule, die wohl ebenfalls in Aachen ansässig war, der weitgehende Verzicht auf das Ornamentale – kaum daß Zierbuchstaben vorkommen –, während in den Miniaturen und Kanontafeln Proben einer zutiefst malerischen Gestaltung dargeboten werden, als wäre die hellenistisch-antike Kunst aus einem jahrhundertelangen Schlaf wieder zu neuem Leben erwacht.

Dem Kultbild und damit der Plastik stand die Karolingerzeit noch ablehnend gegenüber. Nur vereinzelt hören wir von Marienbildern, von Portalplastik an der Kathedrale in Reims, aber nie von umfassenderen Werken. Eine Skulptur ungewöhnlicher Art ist die bronzene Reiterstatuette Karls des Großen aus dem Dom zu Metz, heute im Louvre in Paris.

In der Tradition der germanisch-keltischen Goldschmiedearbeiten mit ihrer Anhäufung von Edelsteinen und von farbigen Glasschmelzen zeigt die karolingische Goldschmiedekunst noch am ehesten von der Antike unabhängige Züge. Das Bursenreliquiar aus Enger (Berlin,

Verschmelzung antiker, germanischer und christlicher Elemente: *Reliefplatte des 8./9. Jhs. aus S. Salvatore in Sirmione/Italien. Sirmione, Lapidario del Castello Scaliero.*

Kunstgewerbemuseum, Staatliche Museen Preußischer Kulturbesitz), um 785 geschaffen, oder die Stephansburse in der Weltlichen Schatzkammer in Wien sind wie mancher Buchdeckel deutliche Beispiele dieses von Juwelen übersäten Schmuckstils.

Die Bedeutung der karolingischen Kunst

Zusammenfassend läßt sich sagen: Faktoren sehr ungleicher Herkunft und ungleichen Ranges finden sich in der karolingischen Kunst als Grundlagen zu einer neuen Kultur zusammen. Die völlige Verschmelzung der oft heterogenen Elemente gelang allerdings noch nicht. Zum ersten Male wurde in dieser Epoche den Völkern des ›Nordens‹ der reiche Kulturschatz der mittelmeerischen Spätantike zugänglich gemacht und so eine Brücke zwischen Antike und Mittelalter geschlagen; aber die Antike war nicht mehr als nur ein Führer zu Eigenem.

Schon in der Merowingerzeit hatte die notwendige Auseinandersetzung begonnen, doch erst die Zeit der Karolinger konnte alle diese Bestrebungen zusammenfassen und neue Anstöße für eine selbständige Weiterentwicklung geben. Karl der Große hat mit Hilfe der Kirche den Germanen die Antike erschlossen. Dennoch hat die Bezeichnung »Karolingische Renaissance« nur im übertragenen Sinn Bedeutung. Denn die karolingische Kunst ist nicht Ausklang, nicht Wiederholung der Antike in einem bewußten, formalen Begriff. Sie ist in dem Aufgreifen und Verwandeln antiker Gedanken der Anfang eines Neuen. In jedem Gebiet europäischer Kunst gehen letztlich die späteren, insbesondere die deutschen Schöpfungen auf Grundlagen zurück, die damals geschaffen wurden. Mochte nach dem Tod Karls die karolingische Kultur in den Wirren der Erbstreitigkeiten während der Einfälle der Ungarn, Sarazenen und Normannen auch untergehen, die Impulse, die von diesem Kaiser ausgingen, wirkten auf Dauer fort, und der »Name dieses Nichtkünstlers war zum bedeutendsten der europäischen Kunstgeschichte geworden« – wie Georg Dehio die Bedeutung Karls des Großen für die deutsche Kunst einmal umschrieben hat.

Literatur

Beckwirth, John: Die Kunst des frühen Mittelalters, München/Zürich 1967

Braunfels, Wolfgang: Die Welt der Karolinger und ihre Kunst, München 1968

Braunfels, Wolfgang: Karl der Große, Lebenswerk und Nachleben, 5 Bde., Düsseldorf 1965–1968

Gall, Ernst: Karolingische und ottonische Kirchen, Berlin 1930

Koehler, Wilhelm: Die karolingischen Miniaturen, 3 Bde., Berlin 1930–1960

Lehmann, Edgar: Der frühe deutsche Kirchenbau, 2. Auflage, Berlin 1950

Oswald, Friedrich/Schaefer, Leo/Sennhauser, Hans R.: Vorromanischer Kirchenbau, München 1970

WINFRIED STADTMÜLLER

Christentum im fränkischen Reich

Taufe Chlodwigs und Christianisierung der Franken – Entstehung und Verfall der fränkischen ›Landeskirche‹ – Iroschottische Mission – Bonifatius: Mission, Organisation und Reform – Reichskirche Karls des Großen.

Am Anfang des Christentums im fränkischen Reich steht ein Ereignis, das die Menschen der Zeit offenbar tief beeindruckt hat: die Taufe des Frankenkönigs Chlodwig im Jahre 498. Gregor von Tours, Bischof und Chronist der Merowinger, berichtet darüber in seiner Geschichte der Franken (»Gesta Francorum«): »Als er aber zur Taufe eintrat, redete ihn der Heilige Geist mit beredtem Munde also an: Beuge demütig dein Haupt, stolzer Sigambrer! Bete an, was du verbrannt hast, verbrenne, was du angebetet hast!« Eine Taube, so ergänzt die fromme Legende, sei vom Himmel herabgeschwebt und habe in ihrem Schnabel dem Bischof Remigius, der den Taufakt in Reims vollzog, ein Fläschchen mit dem heiligen Salböl überbracht. In dieser Weise hat sich die Taufe Chlodwigs dem Volk zu Recht als ein Vorgang von großer Bedeutung eingeprägt. Hier wurden die Grundlagen gelegt für jene wechselvolle Verbindung zwischen Kirche und fränkischem Königtum, die den Verlauf der mittelalterlichen Geschichte so entscheidend bestimmen sollte.

Religion und Politik – Das ›Bündnis‹ mit der römischen Kirche

Mit Chlodwig wurden noch 3000 Adelige getauft, die zunächst stellvertretend für das ganze fränkische Volk den katholischen Glauben annahmen. Andere Berichte sprechen von 6000 Getauften, aber sie zählen wohl all jene Franken mit, die des geschenkten Taufhemdes wegen mehrfach zur Taufe erschienen.
Nach der Überlieferung soll Chlodwig mit seiner Taufe ein Versprechen eingelöst haben, das er in einer Entscheidungsschlacht gegen die Alemannen in höchster Bedrängnis dem Christengott gegeben hatte.

Keltisch-germanische Schnitzkunst. *Der Gekreuzigte von einem beinernen Reliquienkasten irischer oder angelsächsischer Herkunft (8./9. Jh.). Essen-Werden, St. Ludger.*

Auch das Vorbild seiner frommen Gemahlin Chlothilde, einer katholischen Prinzessin aus Burgund, mochte ihn in seiner Absicht bestärkt haben. Mit dem katholischen Glauben übernahmen die Franken das Bekenntnis der unterworfenen römischen Bevölkerung in Gallien. Chlodwig konnte sich nun ihres Gehorsams und vor allem auch der politischen Unterstützung ihrer Bischöfe sicher sein, die ihn immer wieder zu diesem Schritt ermuntert hatten. Anders als die übrigen bedeutenden germanischen Völkerschaften vor allem im Osten Europas, die als arianische Christen (siehe Seite 24) aus katholischer Sicht einer »Irrlehre« anhingen und sich bewußt von der rechtgläubigen Bevölkerung absonderten, suchte Chlodwig die enge Zusammenarbeit mit der römischen Kirche. In einem Glückwunschschreiben zu seiner Taufe konnte ihm der Bischof von Vienne begeistert zurufen: »Dein Glaube ist unser Sieg!« – ein Satz, der in gleicher Weise auch umgekehrt gültig war. Während die ostgermanischen Stämme an diesem religiösen Gegensatz zur galloromanischen Glaubenslehre scheiterten, gelang es

Runenkästchen aus Gandersheim, *entstanden im 8. oder 9. Jh. in Südengland. Das keltisch-germanische Ornament dominiert. Braunschweig, Herzog Anton Ulrich-Museum.*

Chlodwig und seinen Söhnen, sich ein Reich zu unterwerfen, das praktisch ganz Mittel- und Westeuropa umfaßte.
Lange schon vor der Christianisierung der Franken lassen sich Spuren kirchlichen Lebens auch im östlichen Teil dieses Reiches, dem späteren Deutschland, feststellen. In Trier, Köln, Mainz, Augsburg, Regensburg hatten sich in der Spätantike im Gefolge der römischen Besatzung kleine christliche Gemeinden gebildet, die allerdings in der Völkerwanderungszeit vielfach wieder untergingen. Die Germanen huldigten vor ihrer Christianisierung einem heidnischen Götterglauben. Im Donnern des Gewitters verehrten sie das Walten Donars, in den ziehenden Wolkenfetzen erblickten sie Wodan, den Allvater und Schlachtenlenker. Auf steinernen Altären in freier Natur brachten sie ihren Göttern Tier- und Menschenopfer dar, um sie gnädig zu stimmen. Die Verkündigung des christlichen Glaubens traf gerade in den oft kriegerischen Wirren der Völkerwanderungszeit bei den Germanen auf große Bereitschaft. Der »siegreiche Krist« entsprach ihrer Vor-

stellungswelt, und sein Erlösungsversprechen machte Mut und gab Hoffnung. Christus hatte sich als stärker erwiesen als die alten ›sterblichen Götter‹, er war für sie der »strahlende Osterheld«, der Schöpfer, Gesetzgeber und Richter zugleich. Bezeichnenderweise findet der leidende Christus in diesem Denken keinen Platz.
Die Franken hatten bei ihrem raschen Übertritt den neuen Glauben zwangsläufig nur oberflächlich angenommen. Das Christentum war wie eine dünne Decke über das Volk gebreitet worden, an vielen Stellen schimmerte das Heidentum hindurch, und unter der Oberfläche waren die alten Vorstellungen noch mächtig. Getaufte Christen murmelten weiter ihre Zaubersprüche und trugen Amulette aus Bernstein zur Abwehr der bösen Dämonen. An den alten Kultstätten wurde gleichzeitig das Gedächtnis Christi gefeiert und zu Ehren der heidnischen Götter um den Sonnenwagen getanzt. Die Franken waren christianisiert, nicht aber wirklich bekehrt worden. Die sittlichen Forderungen des Christentums hatten ihre Wildheit nicht zu brechen vermocht. »In ihren Werken findet man keine Spur ihres Glaubens«, urteilte ein Zeitgenosse. Erschreckende Beispiele bieten dafür Laster und Verbrechen der merowingischen Königsfamilie: eigenhändig durchgeführte Gatten-, Bruder- und Kindermorde gehörten fast zum Alltag.

König, Bischof, Adel – Kirchenorganisation im Merowingerreich

Es war sicher ein Verhängnis, daß diese merowingischen Herrscher zugleich die Herren der fränkischen Kirche waren. Als ›Landeskirche‹ hatte sie fast keine Bindung an den Papst in Rom, sie war allein vom Willen des Königs abhängig. Der König berief die Kirchenversammlungen, die Synoden, ein und konnte ihre Beschlüsse bestätigen oder ablehnen. Vor allem aber bestimmte er die Bischöfe nach eigenem Gutdünken und immer zu seinem Nutzen.
Diesen Bischöfen oblag die eigentliche Leitung der Kirche. Der frühmittelalterliche Bischof war in erster Linie Herr und Schützer seines Kirchensprengels, der Diözese. Neben seinen geistlichen Aufgaben nahm er jetzt an seinem Sitz auch Pflichten wahr, die früher in den großen Städten römischen Beamten zugefallen waren: Er vertrat die Staatsgewalt, entschied Rechtsfälle, setzte sich für das öffentliche Wohl ein bis hin zu Seuchenbekämpfung und Lebensmittelversorgung; er verteidigte die Bevölkerung gegen Angriffe und zog gar an der Spitze eines eigenen Heeres in den Kampf. Der Bischof, fast immer aus begüterter adeliger Familie stammend, war ein Kirchenfürst,

Rückgriff auf antike Tradition. *Einbandtafeln vom Dagulf-Psalter aus der Hofwerkstatt Karls des Großen, entstanden zwischen 783 und 795. Paris.*

der diese Stellung auch in seiner äußeren Amts- und Lebensführung mit gebührendem Aufwand zu repräsentieren wußte. Wegen seiner Aufgaben- und Machtfülle war er für die weltliche Politik des Königs von größter Bedeutung; gleichermaßen genoß er die Verehrung seiner Gläubigen. Der Bischof der frühen fränkischen Kirche verkörperte, etwa in der Gestalt eines Gregor von Tours, das Ideal des christlichen Lebens. Nahezu alle Heiligen der Zeit kommen aus diesem Stande.
Schwieriger war die Organisation der Kirche im östlichen, heute deutschen Teil des fränkischen Reiches, weil es hier fast keine großen

Städte gab und man auch nicht auf die Tradition alter Bischofssitze zurückgreifen konnte. Auf diesem Territorium entstanden vorwiegend Landpfarreien, deren Kirchen von Adeligen auf eigenem Grund und Boden gestiftet worden waren. Nach sogenanntem germanischen *Eigenkirchenrecht (K, unten)* blieben diese Adeligen nicht nur die Besitzer der Kirchen, sondern sie hatten auch die volle geistliche Verfügungsgewalt darüber. Das bedeutete, daß alle Einnahmen und die oft beträchtlichen Schenkungen der Kirche immer dem adeligen Herrn zufielen und daß er das Recht hatte, Geistliche nach Belieben ein- und abzusetzen. Vielfach wurden dazu Verwandte ausgewählt, aber auch eigene Knechte, die man, häufig gegen ihren Willen, zum Priester weihen ließ. Von ihren geistigen und geistlichen Voraussetzungen her waren solche Priester für ihr Amt oft völlig ungeeignet, christliche Unterweisung der Gemeinde oder gar Seelsorge konnte von ihnen nicht erwartet werden. Sie standen in der gleichen Abhängigkeit von ihrem Kirchenherrn wie die untertänigen Bauern, deren Lebensweise sie übernahmen: Sie waren durchweg verheiratet und lebten meist in bitterster Armut.

Trotz mancher Schattenseiten erwies sich die fränkische Reichskirche im politischen Chaos der Merowingerzeit als die einzige glaubwürdige Autorität. Besonders die Fürsorge für Arme und Schwache brachten ihr Ansehen und Verehrung. Bischöfe verteidigten Angeklagte vor weltlichen Gerichten, in den Gotteshäusern wurde uneingeschränkt Asyl gewährt, Hörige und Sklaven in kirchlichen Diensten erhielten die Freiheit. Eine wesentliche Aufgabe sah die Kirche in der persönlichen Betreuung der Armen und Bettler, die häufig Gäste in den Woh-

Eigenkirche

Sie steht auf privatem Grund und Boden eines Grundherrn und kann eine kleine Kirche, ein ganzes Kloster oder sogar ein Bistum sein, kann verkauft und vererbt, aber nicht ihrem Zweck entfremdet werden. Der Eigenkirchenherr (also der König, ein Adeliger, Bischof oder Abt) zieht somit Nutzen aus dem Vermögen und trifft Entscheidungen in rein kirchlichen Fragen. Wichtige Funktion: Seelsorge auf dem flachen Lande in der Zeit des Niedergangs der Städte.

Im 11. Jahrhundert gerät die Eigenkirche verstärkt in die Schußlinie kirchlicher Kritik und wird im 12. Jahrhundert allmählich in das Patronat umgewandelt, das im wesentlichen nur noch ein Präsentionsrecht war: der Gründer, Erbauer oder Stifter einer Kirche konnte den Geistlichen vorschlagen.

nungen der Geistlichen waren. Auf einem Konzil wurde bestimmt, daß auch die Arbeitsunfähigen Nahrung und Kleidung erhalten sollten. Unterstützt wurde die Kirche bei ihren karitativen Tätigkeiten durch großzügige Zuwendungen und Schenkungen frommer Stifter, die sie bald zur reichsten Grundbesitzerin im Lande machten.
Schließlich wurde aber auch die Kirche in den Strudel des Verfalls des merowingischen Staates mit hineingerissen. Verlockt durch den kirchlichen Reichtum, erkauften oder erschlichen sich viele Adelige hohe geistliche Ämter. In einem Brief an den Papst fragt ein Missionar: »Was hältst Du von Bischöfen, die durch Bestechungsgelder zu ihrer Weihe gelangt sind? Solche kennt man in diesem Lande viele.« Zwangsläufig verfiel damit auch die Kirchenzucht. Im gleichen Schreiben ist von Diakonen die Rede, die sich »durch Unzucht vergangen haben und dann zu Bischöfen gewählt wurden«. Die hohen Geistlichen gingen weltlichen Vergnügungen nach wie andere Adelige auch. Sie waren »stärker in Waffenübungen und Bogenschießen als in der Ausübung der Gottesdienste«, wird von anderer Seite vermerkt. In den Reihen der Dorfpfarrer fänden sich jetzt Säufer, Unzüchtige, Ehebrecher, Verschwörer und Meineidige. Heidnische Vorstellungen und Bräuche wucherten im Glauben des einfachen Volkes weiter. Christen verkauften ihre Sklaven als Menschenopfer an ungetaufte Nachbarn und aßen mit diesen bei rituellen Mahlzeiten Pferdefleisch. Die Kirche befand sich in einem heillosen, verrotteten Zustand. Erneuerung und Reformen konnten nur von außen kommen.

Lebenslange Wanderschaft – Die irischen Mönche

Zu Beginn des 7. Jahrhunderts tauchten im fränkischen Reich Männer auf, die wegen ihres seltsamen Aufzuges Aufsehen erregten: bekleidet mit langen schwarzen Mänteln, führten sie große Stöcke mit sich, über den Schultern trugen sie lederne Proviantsäcke, ihre Augenlider waren rot oder schwarz bemalt, das vorne kurzgeschorene Haar fiel in langer Mähne nach hinten. Es waren Mönche der irischen Kirche.
Nach der Missionspredigt des heiligen Patrick im 5. Jahrhundert hatte sich in Irland eine Mönchskirche ausgebildet, die keine Beziehung zum Papst in Rom unterhielt. In großen Klosterkolonien betrieben die Mönche unter der Leitung eines Abtes theologische Studien und verrichteten teilweise seltsam anmutende asketische Frömmigkeitsübungen. Eine dieser Übungen war das Hinausziehen in die Welt, damit der Verzicht auf die geliebte Heimat, die »Wanderschaft für Christus« (»Peregrinatio«). Auf solchen Reisen durchstreiften die irischen Mön-

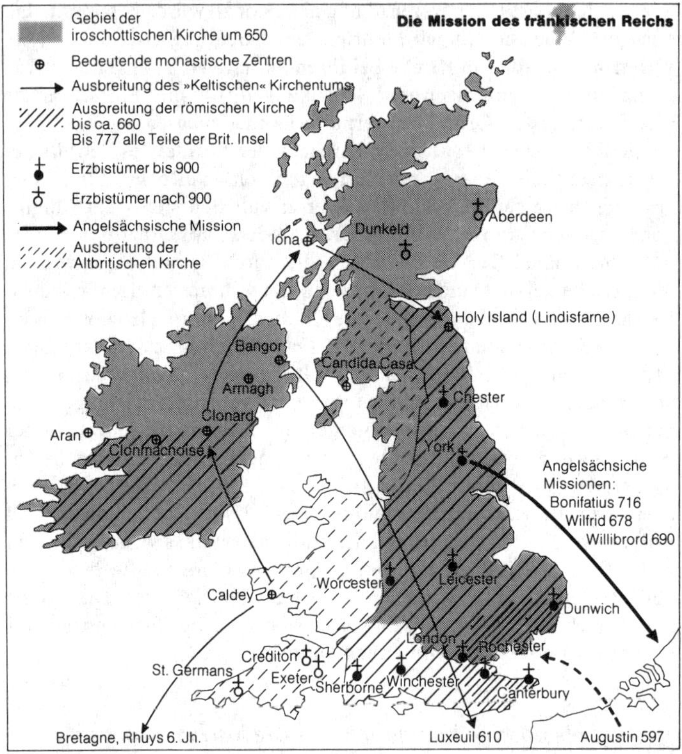

che auch das Frankenreich. Sie predigten und tauften, unterwiesen die fränkischen Christen in der rechten kirchlichen Lehre und gründeten kleine Klöster, die bald Zentren des geistlichen Lebens wurden. Durch die Einführung der privaten ›Ohrenbeichte‹ schafften sie die bis dahin übliche öffentliche Bußpraxis mit ihren oft brandmarkenden Kirchenstrafen ab. Bei ihrem Bekehrungswerk, das sie mit Feuereifer betrieben, gingen sie andererseits meistens sehr behutsam und verständnisvoll vor.

Da sie das Heidentum nicht radikal ausrotten konnten, vernichteten sie nur die Bilder der Götter, um deren Ohnmacht zu erweisen. An heidnischen Kultstätten jedoch weihten sie christliche Kapellen, die Donarheiligtümer wurden auf St. Petrus umgewidmet. (Aus dem Wettergott Donar wurde so der »Wettergott« Petrus!) Die beiden höchsten Feiertage der Christenheit, Ostern und Weihnachten, tragen noch

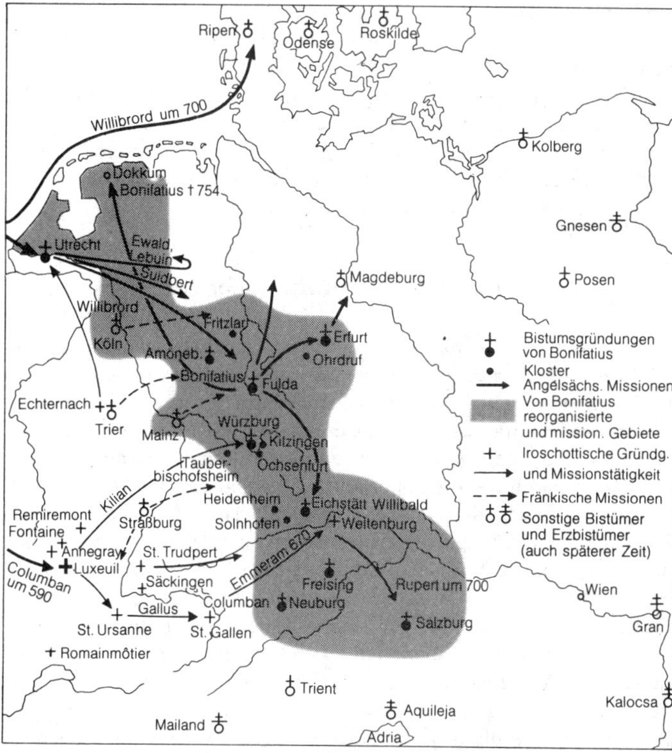

heute die Namen heidnischer Feste. Trotz ihrer hohen sittlichen Forderungen erreichten die Missionare Massenbekehrungen, offenbar vermochte auch das Beispiel ihrer vorbildlichen Lebensführung die Franken zu überzeugen.

Der wohl bedeutendste der zahlreichen iroschottischen Missionare war Columban, Gründer des nachmals berühmten Klosters Luxeuil in Burgund. Als er wegen unterschiedlicher Kultauffassungen mit dem fränkischen Klerus in Streit geriet und sich auch mit dem Hof überwarf, wurde er des Landes verwiesen und verlegte seine Tätigkeit nach Süddeutschland und dann nach Oberitalien. Auf seinen Schüler Gallus geht die Gründung von St. Gallen zurück.

Im Donautal um Regensburg wirkte Emmeram, Rupert gewann den Baiernherzog für das Christentum. Im Maingebiet bezahlten der Frankenapostel Kilian und seine Gefährten die freimütige Missionspredigt am Herzogshof in Würzburg mit dem Märtyrertod. Dauerhafter Erfolg blieb der Mission der irischen Wandermönche nicht selten versagt: sie hatten meist versäumt, das Erreichte auch zu sichern, weil das Ideal des Umherziehens ein Verweilen verhinderte. Auf die Bekehrung hätte notwendig die Seelsorge folgen müssen. Möglich wäre das nur gewesen, wenn die neuen christlichen Gemeinden einer festen »staatlichen« Kirchenorganisation hätten eingegliedert werden können, die es aber gerade im Ostfrankenreich nicht gab.

Hand in Hand mit Papst und Kaiser – Englische Missionare

Die endgültige Christianisierung des späteren Deutschland gelang bald darauf Mönchen und Nonnen der angelsächsischen Kirche Englands, einer eng mit Rom verbundenen Bischofskirche. Ihre zentrale Gestalt war Bonifatius. Nach kurzer missionarischer Tätigkeit bei den stammes- und sprachverwandten Friesen hatte sich Bonifatius um 719 mit dem persönlichen Sendungsauftrag des Papstes der Mission Thüringens und später der Hessens zugewandt. Diese Gebiete waren als Basis für die schwierigere Sachsenmission ausersehen. 722 wurde Bonifatius in Rom zum »Bischof der Deutschen« geweiht, unverkennbar mit der Absicht, die fränkische Landeskirche stärker der päpstlichen Hoheit zu unterstellen. Durch sein volksnahes Auftreten und durch seine schlichte Predigt, aber auch durch aufsehenerregende Taten – er fällte eigenhändig die Donareiche bei Geismar, den geheiligten Baum des höchsten germanischen Gottes – waren dem Wirken in seinem Missionsgebiet große Erfolge beschieden. Als Stützpunkte des neuen geistlichen Lebens errichtete er Kirchen und gründete Klöster. Aus dem Freundes- und Verwandtenkreis seiner angelsächsischen Heimat stießen immer wieder junge Missionare zu ihm, denen er, wie Willibald und Burkhard oder Lioba und Thekla, als Bischöfen und Äbtissinnen wichtige Aufgaben übertrug. Die kirchlichen Befugnisse des Bonifatius wurden von Rom aus immer mehr erweitert; er wurde Erzbischof, schließlich apostolischer Legat mit dem besonderen Auftrag, Bistümer einzurichten: »Wo Du es für notwendig findest, dort weihe als Unser Stellvertreter Bischöfe«, schreibt Papst Gregor III. an ihn. Im Jahre 739 gründete er in Baiern die Diözesen Passau, Regensburg, Freising und Salzburg, wenig später Eichstätt und für Thüringen Würzburg und Erfurt und besetzte sie mit Bischöfen seines Vertrauens. Bonifatius hat damit die Ansätze einer süd- und mitteldeutschen Kirchenorganisation geschaffen, die in ihren Grundzügen bis auf den heutigen Tag besteht.

BONIFATIUS

Winfrid, wie Bonifatius ursprünglich hieß, wurde um 675 als Sohn eines Grundherrn in der Nähe von Exeter in Südengland geboren. Bereits mit sieben Jahren trat er in ein Benediktinerkloster ein. Durch seine umfassende Bildung und durch diplomatisches Geschick erwarb sich der junge Mönch rasch Ansehen. Die Wahl zum Abt seines Klosters schlug Winfrid aus und zog 716 in die Friesenmission.

Bei einem Romaufenthalt, bei dem er auch den Namen Bonifatius erhielt, übertrug ihm der Papst 718 die Mission der Hessen und Thüringer. Drei Jahre später wurde er in Rom zum »Bischof der Deutschen« geweiht. Unterstützt von angelsächsischen Landsleuten vollbrachte Bonifatius mit Zähigkeit und Willensstärke in Thüringen und Hessen ein einzigartiges Missionswerk, das er durch Klostergründungen wie Fritzlar und Fulda absicherte. Auf Weisung des Papstes, der ihn 732 zum Erzbischof und später zum päpstlichen Legaten ernannte, gab Bonifatius der deutschen Kirche durch Einrichtung der Bistümer Freising, Passau, Regensburg, Salzburg, Würzburg, Erfurt und Eichstätt eine feste Organisationsform. Zusammen mit Pippin dem Jüngeren betrieb er – seit 746 Bischof von Mainz – gegen große Widerstände des Klerus die innere Reform der verweltlichten Kirche.

Das Wirken des Bonifatius wurde bestimmt von einem fast ängstlichen Gehorsam gegenüber den Aufträgen des Papstes. Am Ende seines Lebens war er nicht frei von Bedrückungen wegen seines vermeintlich gescheiterten Werkes. Als Greis widmete er sich noch einmal der Mission der Friesen. Hier wurde er am 5. Juni 754 bei einer Firmungsreise in der Nähe von Dokkum mit 52 Gefährten von einer heidnischen Rotte niedergemetzelt. Nach seinem Wunsch ist er in seiner Lieblingsgründung Fulda beigesetzt worden. Seit dem 16. Jahrhundert wird Bonifatius als »Apostel der Deutschen« verehrt. An seinem Grab versammeln sich alljährlich die katholischen Bischöfe Deutschlands zu ihrer Fuldaer Bischofskonferenz.

(W. S.)

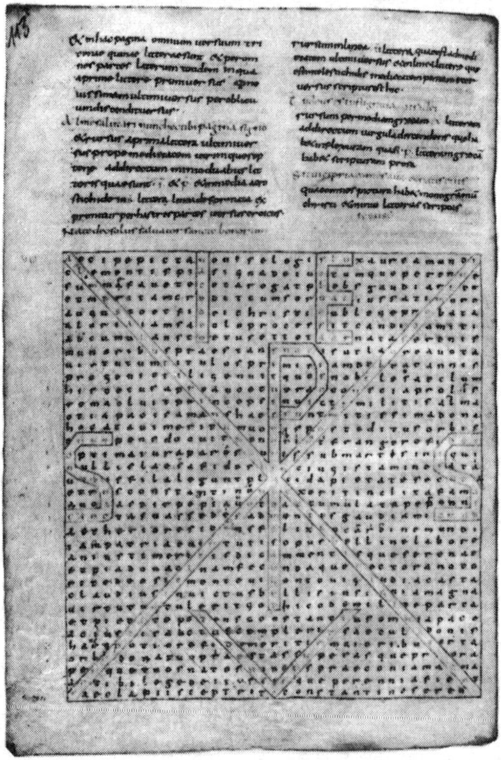

Schrift im Dienst christlicher Lehre und Kunst.
»Carmina Figurata«, kunstvoll gestaltetes Christusgedicht.
Bern, Burgerbibliothek.

Als es ihm die politischen Umstände erlaubten, wagte sich Bonifatius an die innere Reform der fränkischen Landeskirche, deren Ordnung, wie er dem Papst berichtete, »mit Füßen getreten und zerrüttet wurde«. Die Bischofsstühle seien »größtenteils im Besitz habgieriger Laien oder eingeschwärzter Kleriker«, die Bischöfe selbst vielfach »Säufer, Pflichtvergessene, die der Jagdlust frönen, Leute, die bewaffnet im Heer kämpfen«. Der Vorgänger auf dem Bischofsstuhl in Mainz – dieser Sitz war Bonifatius 746 übertragen worden – hatte noch nach germanischer Sitte unbehelligt Blutrache geübt! In zäher

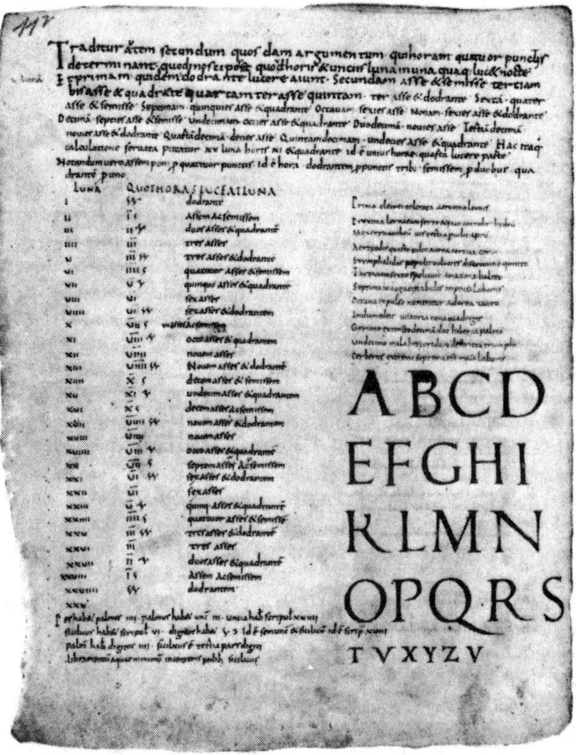

Lernen und Lehren im Dienst des Glaubens.
Ein Musteralphabet der sogenannten Inschriftencapitalis »Victorius Aquianus«.
Bern, Burgerbibliothek.

Beharrlichkeit drückte Bonifatius auf einer Reihe von Landessynoden gegen erbitterten Widerstand eine neue Kirchenordnung durch, die Geistlichen das Waffentragen und die Teilnahme an politischen Händeln verbot. Die Ehelosigkeit der Priester wurde zum Ideal erhoben, Unzucht mit drakonischen Kirchenstrafen belegt. Alle Bischöfe mußten schließlich dem Papst einen Treueid leisten.
Um diese Reformbestrebungen nachdrücklich fördern zu können, gründete Bonifatius inmitten seines Missionsfeldes die Abtei Fulda als Musterkloster.

Der Tod des heiligen Bonifatius
Bericht des Willibald

Bonifatius zog durch ganz Friesland und predigte, nachdem er den Götzendienst verdrängt und des Heidentums Irrtum zerstört, anhaltend das Wort des Herrn, erbaute in eifrigen Sorgen nach Zerstörung der Götzenbilder Kirchen und hatte bereits viele tausend Menschen, Männer, Frauen und Kinder getauft, unterstützt von seinem Genossen, dem Chorbischof Eoba, dem er in der Stadt, die da Trecht [d. i. Utrecht] genannt wird, das Bistum über die Friesen übertragen hatte, damit dieser bei der Schwäche seines Alters ihn unterstütze, von den Presbytern und Diakonen. [. . .] Sie alle streuten in Gemeinschaft mit dem heiligen Bonifatius des himmlischen Lebens Samen soweit unter das Volk und erlangten durch die Gnade des Herrn Gottes solchen Preis, daß ihnen, die nach der Vorschrift der apostolischen Lehre ein Herz und eine Seele waren, auch ein und dieselbe Palme des Märtyrertums und des Triumphes Herrlichkeit zuteil wurde.

Nachdem also durch Friesland des Glaubens Licht leuchtete und das glückselige Ende unserer Heiligen herannahte, schlug er am Ufer des Bordneflusses [d. i. Borne], der die beiden Grenzgebiete, die sie in ihrer Landessprache Ostor- und Westeraeche nennen, trennt, nur von seiner Mannen Schar begleitet, seine Zelte auf. Als er nun das schon weit und breit verstreute Volk von dem Tage in Kenntnis gesetzt hatte, an dem die Neugetauften vorgeführt und von dem Bischof die Handauflegung und Firmung erteilt werden sollte, kehrten sie alle nach Hause zurück. [. . .]

Aber als der bestimmte Tag dämmerte und des Lichtes Morgenröte mit der aufgehenden Sonne hervorbrach, da kamen umgekehrt statt der Freunde Feinde und neuartige Schergen statt der neuen Gläubigen herbei, und eine gewaltige Anzahl Feinde drang mit blinkenden Waffen, mit Speeren und Schilden in ihr Lager. Da stürzen sich ihnen sofort Mannen aus den Zelten entgegen, zücken Waffen gegen Waffen und versuchen die Heiligen [. . .] gegen die wütende Macht des rasenden Volkes zu schützen. Als der Mann Gottes das Andringen des tobenden Haufens gewahr wurde, sammelt er sofort die Schar seiner Geistlichen, nimmt die Reliquien der Heiligen, die er stets bei sich führte, schreitet aus dem Zelt heraus und verbietet sofort den Kampf, indem er sie hart anläßt und spricht: »Laßt ab, Männer, vom Kampf, meidet Krieg und Schlacht, denn das wahre Zeugnis der Heiligen Schrift lehrt uns, nicht Böses mit Bösem, sondern Böses mit Gutem zu vergelten. Denn schon ist der lang ersehnte Tag da und unserer Auflösung willig erwartete Zeit steht bevor. Darum seid stark im Herrn und ertragt dankbar, was er uns geschickt hat. Hoffet auf ihn, denn er wird eure Seele erlösen.«

Zu den in der Nähe befindlichen Priestern und Diakonen und den Männern, die in niederen Graden Gott dienten, sprach er mit väterlich mahnenden Worten. [. . .] Während er mit seinen Ermahnungen die Schüler antrieb, sich die Krone des Märtyrertums zu verdienen, stürzte der ganze wütende Haufe der Heiden mit Schwertern und in voller Kriegsrüstung über sie her und machte die Leiber der Heiligen in heilbringendem Mord nieder.

Darauf stürzte der Haufe der Heiden [. . .] auf die Siegesbeute seiner Verdammnis, plünderte das Lager, verteilte die erraffte Habe; doch auch die Kisten, in denen viele Bücher lagen, und die Büchsen, die Reliquien enthielten, raubten sie in dem Wahn, sie hätten Gold und Silber gewonnen. Dann eilten sie zu den Schiffen, in denen sich der tägliche Lebensbedarf der Geistlichen und der Männer und ein kleiner Rest Wein befanden. Als sie nun das geschätzte Naß entdeckt hatten, begannen sie sofort zu trinken [. . .], endlich aber, als es an die Verteilung der Beute ging, beratschlagten sie untereinander [. . .], wie das bis dahin noch nicht einmal erblickte Gold und Silber gegenseitig unter sie verteilt werden sollte. [. . .] Allmählich begann man mit Schimpfworten aufeinander loszufahren, und endlich entstand so heftige Zwietracht, daß der von Wut und Tobsucht erfüllte Haufe sich in zwei Parteien schied und zuletzt die Waffen, mit denen sie kurz vorher die heiligen Märtyrer umgebracht hatten, in grausenerweckendem Kampf gegeneinander kehrten.

Aus: Vita Sancti Bonifatii (Leben des Heiligen Bonifatius) von Willibald – entstanden zwischen 754 und 768.
Nach einer Übersetzung von M. Tangl

Als sich Bonifatius am Ende seines Lebens noch einmal der Mission in Friesland zuwandte, wo er 754 den Märtyrertod fand, hatte er die deutsche Kirche im wesentlichen in ihrer inneren und äußeren Ordnung befestigt. Sein Lebensziel, diese Kirche aus der Vormundschaft des fränkischen Herrschers herauszulösen und direkt dem Papst zu unterstellen, hatte er indes nicht erreicht. Über Bonifatius hinweg hatten Pippin, der Vater Karls des Großen, und der Papst jene schicksalhafte Interessengemeinschaft geschlossen, die es den Karolingern mit päpstlicher Billigung und Segnung gestattete, dem rechtmäßigen, aber machtlosen merowingischen König die Krone des Frankenreiches abzunehmen. Als Gegenleistung wurde dem Papst und seinem Kirchenstaat fortan der politische Schutz des fränkischen Königs zugesichert.
Unter Karl dem Großen sollte dieses Bündnis für die fränkische Kirche segensreich, zugleich aber längerfristig gefährlich werden. Als

Evangeliar der Ada.
Der Evangelist Johannes. Hofwerkstatt Karls des Großen, um 800.
Trier, Stadtbibliothek.

»Stellvertreter Gottes«, in dessen Macht- und Schutzbereich das gesamte ›öffentliche‹ Leben fiel, verstand sich Karl wie sein biblisches Vorbild, der Priesterkönig David, auch als der oberste Herr der Kirche. Aus aufrichtig frommer Verantwortung hat er die fränkische Kirche nachdrücklich gefördert und so das Reformwerk des Bonifatius fortgesetzt. Er sicherte ihre materiellen Grundlagen, indem er die Abgabe des »Kirchenzehnten« aus den Einkünften der Untertanen zu einer staatlichen Steuer erhob. Ein besonderes Anliegen war ihm auch eine zureichende Ausbildung der Geistlichen. Deshalb gründete er

Klosterschulen und legte ein theologisches Mindestwissen gesetzlich fest. Er veranlaßte eine Neuordnung der Liturgie, die weit über das Mittelalter hinaus gültig blieb. Ja, selbst die private Religionsausübung wurde reglementiert: Wer den Pflichten eines Christen nicht nachkam, hatte mit Strafen zu rechnen.

Auf der anderen Seite begründete Karl mit seinem Anspruch, »Rektor« der Kirche zu sein, auch die volle Verfügungsgewalt über diese Kirche. Politik und Religion vermischten sich – so erscheint es uns zumindest aus heutiger Sicht – oft in bedenklicher Weise. Christliche Mission, bislang immer friedlich betrieben, mußte sich der kriegerischen Unterwerfung der Sachsen dienstbar machen. Die Bischöfe, die jetzt nur noch der König ernennen durfte, wurden als Beamte bei Hof, fern ihrer Bistümer, ebenso in die politische Pflicht genommen wie die kleinen Dorfpfarrer, die nun auch für die öffentliche Ordnung in ihrem Sprengel verantwortlich waren. Die fränkische Kirche war in vollem Umfang wieder Reichskirche geworden. Selbst der Papst wurde praktisch auf die Stufe eines abhängigen Reichsbischofs herabgedrückt.

Als nach Karls Tod die Macht seiner Nachfolger auch über die fränkische Kirche zunehmend verfiel, blieben ihre Bischöfe und Geistlichen doch weiter in die Geschäfte der weltlichen Politik verstrickt. In ihrer inneren Substanz hatte sich die Kirche des Frankenreiches jedoch gefestigt: sie, die 100 Jahre zuvor noch selbst Missionsgebiet gewesen war, konnte nun Missionare aussenden, die die Völkerschaften des Nordens und Ostens christianisieren sollten.

Literatur

Daniel-Rops, Henry: Die Kirche im Frühmittelalter, München 1953

Kantzenbach, Friedrich Wilhelm: Die Geschichte der christlichen Kirche im Mittelalter, Gütersloh 1967

Kawerau, Peter: Geschichte der mittelalterlichen Kirche, Marburg 1967

Stutz, Ulrich: Die Eigenkirche als Element des mittelalterlich-germanischen Kirchenrechts, Darmstadt 1955

HERMANN HOFMANN

Haithabu und die Wikinger. Handel und Krieg mit dem Karolingerreich

Haithabu, Fernhandelszentrum an der Schlei – Bauern werden Seeräuber – Die Wikinger-Expansion – Die Plünderung des Frankenreiches – Ohnmächtige Karolinger – Die Wikinger der Normandie.

Am Haddebyer Noor, einer flachen Bucht am Ende der Schlei, die sich an der Ostküste Schleswig-Holsteins als eine flußartige Förde 40 Kilometer weit ins Landesinnere hineinzieht, entstand gegen Ende des 8. Jahrhunderts unter dem Einfluß des Dänenkönigs Göttrik der Handelsplatz Haithabu, d.h. »Siedlung auf der Heide« (dän.: Hedeby, angelsächs.: aet haethum). Die fränkischen Reichsannalen erwähnen unter dem Namen Sliesthorp (später Sliaswich) diese »Siedlung an der Schlei« erstmals zum Jahr 804, als Karl der Große nach der endgültigen Unterwerfung der Sachsen die Nordgrenze seines Reiches gegen die Dänen zu sichern suchte. Schon die Vielfalt der Namensformen verweist auf die einstige internationale Verflechtung des Ortes, der sich im Schutz des Danewerks, eines gegen Süden gerichteten dänischen Verteidigungssystems quer über die schmalste Stelle der Halbinsel Jütland, rasch zur Drehscheibe des Verkehrs zwischen Nord- und Ostsee entwickelte, da hier die Landbrücke zum Nachbarhafen Hollingstedt, der über die Flüsse Treene und Eider mit der Nordsee verbunden war, nur 16 Kilometer breit ist. Dank dieser günstigen Lage stieg Haithabu zu einem der belebtesten nordischen Umschlagplätze im wikingischen Fernhandel auf, der in seiner Blütezeit wohl zwischen 800 und 1000 Einwohner zählte, eine für das frühe Mittelalter recht beachtliche Zahl.

Intensive Grabungen fördern immer noch neue Funde zutage, die es erlauben, nicht nur den äußeren Bestand der Siedlung mit ihrem Schiffsverkehr, ihren Hafenanlagen und Straßen, Wohnhäusern und Werkstätten bis in kleinste Einzelheiten zu rekonstruieren, sondern auch ein genaues Bild vom geschäftigen Leben der Kaufleute und Handwerker der Wikingerzeit zu gewinnen, das sonst zu einseitig durch Erobererzüge bestimmt wäre. »Es lassen sich das Verzimmern,

Böttchern, Drechseln und Schnitzen von Holz am Orte beobachten, das Ausschmieden und Verarbeiten von Eisen, das Gießen verschiedener Metalle und das Feuervergolden, das Zurichten von importierten Mahl- und Schleifsteinen, das Verarbeiten von Geweih- und Knochenmaterial, das Schneiden und Drechseln von Bernstein, das Schmelzen von Glas, das Verarbeiten von Leder, das Verspinnen von Leinenfasern und Wolle und das Töpfern von Gefäßen« (K. Schietzel: In »Führer zu vor- und frühgeschichtlichen Denkmälern«, Bd. 9, Schleswig–Haithabu–Sylt. Mainz 1968). Keramik aus Irland und dem Ostseeraum und nicht zuletzt zahlreiche Münzen fränkischer, arabischer und byzantinischer Herkunft belegen die Reichweite und Vielfalt der Handelsbeziehungen, die auch und gerade in unruhigen Zeiten gepflegt wurden. Nicht zuletzt war Haithabu auch ein Zentrum des internationalen Sklavenhandels. Zugleich aber kann es als das Eingangstor des Christentums zu den Völkern Skandinaviens gelten, seit der heilige Ansgar, der Apostel des Nordens, im Jahre 832 hier die erste Kirche errichtete.

Der Reichtum der Stadt lockte immer wieder Eroberer an. 934 zwang der deutsche König Heinrich I. den damals in Haithabu herrschenden Schwedenfürsten Knuba, sich zu unterwerfen und das Christentum anzunehmen. Nach mehrfachem Besitzerwechsel und zweimaliger Plünderung und Zerstörung (1050 und 1066) verlor der Ort rasch an Bedeutung. Folgerichtig wurde deshalb der 947 von Otto dem Großen gegründete Bischofsitz in eine neue Siedlung am Nordufer der Schlei verlegt. Der alte Name Schleswig ging auf sie über. Im freien Gelände erinnern nur noch ein einsamer Runenstein für einen vor Haithabu gefallenen skandinavischen Krieger und das eindrucksvolle Halbrund eines bis zu zwölf Meter hohen Erdwalles, der ein Areal von 24 Hektar umschließt, an die bewegte Vergangenheit dieses Platzes. Seine Bedeutung als wirtschaftliche und kulturelle Begegnungsstätte zwischen den Völkern des Nordens und den übrigen Europäern in der Frühzeit ihrer Geschichte kann kaum überschätzt werden.

Die erste Erwähnung dieses bedeutenden, vom Handel lebenden Ortes Haithabu fällt in eine Zeit, die gerade erst durch einen brutalen Überfall aufgeschreckt wurde: die Brandschatzung des Inselklosters Lindisfarne (793) vor Englands Küste durch skandinavische Piraten. Es war der erste aufsehenerregende Auftritt jener dreihundert Jahre lang Europa in Schrecken und Not stürzenden Wikinger, die einer ganzen Epoche ihren Namen aufprägten.Von Norwegen über Island, Grönland bis nach Amerika, von Schweden über Rußland bis Byzanz, von Skandinavien nach England und Irland, nach Deutschland, Frankreich, Spanien und Sizilien trugen die schnellen Boote dieser Nord-

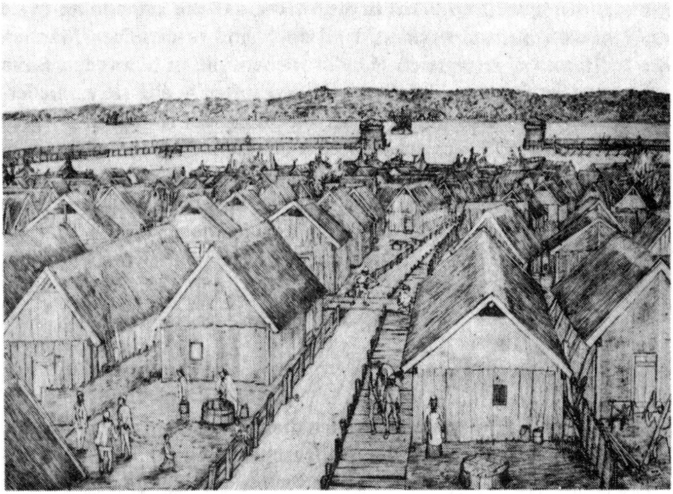

Haithabu bei Schleswig, *bedeutendes Handelszentrum der Wikinger.*
Oben: Rekonstruktion der Stadtsiedlung des 9.–11. Jhs.
Unten: Grabungsbefund von 1935–39.

männer den Schrecken so tief in die Völker, daß die Erinnerung an sie noch heute vielerorts wach ist. Und doch sind es dieselben Männer, die in Haithabu erfolgreich Handel trieben, die in Schweden Birka gründeten, in Dorestad kauften und verkauften – ehe sie es niederbrannten –, in Südrußland Kontakt zu arabischen Händlern pflegten und selbstbewußt griechischen Boden betraten. Staatsgründungen in der Normandie, in England und in Rußland, aber auch in Unteritalien und Sizilien stehen am Ende ihrer Epoche. Wer eigentlich waren diese so unberechenbar erscheinenden Skandinavier, denen die 1980 in London veranstaltete große Ausstellung ein hohes handwerkliches und kulturelles Niveau bescheinigte?

Bauern, Händler, Seeräuber – Die Wikinger

Im Laufe des 8. Jahrhunderts gerieten die nordgermanischen Stämme, die lange im Windschatten der Weltgeschichte ein unbeachtetes Dasein geführt hatten, zunehmend in Bewegung. Am Rande der unwirtlichen Wald- und Felsregionen mit ihren tief eingeschnittenen Fjorden und zahllosen vorgelagerten Inseln lebten auf weitverstreuten Einzelgehöften freie Bauern, die sich gegen ihre rauhe Umgebung zäh behaupteten und selbstbewußt ihre eigene politische Ordnung gestalteten. Gemeinsame Sprache und die ständige Auseinandersetzung mit den Gefahren des allgegenwärtigen Meeres förderten ein starkes Zusammengehörigkeitsgefühl, das die Voraussetzung für die weitgespannten Unternehmungen war, die jene »Normannen« (Nordmänner) oder »Wikinger« (vielleicht »Männer der Buchten«) über die Meere zu fernen Küsten vorstoßen ließen. Als nämlich infolge von Klimaverschlechterungen oder Übervölkerung die Vieh- und Ackerwirtschaft zur Ernährung der Bevölkerung nicht mehr ausreichte, gingen wagemutige Männer dazu über, als Händler und Freibeuter auf dem Meer ihr Glück zu versuchen. Die reichen Handelsgüter, die von Kaufleuten aus aller Welt nach Nordeuropa gebracht wurden, werden ihre Begehrlichkeit geweckt haben. Außerdem trieben die Machtkämpfe rivalisierender Häuptlinge, die der Entstehung der skandinavischen Staaten vorangingen, die unterlegenen Anführer mit ihrem Anhang nicht selten zum Verlassen der alten Heimat. So berichtet die Heimskringla-Saga, die wichtigste isländische Geschichtsquelle, recht anschaulich, »daß während der kampferfüllten Zeiten, da König Harald Norwegen unter seine Herrschaft brachte, fremde Länder, so die Färöer-Inseln und Island, besiedelt wurden. Großen Zustrom hatten die Shetlands, und viele Adelige, die König Harald als Geächtete fliehen mußten, wandten sich auf Wikingerzügen nach Westen, wo sie auf den Orkneys und den Hebriden überwinterten, um im Sommer wieder nach Norwegen zurückzukehren und dort große Verwüstung anrichteten« (Übers.: B. Cichy). In einer seltsamen Mischung aus Not und Abenteuerlust zogen damals Tausende von Wikingern über das Meer und kehrten mit Ruhm und Beute beladen nach Hause zurück. Andere folgten dem Ruf adeliger ›Seekönige‹ und schafften ihre Familien samt Hausrat und Vieh auf die Schiffe, um in der Ferne eine neue Heimat zu suchen.

Dabei kam den Skandinaviern ihre jahrhundertelange Erfahrung in der Hochseeschiffahrt zugute. Die berühmten Schiffsfunde von Gokstad und Oseberg, im Roskildefjord und neuerdings in Haithabu geben Aufschluß über die hohen technischen Fähigkeiten der Erbauer der gefürchteten Boote mit den Drachenköpfen am Steven. Der geringe Tiefgang dieser bis zu 30 Meter langen, etwa fünf Meter breiten und kaum mehr als zwei Meter hohen offenen Schiffe aus Eichenholz, die von etwa 30 Ruderern angetrieben wurden und insgesamt 40 bis 70 Krieger aufnehmen konnten, ermöglichte es den Wikingern, an seichten Ufern bequem zu landen oder auf Flußläufen weit ins Landesinnere vorzustoßen. Ein kräftiger Kiel verlieh den flachen Booten Stabilität und Seetüchtigkeit, so daß auch auf hoher See der Mast aufgerichtet und Segel gesetzt werden konnten. Dadurch erreichten die Wikingerschiffe einen Aktionsradius von etwa 220 Seemeilen (400 Kilometer) am Tag.

Plünderer, Kolonisten, Staatengründer

Nach der Besetzung der kleineren Nordseeinseln tauchte erstmals im Jahre 787 eine Wikingerflotte vor der englischen Küste auf, die seitdem nahezu alljährlich das Ziel skandinavischer Seeräuber war. Die barbarische Zerstörung der altehrwürdigen Inselklöster Lindisfarne, Jarrow, Wearmouth und Iona erschütterte das christliche Europa. Schließlich organisierte der tatkräftige König Alfred der Große von Wessex (871–899) erfolgreich den angelsächsischen Widerstand; aber auch er konnte nicht verhindern, daß sich skandinavische Kolonisten für lange Zeit in England festsetzten. Auch Irland und die Insel Man gerieten unter die Herrschaft der Wikinger, die sogar die gefahrvolle Überfahrt nach dem menschenleeren Island wagten (874). Die Siedler organisierten die Insel am Polarkreis als eine Republik freier Bauerngeschlechter und schufen sich im Althing 930 die älteste noch bestehende parlamentarische Versammlung der Welt. Bis auf den heutigen

Schrecken und Eleganz: wikingische Schiffe.
Links: Dämonen abschreckender Kopf vom Oseberg-Schiff. – Unten: Blick ins Innere des Gokstad-Schiffes mit Verankerung des Mastes. – Rechts: Die auf höchster Funktionalität beruhende Eleganz des Schiffskörpers vom Gokstad-Schiff. Alle drei Bilder: Oslo, Universitetets Oldsaksamling.

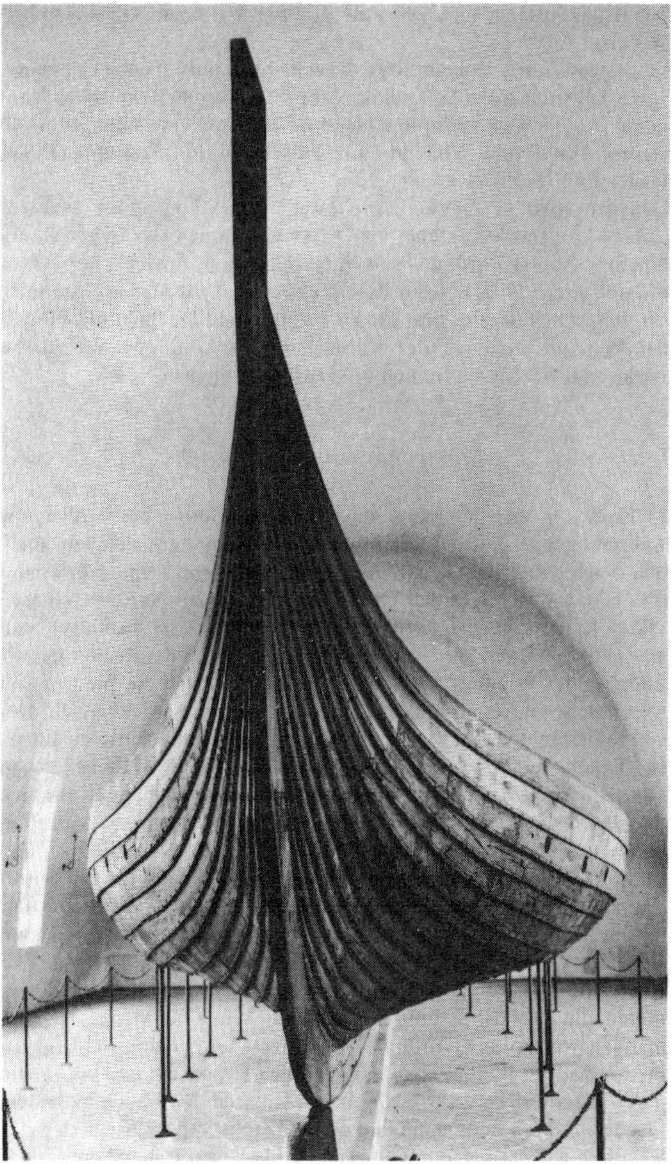

Tag lebt in Sprache und Kultur der Isländer vieles vom Geist der alten Wikinger fort.
Von Island führte Erik der Rote die ersten Kolonisten nach Grönland, von wo aus sein Sohn Leif um das Jahr 1000 den amerikanischen Kontinent (wohl auf Labrador und Neufundland) erreichte, ohne jedoch in Hellu-, Mark- oder Vinland (d.h. Felsen-, Wald-, Wiesenland) auf Dauer Fuß fassen zu können.
Dagegen stieß der schwedische Zweig der Wikinger, die Waräger (d.h.: »Eidgenossen«), über die Ostsee weit in den slawischen Raum hinein, wo unter Rurik und seinen Nachkommen zunächst in Nowgorod und später (907) in Kiew Reiche entstanden, die man als Vorläufer des russischen Staates bezeichnen könnte. Bald tauchten die Flotten der Waräger auch vor der Kaiserstadt Konstantinopel auf, deren starke Mauern für sie freilich unbezwingbar blieben.

Sturm über dem Frankenreich

Mehr Erfolg war den skandinavischen Seeräubern beschieden, die während des gesamten 9. Jahrhunderts das Karolingerreich heimsuchten. Nach den ersten Überfällen auf Aquitanien (799) und Friesland (um 800) sah sich Karl der Große genötigt, an den Nordwestgrenzen seines Reiches befestigte Stützpunkte (z.B. Itzehoe) anzulegen und eine ständige Küstenwache einzurichten. Während der Regierungszeit Ludwigs des Frommen (814–840) beschränkten sich die Wikinger im wesentlichen noch auf blitzschnelle Beutezüge im Küstenbereich: Unvermittelt tauchten im Morgengrauen die Piraten auf, stürmten aus ihren Drachenbooten mordend und plündernd in die Hafenstädtchen oder Klöster und waren mit ihrer Beute verschwunden, noch ehe sich die überraschten Opfer zu einer wirksamen Gegenwehr aufraffen konnten. Zurück blieben geschundene oder getötete Menschen, entweihte Kirchen und schwelende Häuserruinen. Schon die Zeitgenossen erkannten, daß erst die Selbstzerfleischung des fränkischen Adels in den Bruderkriegen der Enkel Karls des Großen die verheerenden Überfälle der Wikinger möglich machte: »Man ließ die Wache an den Küsten des Ozeans im Stich, die auswärtigen Kriege hörten auf, innere tobten, die Zahl der Schiffe vergrößerte sich, und die Menge der Normannen wuchs ins Grenzenlose« (Ermentarius). Schon bald fuhren die nordischen Räuber auch in die großen Ströme ein und begannen, deren Uferbezirke zu verwüsten. Sie führten jetzt auch erbeutete Pferde auf ihren Booten mit und sandten Stoßtrupps selbst zu den entlegensten Klöstern, deren Beutewert sie rasch begriffen hatten. Gefan-

gene mußten gegen hohes Lösegeld freigekauft werden, wenn sie nicht überhaupt als Sklaven verschleppt wurden. Im Jahre 845 sanken Nantes, Paris und der neugegründete Erzbischofssitz Hamburg in Schutt und Asche. Aber die eigentliche Welle der Normanneneinfälle setzte erst nach der Jahrhundertmitte ein: 853 ging St. Martin in Tours, das fränkische Nationalheiligtum, in Flammen auf; bald wurden Toulouse und Orléans überfallen, Arles und Lyon berannt, Pisa gebrandschatzt und die Küstenstadt Luna, die man fälschlich für Rom hielt, durch heimtückischen Vertragsbruch genommen und vollständig verwüstet. Vereinzelte Abwehrerfolge wie der im »Ludwigslied« überschwenglich gefeierte Sieg des westfränkischen Karolingers Ludwig III. bei Saucourt am 3. August 881, bei dem angeblich 9000 normannische Reiter auf der Walstatt blieben, schienen die Kraft der Feinde nicht im geringsten zu schwächen. Denn, so berichtet der Annalist aus dem Kloster Fulda, »nachdem diese ihr Heer erneuert und die Zahl ihrer Reiter vermehrt hatten, verwüsteten sie sehr viele Orte im Reich unseres Königs, nämlich Cambrai, Utrecht, den Haspengau und ganz Ripuarien, auch die vornehmsten Klöster daselbst, Prüm, Inde, Stablo, Malmedy und die Pfalz Aachen, wo sie die Kapelle des Königs zum Stall für ihre Pferde machten. Außerdem verbrannten sie Köln und Bonn mit Kirchen und Gebäuden« (Übers.: R. Rau). In panischer Angst flohen Priester und Nonnen mit den Reliquienschätzen ihrer Kirchen nach Mainz, dessen verfallene Römermauern eilig erneuert wurden. 882 wurde Trier eingeäschert, und erst vor Metz und Reims entschlossen sich die Flußpiraten zur Umkehr.
Scharen von Flüchtlingen und Bettlern bevölkerten in jenen unruhigen Jahrzehnten die Straßen, und die Not wurde so groß, daß die Menschen nach dem Bericht eines Chronisten gezwungen waren, ihr Mehl mit Erde zu vermischen, um daraus Brot zu backen, dessen Menge aber auch so noch nicht ausreichte. Schließlich war das Kernland des Reiches so sehr zur Wüste geworden, daß die Wikinger im Jahre 892 abzogen und sich für einige Jahre nach England wandten, um nicht selbst zu verhungern.

Die Ohnmacht der Karolinger

Fragt man nach den Gründen für die erstaunliche Überlegenheit der im ganzen doch nur verschwindend kleinen Wikingerscharen gegenüber dem riesigen Karolingerreich, so wird man neben der Beutegier und der Beweglichkeit der Angreifer, durch die sie den schwerfälligen Gegenmaßnahmen der Franken regelmäßig zuvorkamen, vor allem

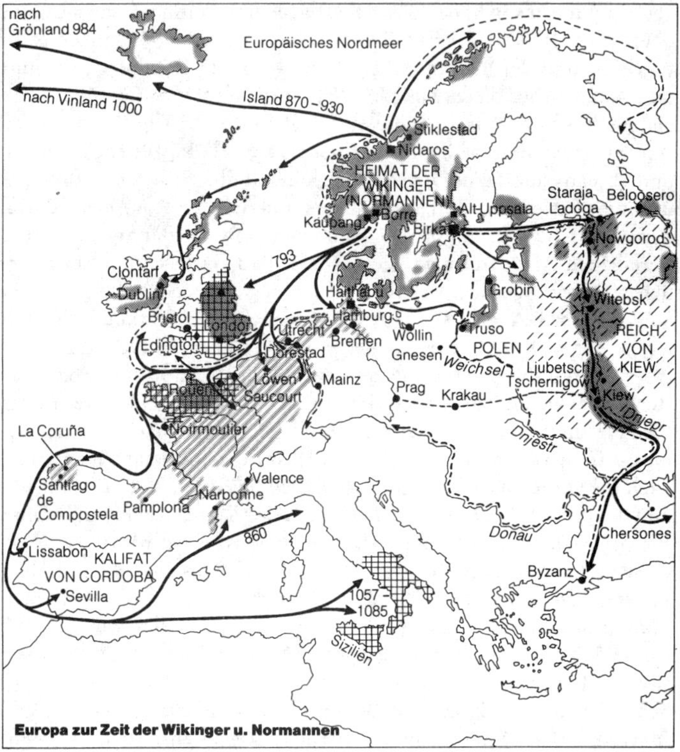

das Versagen der fränkischen Führungsschicht in Betracht ziehen müssen.

Die Franken versäumten vor allem, die zweifellos vorhandenen Abwehrkräfte in der Bevölkerung planmäßig zu fördern. Möglicherweise fürchtete der Adel um seine Vorrangstellung, wenn er eine allgemeine Bewaffnung der leibeigenen Bauern hingenommen hätte. Ja man gewinnt gelegentlich sogar den Eindruck eines hochverräterischen Zusammenspiels mit dem Landesfeind. Es wirft immerhin seltsame Schlaglichter auf die Verhältnisse, wenn man in den Quellen liest, daß im Jahr 859 Bauern, die sich gegen ihre normannischen Peiniger erhoben hatten, von fränkischen Kriegern niedergemacht wurden, oder wenn Karl der Kahle 864 den Franken auf einem Reichstag bei Todesstrafe verbieten mußte, den Wikingern Pferde und Waffen zu verkaufen.

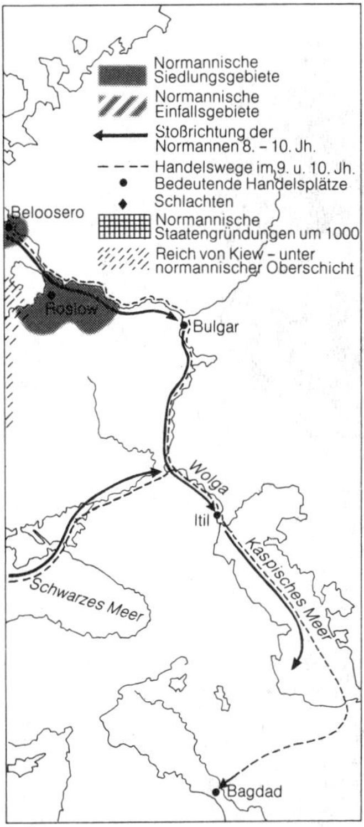

Wikingische Geisteswelt auf Bildsteinen.
Tod, Grabfahrt und Auferstehung in szenischen Darstellungen des Bildsteins von Lärbro Tängelgarda, Gotland/Schweden.

Aber auch die karolingischen Herrscher selbst suchten sich der lästigen Eindringlinge sehr viel häufiger durch Tributzahlungen als durch die offene Feldschlacht zu entledigen. Der Höhepunkt der schmachvollen Ohnmacht war erreicht, als wiederholt größere Landstriche von den Frankenkönigen als Lehen an Wikingerführer vergeben wurden, nur um sie von der Verheerung anderer Provinzen des Reiches abzuhalten.

Es war nicht zuletzt diese Politik, die den Zerfall des Karolingerreiches beschleunigte (Absetzung Karls des Dicken 887) und ihre Dynastie den Franken entfremdete. Andererseits stellt sich aus heutiger Sicht die Frage, ob eine Politik der Besänftigung nicht tatsächlich erfolgversprechender war als die aufreibenden Kämpfe gegen die kaum faßbaren Wikinger. Die weitere historische Entwicklung drängt diese Frage auf.

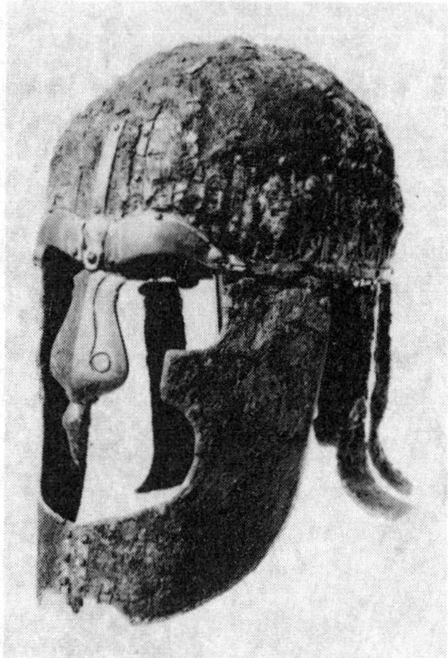

Kostbarkeit aus Eisen: Wikingerhelm
von Vendel, 7. Jh., mit starken Brauenwülsten und Wangenschutz.
Stockholm, Statens Historiska Museum.

Das Ende der Normannennot

Die zunehmende Seßhaftigkeit großer Wikingerverbände im Gebiet zwischen Rhein und Loire veränderte die Situation weiterhin: eine ihrer Hauptwaffen, der überraschende Angriff, gepaart mit schnellem Rückzug, ging verloren. Außerdem stockte gegen Ende des 9. Jahrhunderts der Nachschub an Kriegern und Schiffen aus der nordischen Heimat, seit sich die dortigen Könige vornehmlich der inneren Konsolidierung ihrer Reiche widmeten und ihre Expansionsgelüste im wesentlichen nur noch auf ihre skandinavischen Nachbarn oder auf England richteten. Inzwischen hatten die Franken endlich damit begonnen, ein dichtes Netz fester Plätze zu schaffen, von denen aus Gegenangriffe unternommen werden konnten. Nicht wenige der heutigen Wasser- und Höhenburgen im Rheinland gehen in ihrem Kern auf solche Bollwerke zurück. Wie ein Fanal wirkte die erfolgreiche Verteidigung von Paris gegen eine elfmonatige normannische Belagerung durch den Grafen Odo, den Ahnherrn der Kapetinger, im Jahre

886/87. Wie er gewannen überall örtliche Befehlshaber das Vertrauen der Bevölkerung und begründeten damit den Aufstieg ihrer Geschlechter.

Die Erstürmung eines Normannenlagers bei Löwen an der Dyle (891) durch die schwere Reiterei König Arnulfs befreite auch das ostfränkische Reich von der unmittelbaren Bedrohung. Im Westen freilich mußte König Karl der Einfältige 911 dem letzten normannischen Invasionsheer unter Herzog Rollo das gesamte Mündungsgebiet der Seine mit der Hauptstadt Rouen zu Lehen geben. Doch brachte die Annahme des Christentums durch die Normannen, deren Siedlungsgebiet noch heute Normandie heißt, auch hier allmählich eine Beruhigung.

Überhaupt trug die segensreiche Tätigkeit der christlichen Missionare auf lange Sicht mehr zur Eindämmung der Wikingergefahr bei als alle militärischen Operationen. Seit Erzbischof Ansgar den päpstlichen Auftrag zur Mission in Schleswig und Holstein, in Dänemark und Südschweden erhalten hatte, mühten sich unerschrockene Glaubensboten oft unter Einsatz ihres Lebens darum, die Herzen der gefürchteten Räuber zu gewinnen. Es gelang ihnen schließlich trotz heftiger heidnischer Gegenwehr, Skandinavien an das christliche Europa heranzuführen. Als der Däne Knut der Große (1016–1035) England, Dänemark und Norwegen zu einem wikingischen Großreich vereinigte, geschah dies bereits unter christlichem Vorzeichen. Ebenso zeigen die weiteren Unternehmungen der Normannen von der Seine in Unteritalien und Sizilien (seit 1016), England (1066) und im Zeitalter der Kreuzzüge sogar im Orient, daß die urtümliche Kraft und der Unternehmungsgeist dieses Volkes ungebrochen fortlebten, auch wenn es nunmehr der christlichen Völkergemeinschaft angehörte (siehe auch Band 2).

Literatur

Faber, Gustav: Piraten oder Staatengründer. Normannen vom Nordmeer bis zum Bosporus, Gütersloh 1968. – Neuerschienen unter dem Titel: Die Normannen. Piraten – Entdecker – Staatengründer, München 1976

Jankuhn, Herbert: Haithabu. Ein Handelsplatz der Wikinger, Neumünster 1963

Oxenstierna, Eric: Die Wikinger, Stuttgart 1959

Pörtner, Rudolf: Die Wikinger-Saga, Wien/Düsseldorf 1971

Als das Frankenreich zerfiel. *Karl der Kahle im Kreis seiner Heerführer empfängt die Vivian-Bibel. Widmungsbild aus dieser Bibel, Tours 845/46.*

ROLAND VOCKE

VOM FRANKENREICH ZUM DEUTSCHEN REICH

Karl der Große setzt seinen Sohn Ludwig zum Erben ein – Das Wirken des neuen Herrschers – Die Reichsordnung von 817 – Der Einfluß der Kaiserin Judith – Die Erhebung gegen den Kaiser – Ludwigs Demütigung und Tod – Der Streit der Kaisersöhne und die Teilung des Reichs – Ludwig der Deutsche – Ludwig der Jüngere verteidigt die Westgrenze – Arnulf von Kärnten festigt das ostfränkische Reich – Die Bedeutung Baierns – Ludwig das Kind und die Stärkung der Stammesfürsten – Die Ungarneinfälle – Konrad I. im Kampf gegen die Stammesherzöge – Das Scheitern Konrads I. – Entstehung der Stämme und Stammesherzogtümer – Kloster- und Mönchsleben im Mittelalter – Heidnische und christliche Schriften – Beginn der deutschen Literatur.

Im Frühherbst des Jahres 813, wenige Monate ehe Karl der Große zweiundsiebzigjährig starb, traten in Aachen die geistlichen und weltlichen Großen des fränkischen Reiches zusammen. In ihrem Beisein erhob der alte Herrscher seinen Sohn Ludwig feierlich zum Mitregenten (siehe *K: Designation, unten)* und damit zum Alleinerben des Reiches und des Kaisertitels. Auf sein Geheiß nahm Ludwig die Krone vom Altar und setzte sie sich selbst aufs Haupt. Der Vorgang wurde, wie der Biograph Karls des Großen, Einhard, berichtet, »von allen Anwesenden mit großem Beifall aufgenommen«.
Es war ursprünglich keineswegs die Absicht Karls gewesen, das Riesenreich, das unter den damaligen Bedingungen von einem Herrscher kaum wirksam gelenkt werden konnte, nur einem einzigen Erben zu hinterlassen. Wie es schon unter den Merowingern üblich gewesen war, so wollte auch Karl nach altfränkischem Brauch das Reich wie einen persönlichen Besitz, gleichsam wie ein Bauer seinen Hof, unter seine legitimen Söhne teilen (»Divisio regnorum«, siehe *K: Individualsukzession, rechts*). Die Erbfolgeordnung des Jahres 806 hatte in der Tat eine Teilung zwischen den Kaisersöhnen Karl, Pippin und Ludwig vorgesehen. Doch da die beiden älteren Söhne vor dem Vater starben, blieb als Nachfolger nur Ludwig, der jüngste unter den dreien.

Der »Mönch« auf dem Kaiserthron: Ludwig der Fromme

In seiner äußeren Erscheinung soll Ludwig, der beim Tod des alten Kaisers 36 Jahre alt war, manche Ähnlichkeit mit dem Vater besessen haben – die breiten Schultern, die mächtige Brust, die markante

Designation

(lat. designatio: Bezeichnung)

Der König bestimmt einen Sohn zu seinem Nachfolger; die Stämme kommen bei der Königswahl dem königlichen Befehl nach. Stirbt ein Geschlecht aus, wählen die Stämme selbständig einen König, wobei meist aus Rücksicht auf das Geblütsrecht (K, Seite 148) ein Vertreter einer verwandten Familie ausgesucht wird.
Diese Art der Nachfolgerbestimmung ist bis ca. zur Mitte des 11. Jahrhunderts relativ unproblematisch. Dann pochen die Fürsten auf Mitsprache. Deshalb war das mittelalterliche Deutschland im Gegensatz zu Frankreich und England nie eine Erbmonarchie.

Individualsukzession
(lat. succedere: nachfolgen)

Königsheil	*stellte man sich vor allem in der Merowingerzeit als an alle Vertreter der königlichen Sippe gebunden vor. Deshalb bekam jeder Sohn einen Reichsteil und einen Anteil an der Herrschaft. Teilungsprinzip konfliktträchtig, denn jeder wollte Alleinherrscher werden.*
Reibungslose Nachfolge	*erst durch Individualsukzession garantiert: Königsnachfolge nur eines Sohnes, sie bildete sich erst in der Ottonenzeit heraus. Damit wurde gleichzeitig sichtbar die Vorstellung von der*
Unteilbarkeit	*des Reiches verwirklicht.*

Nase –, doch in seinem Wesen war er dem Vater durchaus unähnlich. Das Interesse des hochgebildeten Mannes, der geläufig lateinisch sprach und das Griechische wenigstens verstand, galt vorwiegend geistlichen Fragen und den Problemen der Kirche. In seiner Umgebung herrschten, anders als bei Karl, die Geistlichen vor. »Von Psalmengesang und Litaneiengebet konnte er oft nicht genug bekommen; besonders eifrig unterzog er sich den vorgeschriebenen frommen Übungen« (nach Dannenbauer). Es ist nicht ganz auszuschließen, daß Ludwig lieber ins Kloster gegangen wäre anstatt über die abendländische Christenheit zu herrschen. Jedenfalls erhielt er bei Lebzeiten den Beinamen »der Mönch«; »der Fromme« wurde er erst nach seinem Tod genannt.

Kaum im Besitz der Macht, begann Ludwig der Fromme den kaiserlichen Hof von allem zu säubern, was seinen strengen Auffassungen von Moral entgegenstand.

Kaiser Karl der Große hatte gern das gesellige Leben, dessen Mittelpunkt er selbst war, gefördert und am Hof auch eine gewisse Freizügigkeit geduldet. Der neue Herrscher jedoch vertrieb das angeblich leichtlebige weibliche Gesinde, verbannte seine Schwestern vom Hof und verdrängte die alten Gefährten seines Vaters. Karls illegitime Söhne verschwanden im Gefängnis. Der Kaiser soll nicht einmal dann gelacht haben, wenn an den Hoffesten schauspielende Musiker, Possenreißer und Mimen mit Spielleuten und Zitherschlägern vor ihm auftraten und alle anderen Anwesenden sich vor Lachen bogen. Frommem Eifer und dem Streben nach der Einheit von Reich und Kirche ist es wohl auch zuzuschreiben, daß er sich im Jahre 816 ein zweitesmal,

Siegel Ludwigs des Frommen
mit seinem ›Bildnis‹ und Herrscherumschrift.

diesmal durch Papst Stephan IV., in Reims krönen ließ: zweifellos ein politischer Erfolg für das Papsttum.

Reformen und Reichseinheit

Unter den Männern der Kirche, die Ludwig an seinen Hof berief, ragte vor allem einer als Freund und Berater hervor, der Abt Benedikt von Aniane aus Südfrankreich, der unter den Geistlichen seiner Zeit eine besonders strenge Richtung vertrat. Mit seiner Unterstützung führte der Kaiser eine strenge Reform des Klosterlebens und des Lebens der Weltgeistlichkeit durch, die auch alle möglichen Einzelheiten und unbedeutenden Kleinigkeiten regelte wie z. B. das Baden, Rasieren und Aderlassen. Doch waren diese Reformen dem geistigen Leben in den Klöstern durchaus nicht abträglich, wie die literarischen Leistungen und Wirkungen etwa der Klosterschule von Fulda unter dem Abt Hrabanus Maurus beweisen.

Fränkisch-deutsche Geschichte in Daten

	Ostfrankenreich		Westfrankenreich
843–876	Ludwig II., der Deutsche, König		
843–877			Karl II., der Kahle, König und Kaiser
859		Waräger Rurik Großfürst von Kiew	
864	Zerstörung Dorestads durch Wikinger		
876–882	Ludwig III., der Jüngere, König		
880		Vertrag von Ribémont: Lothringen zum Ostfrankenreich	
881–887		Karl III., der Dicke, König von Ostfranken und Westfranken und Kaiser	
881	Zerstörung der Aachener Pfalz und Überfälle im Rheingebiet (Köln, Bonn, Mainz, Worms, Metz) durch Wikinger		
887–899	Arnulf von Kärnten, König und Kaiser		
		Zerfall des Reiches	
888–898			Odo, Graf v. Paris, König
900–911	Ludwig IV., das Kind, König		
912–918	Konrad I., Herzog von Franken, König		
911			Wikinger Rollo als Herzog Robert I. Herrscher der Normandie
916	Synode von Hohenaltheim im Rieß: im Bündnis mit der Kirche versucht Konrad I. Herzogsmacht zu schwächen		
919–936	Heinrich I., Herzog von Sachsen, König		
941			Waräger vor Byzanz

Die gute Übereinstimmung zwischen dem Kaiser und dem hohen Klerus war wichtig für eine Frage, die das Schicksal des Reiches entscheiden konnte: Kaiser und Klerus wünschten die Einheit des Reiches zu festigen und über den Tod Ludwigs hinaus zu erhalten. Man versuchte, »die Einheit der Christenheit innerhalb des fränkischen Reiches zu verwirklichen: Ein Gott, eine Kirche, ein Reich«, wie in neuerer Zeit der Historiker Löwe formulierte. Den alten fränkischen Grundsatz der Reichsteilung vermochten aber auch die Vertreter des Einheitsgedankens nicht ganz aufzugeben. Das Ergebnis der Bemühungen um die Einheit des Reiches war schließlich die Ordinatio imperii (= Reichsordnung, siehe *K: Individualsukzession, Seite 125),* ein Kompromiß, der 817 auf dem Reichstag zu Aachen verkündet wurde.
Kaiser Ludwig der Fromme hatte aus seiner ersten Ehe drei Söhne, Lothar, Pippin und Ludwig. Nach den Bestimmungen der neuen Reichsordnung wurde Lothar zum Mitkaiser gekrönt und zum Mitregenten und Erben seines Vaters erhoben, während die jüngeren Brüder Pippin und Ludwig nur den Königstitel und ein bescheideneres Teilkönigreich erhielten: Pippin das Land Aquitanien im Südwesten des fränkischen Reiches und Ludwig, der später den Beinamen »der Deutsche« erhielt, Baiern. Nach dem Tod des Vaters sollten die beiden Teilkönige unter der absoluten Oberhoheit des ältesten Bruders Lothar, König des Mittelreichs und Kaiser, stehen. Die weitere Erbfolge war bis ins einzelne geregelt.
Gegen diese Neuordnung wurden, da auch Kirche und Reichsadel den Einheitsgedanken vertraten, anfangs kaum Einwände erhoben – mit einer Ausnahme allerdings: Bernhard, ein Neffe des Kaisers, erhob sich mit einer Adelspartei gegen die Reichsordnung, da er langfristig seine Rechte in Italien gefährdet sah. Doch der Aufstand brach rasch zusammen, die Anführer wurden zur Strafe geblendet. An den Folgen dieser barbarischen Tat starben die Verurteilten – darunter auch Bernhard, der Enkel Karls des Großen. Dies erweckte so viel Unmut, daß Ludwig später auf einem Reichstag ein öffentliches Schuldbekenntnis ablegen und Buße leisten mußte. Aber bedenklicher war die Art, wie Ludwig selbst Hand an die ausgeklügelte Reichsordnung von 817 legte und den Grundsatz der Reichseinheit einer Frau zuliebe zerstörte.

Die zweite Ehe – Erbfolgeschwierigkeiten und Rebellion

Im Jahre 818 war Irmingard, Ludwigs erste Frau, gestorben. Da der Kaiser, damals rund 40 Jahre alt, ein zweites Mal heiraten wollte, ließ er sich nach dem Bericht der Reichsannalen die Töchter des Adels vor-

führen und wählte nach dieser Schönheitskonkurrenz schließlich (819) Judith, die Tochter des einflußreichen und mächtigen Grafen Welf. Judith war nicht nur schön, sondern, wie sich zeigen sollte, auch klug und wesentlich energischer als Ludwig.
Folgenschwerer war es, daß Judith 823 einen Sohn gebar, Karl, der den Beinamen »der Kahle« erhielt, was darauf hinweist, daß er im Hinblick auf sein späteres Erbe noch nicht versorgt war und nicht etwa auf mögliche Glatzköpfigkeit anspielt. Das Streben der ehrgeizigen Frau zielte fortan darauf, dem Sohn ein möglichst großes Erbteil zu sichern – ein legitimes Streben, dem aber die Reichsordnung von 817 entgegenstand, die 821 noch einmal ausdrücklich bestätigt und auch vom Reichsadel genehmigt worden war.
Dem unablässigen Drängen Judiths gab der Kaiser endlich nach. Auf einem Reichstag zu Worms im Jahre 829 wurde verkündet, daß Ludwig der Fromme seinem jüngsten Sohn Karl ebenfalls ein eigenes Herrschaftsgebiet übertragen habe, und zwar die Kerngebiete von Lothars Anteil in Schwaben, im Elsaß und in Burgund.
Als Lothar sein Mißvergnügen nicht verbarg, wurde er nach Italien verbannt, und mit ihm verschwanden die anderen Herren vom Hofe, die Judiths Politik und die Neuaufteilung des Reiches ablehnten. Es fehlte nicht an bitteren Anklagen und Verdächtigungen auf beiden Seiten – bis schließlich 830 der offene Aufstand gegen Ludwig losbrach. Judith verschwand in einem Kloster, der König wurde festgenommen; man sprach von seiner Absetzung. Nach schweren Demütigungen gelang es ihm zwar, die rebellierenden Söhne Lothar, Pippin und Ludwig durch Ausnutzung gegensätzlicher Interessen vorübergehend zu trennen; doch die Befürchtung, Judith und ihre Partei könnten auf ihre Kosten wieder erstarken und immer mächtiger werden, führte die Brüder wieder gegen den Vater zusammen.

»Verrat auf dem Lügenfeld« und »Straßburger Eide« – Familienzwist und Bruderkrieg

Im Sommer des Jahres 833 standen sich Ludwig der Fromme und seine rebellierenden Söhne an der Spitze ihrer Heere in der Nähe von Kolmar gegenüber. Doch ehe es zur Schlacht kam, gelang es den Brüdern, den größten Teil von Ludwigs Kriegern auf ihre Seite zu ziehen. Den Rest forderte der verratene Herrscher selbst auf: »Geht zu meinen Söhnen, ich will nicht, daß einer um meinetwillen Leben oder Glieder einbüße.« Den Ort dieses Verrates durch Ludwigs Heer nannten die Leute fortan das »Lügenfeld«.

Die Straßburger Eide 842
Aufgezeichnet von Nithard

Es trafen sich also am vierzehnten Februar Ludwig und Karl in der Stadt, die ehedem Argentaria hieß und nun Straßburg heißt, und schwuren wie unten folgt. Ludwig aber sprach romanisch, Karl deutsch. Und bevor sie ihre Eide ablegten, wandte sich jeder an das um ihn versammelte Volk, der eine in deutscher, der andere in romanischer Sprache. Ludwig als der Ältere begann: »Wie oft Lothar nach dem Tode unseres Vaters mich und meinen Bruder verfolgte und zu vernichten suchte, wißt ihr. Da aber weder das gemeinsame Blut noch der Christenglaube und Vernunftgründe zu einem gerechten Frieden zwischen uns führten, so sehen wir uns gezwungen, unsere Sache vom Gerichte des allmächtigen Gottes entscheiden zu lassen. Nach seiner Entscheidung wollen wir uns mit dem zufriedengeben, was jedem von uns zukommt. Wie ihr wißt, wurden wir durch Gottes Barmherzigkeit die Sieger, er aber entwich mit den Seinen von dannen, wohin er eben konnte. In unserer Bruderliebe und aus Mitleid mit dem Christenvolke wollen wir sie nicht verfolgen und vernichten, sondern wünschen jetzt wie vordem nur, daß jedem sein Recht werde. Aber er gibt sich auch jetzt mit diesem Gottesgericht nicht zufrieden, sondern läßt nicht ab, mich und meinen Bruder voll Feindschaft zu verfolgen, ja, er sucht auch unser Volk mit Brand, Raub und Mord heim. Darum sind wir notgedrungen hier zusammengekommen und wollen, da ihr unseres Erachtens an unserer unerschütterlichen brüderlichen Treue noch zweifelt, sie durch diesen Eid in eurer Gegenwart bekräftigen. Nicht unbillige Habgier veranlaßt uns hierzu, sondern damit wir, falls uns Gott mit eurer Hilfe Ruhe schenkt, unseres gemeinsamen Wohles um so sicherer seien. Wenn ich aber – was ferne sei – wagen sollte, den Eid zu brechen, den ich meinem Bruder schwöre, so befreie ich jeden von euch von seiner Untertanenpflicht und dem Treueid, den er mir geleistet.«

Nachdem Karl dasselbe in romanischer Sprache ausgeführt hatte, versicherte Ludwig als der Ältere zuerst, folgendes halten zu wollen: »Pro Deo amur et pro Christian poblo et nostro commun saluament, d'ist di in auant, in quant Deus sauir et podir me dunat, si saluarai eo cist meon fradra Karlo et in aiudha et in cadhuna cosa, si cum om per dreit son fradre salvar dist, in o quid il mi altresi fazet; et ab Ludher nul plaid numquam prindrai, qui meon uol cist meon fradre Karle in damno sit.«

Nachdem Ludwig geendet hatte, beschwor Karl in deutscher Sprache dasselbe also:

»In Godes minna ind in thes Christianes folches ind unser bedhero gealtnissi, fon thesemo dage frammordes, so fram so mir Got geuuizci indi mahd furgibit, so haldih thesan minan bruodher, soso man mit rehtu sinan bruodher scal, in thiu thaz er mig sosoma duo; indi mit Ludheren in nohheiniu thing ne gegango, zhe minan uuillon imo ce scadhen uuerhen.«

Der Eid aber, den jedes der beiden Völker in seiner eigenen Sprache ablegte [. . .] lautet in deutscher Sprache:

»Oba Karl then eid, then er sinemo bruodher Luduuige geswur, geleistit, indi Ludhuuig min herro, then er imo gesuor, forbrihchit, ob ih inan es iruuenden ne mag, noh ih noh thero nohhein, then ih iruuenden mag, uuidhar Karle imo ce follusti ne uuirdhit.«

Aus: Nithardi historiarum libri IV (Nithards Geschichtsbücher).
Übers.: J. Bühler

NEUHOCHDEUTSCHE UMSCHRIFT:
»Aus Liebe zu Gott und zu des christlichen Volkes und unser beider Heil von diesem Tage an in Zukunft, soweit Gott mir Wissen und Macht gibt, will ich diesen meinen Bruder Karl sowohl in Hilfeleistung als auch in anderer Sache so halten, wie man von Rechts wegen seinen Bruder halten soll, unter der Voraussetzung, daß er mir dasselbe tut; und mit Lothar will ich auf keine Abmachung eingehen, die mit meinem Willen diesem meinen Bruder Karl schaden könnte.«

EID DES HEERES:
»Wenn Karl den Eid, den er seinem Bruder Ludwig schwört, hält und Ludwig mein Herr ihn seinerseits nicht hält, wenn ich ihn davon nicht abbringen kann, werde weder ich noch irgendeiner, den ich davon abbringen kann, ihm gegen Karl irgendwelchen Beistand geben.«

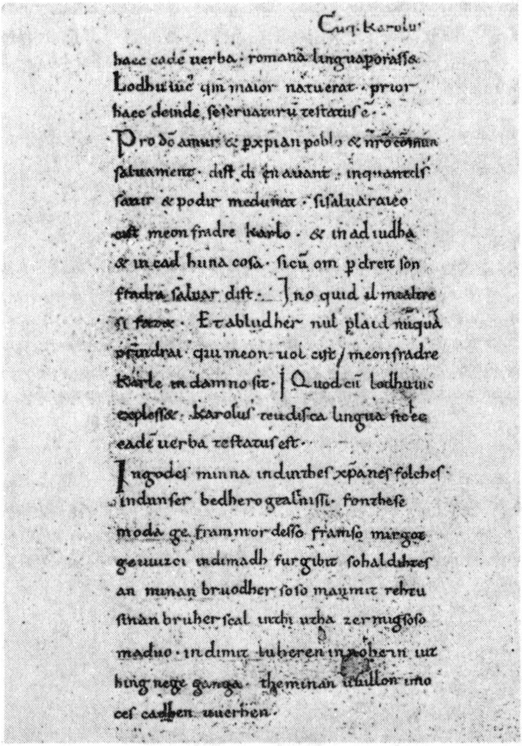

Cumq: karolus
haec eade uerba : romana lingua perorasset.
Lodhuuuic qui maior natu erat . prior
haec deinde se seruaturu testatus e.
Pro do amur & xpian poblo & nro commun
saluament . dist di en auant . in quant ds
sauir & podir me dunat . si saluarai eo
cist meon fradre karlo . & in ad iudha
& in cad huna cosa . sicu om per dreit son
fradra saluar dist . In o quid il mi altresi
fazet . Et ab ludher nul plaid nunqua
prindrai qui meon uol cist meon fradre
karle in damno sit . Quod cu lodhuuuic
explesset . karolus teudisca lingua sic hec
eade uerba testatus est .
In godes minna ind in thes xpanes folches
ind unser bedhero gealtnissi . fon thesemo
dage frammordesso framso mir got
geuuizci indi mahd furgibit so hald ih tes
an minan bruodher soso man mit rehtu
sinan bruher scal . in thiu thaz er mig soso
maduo . in dimit ludheren in nohheiniu thing
ne gegango . the minan uuillon imo
ces cadhen uuerden .

Die Straßburger Eide von 842, *in denen sich Karl der Kahle (Westfranken) und Ludwig der Deutsche (Ostfranken) brüderliche Hilfe gegen ihren Bruder Lothar schworen (Textausschnitt).*

Während Judith nach Italien verbannt und in strenge Haft genommen wurde, schleppten die Söhne den Vater nach Reims, wo man ihn seiner Würden entkleidete und sogar von der Schwelle der Kirche verstieß. Niemand wagte mehr, mit ihm auch nur zu sprechen. Wenig später wurde er in Soissons gezwungen, ein öffentliches Schuldbekenntnis abzulegen, das Meineid, Mord, Sakrileg, Mißregierung und andere Greuel enthielt. »Er bekannte sich unter Tränen für schuldig, erklärte, in allem gefehlt zu haben, und bat um die Möglichkeit einer öffentlichen Buße, um der Kirche durch diese seine Buße Genugtuung zu geben«, berichtet ein Zeitgenosse von dieser tiefen Demütigung, die es dem Kaiser unmöglich machen sollte, noch einmal nach der Macht zu greifen.

Aber gerade dieser tiefe Fall erregte viel Anteilnahme, besonders unter dem Adel im Osten des Reiches. Noch einmal gelang es Ludwig, die Gegner zu trennen und die jüngeren Söhne sogar auf seine Seite zu ziehen. Aber wieder war es der Versuch, Judiths Sohn Karl auf Kosten seiner Brüder zu versorgen, der das Reich nicht zur Ruhe kommen ließ. Der einstige strenge Wahrer der Reichseinheit, der die Reichsordnung von 817 herbeigeführt hatte, war schließlich zum Zerstörer dieser Einheit geworden.

Als Ludwig am 20. Juni 840 starb, war die Frage der Einheit bzw. der Teilung ungeklärt. Die Entscheidung mußte ein Bruderkrieg herbeiführen.

Allerdings hatte sich die Lage inzwischen geändert, und zwar zugunsten Karls des Kahlen. Pippin war schon vor dem Vater gestorben. Karls Anrechte auf einen Teil des Reiches wurden von niemandem mehr in Zweifel gezogen, und da er offenbar die Energie und das Durchsetzungsvermögen seiner Mutter geerbt hatte, vermochte er seine Stellung im Westen des Reiches zu festigen. Indessen versuchte Lothar, der älteste unter den Brüdern, unter Berufung auf die Reichsordnung von 817 seinen Anspruch auf die Oberherrschaft über seine Brüder Ludwig den Deutschen und Karl den Kahlen durchzusetzen, erreichte aber nur, daß die beiden sich enger aneinanderschlossen und sein Heer 841 in der blutigen Schlacht von Fontenoy bei Auxerre/ Frankreich zerrieben. Im Jahr darauf kamen die Sieger, diesmal bei Straßburg, abermals zusammen, um ihren Bund feierlich durch Schwur zu bestätigen.

In den sogenannten »Straßburger Eiden« (14. Februar 842) schworen sie einander »brüderliche Treue« in der gemeinsamen Abwehr von Lothars Ansprüchen. Nicht unbillige Habgier veranlaßte sie zum Kampf, sondern die Sorge um ihr gemeinsames Wohl. Um von ihren Kriegern aus dem westfränkischen bzw. aus dem ostfränkischen Reichsteil verstanden zu werden, leistete Ludwig der Deutsche den Eid in altfranzösischer, Karl der Kahle hingegen in althochdeutscher Sprache.

Anschließend schworen auch die beiden Heere, jedes in seiner Sprache.

Somit sind die Straßburger Eide ein frühes Zeugnis für die Entwicklung der beiden benachbarten Sprachen, des Deutschen und des Französischen; ein Beweis für den Verzicht auf die Einheit des fränkischen Reiches sind sie nicht.

Siegel Ludwigs des Deutschen *mit seinem ›Bildnis‹ und Herrscherumschrift.*

Der »Vertrag von Verdun« –
Erste Risse zeigen sich im Frankenreich

Angesichts der Überlegenheit der Teilkönige und mit Rücksicht auf die Kriegsmüdigkeit des Adels war nun auch Lothar bereit, nachzugeben und auf bisherige Ansprüche zu verzichten. Das Ergebnis langer Verhandlungen war der »Vertrag von Verdun« (August 843), in dem die drei Brüder Lothar, Ludwig der Deutsche und Karl der Kahle das Reich – was die Herrschaftsbereiche betrifft – unter sich teilten. Nominell sollte freilich die Reichseinheit erhalten bleiben.
Danach erhielt Karl den Westteil des Reiches mit den angestammten

Das Frankenreich zwischen 817 und 829

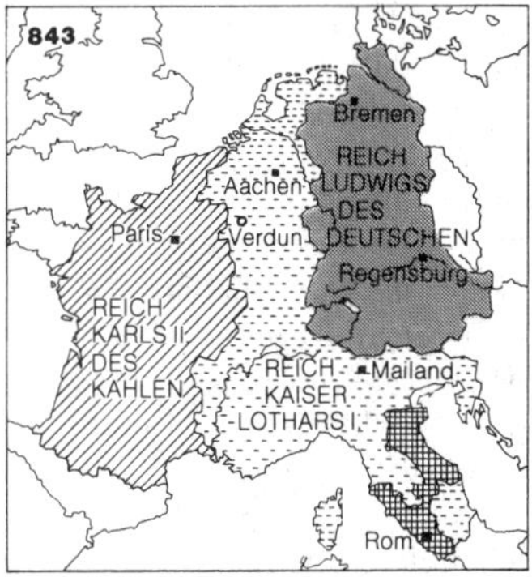

Der Vertrag von Verdun 843

Der Vertrag von Meersen

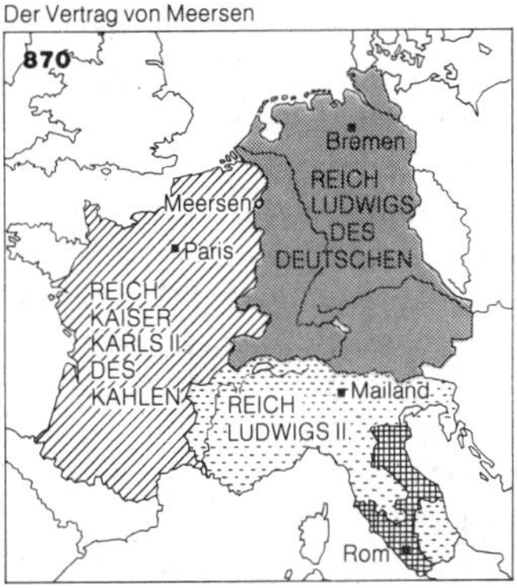

Der Vertrag von Ribémont

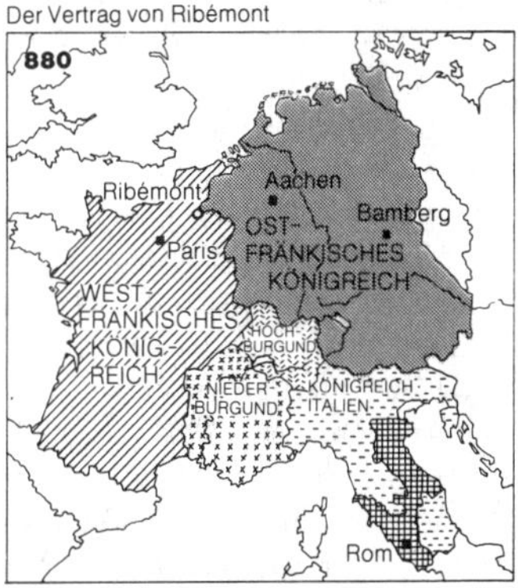

Kerngebieten der fränkischen Könige, d. h. alles Land westlich der Linie Schelde–Maas–Rhône. Ludwig dem Deutschen fiel der Ostteil rechts des Rheins mit Mainz, Worms und Speyer zu. Lothar erhielt außer dem Kaisertitel, der seinen Brüdern gegenüber nicht mehr viel bedeutete, und Italien den schmalen Landstreifen zwischen dem West- und dem Ostreich, der von den Küsten der Nordsee bis zu den Alpen reichte.

Vor dem Abschluß des Vertrags hatte man eine eingehende Inventarisierung des Reiches aufgenommen (»Descriptio regni«), eine Beschreibung der nach den langen Kämpfen noch vorhandenen Güter und Rechte der Herrscherfamilie, um die Teilung möglichst gerecht durchzuführen.

Aus heutiger Sicht erscheint das Resultat dieses Vertrages als Versuch, das Gebiet so zu teilen, daß das Reich eines jeden Bruders an den wichtigen Klima- und Vegetationszonen des Karlsreiches teilhaben sollte. Wirtschaftliche Interessen bestimmten also die Grenzen der neuen Teilreiche, nicht die Zugehörigkeit der Menschen zu diesem oder jenem Volk – ein Gedanke, der dieser Zeit völlig fremd gewesen wäre.

Der »Vertrag von Verdun« zielte demnach auf das Ende der Zwistigkeiten im Herrscherhaus, nicht auf die Auflösung des fränkischen Großreichs – Teilungen hatte es ja seit der Zeit der Merowinger immer wieder gegeben –, und trotzdem liegt in dieser Teilung ein entscheidender Schritt hin zur Entstehung eines deutschen und eines französischen »Staates«. Eine dauerhafte Wiedervereinigung zwischen dem Ostreich, aus dem das deutsche Reich hervorgehen sollte, und dem Westreich, dem künftigen Frankreich, kam nicht mehr zustande. Vielmehr zogen sich die Großen auf ihren Grundbesitz in den Teilreichen zurück. Das zukunftweisende politische Leben spielte sich folglich mehr und mehr dort ab.

Das ostfränkische Reich Ludwigs des Deutschen war, was die innere Entwicklung betraf, den anderen Reichsteilen politisch und wirtschaftlich unterlegen. Es war nicht nur dünner besiedelt und weniger erschlossen; auch die staatliche Organisation, die Gesetzgebung und die im Westfrankenreich weit gediehene Ausweitung des Lehnswesens waren weit weniger fortgeschritten als im Westreich. Andererseits war seine Bevölkerung vor allem hinsichtlich ihrer gemeinsamen Sprache und germanischen Herkunft viel geschlossener; die Stellung des Königs gegenüber Adel und Kirche war noch stärker als in den anderen Reichsteilen; und durch kluge Heiratspolitik oder durch energisches Zupacken erweiterte und festigte Ludwig seinen Einfluß auf den ostfränkischen Adel.

Das geistige und das literarische Leben dieser Zeit, dem Ludwig aufgeschlossen gegenüberstand und das er bewußt auch förderte, regte sich vernehmlich am Hof und in den Klöstern. Es läßt ahnen, daß sich unter den Stämmen des Ostreiches ein Gefühl der Zusammengehörigkeit entwickelte, an dem auch die Sachsen, der zuletzt unter fränkische Herrschaft gezwungene Stamm, bedeutenden Anteil hatten. Der sächsische Mönch Gottschalk schrieb schon »gelegentlich vom ›deutschen Volk‹, ohne diesem Begriff schon einen politischen Klang zu geben« (Löwe). Noch zählten sich die rechtsrheinischen Stämme zu den »Franken«.

Die Normannen plagten zu dieser Zeit mehr das reichere westfränkische Reich, wo es mehr zu holen gab als im Osten. Dennoch fielen sie hin und wieder auch über die Nordseeküsten her und zerstörten 845 das kürzlich gegründete Hamburg. Der Sitz des Erzbischofs wurde nach Bremen verlegt. Im Osten des Reiches gelang es Ludwig nach manchen Widerständen und Rückschlägen, die Grenzen zu stabilisieren. Er mußte allerdings im Frieden von Forchheim (874) die Unabhängigkeit des Großmährischen Reiches, das unter den energischen Fürsten Rastislav und Svatopluk entstanden war, praktisch anerkennen und damit Ansprüche preisgeben, die auf die Zeit Karls des Großen zurückgingen. Übrigens wurde Svatopluk der Pate von Ludwigs Urenkel, der um diese Zeit geboren und auf den (eingedeutschten) Namen des Fürsten getauft wurde. Er hieß Zwentibold.

Lothringen – Zankapfel für tausend Jahre

Das Mittelreich des Kaisers Lothar I., das aus dem »Vertrag von Verdun« hervorgegangen war, erfuhr nach Lothars Tod eine neuerliche Teilung (855). Sein Sohn Lothar II. erhielt den nördlichen Teil, das Regnum Lotharii (= Lothringen), während der Inhaber des Kaisertitels nur noch über Italien herrschte und damit recht machtlos geworden war. Als schließlich Lothar II. starb, teilten seine Onkel in Ost und West, Ludwig der Deutsche und Karl der Kahle, ohne Rücksicht auf andere Anwärter das Mittelreich im Vertrag von Meersen (870) unter sich auf.

Der Sohn und Nachfolger Ludwigs des Deutschen, Ludwig der Jüngere, mußte seinen Anteil allerdings erst noch verteidigen. In der Schlacht von Andernach (876) verjagte er das Heer Karls des Kahlen und brachte nach dessen Tod (877) auch den westfränkischen Anteil Lothringen an sich. Damit trat zwar zunächst Ruhe an der Grenze zwischen den beiden fränkischen Teilreichen ein; Lothringen hatte aufgehört zu existieren. Doch für mehr als tausend Jahre – bis ins 20. Jahrhundert – blieb es in seinen einzelnen Teilen Streitobjekt und Anlaß für zahllose erbitterte Kriege zwischen dem Deutschen Reich und Frankreich.

Ludwig der Jüngere, der im Westen so entschieden zugriff, hatte im Kampf mit den anderen Gegnern des Reiches nur geringe Erfolge. Schlimmer als die *Slawenaufstände (K, Seite 138)* wirkten sich die erneuten Plünderungszüge der Wikinger (siehe Seite 109) aus, denen auch vereinzelte Siege Ludwigs und seines westfränkischen Verwandten nicht Einhalt gebieten konnten. Ludwig mußte es hinnehmen, daß Lothringen und die Rheinlande und selbst Aachen verwüstet wurden, ohne daß der Katastrophe gesteuert worden wäre. Ludwigs merkwürdige Untätigkeit wird wohl mit seiner schweren Erkrankung am einleuchtendsten erklärt.

Slawensiedlung und Slawenaufstände

Ursprung und Wanderung	*Urheimat der slawischen Völker- und Sprachengruppe, der größten Europas, ist das Polesje-Gebiet (Pripjat- Wald- und Sumpfregion zwischen Dnjepr und dem Weichselnebenfluß Wieprz), von wo sie gleichermaßen nach Westen, Süden und Osten expandierten. Die Slawen, wie die Germanen und Kelten während der Völkerwanderungszeit halbnomadisierende Bauern mit Ochsengespannen und auf gleicher Kulturstufe wie die Kelten und Germanen, waren geniale Festungsbauer und lebten teilweise schon in stadtähnlichen Siedlungen.* *Nach Abwanderung germanischer Stämme aus den Gebieten zwischen Elbe und Weichsel siedelten Slawen spätestens seit dem 6. Jahrhundert auch in den von Goten, Gepiden, Burgundern, Bastarnen und Langobarden verlassenen Gebieten zwischen Oder, Weichsel und Donau, ebenso in den von Sweben, Semnonen und Rugiern – wenigstens teilweise – verlassenen Landschaften zwischen Ostsee, Elbe, Saale und Oder. Teilweise kam es zur Vermischung mit der ursprünglichen Bevölkerung.*
Grenze zur Zeit der Frankenherrschaft	*Zur Zeit der Karolinger verlief die Westgrenze der Slawenbesiedlung etwa auf einer Linie östlich von Kiel und östlich von Lüneburg nach Magdeburg, Halle, zum Thüringer Wald, Bayreuth, Böhmer Wald und etwa nach Linz an der Donau. Damit waren Teile Ostholsteins, der Altmark, Sachsens, Teile des Thüringer Waldes, des Fichtelgebirges und Frankenwaldes, der Obermainregion, des Oberpfälzer und Böhmer Waldes slawisch besiedelt oder slawisch beeinflußt. In Österreich verlief die Grenze – vereinfacht dargestellt – etwa von Linz über die Enns und Mur Richtung Klagenfurt.*
Ostfränkisch-deutsche Marken gegen die Slawenstämme	*Franken und Sachsen suchten die Grenze durch Marken wie die Mark der Billunger zwischen Ostsee, unterer Elbe und Odermündung, durch die Nordmark (etwa der Mark Brandenburg entsprechend) und durch die Ostmark (mit Lausitzer Mark) bzw. durch die Sorbische/Thüringer Mark (auch Geromische Mark) mit der Mark Meißen, Mark Zeitz und Mark Merseburg zu schützen. Slawische*

	Stämme dieser Region waren die Abodriten (Obodriten), Linonen und Polaben an der unteren Elbe, die Wilzen (Liutizen), Heveller und Dossaner am Elbeknie etwa zwischen Wittenberge und Tangermünde, die Sorben zwischen Elbe und Saale, die Lausitzer und Milzener, Daleminzier und Nisaner östlich der Schwarzen Elster, der oberen Elbe, zwischen Mulde und Elbe und an der Neiße. Im Südosten waren es hauptsächlich die Tschechen und Slowenen.
Deutsche Ostsiedlung	*Die deutsche Ostsiedlung drängte die Slawen in mehreren Stufen zurück oder überlagerte sie, so daß sich die Grenze bis etwa 1200 auf die Linie Schwerin, Ruppin, Jüterbog, Dresden, Eger, bis 1300 etwa bis auf die Linie der Reichsgrenze von 1937 nach Osten vorschob.*
Slawenaufstände	*Die Konfrontation und wechselnde Machtstärke führte in den Marken zu bedeutenden Slawenaufständen, so 929 an der Ostsee um Wismar, 955 im Raum von Mecklenburg und Brandenburg, 983 zum Großen Aufstand in der gesamten Region zwischen Ostsee, Elbe, Spree und Oder, 1066 an der unteren Elbe, 1136 im Spreegebiet, 1164 im südlichen Mecklenburg.*
Zersplitterung in Stämme	*Die lange Lehnsabhängigkeit slawischer, insbesondere polnischer Stämme wurde ebenso wie die deutsche Ostexpansion lange durch das Fehlen eines starken slawischen Staates mitbedingt bzw. begünstigt. Hinzu kam die drastische Beunruhigung des slawischen Raumes durch Ungarn-, Mongolen- und Tatareneinfälle.* *Der deutsche Sieg über die Ungarn auf dem Lechfeld ermöglichte vor allem den Polen staatliche Zentrierung und, nach der Christianisierung, mit päpstlicher Hilfe die Begründung eines Königtums. So wie dieser Staat von innerdeutschen Wirren profitierte, verstand es das Reich, Litauer, Böhmen und Ungarn immer wieder gegen die Macht Polens auszuspielen.*
Zusammenleben	*Die im Grenzgebiet siedelnden Deutschen und Slawen lebten ansonsten recht friedlich nebeneinander. Auch slawische Wehrbauern verteidigten schließlich, von Deutschen gerufen, das Reich gegen die Türken.*

Kaiser ohne Glück: Karl der Dicke

Als Ludwig der Jüngere 882 starb, folgte ihm, da seine beiden Söhne schon vor ihm gestorben waren, sein Bruder Karl, dem die spätere Geschichtsschreibung den Beinamen »der Dicke« gab. Ihm bot sich alsbald die Möglichkeit, die Wikinger entscheidend zu schlagen. Er schloß sie mit einem mächtigen Heer in ihrem Lager an der Maas ein und hätte nun nur noch auf ihre Übergabe zu warten brauchen. Statt dessen ließ er sich unbegreiflicherweise auf einen Vertrag ein, der ihnen den Abzug gestattete und obendrein noch eine Tributzahlung gewährte. Die Gegenleistung der Wikinger bestand in der Taufe ihres Anführers. Ähnlich lahm und unentschlossen war Karl der Dicke in seiner weiteren Regierungszeit. Die Ironie der Geschichte wollte es, daß ausgerechnet er nach einer Reihe von Todesfällen unter den Karolingern in Ost und West noch einmal als Kaiser (885–887) das gesamte Frankenreich unter seiner Herrschaft vereinigte, wenn man bei dem schwachen und vermutlich schwerkranken Mann von Herrschaft überhaupt reden darf. Denn er vermochte weder das Reich zu schützen noch sich gegen den Adel durchzusetzen. Im Westen des Reiches ging er sogar so weit, den Wikingern gewisse Gebiete zur Plünderung zu überlassen, weil ihm die Einwohner nicht gehorchen wollten. Angesichts der Untätigkeit und Unfähigkeit des Kaisers war nun der Adel des Ostreichs bereit, Karl den Dicken auf Betreiben seines Neffen Arnulf von Kärnten auf dem Reichstag von Tribur zur Abdankung zu zwingen.

Mitleiderregend klingt, was ein Chronist überliefert: Karl der Dicke sei von seiner Frau in ehrenrühriger Weise mit der Bemerkung bloßgestellt worden, er habe sich »niemals in fleischlicher Umarmung mit ihr vermischt«. Die Großen des Reiches fielen in Scharen von ihm ab, »so daß nach drei Tagen kaum jemand übrigblieb, der ihm auch nur die Pflichten der Menschenliebe erwiesen hätte«. Als Bettler mußte Karl am Ende seinen Nachfolger anflehen, ihm wenigstens den notwendigsten Lebensunterhalt zu sichern. Arnulf gewährte ihm die Einkünfte einiger Krongüter, aber Karl hatte kaum mehr Gelegenheit, davon Gebrauch zu machen. Im Januar des Jahres 888 starb er.

Der bereits erwähnte Historiker Löwe zieht das bittere Fazit dieser Epoche: »Nun zerbrach das Universalreich der Karolinger endgültig, nicht so sehr an der Unfähigkeit seines letzten Herrschers als an der Unmöglichkeit, im Zeitalter der Naturalwirtschaft ein Reich dieses Ausmaßes verwaltungsmäßig zusammenzuhalten und gegen so vielfältigen äußeren Druck überall zu verteidigen.«

Arnulf von Kärnten und Ludwig das Kind – Zerfall der Zentralmacht

Obwohl die Großen des ostfränkischen Reiches sich bei der Königswahl von 887 in Tribur noch einmal für einen Karolinger entschieden und Arnulf von Kärnten, einen Enkel Ludwigs des Deutschen und »Friedelsohn« (siehe auch *K: Friedelehe, unten*) dessen Sohnes Karlmann erhoben, setzten sich in allen Teilen des zerfallenden Großreichs Vertreter der hohen Reichsaristokratie durch, denn nur von ihnen war in den Wirren einer katastrophalen Zeit Rat und Schutz zu erwarten. Das westfränkische und das ostfränkische Reich, dazu Hoch- und Niederburgund und Italien lösten sich voneinander, und die großen Familien setzten sich an die Spitze selbständiger Königreiche. Die Zeitgenossen fanden nichts Anstößiges daran, daß die Dynastie der Karolinger mehr und mehr zurücktrat.
Arnulf von Kärnten genoß unter den neuen Teilkönigen als Sproß des karolingischen Hauses und aufgrund seiner tatsächlichen Macht eine gewisse Vorrangstellung und die Rolle eines Schiedsrichters. Sein Ansehen wuchs noch mehr, als es ihm gelang, die bis dahin nahezu unbesiegbaren Wikinger bei Löwen an der Dyle vollkommen zu schlagen und in den Fluß zu treiben, wo angeblich Hunderte und Tausende ertranken. Von da an hatte das Ostreich Ruhe vor diesem furchtbaren Feind. Als letzter Karolinger empfing er auch die Kaiserkrone (896), die allerdings seit langem, nicht erst seit Karl dem Dicken, viel von ihrem einstigen Glanz verloren hatte. Immerhin begründete der Kaisertitel lehnsrechtlich den Anspruch auf eine gewisse Oberhoheit.

Friedelehe

Das germanische und althochdeutsche Recht billigten die Verbindung eines verheirateten Adeligen mit einer Freien (d. h. einer Friedel). Friedelkinder waren, wenn der Vater sie anerkannte, den vollehelichen gleichgestellt. Der Mann hatte keine hausherrliche Gewalt über seine Friedel, deren Eltern er nicht den üblichen »Muntschatz« (Natural- oder Geldleistung) bezahlte. Nicht mit dem heutigen Konkubinat (illegale Ehe) gleichzusetzen! Die Institution der Friedelehe zeigt recht gut den Wandel in den sogenannten moralischen Vorstellungen: was besonders bis in die 60er Jahre unseres Jahrhunderts verheimlicht und tabuisiert wurde (»Seitensprung«), war im frühen Mittelalter sogar rechtlich zulässig und erwünscht. Auch die rechtliche Stellung der »unehelichen« Kinder wurde seit dem Ende des Mittelalters immer schlechter, bis sie erst 1970 der von »ehelichen« Kindern angeglichen wurde.

Siegel Arnulfs von Kärnten
mit seinem ›Bildnis‹ und Umschrift.
Er war der letzte karolingische Kaiser.
München, Bayerisches Nationalmuseum.

In seinen eigenen Landen war Arnulf darauf bedacht, die königliche Macht zu verankern und den Zusammenhalt der ostfränkischen Stämme zu fördern. Vor allem erreichte er für die Regelung der Erbfrage die Zustimmung des Adels und der kirchlichen Würdenträger. Da es zunächst noch an einem ehelichen Erben fehlte, sollte sein Bastardsohn Zwentibold Erbe des Reiches werden. Doch Zwentibold mußte weichen, als sich im Jahre 893 ein ehelicher Sohn einstellte, der spätere König Ludwig mit dem Beinamen »das Kind«, dem die Großen des Reiches alsbald den Treueid leisteten. Zwentibold wurde mit dem Königreich Lothringen abgefunden, wo er bis zu seinem Tod 900 immer wieder Gelegenheit hatte, seinen Mangel an politischen und militärischen Fähigkeiten unter Beweis zu stellen.
Arnulf bemühte sich um ein gutes Verhältnis zur hohen Geistlichkeit, vernachlässigte aber auch nicht die Beziehungen zu den Dynastien der selbständig gewordenen Königreiche Italien, Burgund und Westfran-

ken. Die realen Machtverhältnisse in den einzelnen Königreichen verhinderten jedoch ein »Hineinregieren« des Kaisers völlig. Die Einheit des Kaisertums Karls des Großen war zerbrochen.
Mit der Schwächung der fränkischen Macht wuchs die Bedeutung Baierns. Nach der Reichsordnung Ludwigs des Frommen hatte einst Ludwig der Deutsche Baiern übernommen und Regensburg zum Hauptort seines Teilreichs gemacht. Seit dieser Zeit hatte Regensburg die anderen ostfränkischen Städte in seiner Bedeutung als religiöser und kultureller Mittelpunkt überflügelt. Vor allem das Kloster St. Emmeram war ein Zentrum literarischen Schaffens. Darüber hinaus wurde Regensburg wie Mainz und Köln zu einem der bedeutendsten Handelsplätze Ostfrankens. Nach dem Tod Ludwigs des Deutschen förderten sein Sohn Karlmann und dessen Sohn Arnulf von Kärnten weiterhin die Stadt, so daß sie allmählich zu einer Art inoffizieller Hauptstadt des ostfränkischen Reiches wurde, wo nunmehr auch die Reichsversammlungen am häufigsten zusammentraten und wo Arnulf nach seinem Tod (899) in St. Emmeram bestattet wurde.
Im Jahre 900 erhoben die Großen des ostfränkischen Reiches in der alten fränkischen Pfalz Forchheim Arnulfs sechsjährigen Sohn Ludwig das Kind zum König Ostfrankens. Sie hätten sich, um die Herrschaft eines Kindes zu vermeiden, auch an den damals im Westen regierenden Karolinger Karl den Einfältigen, Sohn Ludwigs des Stammlers, wenden können – merkwürdig ist übrigens diese Häufung abwertender Beinamen bei den Nachkommen des großen Karl –, aber zum einen hatte sich im Osten schon ein besonderes Zusammengehörigkeitsgefühl entwickelt, und zum anderen waren sich Adel und hohe Geistlichkeit sicher, unter einem unmündigen König, für den einige Bischöfe das Regiment führten, ihre eigenen Interessen ungehemmter durchsetzen zu können. Das Erlahmen der Zentralgewalt in dieser Zeit führte dazu, daß sich in den verschiedenen Stämmen des Ostfrankenreiches die großen Familien durchzusetzen begannen. Es bildeten sich wieder einmal Stammesherzogtümer – wir erinnern uns an die Absetzung des letzten Stammesherzogs Tassilo III. –, die ihrem Charakter nach aber anders waren als die der Merowingerzeit. In Schwaben und Franken geschah diese Bildung unter schweren Kämpfen zwischen den Adelsdynastien, in den von äußeren Feinden bedrängten Stammesgebieten Sachsen und Baiern rascher und selbstverständlicher. Gemeinsame Beutezüge und Grenzkämpfe förderten den Zusammenhalt. So notierte der Annalist von Fulda für das Jahr 900, daß die Baiern in Böhmen und Mähren eingefallen seien; sie »sengten und verwüsteten alles drei Wochen hindurch und kehrten zuletzt glücklich und wohlbehalten nach Hause zurück«.

»Sie übertrafen die Raubtiere an Grausamkeit« – Die Ungarneinfälle

Einigkeit war für die Sachsen und Baiern in der Tat ein Gebot der Stunde, denn nunmehr bedrohte das Reich ein Feind, von dem die Zeitgenossen nur mit Schaudern berichten: »Das sehr wilde und alle Raubtiere an Grausamkeit übertreffende Volk der Ungarn«, wie ein zeitgenössischer Berichterstatter meldet. Ob sie wirklich, wie der Gewährsmann weiter wissen will, Blut getrunken und die in Stücke geschnittenen Herzen ihrer Gefangenen als Heilmittel eingenommen haben, mag dahingestellt bleiben. Tatsache ist aber, daß die wilden asiatischen Reiter durch ihre Grausamkeit und durch ihre ungewohnte Kampfesweise für mehr als ein halbes Jahrhundert der Schrecken Mitteleuropas waren. Als sie 894 in die Baiern vorgelagerte Grenzmark Pannonien einbrachen, töteten sie alle Männer und die älteren Frauen und schleppten die jüngeren mit sich davon. Im Jahre 900 »fielen sie mit starker Mannschaft und sehr großer Heeresmacht über die Enns feindlich in das Land der Baiern ein, so daß sie auf 50 Meilen in der Länge und Breite mit Feuer und Schwert alles mordend und plündernd in einem Tag vernichteten«, berichten die Annalen von Fulda. Das war im gleichen Jahr wie der baierische Überfall auf Böhmen und Mähren, von dem man so glücklich heimgekehrt war.

Zwar gelang es dem baierischen *Markgrafen Luitpold* *(K, Seite 145)*, die Grenzen vorübergehend zu sichern, aber nach der Zerstörung des Großmährischen Reiches (906) drangen die Ungarn nach Sachsen und wieder nach Baiern vor und vernichteten 907 das baierische Aufgebot bei Preßburg, wo der Markgraf selbst und zahlreiche Adelige fielen. Jahr für Jahr erfolgten die Plünderungszüge, ohne daß ihnen Einhalt geboten werden konnte. Bei Augsburg erlag den Ungarn 910 auch König Ludwig das Kind mit seinem Aufgebot.

Die Ohnmacht der Zentralgewalt und die Notwendigkeit der Grenzsicherung hatten zur Folge, daß sich in Baiern die Herrschaft der Familie der Luitpoldinger ziemlich rasch durchsetzen konnte, denn nur eine starke Regionalgewalt verhieß Hilfe in der allgemeinen Not. Arnulf, der Sohn des bei Preßburg gefallenen Markgrafen Luitpold, nannte sich selbstbewußt bereits 907 »durch göttliche Vorsehung Herzog von Baiern und der angrenzenden Lande«. In Sachsen erstarkte im gleichen Zeitraum die Familie der Liudolfinger, die sich im Kampf gegen Slawen und Wikinger Ansehen und Macht erworben hatte und um das Jahr 908 nach Thüringen griff.

Im Jahr nach seiner Niederlage bei Augsburg starb, achtzehnjährig, Ludwig das Kind, ohne in der Geschichte des ostfränkischen Reiches

Markgraf Luitpold von Baiern

Begründer des »jüngeren« Stammesherzogtums in Baiern in der Phase des karolingischen Machtzerfalls; nach dem König de facto erster Mann in Baiern; großer Machtzuwachs nach der Wahl Ludwigs des Kindes 900: 903 nennt sich Luitpold »dux« (lat. Herzog) von Böhmen, treibt eigenständige Außenpolitik in der Ungarnabwehr. Sein Sohn Arnulf nennt sich bereits Herzog der Baiern und stellt Urkunden im Stil von Königsurkunden aus. Bis 938 äußerst eigenmächtige Politik der Luitpoldinger (in Böhmen und Oberitalien; Kirchenhoheit), dann Bindung Baierns an die Krone: Otto I. setzt einen Amtsherzog *(siehe K: Herzog – Amt und Funktion, Seite 158)* *ein.*

merkbare Spuren hinterlassen zu haben. Mit ihm erlosch rund hundert Jahre nach dem Tod Karls des Großen die ostfränkische Linie der Karolinger.

Wachsende Herzogsmacht – Konrad I.

Es war nun die Frage, ob sich die Stämme, aus denen das künftige deutsche Reich erwachsen sollte, erneut einem Karolinger unterstellen wollten – im Westen regierte noch Karl der Einfältige – oder ob sie fortan ihren eigenen Weg gehen sollten. Lothringen hielt am *Geblütsrecht* *(K, Seite 148)* und damit an den Karolingern fest; es wandte sich wieder dem Westreich zu. Die Stammesherzöge und der Adel der übrigen Stämme, der Franken, der Sachsen, der Baiern und der Schwaben, *wählten* hingegen einen Mann aus ihrer Mitte *(siehe K: Wahlrecht, Seite 148)*. Zunächst sollte die Wahl auf den Sachsenherzog Otto fallen; doch der hatte die Wahl »wegen seines schon fortgeschrittenen Alters« abgelehnt und Konrad von Franken vorgeschlagen.
So kam es, daß im Jahre 911 zu Forchheim Konrad I. zum König gewählt wurde. Es ist jedoch problematisch, den Tag von Forchheim als den Geburtstag des Deutschen Reiches zu feiern. Gewiß hatten die Wähler Konrads I. keine Ahnung, daß sie Zeugen und Mitwirkende bei einem epochalen Ereignis waren. Die Erinnerungen an die großfränkische Vergangenheit waren zählebig und wirkten weiter. Man hatte auf fränkischem Boden einen fränkischen Fürsten (wenn auch keinen Karolinger) gewählt; und auch in Zukunft fanden die meisten Wahlen auf fränkischem Boden statt. Noch Otto der Große ließ sich

Normannen (Wikinger) und Ungarn bedrohen das Reich
Nach einem Bericht des Priesters Helmold

Das Heer der Normannen war aus den tapfersten Kriegern der Dänen, Schweden und Norweger gebildet, die damals gerade unter einer Herrschaft vereinigt, zuerst die Slawen sich zinspflichtig machten, die ihnen benachbart lebten, dann die anderen umliegenden Reiche zu Wasser und zu Land heimsuchten. Ihnen hatte die Teilung des römischen Reiches in der Tat einen nicht geringen Kräftezuwachs gebracht. [. . .] Zur gleichen Zeit fuhren Normannen die Loire aufwärts und steckten Tours in Brand, auch fuhren sie die Seine hinauf, um Paris zu belagern, und König Karl gab ihnen, von Furcht getrieben, Land zum Wohnsitz, das den Namen Normandie empfing. Danach wurde von ihnen Lotharingien verheert und Friesland unterworfen. Ludwig aber, der König von Germanien, hielt die Normannen durch Verträge und Schlachten so zurück, daß sie, die doch das ganze Frankenland verheert hatten, seinem Reich nicht im geringsten schadeten. Nach seinem Tod aber herrschte die wildeste Wut mit losgelassenen Zügeln. Denn die Böhmen, die Sorben [. . .] und die übrigen Slawen, die er sich zinsbar gemacht und unterworfen hatte, warfen damals das Joch der Knechtschaft ab.
Damals ist auch Sachsen von den Normannen oder Dänen verheert worden, der Herzog Bruno ist mit zwölf Grafen erschlagen, und die Bischöfe Theoderich und Markward sind hingemordet worden. Danach wurde Friesland verwüstet und die Stadt Utrecht zerstört. Um diese Zeit steckten Seeräuber Köln und Trier in Brand, die Pfalz zu Aachen machten sie zu einem Stall für ihre Pferde. Mainz aber begann man aus Furcht vor den Barbaren zu befestigen. Zu eben dieser Zeit stieß der junge Karl, Ludwigs Sohn, bei seiner Rückkehr von Rom mit einem großen Heer auf die Normannen an der Maas. Er umzingelte sie, drängte sie eng zusammen und zwang sie [. . .] zur Übergabe. Die gefangenen Häuptlinge der Dänen bestrafte er jedoch nicht mit der Strenge, die gegen Feinde Gottes hätte angewendet werden müssen, sondern verschonte die Gottlosen [. . .], nahm ihnen einen Eid ab, ging mit ihnen Vertrag und Bündnis ein und ließ sie reich beschenkt von dannen ziehen. Sobald jene aber die verderbliche Freiheit wiedererlangt hatten, verlachten sie die Einfalt des jugendlichen Königs, vereinten sich sofort wieder zu einem Heer und richteten eine solche Niederlage an, daß ihre Grausamkeit alle Grenzen überschritt. Städte wurden samt den Bürgern, Bischöfe samt ihren ganzen Herden dem Untergang geweiht, und herrliche Kirchen mit den Scharen der Gläubigen zugleich den Flammen übergeben. Darum wurde Karl auf dem Reichstag verklagt und wegen seines törichten Benehmens abgesetzt. [. . .]
Unter Konrads Regierung fanden erstmals die verderblichen Einfälle der Ungarn statt, die nicht nur unser Sachsen und andere Provinzen diesseits des Rheins, sondern auch jenseits desselben Lotharingien und Frankenland verheerten. Damals wurden von den Barbaren die Kirchen angezündet, die Kreuze verstümmelt und Mutwillen damit getrieben, die Priester vor den Altären hingemordet, und ohne Unterschied Geistliche wie Weltliche erschlagen oder in die Gefangenschaft abgeführt. Die Spuren dieses Wütens haben sich bis auf unsere Tage erhalten. Auch

die Dänen plünderten mit Hilfe der Slawen zuerst die Nordelbinger, darauf die überelbischen Sachsen und erfüllten das Sachsenland mit großem Schrecken. Bei den Dänen herrschte damals Worm, ich möchte sagen ein grausamer Wurm, und den Christen in nicht geringem Grad feind. Er war eifrigst bemüht, das Christentum in Dänemark ganz zu vertilgen. [. . .] König Heinrich aber [. . .] triumphierte über die Ungarn in den größten Schlachten, die Böhmen und Sorben [. . .] setzte er durch ein gewaltiges Treffen so in Furcht, daß die wenigen Überlebenden sowohl dem König Zins zu zahlen als Gott Christen zu werden gelobten. Danach rückte Heinrich mit Heeresmacht in Dänemark ein und setzte gleich beim ersten Angriff den König Worm so in Schrecken, daß er Gehorsam gelobte und flehentlich um Frieden bat. So setzte König Heinrich als Sieger zu Schleswig [. . .] die Grenzen des Reiches, setzte daselbst einen Markgrafen ein und sandte eine Ansiedlung von Sachsen hin, dort zu wohnen. [. . .]

Aus: Chronica Slavorum (Chronik der Slawen) des Helmold, Priester zu Bosau bei Plön (geschrieben 1172).
Nach der Übersetzung von J. C. M. Laurent und W. Wattenbach

Geblütsrecht und Wahlrecht

sind im Mittelalter keine absoluten Gegensätze. Bei der Krönung Ottos I. werden in den unterschiedlichen Elementen der Krönungszeremonie die Kräfte sichtbar, die das Reich tragen:
in der Designation (K, Seite 124) – dem erbrechtlichen Element: das Königtum; in der Wahl: der Adel;
in Salbung und Krönung: die Kirche.

Wahlrecht		*Das fränkische Erblichkeitsprinzip brach mit dem fränkischen Reich zusammen. Das neue Königtum des Deutschen Reiches wurde durch Wahl begründet:*
	911	*Wahl Konrads I. durch die Stämme.*
	918	*Übersendung der Herrschaftszeichen an Heinrich I. Die Großen sanktionieren diese symbolische Herrschaftsübertragung durch ihre Wahl. Bei der Wahl entscheidet der »sanior pars«, d.h. nicht die Mehrheit, sondern das politische Gewicht des Abstimmenden. Tritt die unterlegene Partei dem Entschluß nicht bei, entscheidet das Gottesgericht.*
Geblütsrecht		*Nach der Konsolidierung des königlichen Hauses entwickelte sich ein Geblüts-/Erbrecht: Man ging nicht mehr von dem Geschlecht ab, dem das Königsheil folgte. Zur Nachfolgesicherung designierten die Könige einen Sohn.*
	936	*Heinrich I. bestimmt Otto I. zu seinem Nachfolger.*
	961	*Otto I. läßt seinen Sohn zum Mitkönig wählen und krönen.*

Sachsen, Salier und Staufer wenden fortan diesen Brauch an, jedoch setzt sich insgesamt stärker der Wahlgedanke durch, der Adel und Kirche größere Einflußnahme sichert (Dynastiewechsel).

951 »König der Franken und Langobarden« nennen, und zur Zeit Heinrichs II. tauchte die Idee einer »Erneuerung des Frankenreiches« auf.

Konrad I. war kein Karolinger mehr, mag er auch wie manche andere Familie dieser Zeit mit ihnen verwandt gewesen sein. Aber Konrad wollte noch einmal so wie ein Karolinger herrschen, indem er versuchte, die inzwischen mächtig gewordenen Stammesherzöge im Bund mit der Kirche auszuschalten, wie die Karolinger ihrerseits die Stammesherzöge ausgeschaltet hatten. Daran ist Konrad gescheitert.

Die unklaren Verhältnisse und die Streitigkeiten zwischen den großen

Familien in Schwaben ließen die Pläne des Königs zunächst aussichtsreich erscheinen. Doch ehe Konrad eine Entscheidung herbeiführen konnte, bedrohte der Sachsenherzog Heinrich des Königs eigene Stammlande. In den sich ausweitenden Kämpfen drang Konrad zwar tief nach Sachsen vor, war aber nicht in der Lage, den selbstbewußten Herzog zu beugen. In dieser schwierigen Situation besann sich Konrad auf jene Macht, die schon in den Wirren der spätkarolingischen Zeit den Einheitsgedanken immer wieder verfochten hatte, auf die Kirche, die die Entwicklung der Stammesherzogtümer mit Mißtrauen verfolgt hatte. Sie fürchtete nämlich, daß sie ihrer gewaltigen Reichtümer durch mögliche Übergriffe der Stammesherzöge verlustig gehen könnte.

So versammelten sich im September 916 die Kirchenfürsten aus Franken, Schwaben und Baiern – nur die sächsischen Bischöfe hielten sich fern – zu einer Synode zu Hohenaltheim bei Nördlingen. Sie unterstützten mit ihren Beschlüssen aufs massivste das Machtstreben des Königs, indem sie bei allem, was heilig war, und unter Androhung des Banns und aller Höllenstrafen beschworen, »niemand denke an den Sturz des Königs, niemand taste das Leben des Fürsten an [. . .] niemand verbinde sich irgendwie verschwörerisch gegen ihn«. Wer aber den Eid, den er dem König geschworen habe, breche, der solle, um der Verfluchung zu entgehen, ins Kloster fliehen und sein Leben mit Bußübungen verbringen.

Die beiden hartnäckigsten schwäbischen Widersacher des Königs, die Brüder Erchanger und Berthold, wurden zugleich zu lebenslänglicher

Literatur

Boussart, Jacques: Die Entstehung des Abendlandes. Kulturgeschichte der Karolingerzeit, München 1968

Dannenbauer, Heinrich: Die Entstehung Europas. Von der Spätantike zum Mittelalter. 2. Band: Die Anfänge der abendländischen Welt, Stuttgart 1962

Faber, Gustav: Das erste Reich der Deutschen. Die Geschichte der Merowinger und Karolinger, München 1980

Tellenbach, Gerd: Vom karolingischen Reichsadel zum deutschen Reichsfürstenstand. In: Adel und Bauern im deutschen Mittelalter, hrsg. von Theodor Mayer, Darmstadt 1976

Tellenbach, Gerd: Die Entstehung des Deutschen Reiches, München o. J.

Klosterhaft verdammt, weil sie die Hand gegen den »Gesalbten des Herrn« erhoben hatten. Doch als der König über den Beschluß der Synode hinausging und die beiden hinrichten ließ, da beschleunigte er nur die Verfestigung des Stammesherzogtums auch in Schwaben, wo alsbald Herzog Burchard allgemeine Anerkennung fand.

Die unablässigen, zermürbenden Kämpfe um die königliche Vorherrschaft banden so viele Kräfte, daß Konrad nicht in der Lage war, das Reich gegen die äußeren Feinde wirkungsvoll zu verteidigen. Seine Mißerfolge im Westen, wo er sich vergebens um Lothringen stritt, wogen gering gegen sein Versagen im Kampf gegen die Ungarn. Beinahe Jahr für Jahr kehrten sie wieder und verheerten nach Belieben das Land zwischen St. Gallen in der Schweiz und Bremen, zwischen Baiern und Lothringen, ohne daß ihnen der König wehrte. Die Verteidigungsanstrengungen der Baiern und Schwaben wurden zwar nicht durch nachhaltige Erfolge belohnt, aber sie stärkten die Macht und das Selbstbewußtsein der Teilgewalten, die Konrad während seiner Regierungszeit so erbittert bekämpft hatte.

Als er schließlich, ein Gescheiterter, nach einem letzten Kampf mit Herzog Arnulf von Baiern fühlte, daß es mit ihm zu Ende gehe (918), traf er eine Entscheidung, die, fern allem eigennützigen dynastischen Denken, im Sinne eines starken Königtums für die Zukunft war. Er

Stichworte zur Gründung des Deutschen Reiches

Zerfall des Frankenreiches: Größe des Riesenreichs und seine innere Struktur (Autonomiestreben von Adel und Reichsaristokratie; Lehnswesen) verhindern dauerhafte Verwaltung durch nur einen Herrscher. Fränkische Teilungspraxis (Ordinatio imperii 817, Divisio regni 831), Aufstände und kriegerische Wirren beschleunigen den Zerfall. Verträge (Verdun 843, Meersen 870, Ribémont 880) fördern eigenstaatliche Entwicklung. Im Osten Absage an die karolingische Dynastie, Absetzung Karls des Dicken und Machtverlust des Kaisertums.

Stammesherzogtümer: Bedrohung von außen, Ausfall von königlichem Schutz, gemeinsame Tradition und Dialekt fördern ihre Neubildung.

Die Entstehung des Deutschen Reiches: Nach den Teilungsabkommen Rückzug von Adel und Kirche in die Teilreiche. Entwicklung eigener Sprache (Straßburger Eide 842), Eigenbewußtsein (887 kein Anschluß an das Weltreich, sondern Wahl eines eigenen Königs) und Zusammengehörigkeitsgefühl der ostfränkischen Stämme (Wahl Konrads I. 911, Heinrichs I. 919) sind die Faktoren, die zur »Gründung« des Deutschen Reiches führen.

ließ seinen Bruder Eberhard zu sich kommen und forderte ihn auf, die königlichen Insignien, die Lanze, die goldenen Armringe, den Mantel, das Schwert und die Krone dem zu bringen, dem das Königsheil, das heißt Herrscherglück und Herrschererfolg, beharrlich folge und dessen Stamm »an der Spitze der Allgemeinheit« stehe: Heinrich, Herzog der Sachsen.

Unter Tränen, so will der Geschichtsschreiber Widukind wissen, erklärte sich Eberhard einverstanden. Er schloß mit Heinrich Frieden und versprach ihm Treue, die er dann auch bis zu seinem Ende hielt.

HEINRICH PLETICHA

Die Entstehung der deutschen Stämme und der Stammesherzogtümer

Die germanische Völkerfamilie – Germanen und Römer – Tacitus und seine »Germania« – Die Völkerwanderung und ihre Folgen – Die neuen germanischen Reiche – Das Frankenreich – Stammesgefüge seit dem 7. Jahrhundert – Die neuen Stammesherzogtümer – Altstämme ohne Herzogtümer: Hessen, Thüringer, Friesen.

Die Anfänge der deutschen Stämme und ihrer Geschichte gehen zurück auf die Geschichte der Germanen. Verwirrende Vielfalt kennzeichnet die frühen Spuren, aus denen sich Bewegung und Unruhe, Verschiebungen, Wanderungen, Neben- und Gegeneinander, kaum aber Miteinander oder gar Seßhaftigkeit und beständiges Wachstum ablesen lassen. Seit etwa der Mitte des 2. vorchristlichen Jahrtausends hatte sich die große germanische Völkerfamilie von ihrer Urheimat in Südskandinavien, Schleswig-Holstein und Ostniedersachsen aus weithin über Mittel-, West- und Osteuropa verbreitet und war in drei große Gruppen mit wiederum zahlreichen Stämmen zerfallen. Die Nordgermanen blieben weiterhin in ihrer skandinavischen Heimat. Aus ihnen gingen etwa seit dem 8. vorchristlichen Jahrhundert die Dänen, Schweden, Norweger und Isländer hervor. Die Ostgermanen zogen über die Flußgebiete von Oder und Weichsel hinaus südwärts. Zu ihren wichtigsten Völkern gehörten die Goten, Wandalen und die Burgunder, die uns alle während der Völkerwanderung auf dem Weg zurück nach Westen begegnen. Die dritte große Gruppe bildeten die Westgermanen, die sich in West- und Süddeutschland und schließlich auf den britischen Inseln niederließen.

Aufstände und Wanderungen – Unruhige Germanen

Aus der Gruppe der Westgermanen vor allem gingen jene Völkerschaften hervor, die dann ihrerseits die deutschen Stämme bildeten. Es ist aber unmöglich, ihre Siedlungsräume in vorchristlicher Zeit ganz genau zu lokalisieren, so daß man sich beim heutigen Stand der Forschung mit ungefährer Orientierung und Einteilung in größere Gruppen wie Elbgermanen oder Rhein-Weser-Germanen begnügen muß. Ebensowenig kennen wir die ursprünglichen Namen der verschiedenen kleinen und kleinsten Stämme und Stammesgruppen. Eine von ihnen, die an den Rhein zugewandert war, erhielt in antiken Quellen schon zu Beginn des 1. vorchristlichen Jahrhunderts den Namen »Germani cisrhenani«, der dann – so jedenfalls lautet die gängige Theorie – auf alle ihre östlichen Nachbarn übertragen wurde. Die Römer kannten diese Germanen, die seit dem 1. Jahrhundert v.Chr. verschiedentlich ihre Grenzen bedrohten. Die Kimbern und Teutonen waren 113–101 v.Chr. nach Süden vorgestoßen, die Sweben hatten sich unter ihrem König Ariovist 71 v.Chr. im östlichen Gallien niedergelassen, waren jedoch von Caesar über den Rhein zurückgedrängt worden. Aber der Versuch des Kaisers Augustus, die Stämme zwischen Rhein und Elbe zu unterwerfen, endete nach anfänglichen Erfolgen mit einer schweren Niederlage. Im Jahre 9 n.Chr. vernichteten die Cherusker unter der Führung des Arminius, wie ihn die Römer nannten, zusammen mit den Kriegern einiger anderer Stämme in der Schlacht im Teutoburger Wald drei römische Legionen. Als sich die Römer vom Schock dieser blutigen Niederlage erholt hatten, versuchten sie zwar zunächst, diese Scharte auszuwetzen, aber 16 n.Chr. gaben sie endgültig auf und beließen die germanischen Stämme östlich des Rheins außerhalb ihrer Herrschaft. 67/70 n.Chr. erschütterte der Aufstand der Batayer, eines Stammes im Gebiet der Rheinmündung, der später in den Franken aufging, die Römerherrschaft noch nachhaltiger.

Aber die Verbindungen der Römer zu dem freien Teil Germaniens blieben bestehen, und ihnen verdanken wir auch das wichtigste antike Zeugnis über die germanischen Stämme. Der römische Geschichtsschreiber P. Cornelius Tacitus, der etwa von 55 bis 120 lebte, sammelte sorgfältig alle Nachrichten über die Germanen, wie sie ihm römische Offiziere und Händler von Reisen in die Gebiete östlich des Rheins mitbrachten. Die Ergebnisse seiner Studien und Nachforschungen faßte er dann in der »Germania« zusammen, einem kleinen, für die deutsche Stammesgeschichte aber höchst gewichtigen Bändchen. Er berichtete über Leben und Alltag der Germanen, über Religion und Kult, und gab dann einen Überblick über die einzelnen Volksstämme und deren Wohnsitze. Während Caesar in seinem Werk über den »Gallischen Krieg« eineinhalb Jahrhunderte zuvor nur etwa zwanzig aufgezählt hatte, erwähnte Tacitus nun schon über sechzig. Im Westen und Nordwesten nannte er unter anderen die Chatten, Usipier, Tenkterer, an der Nordseeküste die Friesen und Chauken, zwischen Elbe und Oder die Semnonen und Langobarden, dann die Donausweben, zu denen er Hermuduren und Markomannen zählte, um endlich den

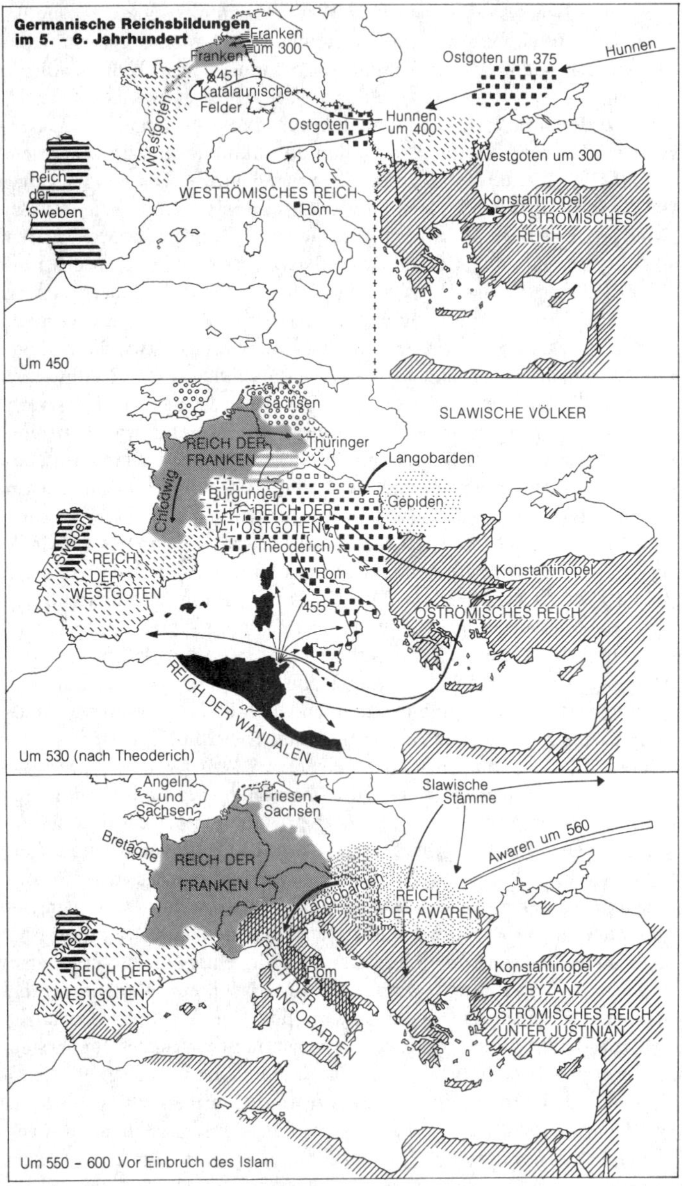
Germanische Reichsbildungen im 5. - 6. Jahrhundert
Franken um 300
Franken
451
Katalaunische Felder
Westgoten
Reich der Sweben
Ostgoten um 375
Hunnen
Ostgoten
Hunnen um 400
Westgoten um 300
WESTRÖMISCHES REICH
Rom
Konstantinopel
OSTRÖMISCHES REICH
Um 450
Sachsen
SLAWISCHE VÖLKER
REICH DER FRANKEN
Thüringer
Langobarden
Chlodwig
Burgunder
REICH DER OSTGOTEN (Theoderich)
Gepiden
Sweben
REICH DER WESTGOTEN
Rom
455
Konstantinopel
OSTRÖMISCHES REICH
REICH DER WANDALEN
Um 530 (nach Theoderich)
Angeln und Sachsen
Friesen Sachsen
Slawische Stämme
Bretagne
REICH DER FRANKEN
Awaren um 560
Langobarden
REICH DER AWAREN
Sweben
REICH DER WESTGOTEN
REICH DER LANGOBARDEN
Rom
Konstantinopel
BYZANZ
OSTRÖMISCHES REICH UNTER JUSTINIAN
Um 550 - 600 Vor Einbruch des Islam

Kreis mit den Stämmen zwischen Oder und Weichsel und den Ostseevölkern zu schließen. Trotzdem waren auch mit seiner Übersicht keineswegs alle erfaßt, da es zahlreiche winzige Völkerschaften gab. Aber unter den von ihm erwähnten Namen tauchen auch einige schon sehr bekannte Stämme auf, die im Lauf der folgenden Jahrhunderte erhöhte Bedeutung erlangen sollten.

Noch suchen wir aber hier vergeblich nach einer festen Ordnung. Sie läßt sich auch in den nächsten vier Jahrhunderten nach Tacitus nicht finden. Vielmehr gerieten die Stämme noch mehr in Bewegung. Wir bezeichnen diese Züge der Ost- und Westgermanen, die ihren Höhepunkt im 4. bis 6. Jahrhundert erlebten, als »Völkerwanderung«.

Die große »Völkerwanderung«

Ein sich stetig steigernder Druck asiatischer Reitervölker im Osten hatte zuerst auf die im Weichselgebiet und im südlichen Rußland siedelnden Goten gewirkt, die nach Süden und Westen auswichen. Und wie ein Stein, der ins Wasser geworfen wird, jene Wellen auslöst, die sich ausweitend fortbewegen und neue Wellen zeugen, so war es auch mit diesen Wanderbewegungen. Sie verschoben nicht nur über Jahrhunderte hinweg die Wohnsitze der Stämme, sondern veränderten auch häufig deren inneres Gefüge. Manche verschwanden während dieser Wartezeit aus der Geschichte, andere blieben bestehen oder schlossen sich zusammen, und aus solchen Zusammenschlüssen entstanden auch jene neuen Stämme, deren Namen uns heute noch geläufig sind.

So wanderten Teile der Semnonen aus ihren ursprünglichen Stammesgebieten östlich der Elbe nach Südwesten, um sich am oberen Main niederzulassen. Aus ihnen gingen dann die Alemannen (auch Alamannen) hervor, die weiter nach Süden in das heutige Elsaß, in die Nordschweiz und in das Land zwischen Iller und Lech zogen. Aus dem Zusammenschluß einiger Stämme, u.a. der Salier, Chatten, Brukterer, Sigambrer, Usispier, Chamaven, Bataver, entstanden die Franken, die in der deutschen Geschichte noch eine so bedeutsame Rolle spielen sollten. Sie lebten an Niederrhein, Ems und Lippe, während sich die Wohngebiete der Sachsen in Norddeutschland ungefähr mit dem heutigen nördlichen Niedersachsen decken. Die Heimat der Alemannen lernten wir eben kennen, und westlich der unteren Elbe lebten seit dem 1. Jahrhundert zeitweise die Langobarden. Dieses Schema gleicht aber einer Momentaufnahme; denn im Lauf der Völkerwanderung verschoben sich die Siedlungsgebiete und Wohnsitze vieler Stämme.

Die welthistorisch bedeutsamen Züge der Ost- und Westgoten und der Wandalen führten hinaus aus den alten Siedlungsgebieten. Die Sweben zerfielen, und ihr Name allein blieb den Alemannen beibehalten. Die Langobarden wandten sich nach Südosten und drangen in Niederösterreich ein, verblieben dort aber nur ein Jahrhundert und zogen 568 nach Oberitalien in die nach ihnen benannte heutige Lombardei. Die Burgunder wanderten von ihren Siedlungsgebieten zwischen Weichsel und Oder nach Westen, gründeten ein ›Reich‹ um Worms, überschritten den Rhein und bedrängten die römische Provinz Belgica, wo ihnen 436 durch den römischen Statthalter Aetius und dessen hunnische Verbündete eine Niederlage bereitet wurde. Die letzten Reste des Stammes siedelten sich daraufhin in der heutigen französischen Landschaft Burgund und Lyon an; die Erinnerung an die vernichtende Niederlage aber lebt fort in der Nibelungensage. Am wenigsten betroffen von diesen Wanderungen waren Sachsen, Franken und Alemannen. Sie bildeten den Kern jener Stämme, aus denen in den folgenden Jahrhunderten die wichtigsten deutschen Herzogtümer hervorgingen.

Fränkischer Aufstieg – Vom Stamm zum Großreich

Die Anfänge der deutschen Herzogtümer waren ganz bescheiden, kaum merklich und auch schwer zu registrieren. Die Franken beispielsweise wurden erstmals schon 258 als unbedeutender Stamm erwähnt. Eineinhalb Jahrhunderte lang begegnen wir ihnen verschiedentlich in den Gebieten beiderseits des Rheins. Um 500 gelang dann König Chlodwig aus dem Geschlecht der Merowinger die Einigung der verschiedenen kleinen fränkischen Stämme. Innerhalb von dreißig Jahren schuf er nicht nur ein einiges fränkisches Reich, sondern vernichtete auch die letzten Reste römischer Herrschaft auf gallischem Boden und unterwarf die benachbarten Alemannen.

Seine Söhne eroberten dann das Reich der Thüringer. Diese waren aus der Vermischung kleinerer Völkerschaften beiderseits der mittleren Elbe hervorgegangen. Wir begegnen hier dem Phänomen der sich in der späteren deutschen Geschichte mehrfach wiederholenden Bildung eines neuen Stammes. Ähnliches erleben wir auch bei den Baiern, deren Herkunft heute noch für die Forschung umstritten bleibt und die möglicherweise um die gleiche Zeit, als die Thüringer von den Franken unterworfen wurden, aus dem böhmischen Raum in das heutige Bayern einwanderten. Vielleicht läßt sich ihr Name aus Boiahemum = Böhmen ableiten.

Der Sieg über die Thüringer hatte den Franken das Maintal geöffnet,

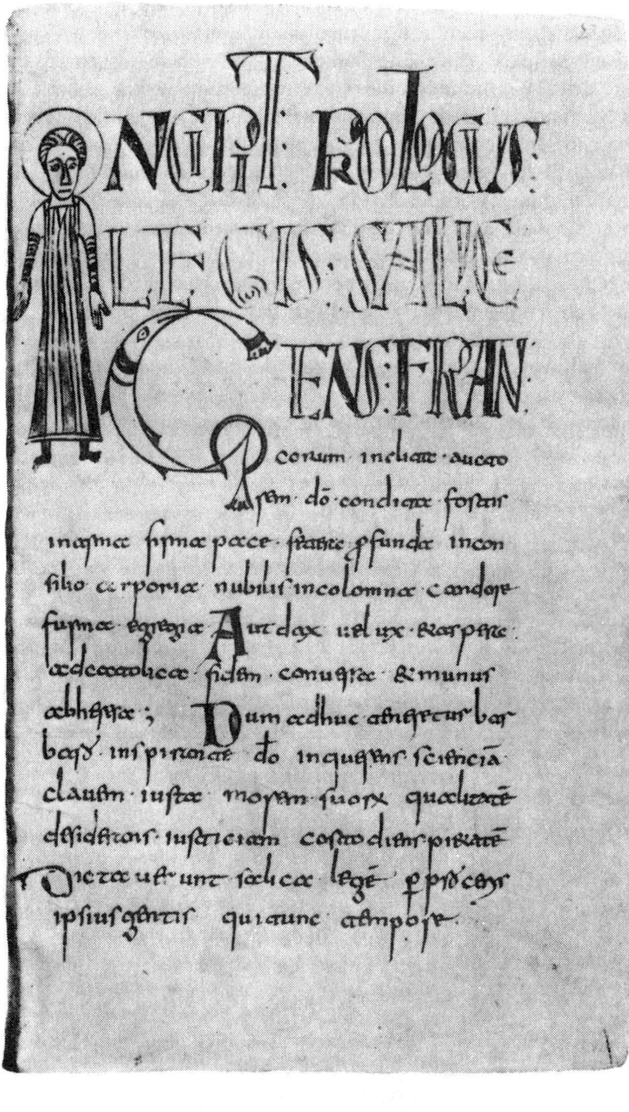

Ein Beispiel für geschriebenes Stammesrecht: *Prolog zur Lex Salica, 8. Jh. St. Gallen, Stiftsbibliothek.*

und allmählich schoben sie, flußaufwärts vordringend, einen Keil zwischen die sächsischen und thüringischen Stammesgebiete im Norden und die alemannischen und baierischen im Süden. Als dann gegen Ende des 7. Jahrhunderts die Völkerwanderung ausklang, hatte sich das Stammesgefüge im heutigen deutschen Sprachraum weitgehend verändert. Die verwirrende Vielfalt der germanischen Zeit war einer neuen großräumigeren Ordnung gewichen. An Rhein und Main saßen nun die Franken, nördlich von ihnen zwischen Saale und Oberlauf der Weser die Thüringer und westlich davon die Hessen. Nach Norden schlossen sich die Sachsen an, während die Friesen nach wie vor an der Nordseeküste siedelten. Südlich des Mains lebten zwischen Rhein und Lech die Alemannen und östlich davon zwischen Donau, Lech, Alpen und Enns die Baiern.

Die merowingischen Könige hatten den unterworfenen Stämmen Herzöge vorgesetzt, in deren Händen die Verwaltung lag, aber bald fühlten sich diese ihren Stämmen mehr verbunden als den Königen, und aus den »Amtsherzögen« wurden »Stammesherzöge« *(siehe K: Herzog – Amt und Funktion, unten)*. Die letzten schwachen Merowinger mußten diese Entwicklung hinnehmen, aber schon der Hausmeier Karl Martell, also der höchste Staatsbeamte des Merowingerreiches und faktisch schon König, schaltete 714 das thüringische Stammesherzogtum wieder aus. Am längsten konnten sich die Baiern unter ihrem Herzogsgeschlecht der Agilolfinger eine gewisse Selbständigkeit bewahren, bis 788 Karl der Große den Baiernherzog Tassilo absetzte. Frei waren nur Sachsen und Friesen geblieben. Letztere wurden 782 in das Reich Karls des Großen eingegliedert; die Sachsen verteidigten

Herzog – Amt und Funktion

Stammesherzog	*In der Merowingerzeit mächtigster Adeliger eines Stammes, dem es gelingt, alle anderen unterzuordnen und seine eigene Herrschaft im Stamm durchzusetzen: Rechtsprechung, Gesetzgebung, Einberufung zu den Hoftagen; eine Art ›Vizekönig‹.*
Amtsherzog	*Karl der Große bricht die Autonomie der Stammesherzöge durch Einsetzung von Männern seines Vertrauens: Amtsherzögen, denen er ihr Amt wie ein Lehen entziehen kann. Meist nicht im Stamm verwurzelte Stammesfremde, die als königliche »Beamte« fungieren. Wieweit ihnen die Grafen unterstellt sind, ist nicht zu klären.*

Die deutschen Herzogtümer im 10. Jahrhundert
KGR. DÄNEMARK
Schleswig
Ratzeburg
Mark der Billunger
Friesland
Hamburg
Bremen
HZM. SACHSEN
POLEN
Osnabrück
Minden
Nordmark
Utrecht
Liudolfinger
Hildesheim
Magdeburg
Gnesen
Posen
HZM. NIEDER-LOTHRINGEN
Münster
Paderborn
Mark Lausitz
Aachen
Köln
Merseburg
Mark Meißen
Thüringen
M. Merseburg
Meißen
HZM. FRANKEN
Fulda
Zeitz
M. Zeitz
Reginare
Mainz
939
Konradiner
Prag
Trier
Worms
Bamberg
BÖHMEN
953
957
Verdun
HZM. OBER-LOTHRINGEN
Speyer
Olmütz
Eichstätt
Regensburg
Straßburg
Mähren
KGR. FRANKREICH
HZM. BAIERN
Augsburg
Passau
HZM. SCHWABEN
Freising
Lechfeld
Luitpoldinger
Ostmark
Basel
Salzburg
M. Pitten
Konstanz
Steiermark
Hochburgund
Hunfridinger
Kärntner Mark
KGR. UNGARN
Kärnten
Brixen
M. a. d. Drauwalde
1027 an Baiern
KGR. BURGUND (ARELAT)
Mgft. Verona
Mark a. d. Sann
Lombardei
Aquileja
Mailand
Pavia
Venedig
KGR. KROATIEN
Niederburgund
Piacenza
Genua
Ravenna
KGR. ITALIEN
Mgft. Romagna
Pentapolis
Tuscien
Hzm. Spoleto
PATRIMONIUM PETRI
Herzogsaufstände
Rom
Benevent
Hzm. Sachsen: Liudolfinger
Capua
Apulien
Bari
Hzm. Franken: Konradiner
Hzm. Lothringen: Reginare
Hzm. Schwaben u. Baiern: Hunfridinger u. Luitpoldinger
Salerno
Bistum
Deutsche Ostmarken
Erzbistum
Venedig
Schlachtort
Kalabrien

dreißig Jahre ihre Unabhängigkeit gegen die Franken, bis auch sie 804 fest fränkischer Herrschaft unterworfen wurden.

Schwache Könige – Starke Stämme – Kampf um die Führung

Damit war wieder eine Phase in der Entwicklung der deutschen Stämme abgeschlossen. Von nun an blieb ihre Geschichte eng verbunden mit der Geschichte des Frankenreiches und des aus ihm erwachsenden Deutschen Reiches. Doch läßt sich ihr Eigenleben auch weiterhin deutlich verfolgen. Es gehört zu den besonderen Kennzeichen deutscher Geschichte, daß sich diese im Gegensatz zur englischen oder französischen im Spannungsfeld von Einheitsstreben und stammesmäßig geprägtem Partikularismus (Eigeninteressen) entwickelt. Der Niedergang der Karolinger führte gegen Ende des 9. Jahrhunderts im ostfränkischen Reich zu einer neuen Erstarkung der Stammesgewalten. Wieder traten Herzöge an die Spitzen der Stämme, um den Schutz vor äußeren Feinden zu übernehmen. In Schwaben und Franken rivalisierten mehrere Familien um die Macht. In Franken vernichteten die Konradiner die älteren Babenberger mit Hilfe der vormundschaftlichen Regierung und wurden damit ab 907 zur führenden Familie.

Altes fränkisches Stammesgebiet lag auch links des Rheins und war durch die Reichsteilung von 870 dem Westfrankenreich zugefallen. Als Lothringen kehrte ein Teil davon wieder zum Reich zurück. Der Name weist dabei schon auf die Eigenart dieses Herzogtums hin. Es war ein Reichsteil ohne Stamm, war fränkisches Land, groß genug, um schon seit dem 10. Jahrhundert in zwei Herzogtümer aufgeteilt zu werden, die sich aber beide im Lauf der Zeit wieder aus dem Reichsverband lösten. Niederlothringen umfaßte die heutigen Niederlande, einen Teil Belgiens und das heutige Mittel- und Niederrheingebiet. Oberlothringen war das Land zwischen Sâone, Vogesen, Eifel und Maas, das jahrhundertelang eine Mittelstellung zwischen Frankreich und Deutschland einnahm. Die oberlothringischen Herzöge paktierten meist klug, neigten zeitweilig der einen und dann wieder der anderen Seite zu, bis das ganze Gebiet endgültig an Frankreich fiel.

Gehörten zum fränkischen Stamm somit zwei und nach der Teilung Lothringens sogar drei Herzogtümer, so hatten die Thüringer gar kein Herzogtum. Nur kurze Zeit hatte im 5. und 6. Jahrhundert beiderseits der Saale ihr kleines Königreich bestanden, bis es von den Franken zerstört worden war. Danach fiel das Gebiet nördlich der Unstrut den Sachsen zu, östlich der Saale drangen Slawen in das Land, und der Sü-

Grabplatte mit Widukinddarstellung
in der ehemaligen Stiftskirche von Enger/Westfalen. Eine der bedeutendsten frühen deutschen Grabplastiken (um 1100).

den kam zu Franken. Auch in den folgenden Jahrhunderten konnte keines der thüringischen Adelsgeschlechter die Herzogswürde dauerhaft gewinnen.

Noch ehe sich die Sachsen nach ihrer blutigen Unterwerfung durch Karl den Großen richtig in das Frankenreich eingefügt hatten, brach dieses auseinander. Der Druck der Slawen auf die Stammesgrenze im Osten und beständige Angriffe der Normannen vom Norden her erzwangen Selbsthilfe und damit eine starke zentrale Stammesführung, die schließlich das Geschlecht der Liudolfinger übernahm. Als diese 1024 ausstarben, fiel das Herzogtum an die Billunger.

Südlich der mainfränkischen Schranke behaupteten die beiden großen süddeutschen Stämme ihre zu Ausgang der Völkerwanderung erworbenen Wohnsitze, aus denen ebenfalls zwei Herzogtümer hervorgingen. Das alemannische Stammesgebiet vom heutigen Elsaß bis zum

Lech und vom schwäbisch-fränkischen Stufenland bis zum Engadin bildete das Herzogtum Schwaben, in dessen Mittelpunkt der Bodensee lag. Die Herzogswürde konnte dort keine Familie für längere Zeit behaupten, bis sie schließlich 1079 für zweihundert Jahre an das Geschlecht der Staufer überging. Anders in Baiern, das östlich des Lechs begann. Hier übernahm Arnulf die Würde eines Stammesherzogs von seinem Vater, dem Markgrafen Luitpold, der seine Hausmacht bei der Grenzsicherung enorm hatte ausbauen können. Im Zuge der Siedlungs- und Kolonisationspolitik wurde die baierische Nordgrenze bald über die Donau hinausgeschoben, und es umfaßte im Südosten auch das heutige Kärnten und die Steiermark.

Nicht in allen Altstämmen gelang es bestimmten Adelsfamilien, eigene Herzogtümer zu begründen. Das alte thüringische Stammeskönigreich war, wie wir schon hörten, von den Franken vernichtet worden. Der Stamm aber blieb in der Landgrafschaft Thüringen erhalten. Um 1130 wurden die Ludowinger zu Landgrafen erhoben. Ihre Macht verhinderte im hohen Mittelalter die Bildung neuer kleinerer Territorialfürstentümer auf thüringischem Boden. Schließlich siegten aber auch hier die dynastischen Veränderungen, und die Landschaft wurde zum Nebenland der obersächsischen Wettiner.

Ähnliche politische Schicksale erlebte der Stamm der Hessen, der seine Herkunft wahrscheinlich von den schon bei Tacitus erwähnten Chatten ableitete. Die enge Nachbarschaft zu den Franken beeinflußte ihn politisch und kulturell, behinderte aber auch eine eigene politische Entfaltung. Ursprünglich Teil Frankens, sank das hessische Stammesgebiet schon im ausgehenden 10. Jahrhundert zu politischer Bedeutungslosigkeit herab, bis dann im Dreieck zwischen Werra und Eder und am Oberlauf der Lahn die Landgrafschaft Hessen entstand, die nicht nur den Stammesnamen bewahrte, sondern auch zur Keimzelle neuer Landesfürstentümer wurde.

Auch die Friesen waren unter fränkische Herrschaft und fränkischen Einfluß geraten, bewahrten aber mit Erfolg ihre Stammeseigenarten und verwirklichten zumeist erfolgreich ihr Streben nach Unabhängigkeit. Ihr ausgeprägter Freiheitswille und ihr im gemeinsamen Deichbau gestärktes Zusammengehörigkeitsgefühl führten schließlich im hohen Mittelalter zur Gründung zahlreicher kleiner und kleinster Bauern- und Seefahrerrepubliken, oft nicht größer als eine Dorfgemeinschaft und geführt von sogenannten »Häuptlingen«. Trotz solcher Zersplitterung wußten sie sich erfolgreich gegen fürstliches Machtstreben zu wehren, aber zu Ende des Mittelalters fiel Westfriesland, das Land westlich der Ems, an Burgund und später an die Niederlande, der Norden ging in Schleswig-Holstein auf.

WINFRIED STADTMÜLLER

Klöster und Klosterleben im frühen Mittelalter

Entstehung des frühen Mönchstums – Verbreitung des Klosterwesens im Abendland – Benedikt von Nursia und die »Benediktinerregel« – Die ersten Nonnenklöster – Klosterleben und Wirksamkeit des Mönchtums – Urbarmachung des Landes – Handwerk und Bildung – Weltliche Einflüsse.

Im Jahre 529 ließ Kaiser Justinian die »heidnische« Hochschule von Athen schließen. Im gleichen Jahr errichtete Benedikt von Nursia an der Stelle eines verfallenen Jupitertempels auf dem Monte Cassino sein berühmtes Kloster. Die Zufälligkeit dieser Ereignisse hat symbolischen Charakter: die antike Kultur hatte – so sah es zumindest oberflächlich aus – abgedankt; auf ihren »Trümmern« begründete Benedikt das abendländische Mönchstum, das sich zu einer der stärksten gestaltenden Kräfte des Mittelalters entwickeln sollte. Vor allem die Mönche Benedikts waren es, die in Europa das Erbe der antiken Bildung an die Neuzeit weitergegeben haben.

Die »Wüstenväter« und »Flüchtlingsklöster«

Das Mönchstum ist seinem Ursprung nach keine abendländische Lebensform, Kloster und Klosterwesen verdanken ihre Entstehung der christlichen Kirche des Orients. Ende des 3. Jahrhunderts zogen sich Männer in die Einsamkeit der ägyptischen Wüste zurück, um so ganz Gott zu dienen. Ihr Vorbild war Antonius der Einsiedler, der in einer Erdhöhle hauste, sich von Wurzeln und Kräutern ernährte und jeden menschlichen Kontakt mied. Durch Gebet, Fasten, Nachtwachen und strenge Bußübungen hofften die »Wüstenväter«, der evangelischen Vollkommenheit in besonderer Weise nahe zu kommen. In den christlichen Gemeinden genossen diese sogenannten Mönche (griech.: monachos = Einsiedler), deren asketische Lebensweise sich in der Kirche des Morgenlandes rasch verbreitete, hohes Ansehen: Ihrem Gebet wurde große Wirkkraft zugeschrieben, sie verkörperten in dieser Zeit das Idealbild des Heiligen. Später faßte der ägyptische Mönch und

Heilige Pachomius die Einsiedler zu Lebensgemeinschaften zusammen. Jeweils drei Mönche wohnten in einer Zelle, zum gemeinsamen Gebet und zu den Mahlzeiten versammelten sich alle. Körperliche Arbeit war ebenso Pflicht wie Hilfe für die Armen. Eine solche Kolonie von aneinandergebauten Zellen, durch einen hohen Zaun von der Außenwelt abgeschlossen, bildete das Kloster (lat.: claustrum = abgeschlossener Bezirk). Es unterstand der Leitung eines Abtes (griech.: abbas = Vater). In Kleinasien entwarf der heilige Basilius für diese religiösen Genossenschaften eine »Klosterregel«, die in ihren Grundzügen bis in die Gegenwart noch maßgebend für die Mönchsgemeinschaften der griechischen und russischen Kirche geblieben ist.
Nur zögernd hat sich das Abendland dieser neuen Form eines Lebens der Weltflucht und der christlichen Entsagung geöffnet. Die bald auch in Europa umherschweifenden orientalischen Wanderasketen haben anfangs wohl mehr Abscheu erweckt als zur Nachahmung angeregt. Gefördert durch Kirchenväter wie Hieronymus und Augustinus, die selbst die mönchische Lebensweise angenommen hatten, schlossen sich zunächst in Rom vornehme Christen zu asketischen Gemeinschaften zusammen und wandelten ihre Villen und Stadtpaläste in Klöster um. Maßgeblichen Anteil an der seit der Mitte des 4. Jahrhunderts wachsenden Verbreitung des Klosterwesens im christlichen Europa hatte der heilige Martin von Tours, ursprünglich Soldat, dann Einsiedler und Bischof, der zu Recht »Vater des abendländischen Mönchtums« genannt wird.
Unter dem mönchischen Lebensideal formierte sich jetzt die sicher eigenartigste »Protestbewegung« der Spätantike: Dem zunehmenden kulturellen und moralischen Verfall am Ende des weströmischen Reiches sollte eine radikale christliche Lebenshaltung der Weltabkehr entgegengesetzt werden. Bezeichnenderweise übte das Kloster gerade auf die Eliten der alten römischen Gesellschaft eine besondere Anziehungskraft aus! Vor den Angriffen der barbarischen Germanen zogen sich viele in »Flüchtlingsklöster« zurück. Cassiodor, der einstige Berater des Theoderich, stiftete in den Stürmen der Völkerwanderungszeit das Kloster Vivarium in Kalabrien als »Zufluchtsstätte des geistigen Lebens«.
Im untergehenden römischen Reich entstanden nun allenthalben mönchische Gemeinschaften. In Gallien gründete der heilige Martin das später hochberühmte Marmoutier an der Loire und der heilige Cassian St. Viktor in Marseille; erstes Kloster auf deutschem Boden wurde die Abtei St. Maximin in Trier. Als Martin 397 starb, sind in Tours – nach glaubwürdigem Bericht – über 2000 Mönche im Leichenzug seinem Sarg gefolgt! In den neugegründeten Klöstern wurde zumindest in der

***Modell der Klosteranlage von St. Gallen** (nach Walter Horn). Der Komplex umfaßte eine Vielzahl von Wirtschaftsgebäuden, Werkstätten, Herbergen (siehe auch Pläne nächste Seite).*

Anfangszeit ein intensives religiöses Leben gepflegt; sie waren zugleich Pflanzstätten für die hohen Geistlichen der Kirche. »Welche Stadt«, schrieb ein Zeitgenosse, »hätte nicht gern einen Bischof aus dem Kloster des Martinus gehabt?«

»Soldaten Gottes«, »Wanderer Christi« und strenge Askese

Als die Franken um die Wende zum 6. Jahrhundert den katholischen Glauben annahmen, galt ihre besondere Fürsorge bald der Förderung der Klöster. Der Mönch als »Soldat Christi« und sein Treueverhältnis zum Abt wirkten auf die kriegerische Vorstellungswelt und das Gefolgschaftsdenken der Germanen offenbar anziehend. Der Frankenkönig Chlodwig hat wie viele seiner Nachfolger bedeutende Klöster gestiftet. Fränkische Adelige wurden Mönche und Nonnen wie etwa Chlodwigs Witwe oder die aus Thüringen stammende Königin Radegunde. Nicht

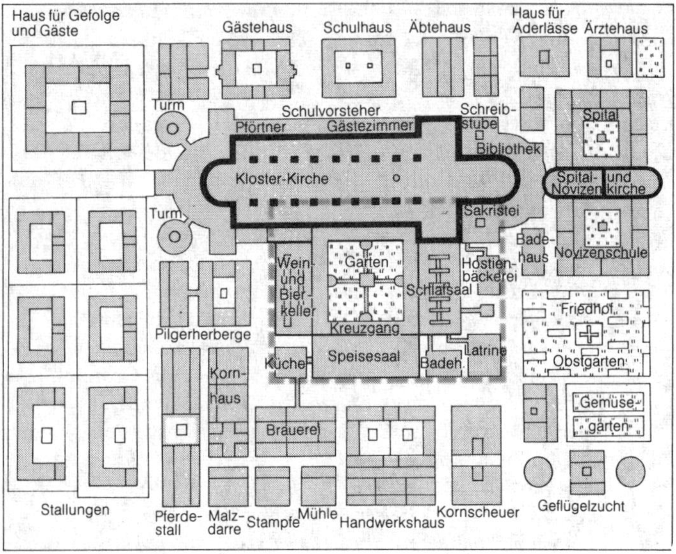

St. Gallen, Klosterplan

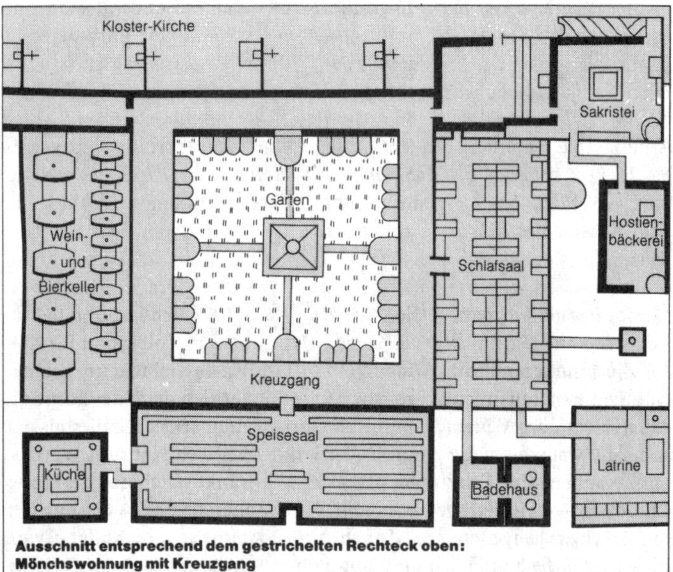

Ausschnitt entsprechend dem gestrichelten Rechteck oben: Mönchswohnung mit Kreuzgang

selten freilich haben hochgestellte Frauen deshalb »den Schleier genommen«, um der Ehe mit dem ungeliebten oder brutalen Gatten zu entfliehen; peinliche Konflikte mit Klöstern waren meist die Folgen.
Insgesamt war dieses frühe Mönchstum nicht gleichmäßig entwickelt: Manche Klöster konnten schon als vorbildlich gelten, andere hingegen weniger. Übertriebene äußere Bußübungen mischten sich häufig mit einem seltsamen Wunderglauben. Die große Zahl der Mönche und Nonnen erklärt sich auch daraus, daß viele im Kloster einen bequemen Unterschlupf sahen, der in den Wirren der Zeit »beste menschliche Lebensbedingungen« bot. Schon der heilige Augustin hatte von »faulen Mönchen« gesprochen. Das Klosterleben war für die sozial Schlechtgestellten sehr anziehend, weil für das tägliche Brot hier gesorgt war. Religiöse Berufung wurde dabei oft nebensächlich. So mangelt es den mönchischen Gemeinschaften vielfach an Ordnung und Zucht. Kirchenversammlungen mußten sich mit stehlenden Mönchen beschäftigen und strikt einschärfen, daß die Entführung von Nonnen auch mit deren Zustimmung verboten sei. Mancher Abt hat es aus gutem Grund unterlassen, wie es eigentlich seine Pflicht gewesen wäre, eines entsprungenen Mönches wieder habhaft zu werden!
Einen belebenden Impuls erhielt dieses gerade im fränkischen Reich so reformbedürftige Klosterwesen von irischen Mönchen, die Ende des 6. Jahrhunderts auf dem Festland auftauchten. Die Mission des heiligen Patrick hatte zweihundert Jahre zuvor aus dem barbarischen Irland die »Insel der Heiligen« gemacht. Es war dort eine christliche Kirche entstanden, die ausschließlich vom Mönchstum geprägt und beherrscht wurde. In den großen Abteien, die mit einigen tausend Mönchen wahren Heerlagern glichen, wurde neben intensivem geistlichem Studium und künstlerischen Tätigkeiten eine oft maßlose und bizarre Askese betrieben. Eine verbreitete Übung bestand darin, als »Wanderer Christi« die Welt zu durchstreifen und zu predigen. Das nur teilweise christianisierte und kirchlich verwilderte fränkische Reich mußte solchen religiösen Eifer geradezu herausfordern: ein Kreis von Wandermönchen machte sich diese Mission zur Lebensaufgabe. In dem von ihm gegründeten Kloster Luxeuil entwarf Columban für dieses Ziel eine eigene Mönchsordnung, die an Härte nicht zu überbieten war. In einem regelrechten geistlichen Drill, der sich auch der körperlichen Züchtigung bediente, konnte so eine ›Elitetruppe‹ für die missionarische Aufgabe herangezogen werden. Schlaf und Nahrung wurden auf das eben zum Leben Notwendige beschränkt, auch das geringste Vergehen – das vergessene »Amen«, ein falscher Ton beim Gesang der täglich über 80 Psalmen! – wurde mit Geißelhieben geahndet. Trotz dieser Schärfe hatten Columbans Klöster ungeahnten Zulauf. Seine

Regel blieb, geringfügig gemildert, für lange Zeit die verbindliche Klosterordnung im fränkischen Reich. Nur allmählich wurde sie von einer gänzlich andersgearteten verdrängt: Ohne Zweifel hat erst die Regel des heiligen Benedikt das Kloster zu einem zentralen Lebensraum des mittelalterlichen Menschen gemacht und so das »Zeitalter der Mönche« ermöglicht, wie es treffend der britische Historiker Knowles bezeichnet.

Die Benediktinerregel – Leitfaden für Millionen Mönche

Leben und Gestalt des Benedikt von Nursia sind von wunderdurchwirkten Legenden umrankt. Wohl um 480 als Sproß einer vornehmen Familie in Mittelitalien geboren, zog Benedikt zum Studium der Rechtswissenschaft nach Rom. Angewidert vom »Abgrund der Laster«, den er hier vorfand, beschloß der kaum Zwanzigjährige, in den Sabinerbergen ein asketisches Einsiedlerleben zu führen. Von frommen Schülern, die sich bald um ihn sammelten, wurde er immer wieder gedrängt, im Tal von Subiaco die Leitung eines Mönchsverbandes zu übernehmen. Nach mancherlei Mißhelligkeiten verließ Benedikt schließlich mit seinen Gefährten die Einsiedelei und gründete auf dem Bergplateau des Monte Cassino, auf halber Strecke zwischen Rom und Neapel, ein Kloster, dem er bis zu seinem Tod 547 als Abt vorstand.

Die eigentliche Leistung des Benedikt von Nursia besteht in der Lebensordnung, die er für die Mönche seines Klosters auf dem Monte Cassino verfaßte: die »Regel« des heiligen Benedikt wurde zum »Grundgesetz« des abendländischen Mönchstums. Dieses kleine Bändchen von knapp 100 Seiten hat eine weltgeschichtliche Wirkung entfaltet wie wenige andere Schriften, ohne indes originell oder revolutionär zu sein.

Die Forderungen des hl. Benedikt nach Gehorsam, Armut und Ehelosigkeit waren längst Gemeingut des alten Mönchstums, die Verpflichtung zur körperlichen Arbeit – das »ora et labora«, bete und arbeite – war keineswegs neu. In die »Regeln« flossen erprobte frühe Klosterordnungen ebenso ein wie die persönlichen Erfahrungen und vor allem die Weisheit ihres Autors: Benedikt hat das Mönchsleben vermenschlicht! Sein Ziel war die harmonische Persönlichkeit im Dienste Gottes. Jegliches Übermaß und die Absonderlichkeiten der körperlichen Askese in anderen Klosterordnungen wurden vermieden. »Wer übrigens der Vollkommenheit des Ordenslebens zueilen will«, schreibt Benedikt, »für den sind die Lehren der heiligen Väter.« Die Lebens-

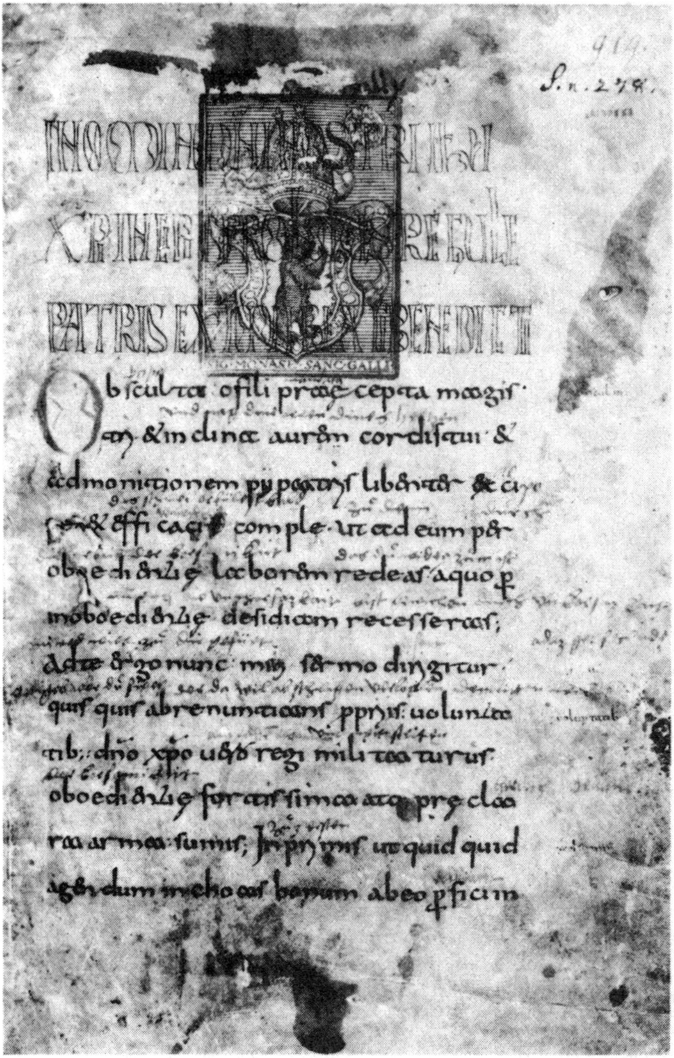

Aus der Regel des heiligen Benedikt. *Interlinearversion (mit zwischengeschriebenen wörtlichen Übersetzungen). Kopie von 813 aus Monte Cassino. St. Gallen, Stiftsbibliothek.*

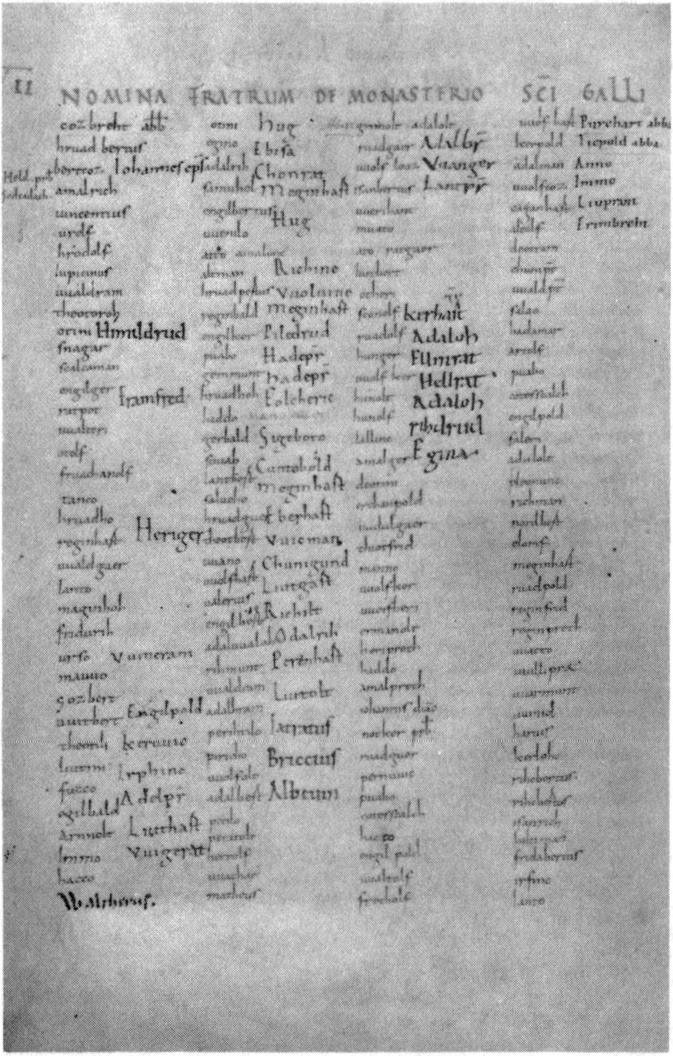

Sogenanntes »Verbrüderungsbuch« *des Klosters Reichenau mit Namenslisten von Brüdern befreundeter Klöster, derer im Gebet besonders gedacht wurde. Zürich, Zentralbibliothek.*

freude sollte nicht abgetötet werden, ein Viertelliter Wein pro Tag wurde jedem Mönch »genehmigt«!
Als eine neue Forderung verlangte die Regel das Gelübde der »Ortsbeständigkeit«: Benedikt wollte damit dem verbreiteten Unwesen jener ruhelosen ›Zugvögel‹ und ›Querulanten‹ unter den Mönchen begegnen, die dauernd die Klöster wechselten und in den Gemeinschaften Unfrieden säten. Später hat Maurus, der Lieblingsschüler Benedikts, nach dem Vorbild von Cassiodors Kloster Vivarium die Pflege der Wissenschaften als eine weitere mönchische Verpflichtung in die Regel aufgenommen.
Die benediktinische Klosterordnung konnte sich im Abendland zunächst nur zögernd durchsetzten. Im Frankenreich bestanden die Regel Benedikts und die an sich jüngere des Columban lange nebeneinander, teilweise sogar im selben Kloster; auch Versuche einer Verschmelzung wurden unternommen. Unter beiden Regeln haben die Mönche Bedeutendes geleistet: Die Missionierung des ostfränkischen Reiches ist ausschließlich ihr Verdienst. Im 7. Jahrhundert christianisierten die geistlichen Söhne Columbans das heutige Süd- und Südwestdeutschland, knapp 100 Jahre später vollendeten benediktinische Mönchsbischöfe aus England wie Willibrord und Winfrid-Bonifatius durch die Mission der Friesen, Thüringer, Hessen und Sachsen das Werk der Christianisierung Deutschlands. Als Stützpunkte für das kirchliche Leben wurden überall in den neugewonnenen Gebieten Klöster gegründet. Die Mönche trugen damit zugleich ihre eigene Lebensform weiter und verbreiteten sie so in ganz Deutschland. Auf Columbans Schüler Gallus geht St. Gallen in der Schweiz zurück. Willibrord gründete 697 das karolingische Hauskloster Echternach und Pirmin 724 Reichenau im Bodensee; von den Klostergründungen des Bonifatius blieb Fulda die bedeutendste, auf dem Gebiet der Sachsen entstanden u. a. Corvey (822) und Gandersheim. Gegen Ende des Karolingerreiches bestanden auf deutschem Boden rund 400 Klöster, eine stattliche Zahl, wenn man die geringe Gesamtbevölkerung bedenkt.

Die ersten Nonnenklöster

Waren diese in ihrer Mehrzahl Mönchsansiedlungen, so erlebte jetzt auch das Frauenkloster einen beachtlichen Aufschwung. Schon in den frühen asketischen Bewegungen der Kirche hatten Frauen eine führende Rolle gespielt und sich zu klösterlichen Lebensgemeinschaften zusammengeschlossen. Scholastika, die Schwester Benedikts, hatte nach dem Vorbild und der Regel ihres Bruders bei Monte Cassino ein

Kloster für Frauen gegründet. Einen ersten Höhepunkt erreichte dieses klösterliche Ideal im England des 7. und 8. Jahrhunderts. Hochgebildete Äbtissinnen wie Brigitte und Hilde genossen allgemeine Verehrung und nahmen Einfluß auf die Geschicke der englischen Kirche. Als Bonifatius aus seinem Freundes- und Verwandtenkreis angelsächsische Nonnen für seine Missionsarbeit im fränkischen Reich gewinnen konnte, wurden Frauenklöster auch in Deutschland verbreitet. Lioba gründete Tauberbischofsheim, Thekla die Klöster in Kitzingen und Ochsenfurt. Walburga errichtete mit ihrem Bruder Wunibald das Doppelkloster Heidenheim, das von einer Mönchs- und einer Nonnengemeinschaft gebildet wurde. Es war dabei durchaus nicht unüblich, daß eine Frau als Äbtissin einem solchen Doppelkloster vorstand!
Die meisten Nonnenklöster unterwarfen sich der Regel des heiligen Cäsarius von Arles, die – in strenger Abgeschiedenheit – neben dem Gebet die Handarbeit, meist an Webstuhl und Stickrahmen, forderte. So wurden hier die kunstvollen Gewänder für die liturgischen Feiern der Kirche geschaffen. In ihrer Bildung unterschieden sich die Nonnen nicht von den Mönchen, verlangte die Regel doch auch von ihnen täglich mehrstündiges Studium. Das äußere Tätigkeitsfeld der Frauenklöster umfaßte bevorzugt den karitativen Bereich. Sie widmeten sich dem Dienst an den Armen und Kranken und der Fürsorge für die Waisen, später nahmen sie sich besonders der Mädchenerziehung an. Als Nonne hatte sich die Frau so in dem oft als »finster« verschrienen Mittelalter einen Rang erworben, der sie nach ihrem Ansehen und ihrer Leistung ebenbürtig neben den Mann stellte! Wenn sich auch das Wachstum der Frauenklöster nicht so rasch vollzog, erlangten in Deutschland doch viele – wie etwa die Abtei Frauenchiemsee unter der Königstochter Irmingard – eine religiöse und kulturelle Bedeutung, die der der Mönchsklöster in nichts nachstand.

Urbarmachung der Wildnis, Not und Wohlstand

Wurden Frauenklöster wegen der vielfältigen Gefahren fast durchweg im Schutz von Städten angesiedelt, so wählten die Mönche für ihre Niederlassungen gerne die Abgeschiedenheit noch unerschlossener Gebiete. Mit dem Bau solcher Klöster ging deshalb meist eine ungeheuere kolonisatorische Leistung einher. Die Lebensbeschreibung des heiligen Sturmius berichtet, wie er von Bonifatius ausgeschickt wurde, um einen Platz für das Kloster Fulda zu suchen: »So war Sturm ganz allein, durchforschte nach einer geeigneten Klosterstätte allüberall mit scharfem Blick gebirgiges und ebenes Gebiet, besah sich Berge, Hügel und Täler, betrachtete Quellen, Bäche und Flüsse [...]. So zog der Mann Gottes allein durch das Ödland, außer den wilden Tieren, die es dort in einer Unzahl gab, fliegenden Vögeln, ungeheueren Bäumen und den vereinsamten Gegenden sah er nichts. Endlich, am vierten Tag, kam er an dem Ort vorbei, wo jetzt das Kloster liegt.« Mit der Errichtung des Klosters in solcher Einöde mußte zugleich die Landschaft urbar gemacht werden: Wälder wurden gerodet, Sümpfe trockengelegt, Wege befestigt; die Mönche schufen aus Wüste und Wald eine ›Kulturlandschaft‹. Im Umkreis des Klosters siedelten dann meist Menschen, die dort als Handwerker und Kaufleute Arbeit, aber auch Schutz fanden. Viele Städte und unzählige Dörfer in Deutschland können so ihre Entstehung auf klösterliche Gründungen zurückführen.

Trotz des opfervollen Einsatzes ihrer Mönche blieben die Klöster bei ihren vielfältigen Aufgaben letztlich doch auf die materielle Unterstützung weltlicher Spender angewiesen. Durch Landschenkungen vor allem wollten sich die Großen des Reiches das ›Kapital‹ eines ewigen Fürbittgebetes in den Klostergemeinschaften schaffen, sich zugleich aber in ihren Herrschaftsgebieten der zivilisatorischen Tätigkeit der Mönche und schließlich ihrer politischen Hilfe versichern. Auch die Zuwendungen frommer einfacher Leute und die Opfergaben, die Mönche bei ihrem Klostereintritt zu entrichten hatten, vermehrten den Besitz, der die notwendige wirtschaftliche Grundlage des klösterlichen Gemeinwesens mit nicht selten über 200 Bewohnern bildete. Zwischen 800 und 840 erhielt das Kloster Fulda 345 Schenkungen. Sein Güterbesitz war bald über das ganze Reich verstreut und umfaßte allein in Thüringen 3000 Hufen (über 500 Hektar). Als sich die Mönche über die stinkenden Talglichter beim Chorgebet beklagten, vermachte ihnen der Kaiser kurzerhand einen Ölgarten in Italien. Die Besitzurkunden des Klosters füllten zur Zeit des Abtes Hraban acht dicke Folianten!

Das Land wurde größtenteils von Pächtern bewirtschaftet, die dem Kloster Abgaben in Form von Geld und Naturalien entrichteten. So fielen allein aus friesischen Dörfern jährlich 600 Mäntel als Pachtzins an. Durch Mißernten und Untreue der Pächter konnte jedoch auch ein so begütertes Kloster wie die Reichsabtei Fulda in wirtschaftliche Schwierigkeiten geraten. Als die Stofflieferungen ausblieben, ließ der Abt 836 mit der Genehmigung des Kaisers eine Sammlung im ganzen Reich durchführen!

Nur ganz wenige Klöster konnten sich mit dem Reichtum Fuldas messen. Nicht selten waren Abteien, die sich nicht der Fürsorge des kaiserlichen oder eines adeligen Schutzherrn erfreuen konnten, so arm, daß

die Mönche außerhalb des Klosters ihren Unterhalt verdienen mußten; ein geistliches Leben nach den Regeln war so nicht mehr möglich, und die Klosterzucht verfiel.
Karl der Große und sein Sohn Ludwig der Fromme haben versucht, durch innere und äußere Reformen solche Mißstände zu beseitigen; durch Gesetze haben sie die Regel Benedikts zur alleinverbindlichen Klosterordnung im Reich gemacht: das abendländische Mönchtum wurde jetzt ausschließlich vom benediktinischen Geist geprägt. Aus den Weisungen Benedikts und aus den vielfältigen Zeugnissen ihrer Kultur erschließt sich uns ein anschauliches Bild vom Leben und Wirken der Mönche im frühmittelalterlichen Kloster.

Beten, arbeiten, lernen – Leben im Kloster

Nach seiner architektonischen Gestalt war dieses Kloster, wie auch die Grabungen auf Monte Cassino belegen, eine stattliche Anlage. Der abgebildete Plan von St. Gallen (Seite 166) – ähnlich dürften alle bedeutenden Klöster der karolingischen Zeit ausgesehen haben – vermittelt die Vorstellung einer regelrechten Klosterstadt mit weitverzweigten Baulichkeiten. Im Zentrum der Anlage befanden sich, durch die sogenannte Klausur von den übrigen Bereichen streng geschieden, die eigentlichen Lebensräume der Mönche, die durch den Kreuzgang miteinander verbunden waren.
Die mönchische Gemeinschaft wurde von Benedikt als eine Familie verstanden. Wie ein altrömischer Vater sollte ihr der Abt, der von den Mönchen auf Lebenszeit gewählt wurde, mit Strenge, aber auch mit menschlicher Fürsorge vorstehen. Er sollte dabei vor allem durch sein Beispiel – »mehr durch Werke als durch Worte« – wirken und verstehen, den einzelnen Mönch entsprechend seiner Eigenart zu führen. Als äußere Zeichen seiner Würde trug der Abt bei den Gottesdiensten Krummstab und Mitra und wohnte in einem eigenen Haus; in seiner Lebensführung sollte er sich jedoch nicht von seinen Mitbrüdern unterscheiden. Die Mönche waren ihrem Abt zu absolutem Gehorsam verpflichtet. Von der Mitbestimmung waren sie dadurch jedoch nicht ausgeschlossen. »Sooft im Kloster eine wichtige Angelegenheit zu entscheiden ist«, verfügte Benedikt, »rufe der Abt die ganze Klostergemeinde zusammen [...] weil der Herr oft einem Jüngeren offenbart, was das Beste ist.«
Wollte ein junger Mensch in ein Kloster eintreten, mußte er zunächst eine einjährige Vorbereitungszeit, das Noviziat, durchlaufen. Von einem Novizenmeister wurde er hier in die Regeln und die Praxis des

***Klösterliche Schreibstube mit Schreibpult** und Schreibenden. Elfenbeindeckel eines Evangeliars mit der Figur des heiligen Gregor. 9./10. Jh. Wien, Kunsthistorisches Museum.*

mönchischen Lebens eingeführt und mußte sich in karitativen Aufgaben bewähren. Am Ende der Novizenzeit legte er die Gelübde ab und wurde in die Gemeinschaft der Mönche aufgenommen. Vielfach wurden schon Kinder im zartesten Alter in regelrechten Übereignungsverträgen, die eine Rückkehr nicht mehr zuließen, von ihren Eltern dem Kloster übergeben. Mit der Forderung Benedikts nach absoluter Freiwilligkeit des Eintritts war solcher Brauch sicher nicht zu vereinbaren. Wenngleich die Regel bestimmte, daß der »Freigeborene« dem aus dem »Sklavenstande« nicht vorgezogen werden durfte, setzten ein-

zelne Klöster wie etwa Fulda das übliche »Eintrittsopfer« so hoch an, daß sie praktisch exklusiv dem Adel vorbehalten blieben. Auf der anderen Seite wurden häufig Säuglinge an Klöstern ausgesetzt, um dem Kind damit das Schicksal bäuerlicher Fron zu ersparen; den meisten Abteien war ein Findlingshaus angeschlossen!
Der eigentliche Lebensinhalt der Benediktinermönche war der Gottesdienst. Die Gebetsordnug bestimmte Einteilung und Ablauf ihres Tagewerks. Eine Stunde nach Mitternacht und dann in regelmäßigen Abständen noch sechsmal rief die Glocke die Gemeinschaft zu den verschiedenen Stundengebeten wie Mette oder Vigil, Vesper und Komplet in die Kirche, wo die Psalmen gesungen und Schriftlesungen gehalten wurden. Die Mönche waren zu untadeliger christlicher Lebensführung verpflichtet. »Sie dürfen sich niemand zu Gevattern und Gevatterinnen machen; Frauen dürfen sie nicht küssen«, hieß es unmißverständlich im Mönchsgesetz Ludwigs des Frommen von 817. Zweimal am Tag versammelte sich die Klostergemeinde im Speisesaal, dem Refektorium, zu einfachen Mahlzeiten; Fleisch und Geflügel blieben den Kranken vorbehalten. War im Kloster kein Wein vorhanden, so durfte das doppelte Quantum »guten Bieres« ausgeschenkt werden. Während des Essens wurde aus erbaulichen Schriften vorgelesen. In den alten Klöstern schliefen die Mönche in einem gemeinsamen Raum; zum Zeichen ihrer ständigen Bereitschaft behielten sie dabei ihre grobgewirkten Kutten an. Später, als sich die Aufgaben im Kloster differenzierten, wurden ihnen Zellen zugeteilt.

Bibliotheken, Schulen, Werkstätten

Neben ihren gottesdienstlichen Pflichten mußten sich die Mönche nach der Regel »zu bestimmten Zeiten mit Handarbeit« und mit »der Lesung gotterfüllter Bücher beschäftigen«. Die Lektüre füllte täglich mehrere Stunden aus, in der Fastenzeit sollte ein ganzes Buch durchstudiert werden. Die Bücherbestände bildeten neben den Reliquien den wertvollsten Besitz eines Klosters; St. Gallen hatte etwa 400 Bände, die Bibliothek von Fulda wies zur gleichen Zeit über 1000 große Handschriften aus. Diese Bücher wurden von Mönchen in kunstvollen Buchstaben nach alten Vorlagen oder nach Leihgaben anderer Klöster mit der Hand niedergeschrieben und häufig mit goldkolorierten kleinen Bildern, sogenannten Miniaturen, ausgeschmückt. In der Schreibstube des Klosters Fulda waren ständig zwölf Mönche mit solchen Kopierarbeiten beschäftigt. Auf diese Weise konnten auch die bedeutenden Schriftsteller der Antike wie Cicero, Vergil und Horaz der Nachwelt erhalten werden; ihre Werke wurden als »Lateinbücher« für den Unterricht benötigt! Wesentliche eigenständige literarische Leistungen haben die Klöster des frühen Mittelalters - abgesehen von den Schriften des Hrabanus Maurus und den geistlichen Dichtungen Otfrids von Weißenburg oder eines Walahfrid Strabo von der Reichenau - indes nicht hervorgebracht. Die meisten Mönche konnten wohl nur leidlich lesen und schreiben.

Um die Hebung des Bildungsstandes in den Klöstern hat sich besonders Karl der Große verdient gemacht. Durch Gesetz verfügte er, daß jeder klösterlichen Niederlassung eine Schule angeschlossen werden mußte. Hier wurden die angehenden Mönche in die allgemeinen Kulturtechniken wie Schreiben und Rechnen und in den Choralgesang eingeführt; auf einer höheren Stufe erlernten sie Latein als die Sprache des Klosters und wurden in Philosophie und der Redekunst (= Dialektik), aber auch in Mathematik und den Naturwissenschaften unterwiesen. Für kindliches Spiel blieb diesen Zöglingen, die schon die geistlichen Pflichten der Mönche wahrzunehmen hatten, sicher kaum noch Zeit. An den großen Abteien bestanden auch ›äußere Schulen‹, in denen die Söhne adeliger und begüterter Eltern gegen Kostgeld unterrichtet und »im guten Benehmen« erzogen wurden.

Die Benediktiner stellten neben die geistige Tätigkeit immer gleichberechtigt die Handarbeit. Nach Benedikts Rat sollten die Klöster so angelegt werden, daß »Mühle, Garten und Werkstätten, in denen die verschiedenen Handwerke ausgeübt werden, sich innerhalb der Klostermauern befinden«.

Im Kloster des 10./11. Jahrhunderts hat das Kunsthandwerk einen frühen Höhepunkt erreicht: Goldschmiede schufen in Zellenemailtechnik oder Filigranarbeit kostbare liturgische Geräte und Reliquienschreine, die Einbände der Handschriften verzierten sie mit Elfenbeinschnitzereien.

Auch die Kunstfertigkeiten der »groben« Handwerker wurden vielfach durch Mönche vermittelt; die mehrgeschossige Steinarchitektur verbreitete sich in Deutschland erst durch den Klosterbau. Im Mittelpunkt der körperlichen Arbeit im Kloster stand jedoch die bäuerliche Bewirtschaftung der ausgedehnten Besitzungen: Wenn »die Brüder die Feldfrüchte selber ernten müssen, dann erst sind sie wahre Mönche«. Sie wurden so zu den eigentlichen Pionieren der Landwirtschaft, die Bauern haben ihre Söhne zu ihnen in die Lehre geschickt. Auf den klösterlichen Mustergütern wurde der Getreidebau kultiviert, wurden durch Züchtungen Obst- und Gemüsesorten an das rauhe Klima angepaßt; Mönche haben schließlich den Weinanbau in den meisten Gegenden Deutschlands verbreitet.

Kirchliches Ritual.
»Reichenaus Gesangsschola bei der Bischofsmesse«.
Elfenbeinplatte. Frankfurt/M., Stadt- und Universitätsbibliothek.

Im Dienste der Welt

In noch anderer Weise wirkte das Kloster direkt in die mittelalterliche Gesellschaft hinein: es nahm sich besonders ihrer Armen und Schwachen an und schuf so eine Art »Sozialfürsorge«. Wurde noch in den alten Regeln geraten, bis zum Erweis des Gegenteils jeden Fremden

Das Initial wird zum Kunstwerk. *Der Buchstabe Q des »Quid Gloriaris . . .« mit verschlungenem Flechtwerk lombardischer Tradition. Folchardpsalter (um 872). St. Gallen, Stiftsbibliothek.*

als Dieb und jeden Kranken als Simulanten zu betrachten, so sah Benedikt in ihnen den Nächsten, dem geholfen werden mußte: »Die Sorge für die Kranken soll allem anderen vor- und übergeordnet sein.« In den Krankenhäusern, die die Klöster auf eigene Kosten betrieben, waren heilkundige Mönche als Ärzte tätig, in ihren Apotheken wurden aus eigens angebauten Kräutern nach alten Rezepten die Arzneien bereitet. Das Klostergesetz von 817 bestimmte, daß der zehnte Teil von allen Schenkungen den Armen zugewendet werden müsse; aus diesen Mitteln wurden Bau und Unterhaltung von Altenheimen, Armen- und Waisenhäusern bestritten. Für die Reisenden und Pilger waren die Klöster im frühen Mittelalter die einzigen Herbergen, die ihnen in ihren Hospizen bereitwillig für einige Tage Gastfreundschaft gewährten. Solche karitativen Tätigkeiten lockten freilich auch Leute an, denen es nicht nur um ein Bett für die Nacht ging, so daß die Klostermauern immer höher gezogen werden mußten.

In einer anderen Weise wurden diese Mauern, die das Kloster ja ursprünglich von den Einflüssen der Welt abschirmen sollten, jedoch durchlässig: in dem Maße, in dem sich die Mönche in so mannigfachen Bereichen für diese Welt engagierten, wurden sie auch in ihre Händel verwickelt. Sie wurden zunehmend mit politischen Aufträgen betraut und dadurch ihrer eigentlichen Aufgabe entfremdet. Äbte wurden Reichsbeamte – Königsboten in der Karolingerzeit, Reichsfürsten unter den Ottonen – und zogen an der Spitze ihres Aufgebotes in den Kampf. Bisweilen wurden Klöster gar zu »Staatsgefängnissen« degradiert, in denen man Geiseln und politische Gegner verwahrte.

Karl d. Gr. und seine Nachfolger setzten ihre Getreuen als Laienäbte ein und leisteten damit der Verweltlichung der Klöster ungewollt Vorschub; in Burgund geriet der gesamte klösterliche Besitz in die Hände weltlicher Adeliger. Auf die erste Hochblüte des Klosters war so rasch die Krise gefolgt. In dieser Situation bewies die Idee des Mönchtums ihre ganze Lebenskraft: Klöster selbst setzten im 11. Jahrhundert eine Reform ins Werk, die die Mißstände beseitigte und die schließlich stark genug war, im Investiturstreit die frühmittelalterliche Einheit von Reich und Kirche zu sprengen.

Literatur

Andresen, Carl (Hrsg.): Frühes Mönchtum im Abendland, 2 Bde., Zürich/München 1975

Bühler, Johannes: Klosterleben im deutschen Mittelalter, Leipzig 1923

Knowles, David: Geschichte des christlichen Mönchtums, München 1969

Kürn, Gerhard und Inge: Das Kloster – Modell einer Gesellschaftsform, Stuttgart/München 1974

Prinz, Friedrich (Hrsg.): Mönchtum und Gesellschaft im Frühmittelalter, Darmstadt 1976

GÜNTER MERWALD

Anfänge der deutschen Literatur

Mühsames Beginnen im 8. Jahrhundert – Geistliche als Schrittmacher: Übersetzungen religiöser Texte– Die Bedeutung Karls des Großen für die deutsche Literatur – Das germanisch-heidnische Erbe wirkt lange nach – Das Christentum in der Auseinandersetzung mit heidnischem Dichten und Denken – Letzte Zeugnisse germanischer Form im Dienste christlicher Absichten – Der Endreim löst im 9. Jahrhundert die alte Stabreimdichtung endgültig ab – Geschichtsschreibung statt Literatur in der Ottonenzeit.

Wenn man von den Anfängen der deutschen Literatur sprechen will, darf man den Begriff »Literatur« nicht zu eng fassen. Literatur heißt in dieser frühen Zeit zunächst nichts anderes als »mit Buchstaben niedergeschriebene Sprache«; etwa ab 750 beginnt man im deutschen Sprachgebiet, in der sprachlichen Stufe des *Althochdeutschen (K, Seite 188)*, Texte in der Volkssprache niederzuschreiben. Dieser Zeitpunkt markiert zugleich den Anfang einer Epoche, die durch die überragende Gestalt Karls des Großen geprägt wurde: der karolingischen Zeit. (Unter den sächsischen Kaisern folgte später die mehr dem Kirchenlatein zugewandte ottonische Phase früher Literatur.)

Die frühesten Zeugnisse: Götter- und Heldenlieder, magische Sprüche und Beschwörungen

Natürlich gab es auch vor dieser Epoche eine ›Literatur‹. Sie unterschied sich aber von aller späteren dadurch, daß sie nur mündlich weitergegeben wurde. Der adelige Sänger der germanischen Zeit, der Skop, trug bei festlichen Anlässen am Hof des Stammesfürsten seine Lieder vor. Sie handelten hauptsächlich von den Taten der Götter und Helden, von Tanz und Liebe. Auch »Lebenshilfe« konnte der Sänger anbieten: diesem Zweck dienten vor allem die magischen Sprüche und Zauberlieder. Kennzeichnend für die mündlich überlieferte Dichtung war ihre Versform, der Anfangs- oder Stabreim (»Mit *K*ind und *K*egel«, »Mit *H*aut und *H*aar«).

Wir besitzen ein Denkmal der alten Heldendichtung, das um die Mitte des 9. Jahrhunderts von Mönchen des Klosters Fulda auf dem Einbanddeckel eines Gebetbuches von einer nicht erhaltenen Vorlage ab-

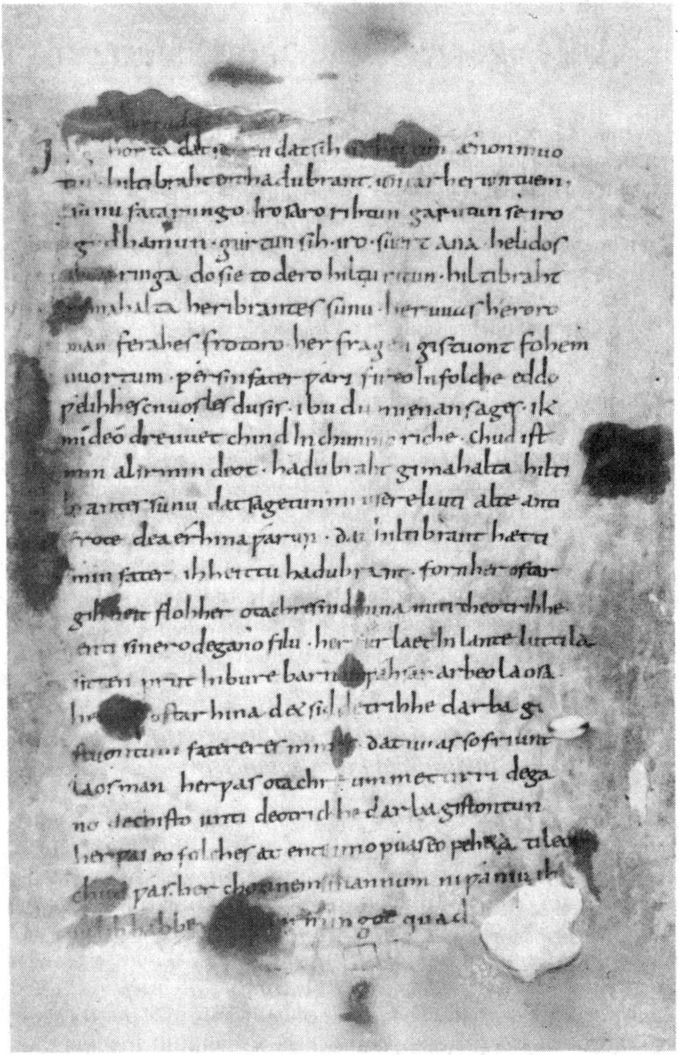

***Die zwei erhaltenen Originalseiten des Hildebrandsliedes,** des ältesten überlieferten deutschen Beispiels eines germanischen, stabreimenden Heldenliedes.*

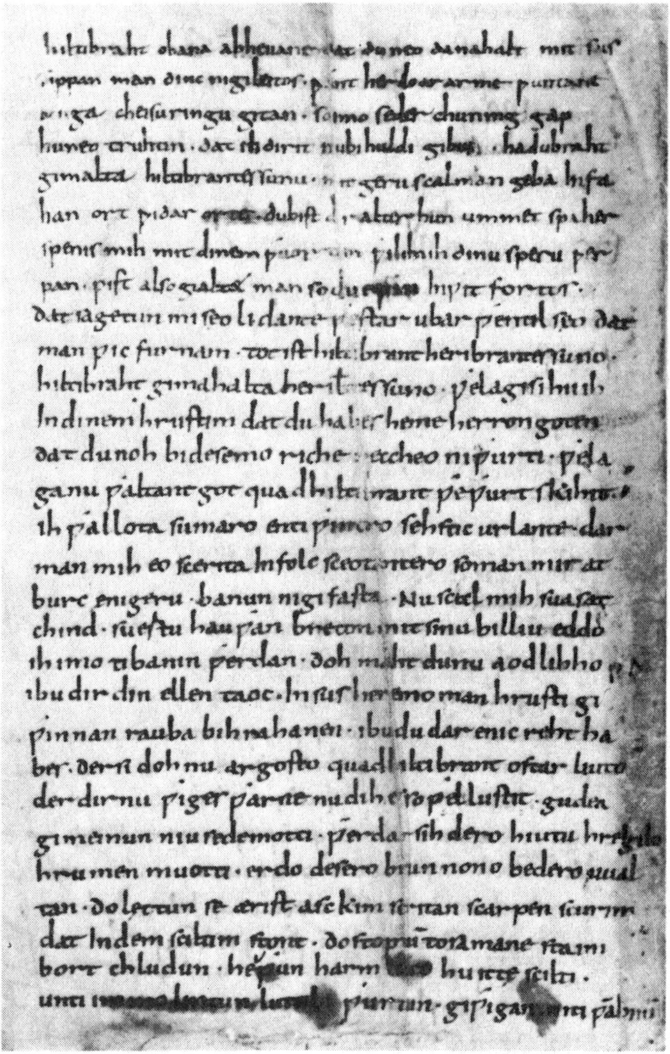

Der tragische Konflikt zwischen Vater (Hildebrand) und Sohn (Hadubrand) *ist Inhalt des Werkes. Ursprung langobardisch (6./7. Jh.), aufgezeichnet um 850 in Fulda. Kassel, Landesbibliothek und Murhardsche Bibliothek.*

Dichtung deutscher Frühzeit in Beispielen

HILDEBRANDSLIED

Aus dem einzigen erhaltenen Heldenlied auf deutschem Boden, aufgezeichnet im 9. Jahrhundert in althochdeutsch-sächsischer Mischsprache im Kloster Fulda:

»Ik gihorta dat seggen,
dat sih urhettun aenon muotin,
Hiltibrant enti Hadubrant untar heriun tuem.
Sunufatarungo: iro saro rihtun,
garuntun se iro gudhamun, gurtun sih iro suert ana,
helidos, ubar hringa do sie to dero hiltiu ritun.
Hiltibrant gimahalta, her uuas heroro man,
ferahas frotoro; her fragen gistuont
fohem uuortum, hwer sin fater wari
fireo in folche [. . .]«

DIE NEUHOCHDEUTSCHE ÜBERSETZUNG:

»Ich hörte sagen,
daß sich die Herausforderer einzeln trafen,
Hildebrand und Hadubrand, zwischen den beiden Heeren.
Sohn und Vater sahen nach ihrem Panzer,
schlossen ihr Kettenhemd, gürteten ihr Schwert
über ihre Brünnenringe, die beiden Helden, als sie zum Kampf anritten.
Da hob Hildebrand an, denn er war höher an Jahren,
ein Meister der Menschen; und gemessenen Wortes
begann er zu fragen, wer da sein Vater wäre,
der Führer im Volke [. . .]«

WESSOBRUNNER GEBET

Das Wessobrunner Gebet, um 800 in baierischer Mundart im Kloster Wessobrunn bei Weilheim aufgezeichnet:

»Dat gafregin ih mit firahim firiuuizzo meîsta
Dat éro ni uuás noh úfhimil
noh paúm, noh péreg ni uuás,
ni . . . nohheínig, noh súnna ni sceín,
noh máno ni líuhta, noh der máreo séo.
Do dar niuuiht ni uuás énteo ni uuénteo,
enti do uuas der eíno almáhtico cót,
mánno míltisto, enti dar uuarun auh mánake mit ínan coótlihhe geísta [. . .]«

Neuhochdeutsche Übersetzung:

»Das erfragte ich unter Menschen als größtes Wunder,
daß weder Erde war, noch der Himmel,
noch Baum, noch Berg nicht waren
noch sonst etwas, noch die Sonne nicht schien,
noch der Mond nicht leuchtete, noch der Meersee.
Da war nichts, war Ende und Wende nicht,
und da war der eine allmächtige Gott,
der Männer mildester und da waren auch mit ihm manche gute Geister [. . .]«

Waltharilied

Aus dem Waltharilied, einem um 930 von dem Mönch Ekkehard in St. Gallen in lateinischen Hexametern verfaßten Heldenepos, das die Geschichte von Walther und Hildegunde erzählt (Zweikampfszene zwischen Walther und Hagen, im Versmaß der Urschrift übersetzt von Dr. H. Althof):

»[. . .] Aber sobald der Krieger die Stücke des Schwertes erblickte,
Zürnte und tobte er sehr in allzu gewaltigem Zorne,
Schleudert, seiner nicht Herr, das Heft, dem entfallen die Klinge,
War es auch ausgezeichnet durch Gold und künstliche Arbeit,
Weit in die Ferne sogleich, die traurigen Trümmer verachtend.
Doch indes er gerade die Hand so weit in die Luft streckt,
Schlägt sie Hagen vom Arm, des gelegenen Hiebes sich freuend.
Mitten im Wurf fiel jetzt zu Boden die tapfere Rechte,
Die dereinst gefürchtet von vielen Völkern und Fürsten
Und vordem erglänzte durch ungezählte Trophäen.
Aber der herrliche Held, nicht gewohnt zu weichen dem Unglück,
Wußte mit starkem Mute die Schmerzen des Fleisches zu tragen
Und verzweifelte nicht und keine Miene verzog er,
Schob den verstümmelten Arm nun sogleich hinein in den Schildrand,
Griff mit dem unverletzten sodann alsbald zu dem Halbschwert,
Das er, wie ich erwähnt, sich rechts an die Seite gegürtet,
Bittere Rache sogleich an dem grimmigen Feinde zu üben.
Hagens rechtes Auge zerstört sein Hieb und die Schläfe
Schneidet er auf, und zugleich die beiden Lippen zerspaltend,
Schmettert er zweimal drei der Zähne dem Feind aus dem Munde [. . .]«

geschrieben wurde: ein Bruchstück von 68 Zeilen des altertümlichen »Hildebrandslieds« aus dem Sagenkreis um den ostgotischen König Theoderich. Der Text ist im 6./7. Jahrhundert entstanden. In diesem Stabreimgedicht können wir noch das Weltbild der heidnischen Germanen der Völkerwanderungszeit fassen: Im Mittelpunkt steht die Begegnung des alten Hildebrand, der nach 30 Jahren Kriegsdienst heimkehrt, mit seinem Sohn Hadubrand. Als der Vater sich seinem Sohn zu erkennen gibt, sieht der mißtrauische Hadubrand darin nur eine List. Er glaubt seinen Vater längst tot, nennt Hildebrand höhnisch »alter Hunn« und wirft ihm Feigheit vor. Da muß der Alte den Kampf mit dem eigenen Kind aufnehmen: In tragischer Verstrickung zwischen Heldenehre und Blutsverwandtschaft muß er seinem Sohn beweisen, daß er sein tapferer Vater ist, indem er ihn tötet. Der germanische Schicksalsglaube tritt hier deutlich zutage: »wêwurt« geschieht, sagt Hildebrand, d.h. Unglück, das die Götter über die Menschen verhängen und dem man sich stellen muß. Doch zugleich ruft er auch den »waltant got«, den »Herrscher Gott« an – Signal dafür, daß christliche Vorstellungen bereits bekannt, wenn auch noch nicht wirksam geworden sind.
Aus dem Bereich der Kultdichtung besitzen wir ebenfalls in althochdeutscher Zeit niedergeschriebene heidnische Stabreimtexte: die beiden »Merseburger Zaubersprüche«. Auch sie sind in einer geistlichen Handschrift aus dem 10. Jahrhundert erhalten, sind aber in der Zeit vor 750 entstanden. Sie zeigen die typische Zweiteiligkeit des magischen Spruchs: Erst wird eine Erzählung gebracht, die das Wirken der angerufenen Götter modellhaft vorführt; dann folgt die eigentliche Zauberformel, deren Sprechen die magische Beschwörung ist. Wie es Wodan – so der zweite Merseburger Spruch – gelungen ist, den verrenkten Fuß eines Pferdes wieder zu heilen, so soll er auch jetzt beschworen werden, wieder in gleicher Weise zu wirken: »Bein zu Bein / Blut zu Blut / Glied zu Glied / als ob sie geleimt sei'n!« – so übersetzte der berühmte Altgermanist Friedrich von der Leyen.

Erste christliche deutsche Literatur

Von diesen wenigen altertümlichen Zeugnissen heidnischen Denkens abgesehen, setzt die eigentliche »deutsche« Literatur – wie oben schon angedeutet – ab 750 ein. Ein Grund ist in der Missionsarbeit der Kirche zu suchen. Die angelsächsischen und iroschottischen Mönche waren nahezu die einzigen, die die lateinische Sprache beherrschten und der Schrift kundig waren. Sie also trugen das ›geistige Leben‹. Im 8.

Jahrhundert finden wir in Süddeutschland erste äußerst mühsame Versuche der Geistlichen, die verschiedenen einheimischen Dialekte – eine althochdeutsche »Schrift-« oder »Hochsprache« gab es noch nicht – für die Wiedergabe christlichen Gedankenguts zu verwenden. Diese Versuche wurden in den kulturellen Zentren der Zeit, den Klöstern und den ihnen angegliederten Schulen, unternommen, z. B. in Freising, St. Gallen und auf der Reichenau. Dort machte man sich an das harte Geschäft, für lateinische Begriffe Entsprechungen im jeweiligen einheimischen Dialekt zu finden. Man braucht nur daran zu denken, wie schwierig dieses Unterfangen selbst bei einer heutigen Mundart wäre, um sich die Aufgabe bewußtzumachen, die den Missionaren gestellt war.

Kurz nach 750 schrieben Mönche im Kloster zu Freising eine Art lateinisch-deutsches Wörterbuch, den »Abrogans«, wie es nach seinem ersten lateinischen Wort genannt wird: das erste Stück »deutscher« Literatur! Ein solches Wörterverzeichnis bezeichnet man als »Glossar«, und Glossare ergänzten nun die ersten Übersetzungsversuche, die »Interlinearversionen«, in denen man Wort für Wort der lateinischen Vorlage durch deutsche Ausdrücke wiedergab, öfters auch zwischen den Zeilen, wie es heute noch Schüler in ihren fremdsprachlichen Texten machen. Übersetzt wurden zuerst die grundlegenden kirchlichen Gebrauchstexte wie z. B. das Taufgelöbnis, Beichtformulare, das Vaterunser. Die Probleme und die Wege ihrer Lösung werden vielleicht anhand einiger Zeilen des althochdeutschen Taufgelöbnisses deutlich; da wird z. B. übersetzt: »Verschwörst du Diabolae? – Ich verschwöre Diabolae.« Da es kein einheimisches Wort für den Teufel gibt, wird der griechisch-lateinische Begriff beibehalten. – »Glaubst du an Gott, allmächtigen Vater? Ich glaube an Gott, allmächtigen Vater.« Auch die Vorstellung von einem Vater-Gott war den Germanen unbekannt. – »Glaubst du an heiltragendes Gespenst? – Ich glaube an heiltragendes Gespenst.« Die lateinischen Bezeichnungen für »heilig« und »Geist« ließen sich im damaligen Deutsch nur auf Kosten des Sinnes wiedergeben.

Bei aller offensichtlichen Unbeholfenheit erfüllten solche Übersetzungen in der Praxis doch ihren Zweck, die Laien an das Verständnis der elementaren christlichen Glaubenswahrheiten heranzuführen.

Das äußerste, das in dieser Zeit auf dem Gebiet der Übersetzung möglich war, stellt wohl der »Weißenburger Katechismus« dar, fünf althochdeutsche Texte (u. a. das Vaterunser, das Glaubensbekenntnis und ein Sündenverzeichnis) aus der Zeit um 800. Die Aufgabe, die Dreifaltigkeit des christlichen Gottes sprachlich zu beschreiben, ist hier im Credo schon in beachtlichem Maß gelöst.

Althochdeutsch – Lautverschiebung – Zentren und Dialekte

Um die Begriffe Althochdeutsch, Mittelhochdeutsch und Neuhochdeutsch einerseits sowie Niederdeutsch, Mitteldeutsch, Oberdeutsch zu verstehen, muß man sich verdeutlichen, daß die erste Einteilung eine chronologische (zeitliche), die zweite eine geographisch-regionale ist.

Niederdeutsch	*Kennzeichnung für die Sprachregion nördlich der sogenannten Benrather Linie von Aachen über Köln-Benrath, die Gegend nördlich Siegen, Kassel, Harz, südlich vorbei an Magdeburg und Berlin und weiter nach Nordosten in die Wartheregion.*
Mittel- und Oberdeutsch: Hochdeutsch	*Die Sprachregion südlich der Benrather Linie bis in das Alpengebiet. Diese Sprachregion wird unter dem Begriff hochdeutsche Region zusammengefaßt. Das Althochdeutsche ist die älteste, schriftlich überlieferte Sprachform der hochdeutschen Sprachentwicklung und entfaltet sich zwischen 750 und 1050. Seine verschiedenen Mundarten (Alemannisch, Bairisch, Ostfränkisch, Rheinfränkisch, Mittelfränkisch) nahmen an der sogenannten 2. Lautverschiebung teil und heben sich dadurch vom Germanischen ab. Das Niederdeutsch nahm an dieser Lautverschiebung nicht teil, so daß sich Niederdeutsch und Hochdeutsch auseinanderentwickelten. Der auch verwendete Begriff Altsächsisch ist mit Alt-Niederdeutsch identisch.*
Typische Sprachänderungen in Beispielen	*1. Die Konsonanten p, t, k des Germanischen werden im Althochdeutschen unter bestimmten Umständen zu ff, zz, hh oder pf, tz, kch. Zum Beispiel: Slepan → slafan (schlafen), etan → ezzan (essen), holta → holz, appla → apful (Apfel).* *2. d, b, g werden unter bestimmten Umständen zu t, p, k. Zum Beispiel: Dag → Tag, brothar → Bruder.* *3. Ein i-Umlaut in der Folgesilbe führt zu Änderungen wie beim Plural von Gast: gasti zu gesti (Gäste). Hinzu kommen viele weitere diffizile Änderungen.*
Unterschiede Nieder-, Mittel-, Oberdeutsch	*Die auseinanderstrebende Sprachentwicklung wird an einigen wenigen Beispielen schnell deutlich:*

Niederdeutsch:	*dorp*	*maken*	*appel*
Westmitteldeutsch	*dorp/dorf*	*maken/ machen*	*appel*
Ostmitteldeutsch:	*dorf*	*machen*	*apfel*
Oberdeutsch:	*dorf*	*machen*	*apfel*

Entwicklung der Dialekte	*Bis zur späteren mittelhochdeutschen Phase (1050–1500) entwickeln sich auch auf der Grundlage dieser geschilderten Unterschiede die deutschen Dialekte:* *Niederdeutsch: Friesisch, Nordniederdeutsch (mit Holsteinisch, Mecklenburgisch, Märkisch, Pommersch), Ostniederdeutsch, Westfälisch, Ostfälisch.* *Hochdeutsch: Ripuarisch (um Köln), Moselfränkisch, Rheinfränkisch (Rheinpfalz, Rheinhessen, Oberhessen), Ostmitteldeutsch (Thüringen, Sachsen, Schlesien), Ostfränkisch (Franken), Alemannisch (und Schwäbisch), Bairisch (und Österreichisch).*
Der Begriff »Deutsch«	*»Deutsch« hat möglicherweise seinen Ursprung in »theudiskaz«, d. h. »zum Volke gehörig«. In der Tat wird der Begriff zur Bezeichnung der Volkssprache im Gegensatz zum Latein der »Gebildeten« verwendet. Erstmals taucht der Begriff als »theodisce« in einem Bericht des Nuntius Georg von Ostia an Papst Hadrian I. 786 auf. In der Aristoteles-Übersetzung des Mönches Notker von St. Gallen erscheint um 1000 der Begriff »diutisc«. Zur festen Bezeichnung wird deutsch aber erst rund hundert bis zweihundert Jahre später im Annolied um 1180 und in der Kaiserchronik von 1150.*
Literarische Regionen des Althochdeutschen	*Mittelfränkisch: Um die Zentren Echternach, Trier, Köln. Beispiel: Gesetzestexte Ludwigs des Frommen (»Trierer Kapitulare«), 10. Jahrhundert.* *Rheinfränkisch: Um die Zentren Mainz, Lorsch, Speyer, Worms. Beispiele: Niederschrift der Merseburger Zaubersprüche, Straßburger Eide.* *Ostfränkisch: Um die Zentren Fulda, Würzburg, Bamberg. Beispiele: »Tatian«, um 830, sozusagen das »Normal-Althochdeutsch«.* *Südrheinfränkisch: Um Weißenburg im Elsaß. Beispiel: Otfrieds Evangelienharmonien, um 865.* *Alemannisch: Um die Zentren St. Gallen, Reichenau, Straßburg. Beispiele: Übersetzung antiker Werke durch Notker Labeo um 1000; Vocabularis Sti. Galli; Interlinearversion der Benediktinerregel.* *Bairisch: Um die Zentren Regensburg, Freising, Salzburg u. a. Beispiele: Abrogans, 8. Jahrhundert; Muspilli, 9. Jahrhundert; bairische Vorlage der erhaltenen Teile des Hildebrandsliedes.*

Karls Kulturprogramm und seine Bedeutung für die Literatur

Das Tempo der weiteren Literaturentwicklung ist nicht erklärbar ohne Gestalt und Leistung des Frankenkönigs Karls des Großen. Er war es, der mit einem großangelegten Kulturprogramm letztlich auf die innere Verbindung von heimischer Tradition, Christentum und antiker Bildung abzielte (»Karolingische Renaissance«, siehe auch Seite 77). Wie er sich »Kaiser, der das römische Reich regiert« betiteln ließ, so war er von der Vorstellung durchdrungen, daß die Franken auch das kulturelle Erbe des Römerreiches zu verwalten hätten. Um diesem Ziel näherzukommen, konzentrierte er die führenden Köpfe von Wissenschaft und Bildung an seiner Hofschule in Aachen und an geistigen Zentren wie Fulda; so z. B. den Franken Einhard, den Angelsachsen Alkuin, seinen Schüler, den Franken Hrabanus Maurus und den Langobarden Paulus Diakonus. Er kümmerte sich intensiv um die Kenntnisse der Geistlichen, denen er in zahlreichen Erlassen eine grundlegende Ausbildung zur Pflicht machte, und er hoffte durch deren Vermittlung eine Hebung der allgemeinen Volksbildung zu erreichen; berühmtester Erlaß Karls in diesem Zusammenhang ist die »Admonitio generalis« (allgemeine Ermahnung) von 789. Die darin enthaltenen Forderungen wirkten sich in einer verstärkten Zuwendung der geistlichen Kulturträger zur Volkssprache aus.
Auf dem Boden dieser Bestrebungen des Kaisers gediehen nicht nur die zahlreichen Übersetzungsversuche religiöser Gebrauchstexte, sondern erwuchs auch ein so bedeutendes Werk wie die kurz vor 800 entstandene Übersetzung des »Isidor«: Bischof Isidor von Sevilla hatte im 7. Jahrhundert die Schrift »De fide catholica contra Iudaeos« (wörtlich: »Vom katholischen Glauben gegen die Juden«) verfaßt, die nun, wohl im Umkreis Alkuins, des damaligen Bischofs von Tours, ins Deutsche übertragen wurde: das erste Beispiel eines theologischen Werks in deutscher Sprache. Frappierend an dem erhaltenen Teilstück aber ist nicht nur, daß der unbekannte Verfasser theologische Fragen in deutscher Sprache angemessen darstellen kann; er praktiziert auch eine logisch durchdachte Orthographie, die sich von der unsystematischen Rechtschreibung seiner Zeitgenossen klar abhebt. Deshalb fällt auch die Zuordnung des »Isidor« zu einem Dialekt recht schwer.

Späte Zeugnisse der ›alten‹ Stabreimdichtung

Neben diesen christlichen literarischen Texten ist in der Dichtung bis hinein ins 9. Jahrhundert die althergebrachte Art, in Stabreimen zu schreiben, lebendig. Wenn auch inhaltlich vielfach schon von christlichen Vorstellungen überlagert, läßt sich doch noch der heidnische Nährboden erkennen. Das gilt z. B. für das sogenannte »Wessobrunner Gebet« aus dem letzten Drittel des 8. Jahrhunderts. Man bezeichnet damit ein kurzes Textstück, dessen erster, neun Zeilen langer Teil den Anfang eines Schöpfungsgedichts in Stabreimen darstellt; der zweite ist ein althochdeutsches Prosagebet. Der für uns interessante erste Teil ist nun keineswegs bloß eine Wiedergabe des biblischen Schöpfungsberichts, sondern zeigt auffällige Ähnlichkeit mit einer entsprechenden Schilderung in der nordischen »Edda«. Beide dürften auf eine angelsächsische Vorlage zurückgehen, die vielleicht in Fulda eingedeutscht wurde.

Aufregender noch ist die Sachlage beim sogenannten »Muspilli« aus dem Anfang des 9. Jahrhunderts, das den Weltuntergang in etwas ungelenken Stabreimen schildert. Das Titelwort ist dem Text entnommen, wo es etwa soviel heißt wie »Weltzertrümmerung«. Erklärt ist es bis heute nicht völlig. Sicher handelt es sich um einen heidnischen Begriff, der in dem christlich geprägten Gedicht seine geheimnisvolle Ausstrahlung behalten hat. Höhepunkt des »Muspilli« ist der Kampf des Elias mit dem Antichrist und schließlich das Erscheinen des Weltenrichters.

Das Werk ist als Mahnung an die Menschen gedacht, Tod und Weltgericht nicht zu verdrängen. Man nimmt als Verfasser einen gelehrten Mann aus Fulda an: Er wollte seinen Zeitgenossen ins Gewissen reden, und für diese Predigt bediente er sich überkommener Formen (Stabreim, Langzeile) ebenso wie auch inhaltlich einheimischer Vorstellungen.

Die deutsche Literatur in der Zeit nach Karl dem Großen

Die Entstehungszeit des »Muspilli« fällt etwa mit dem Ende von Karls Regierungszeit zusammen. Unter seinem frommen Nachfolger Ludwig wären wohl die bildungspolitischen Impulse des Vaters verkümmert, hätten nicht die Männer aus dem Kreis um Karl seine Ideen weitergetragen. Die führende Gestalt ist jetzt Hrabanus Maurus, Leiter der Gelehrtenschule und Abt von Fulda. Unter ihm wird Fulda zum geistigen Mittelpunkt der Zeit. Vielfache Anregungen gehen von ihm aus: Manches, was er in der Volkssprache aufzeichnen läßt, wäre sonst vielleicht verlorengegangen. Man kann mit gutem Grund sagen: alles, was im zweiten Drittel des 9. Jahrhunderts an wichtigen literarischen

Werken entsteht, hängt irgendwie mit Fulda und seiner Gelehrtenschule zusammen.

Das gilt besonders für den »Tatian«, neben dem »Isidor« die zweite Übersetzung, die nicht bloß der geistlichen Alltagspraxis diente. In dieser »Evangelienharmonie«, d.h. der Verschmelzung der vier Evangelien zu einem zusammenhängenden Bericht, ist der Versuch gemacht, das Leben Christi in deutscher Sprache darzustellen. Das Original geht auf den Syrer Tatian, der im 2. Jahrhundert gelebt hatte, zurück. Der Text lag den Mönchen in Fulda in lateinischer Übersetzung vor und wurde um 830 ins Ostfränkische übertragen. Der »Tatian« dokumentiert, daß die Bildungsarbeit nach Karls Tod nicht zum Erliegen kam. Freilich übersetzte das Team der Mönche recht wörtlich-schülerhaft; der Abstand zum »Isidor«-Übersetzer ist groß. So beruht die Bedeutung des »Tatian« weniger auf seinem literarischen Eigenwert als auf seiner Vermittlerfunktion: er dürfte ohne Zweifel auf die folgenden Darstellungen des Lebens Jesu, den »Heliand« und die »Evangelienharmonie« Otfrids, eingewirkt haben.

Das »Heliand« genannte große Versepos entstand um 830 im Altsächsischen, also außerhalb des Althochdeutschen im altniederdeutschen Sprachraum, im Norden des Reichs. Mit seinen etwa 6000 Versen ist es das weit umfangreichste Werk der ganzen Epoche. Darstellung des Lebens Christi wie der »Tatian«, unterscheidet sich das altsächsische Epos doch von ihm nicht nur durch die Verwendung des Verses (wir haben noch einmal ein intaktes Stabreimgedicht vor uns), sondern auch durch die Christusauffassung: Christus wird als der siegreiche Himmelskönig dargestellt, die Apostel als seine Gefolgsleute. Der Verfasser will offenbar den eben mühsam dem Frankenreich einverleibten Sachsen christliche Vorstellungen auf eine Weise nahebringen, die ihnen durch ihr eigenes Gefolgschaftswesen vertraut ist. Die zentrale Stellung; die der Bergpredigt zugewiesen wird, zeigt andererseits, daß germanischem Denken zuliebe keineswegs die entscheidenden Aussagen des Christentums an den Rand gedrängt werden. Im »Heliand« haben wir es im übrigen nicht mit einem Heldenlied alten Zuschnitts zu tun, sondern mit einem Leseepos, das sich an der antiken epischen Tradition orientiert. Wie diese arbeitet es mit rhetorischen Mitteln, bietet kunstvolle Abwechslung in der Wortwahl, kennt die schmückenden Beiwörter und neigt zu komplizierten Satzgebilden. Alles ist aber dem volksmissionarischen Ziel untergeordnet; schließlich war der Vorrede zufolge Ludwig der Fromme selber der Auftraggeber. Als Verfasser eines solchen Werks kommt nur ein gelehrter, wortgewaltiger Mann in Frage, der in oder um Fulda zu suchen sein dürfte – möglicherweise Hrabanus Maurus selbst.

Die Anfänge der deutschen Endreimdichtung

Der »Heliand« ist die letzte bedeutende Dichtung, die den Stabreim souverän handhabt. Von nun an wird der Endreim, der sich aus der lateinischen Hymnendichtung des Mittelalters heraus entwickelt, zu einem neuen Kennzeichen dichterischer Sprache: Er bleibt es bis heute. Hand in Hand geht die Übernahme der regelmäßigen Abfolge von betonter und unbetonter Silbe. Das wichtigste Zeugnis für die Endreimdichtung dieses Zeitraums ist die »Evangelienharmonie«, auch »Krist« genannt, des Hrabanus-Schülers Otfrid von Weißenburg. Deutsche Endreimdichtung setzt also um die Mitte des 9. Jahrhunderts ein, und unvermittelt begegnet uns in Otfrids Werk schon um 860–870 ein Höhepunkt der neuen Kunstgattung. Der Mönch aus dem Elsässer Kloster verfaßt sein gelehrtes Werk in der Mundart, die im südlichen Rheinfranken gesprochen wurde. In seiner Vorrede rechtfertigt er die Verwendung der Volkssprache: Gott könne in jeder Sprache gelobt werden, auch in einer »verhunzten« (lingua corrupta). Dies war wohl so ernst nicht gemeint, zumal im ersten Kapitel Otfrid sein eigentliches Ziel deutlich nennt: die fränkische Sprache ebenbürtig neben die klassische zu stellen. Dieses Selbstbewußtsein des deutschen Autors spiegelt sich auch im gelehrten Aufwand: vier Widmungen, eine Vorrede, Beiziehung von Kommentaren, Verweis auf Quellen und zahlreiche unterschiedliche Auslegungen der biblischen Texte. Der Gelehrsamkeit steht die Selbständigkeit, mit der Otfrid aus den Evangelien auswählt, in nichts nach. Das letzte der fünf Bücher bildet den Höhepunkt: in ihm werden Auferstehung, Himmelfahrt und Jüngstes Gericht dargesellt. Die eingestreuten Auslegungen und die Betonung der Weltenrichterfunktion zeigen klar, daß Otfrid den Leser vor allem moralisch erschüttern, die fränkische Oberschicht durch die christlichen Heilswahrheiten aufrütteln wollte. Wenn auch Otfrid seinen Anspruch, in fränkischer Mundart den alten Sprachen Gleichwertiges an die Seite zu stellen, nicht in jeder Hinsicht einlösen kann – oft findet er nur mühsam den passenden Reim, häufig schimmert hinter seinem Satzbau das Lateinische deutlich durch –, finden wir doch im Umkreis seines »Krist« keine vergleichbare zeitgenössische Leistung.

Die ›Lücke‹ in der deutschen Literatur bis zur Zeit der Salier

Als nach dem Ende der Karolinger (911) für etwa eineinhalb Jahrhunderte die literarische Produktion in der Volkssprache fast ganz zurückging und das Latein noch einmal zur beherrschenden Literatursprache

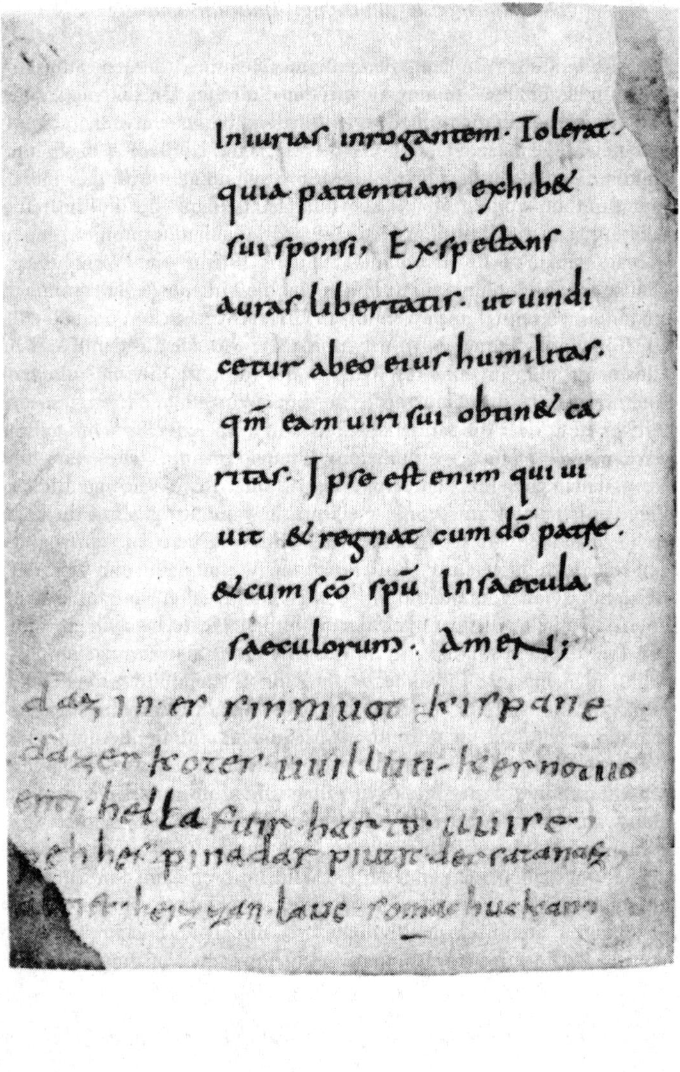

Gedenke des Weltendes! *Bruchstück aus dem Muspilli (9. Jh.), das germanische und christliche Weltuntergangsvorstellungen verschmilzt. München, Bayerische Staatsbibliothek.*

wurde, führte man das Konzept Karls des Großen zunächst nicht weiter. Unter den Ottonen (ab 936) gewann die Geistlichkeit wieder stark an Einfluß; die kulturelle Bindung an die Antike wurde intensiviert: Aus der ottonischen Zeit ist kein deutsches Gedicht erhalten.
Als einziger Autor aus dem gesamten Zeitraum, der wenigstens deutsche Übersetzungen für die Schulstube anfertigte, tritt uns Notker Labeo von St. Gallen (950–1022) entgegen. Mönch und Lehrer an der dortigen Klosterschule, zugleich Gelehrter von Rang, verfaßte er eine stattliche Reihe Übersetzungen antiker und christlicher lateinischer Texte. So übertrug er z.B. den spätantiken »Trost der Philosophie« des Boethius, eine Komödie des Terenz, die »Bucolica« Vergils, die Psalmen usw. Seine Übersetzungen haften nicht kleinlich am Wort, sondern bemühen sich um das Textverständnis, das er oft durch sachliche und sprachliche Erläuterungen erleichtert. So wachsen sich seine Übertragungen oft zu Kommentaren aus: das pädagogische Moment dominiert. Die deutsche Sprache handhabt er meisterhaft, bei ihm ist sie bereits den alten Kultursprachen gleichrangig. Darin erweist sich, daß die Anregungen der karolingischen Epoche nicht ohne Folgen blieben – wenn auch Notkers Gestalt in ihrer Zeit noch eine Ausnahme bildet.

Thronendes Paar, *Sinnbild königlicher Hoheit und Würde, vermutlich Kaiser Otto I. und seine Gemahlin Edith darstellend (13. Jh.). Magdeburg, Dom.*

MANFRED FIRNKES

DIE SACHSENKÖNIGE UND -KAISER

Die Welt am Beginn des 10. Jahrhunderts – Übergang der Königsherrschaft an die Sachsen – Heinrich I. – Außenpolitik Ottos I. – Aufstände gegen den König – Italienpolitik – Schlacht auf dem Lechfeld – Reichskirchensystem – Kaiserkrönung – Otto II. – Konflikt mit dem Westfrankenreich – Der Kampf gegen die Sarazenen und seine Folgen – Otto III. in Rom – Die politischen Vorstellungen Heinrichs II. – Heinrich und die Kirche – Die Kunst der Ottonenzeit – Baukunst, Malerei und Plastik – Die großen Dome – Die Goldschmiedekunst – Die Gesellschaft des Mittelalters – Soziale und wirtschaftliche Verhältnisse – Grundherrschaft und Lehnswesen – Entstehen der mittelalterlichen Stadt – Die Herrschaftsauffassungen der deutschen Könige und Kaiser.

Der rasch fortschreitende Zerfall des Karolingerreiches nach dem Tode Karls des Großen hatte außenpolitisch in Europa ein Machtvakuum hinterlassen, das die Feinde des Reiches zu Eroberungen geradezu einlud. Wikinger, Sarazenen (Araber) und vor allem die Ungarn plünderten alljährlich ungehindert Gebiete des West- und Ostfrankenreiches. Der Autoritätsverlust der Könige und die dadurch bedingte steigende Macht der Stammesherzöge, die sich ständig mit dem geistlichen Adel rieben, machten eine gemeinsame Abwehr unmöglich. Jeder organisierte auf eigene Faust, ohne die Wiederholung der Einfälle verhindern zu können. Der König stand vor einer kaum lösbaren Aufgabe. Während er selbst nur ein »Erster unter Gleichen«, »primus inter pares« gegenüber den Stammesherzögen war, kurz vor der Wahl *(siehe K: Geblütsrecht und Wahlrecht, Seite 148)* noch einer der ihren, mußte er nach der Erwählung versuchen, die königliche Zentralgewalt durch Beschneidung der herzoglichen Macht zu steigern und seine Fähigkeiten durch siegreichen Kampf gegen die Reichsfeinde zu erweisen. Kein Wunder, wenn 911, nach dem Tod des letzten Karolingers im Ostfrankenreich, der Herzog von Sachsen, Otto der Erhabene, die angebotene Königskrone ablehnte. Aber zusammen mit den Franken entschied man sich auf fränkischem Boden, in Forchheim, für einen Dynastiewechsel und wählte den Frankenherzog Konrad zum neuen König. Seine fehlende Autorität und Legitimität (denn er war ja kein Karolinger) suchte er durch Anlehnung an die Geistlichkeit auszugleichen. Aber selbst deren ›ideologische‹ Unterstützung half wenig, weil Konrad I. auch im Kampf kein Glück hatte. Und wer auch da versagte, war nicht der Erwählte Gottes, denn man glaubte, daß erst am Sieg über den Gegner zu erkennen sei, wieviel Stärke Gott dem Herrscher verliehen habe. Konrad resignierte, der Tod enthob ihn 919 weiterer Enttäuschungen. Es spricht für diesen Herrscher, daß er uneigennützig die Krone dem Besten weitergeben wollte und zumindest in seiner Todesstunde Reichsinteressen persönlichem Machtdenken voranstellte. Sein Bruder Eberhard bekam als Vermächtnis mit auf den Weg, für die Königserhebung des Sachsenherzogs Heinrich zu sorgen, eines Sohnes Ottos des Erhabenen.

Der Übergang der Königsherrschaft an die Sachsen

In Fritzlar wurde im Mai 919 unter Zustimmung der Franken und Sachsen der neuerliche Dynastiewechsel vollzogen und der Sachse Heinrich zum König ausgerufen. Schon in den ersten Amtshandlungen wurde deutlich, daß er das Problem ›Zentralgewalt‹ anders an-

HEINRICH I.

Es ist an der Zeit, das Legendäre, das sich um seine Person gerankt hat, abzubauen. Weder der »Vogler« war er, wie die Ballade meint, die vom Empfang der Königskrone beim Vogelfang erzählt, noch der »Städtegründer«, wie ihn der sächsische Chronist Widukind von Corvey nennt. Selbst daß sein Vorgänger ihn zum Nachfolger bestimmt haben soll, bleibt nicht unwidersprochen. Wir kennen nicht sein genaues Geburtsjahr, es muß wohl um 876 liegen, haben auch kein exaktes Bild von ihm.

Widukind von Corvey hat ihn nur sehr allgemein beschrieben: »Mit großer Klugheit und Weisheit verband sich bei König Heinrich eine herrliche Gestalt, eine wahrhaft königliche Erscheinung. Bei den Kampfspielen war er allen so überlegen, daß ihn jeder fürchtete [. . .], mochte er bei Gelagen noch so fröhlich sein, nie vergab er seiner königlichen Würde das Geringste.«

Solche Worte passen zu genau auf einen König, als daß man ihnen voll vertrauen könnte. Aber aus seinem Tatenkatalog läßt sich indirekt das Bild eines diesseitsgerichteten, literarisch wie religiös kaum gebildeten Herrschers gewinnen, der nüchternen Sachverstand und vor allem den Blick für das Mögliche und Nötige besaß.

Heinrich I. konnte mit Geschick seine Stellung festigen. Er sicherte gleichermaßen die Ost- wie die Westgrenze des Reiches, erkaufte durch eine raffinierte Geiselnahme von den gefürchteten Ungarn einen neunjährigen Waffenstillstand und nutzte die Zeit zum Aufbau einer taktischen Reiterei, mit deren Hilfe ihm ein Sieg über die Ungarn gelang, der nur durch den spektakulären Erfolg des Sohnes auf dem Lechfeld später zu Unrecht etwas in den Schatten gestellt wurde. Sein Vorbild war Karl der Große, dessen Beispiel er zu folgen suchte, wie er sich auch als Erbe der ostfränkischen Könige und noch nicht als deutscher Herrscher im modernen Sinne fühlte. Er starb 936 in Memleben und wurde in Quedlinburg beigesetzt.

(L. H.)

packte als Konrad. Die vom Erzbischof Heriger von Mainz angebotene Salbung und Krönung schlug er aus. Hätte er angenommen, wäre das eine Wiederaufnahme des Kampfes gegen die Herzöge gewesen und eine erneute einseitige Stellungnahme für die Geistlichkeit. Zum Verzicht auf die Krönung kam Heinrich I. kaum aus Bescheidenheit, sondern aus der klaren Erkenntnis, daß er sich so gegenüber den Herzögen doch nicht werde durchsetzen können. Heinrich I. trat also weder auf die Seite der Herzöge noch auf die der Geistlichkeit, denn die Zentralgewalt hing am seidenen Faden: Heinrich mußte zunächst die Anerkennung Schwabens und Baierns gewinnen, d.h., er mußte sich gegenüber Arnulf von Baiern durchsetzen, der zum Gegenkönig nominiert worden war. Eine Anerkennung als König und sichtbar Erwählter Gottes war nur möglich, wenn Heinrich selbst durch Siege zeigen konnte, daß die Huld des Herrn auf ihm lag. Heinrichs Königtum beruhte also weder auf der Anbiederung gegenüber den Herzögen noch auf der Unterstützung durch die Kirche, sondern auf der Person des Königs selbst und seiner siegreichen Politik.

Heinrich I. – Königsheil und Herrscherglück – Burgenbau und Reiterheere

Die Kämpfe um die Anerkennung seit der Erhebung zum König dauerten zunächst an. Nachdem Schwaben und Baiern, wo König Arnulf, in Regensburg belagert, freiwillig die Tore geöffnet hatte, unter großen Zugeständnissen nur notdürftig zur Anerkennung gezwungen worden waren, mußte Heinrich I. sich auf außenpolitischem Gebiet bewähren. Ein ständiger Zankapfel zwischen dem West- und Ostfrankenreich war Lothringen. Nach einem Freundschaftsvertrag mit dem König des Westfrankenreiches, Karl dem Einfältigen, verzichtete Heinrich I. gegen die Anerkennung seines Königtums auf Lothringen, nutzte aber 923 die Gefangennahme Karls in innenpolitischen Auseinandersetzungen aus und marschierte im »Zwischenreich« ein. Giselbert, der dortige Herzog, wurde durch eine List überrumpelt und zu Heinrich I. gebracht. Seine Anerkennung der königlichen Zentralgewalt scheint unter Druck zustande gekommen zu sein, doch 928 sah es ganz nach einer freiwilligen Unterwerfung Giselberts aus Liebe aus: Er heiratete nämlich Heinrichs Tochter Gerberga.
Zwei Jahre zuvor war Heinrich I. ein entscheidender Schlag gegen die Ungarn gelungen, der zum Wendepunkt gegenüber diesem Volk werden sollte. Einer ihrer Führer war bei der Pfalz Werla an der Oker im nördlichen Harzvorland gefangengenommen und nur gegen einen

»Heinricus Rex« – König Heinrich I. ›Bildnis‹ und Umschrift von einem Schmuckbrakteat (mit nur einem Stempel geprägte Schmuckmünze), als Mantelspange getragen (919). Berlin (Ost) Staatliche Museen.

neunjährigen Waffenstillstand, den die Ungarn auch einhielten, freigegeben worden. Das gewonnene Ansehen und die Zunahme der königlichen Macht nutzte Heinrich I. noch im November 926 auf einem Reichstag zu Worms. Auf sein Anraten hin wurde eine »Burgenordnung« beschlossen, die den Aufbau von Burgen für Versammlungen während der Friedenszeit und als »Auffanglager« im Kriege regelte und den Ungarn ihre ungehinderten Beutezüge erschweren sollte.
Auch innenpolitisch schwamm Heinrich I. auf einer Erfolgswelle. Nach dem Tod des schwäbischen Herzogs Burchard 926 konnte er das Herzogtum seinem Vetter Hermann zuschlagen und von ihm neben der Anerkennung auch verbriefte Rechte über die dortige Geistlichkeit erlangen. Wenn nun häufiger Urkunden ausgestellt wurden, so hing das sicher mit der wachsenden Zustimmung für den König zusammen, der die Zentralgewalt langsam aber konsequent ausbauen konnte.
Heinrich I. nutzte die Atempause im Ringen mit den Ungarn, um neben der Anlage von Burgen, die allerdings keine Städtegründungen

darstellten, ein schlagkräftiges Heer aufzubauen. Die Soldaten, die mit Grundbesitz entlohnt wurden, waren beritten und trugen schwere Panzerhemden. Ihre taktische Schulung und aufeinander abgestimmte Manövrierfähigkeit machte sich schnell in den Kriegen an der Ostgrenze des Reiches bezahlt. In mehreren Kriegszügen wurden die stets für Unruhe sorgenden Elbslawen, die Heveller und Dalaminzier im heutigen Brandenburg besiegt, die Elbgrenze selbst wurde durch die Anlage der Burg Meißen gesichert. Züge gegen den Böhmenherzog Wenzel um 930, der ihm huldigen mußte, und gegen die Dänen 934, die er zwang, das Gebiet zwischen Eider und Schlei für einen deutschen Grenzgau, eine »Mark«, abzutreten, sind aus den gleichen Bedürfnissen zu erklären, im Vorfeld des Reiches durch »Pufferstaaten« die Grenze zu sichern. Alle diese Grenzkriege waren zugleich Missionskriege zur Verbreitung des Christentums, das die ehemaligen Heiden mit der christlichen Reichsbevölkerung verklammerte und die politische Integration förderte.

Als die Ungarn 933 wieder sengend und brennend in Thüringen einfielen, bewährte sich das in den Grenzkriegen geübte Heer und schlug die Ungarn bei Riade an der Unstrut so vernichtend, daß sie zu Lebzeiten Heinrichs I. nie mehr erschienen.

Als zwei Jahre später der Dänenkönig Knut mehr gezwungen als frei-

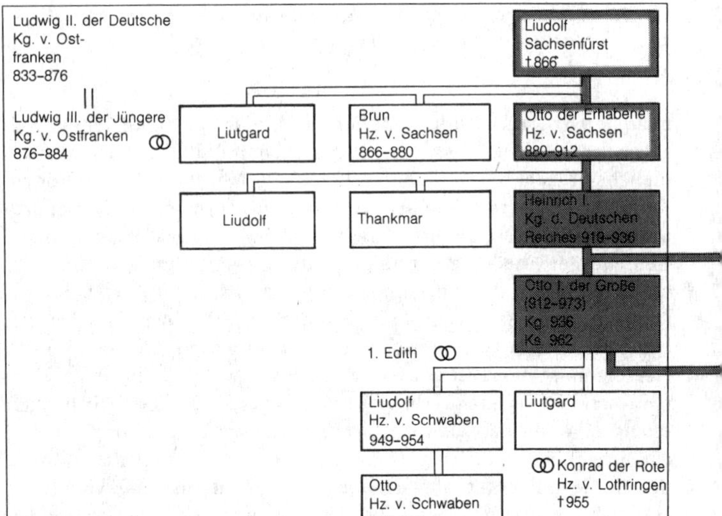

Stammbaum der Ottonen

willig das Christentum angenommen und König Rudolf vom Westfrankenreich die Besitzansprüche Heinrichs I. auf Lothringen anerkannt hatte, stand Heinrich I. als siegreicher König im Zenit des Ruhmes, anerkannt und respektiert von allen. Ein Zug nach Rom sollte krönender Abschluß dieser Politik werden, zumal Heinrich I. im gleichen Jahr 935 von König Rudolf von Burgund die Heilige Lanze erworben hatte, mit großer Wahrscheinlichkeit ein Sinnbild und Unterpfand für den Anspruch auf Italien.

Doch ein Schlaganfall Heinrichs I. in Bodfeld am Harz machte den Plan zunichte. 936 regelte der König auf einem Hoftag in Erfurt noch seine Nachfolge, die nicht sein ältester Sohn Thankmar antreten sollte, sondern der Sohn aus zweiter Ehe mit Mathilde, einer Urenkelin des alten Sachsenführers Widukind, der damals 24jährige Otto. Am 2. Juli 936 starb Heinrich I. in Memleben an der Unstrut, ungefähr 60 Jahre alt, und wurde »unter dem Jammer und den Tränen vieler Völker« in Quedlinburg bestattet, wie der Chronist berichtet. In der kurzen Zeit seiner Herrschaft hat Heinrich I. mit Tatkraft und erstaunlichem Durchsetzungsvermögen das Reich im Innern geeint, die Zentralgewalt gestärkt und die Grenzen gesichert. Alles hing von den Fähigkeiten des Nachfolgers ab, der dieses Fundament wieder auflösen oder als tragenden Grund eines mächtigen Neubaues benutzen konnte.

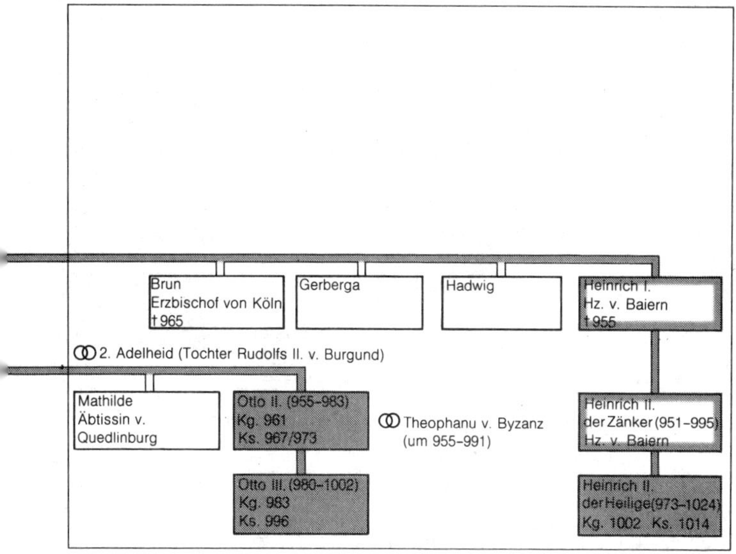

Geschichte der Ottonen-Zeit in Daten

	Deutsches Reich	Europa
910		Kloster Cluny gegründet
919–936	Heinrich I., König	
921	Vertrag zu Bonn: das Westfrankenreich anerkennt die Wiedererwerbung Lothringens	
933	Sieg Heinrichs I. über die Ungarn bei Riade an der Unstrut	
936–973	Otto I., der Große, König und Kaiser	
936/37	Errichtung der Marken gegen die Slawen	
951	Otto I. wird König der Langobarden	
962	Kaiserkrönung Ottos I. in Rom; Pactum Ottonianum	
966		Mieszko von Polen tritt zum Christentum über
968	Gründung des Erzbistums Magdeburg; Slawenmission	
973–983	Otto II., König und Kaiser	
982	Niederlage Ottos II. gegen die Araber bei Cotrone	
983	Großer Slawenaufstand und Verlust der ostelbischen Gebiete	
983–1002	Otto III., König und Kaiser	
984		Erik der Rote besiedelt Grönland

Otto I. – Feuertaufen für einen jungen Herrscher

Die Nachfolgeregelung Heinrichs I. wurde von den übrigen Söhnen, vor allem von Thankmar und Ottos jüngerem Bruder Heinrich lange nicht akzeptiert. Vor allem Heinrich fühlte sich zurückgesetzt, weil er

	Deutsches Reich	Europa
987–1328		Die Kapetinger in Frankreich
988		Großfürst Vladimir von Rußland nimmt das Christentum an; erste Nennung Österreichs in Urkunden Ottos III.
992–1025		Großpolnisches Reich
1000/1001	Gnesen (Polen) selbständiges Erzbistum; Gran (Ungarn) selbständiges Erzbistum	Leif Erikson gelangt nach Nordamerika
1001	Aufstand der Römer gegen Otto III.	Ungarn wird christliches Königreich
1002–1024	Heinrich II., König und Kaiser	
1003	Krieg mit Boleslaw Chrobry von Polen	
1006	Erbvertrag mit Burgund	
1007	Stiftung des Bistums Bamberg	
1014	Kaiserkrönung Heinrichs II. in Rom	
1016–1035		Knut der Große, König von Dänemark
1016–1042		Dänische Herrschaft in England
1018	Friede von Bautzen: Boleslaw Chrobry erhält die Lausitz und das Wilzener Land zu Lehen	
1020		Normannen in Unteritalien

sozusagen als erblicher Thronanwärter – Vater Heinrich I. war schon König, als der Sohn geboren wurde – erste Ansprüche auf den Thron ableitete. Doch kraft der Autorität Heinrichs I. gab es bei Sachsen und Franken keinerlei Bedenken gegen Otto I., der alle Stammesherzöge und den Adel zu einem allgemeinen Wahl- und Krönungstag nach Aa-

Text der Zeit

Otto wird 935 in Aachen zum König gekrönt
Nach dem Bericht des Widukind von Corvey

Als der Vater des Vaterlandes und der größte und beste der Könige, Heinrich, gestorben war, wählte das ganze Volk der Franken und Sachsen seinen Sohn Otto, der schon von seinem Vater zum König designiert worden war, sich zum Fürsten. Als Ort der allgemeinen Wahlhandlung wurde Aachen festgesetzt. In der Nähe liegt die Stadt Jülich [. . .], dort versammelten sich die Herzöge und die hohen Vasallen mit den anderen Vornehmen in der Säulenhalle der Basilika Karls des Großen und führten ihren neuen Herrscher zu einem dort errichteten Thron, und sie reichten ihm die Hände und versprachen ihm Treue und gelobten ihm Beistand gegen alle seine Feinde, und so machten sie ihn nach ihrer Sitte zum König. Währenddessen erwartete der höchste Bischof [des Reiches] mit dem gesamten Klerus und dem Volk im Innern der Basilika den Einzug des neuen Königs. Als dieser eintrat, ging ihm der Erzbischof entgegen, berührte mit seiner Linken die Rechte des Königs [. . .] und schritt bis zur Mitte des Heiligtums vor; dann blieb er stehen. Nun wandte er sich dem Volk [. . .] zu, damit er von allen gesehen werden könne. »Sehet her!« rief er, »hier zeige ich euch den von Gott erwählten und von König Heinrich designierten, jetzt von allen Fürsten gekürten König Otto; wenn euch die Wahl recht ist, dann hebt die rechte Hand zum Himmel empor!« Darauf rief die ganze Menge dem neuen Herrscher mit erhobener Hand und gewaltigem Getöse Heil. Dann schritt der Erzbischof mit dem König, der nach fränkischer Art ein enganliegendes Gewand trug, hinter den Altar, auf dem die königlichen Insignien gelagert waren, das Schwert mit dem Wehrgehänge, der Mantel mit den Spangen, Stab und Zepter und die Krone. [. . .]
Der Erzbischof Hildibert trat nun zum Altar, nahm das Schwert mit dem Wehrgehänge, wandte sich zum König und sprach: »Empfange dies Schwert, mit dem du alle Feinde Christi austreiben sollst, die Barbaren und die schlechten Christen, da dir durch Gottes Willen die gesamte Macht im Reich der Franken gehört, damit allen Christen der Friede gewiß sei.« Dann bekleidete er ihn mit dem spangengeschmückten Mantel und sprach: »Laß dich durch diesen lang herabwallenden Mantel ermahnen, im Eifer für den Glauben und den Himmel zu glühen und auszuharren im Schutz des Friedens bis an dein Ende.« Endlich ergriff er Zepter und Stab und sprach: »Laß dich durch diese Insignien mahnen, deine Untertanen in väterlicher Zucht zu halten; reiche vor allem den Dienern Gottes und den Witwen und Waisen deine Hand voll Mitleid; niemals möge auf deinem Haupte das Öl des Erbarmens vertrocknen, auf daß du in diesem und im ewigen Leben mögest gekrönt werden mit unvergänglichem Lohne.« Dann wurde der König durch die Erzbischöfe Hildibert [von Mainz] und Wichfried [von Köln] mit dem heiligen Öle gesalbt und mit der goldenen Krone gekrönt, und als so alle vorgeschriebenen Weihehandlungen vollzogen waren, wurde er von den selben Erzbischöfen über eine Wendeltreppe zu einem Throne geleitet, der zwischen zwei wunderschönen Marmorsäulen errichtet war. Von da konnte der König selbst alles sehen, und er konnte von allen erblickt werden.

Als die erhabenen Laudes verklungen waren und das feierliche Hochamt zelebriert worden war, begab sich der König in den Palast, und er nahm mit den Erzbischöfen und allem Volk an einer königlich geschmückten Marmortafel Platz; die Herzöge aber leisteten bei Tisch die Ehrendienste. Der Herzog von Lothringen, Giselbert, in dessen Herzogtum Aachen liegt, leitete das Ganze; Eberhard [von Franken] stand dem Tisch vor; Hermann [von Schwaben] leitete die Weinschenken; Arnulf [von Baiern] sorgte für das ritterliche Gefolge und für die Unterbringung der Massen in Lagern; Sigfried [von Sachsen] endlich, der Vornehmste der Sachsen und nach dem König der adligste, ein Onkel des Königs, diesem sehr eng verbunden, behütete damals Sachsen, damit kein feindlicher Einfall geschähe, und hatte außerdem die Erziehung des jüngeren Heinrich unternommen, den er bei sich hatte. Endlich aber überreichte der König jedem der Fürsten je nach seiner Stellung ein königliches Ehrengeschenk mit königlicher Freigebigkeit und entließ in heiterer Stimmung die Massen.

Aus: Rerum gestarum Saxonicarum libri III (Geschichte der Sachsen) des Widukind von Corvey († nach 973 im Kloster Corvey).
Übers.: J. Bühler

chen einlud. In Ansätzen wird hierin schon das politisch-ideologische Konzept Ottos I. deutlich. Anders als sein Vater wollte er die Anerkennung seines Königtums und die Durchsetzung der Zentralgewalt nicht ausschließlich durch siegreichen Kampf und die damit verbundene Erhöhung seines Ansehens erreichen, sondern durch Rückbindung an die Tradition. An ›geheiligter‹ Stelle, am Begräbnisort Karls des Großen, knüpfte Otto I. sichtbar an das Erbe dieses großen Karolingers an und sicherte sich durch die Wahl Aachens und ein geschickt arrangiertes Krönungszeremoniell den Vorrang vor den Herzögen. Nach der Wahl durch Adel und Volk wurde Otto I. von den drei Erzbischöfen des Reiches aus Köln, Mainz und Trier zum König gesalbt und gekrönt, und beim anschließenden Königsmahl brachte der neue Herrscher in der Wiederaufnahme einer alten Tradition die hierarchische Ordnung für jedermann deutlich zum Ausdruck: Die Herzöge mußten beim Essen aufwarten, Herzog Giselbert von Lothringen als Kämmerer, Eberhard von Franken als Truchseß, Arnulf von Baiern als Marschall und Hermann von Schwaben als Mundschenk.
Tradition allein war aber auf die Dauer kein Garant für reibungslose Herrschaft. Nur wenn Otto I. mit ihr auch anerkennenswerte Leistungen verbinden konnte, konnte er der uneingeschränkten Zustimmung der Herzöge sicher sein. Die ›Schonfrist‹, die Otto I. gewährt wurde, suchte er durch außenpolitische Erfolge zu nutzen, aber seine Unternehmungen standen unter einem äußerst ungünstigen Stern.
An der Ostgrenze hatte Boleslav, König von Böhmen, für Unruhe gesorgt. Daß er seinen Bruder Wenzel, einen Christen, der die Oberhoheit König Heinrichs I. anerkannt hatte, erschlug, war ein erstes Alarmzeichen für veränderte Verhältnisse. Als Boleslav versuchte, die sächsischen Großen gegen Otto einzunehmen, griff der König ein und schickte die berüchtigten »Merseburger«, eine Schar von Räubern, Dieben und Häftlingen, zur ›Bewährung‹ an die Front. Boleslav wurde vernichtend geschlagen, konnte aber durch die Sorglosigkeit seiner Gegner den Spieß umdrehen und das deutsche Aufgebot völlig aufreiben. Inzwischen hatte der Aufruhr auch auf die Redarier im Gebiet Mecklenburgs übergegriffen. Otto I. zog nun selbst zu Feld, um die militärische Überlegenheit zu demonstrieren. Als er den Oberbefehl an Hermann Billung übertrug und ihm als Markgrafen die Sachsen vorgelagerten Gebiete Holsteins, Mecklenburgs und Pommerns verlieh, die mehr nur dem Namen nach deutscher Oberhoheit unterstanden, kam es zu Protesten sächsischer Adeliger, die diese Hintansetzung nicht ertrugen. Trotzdem konnte Otto I. den Feldzug erfolgreich abschließen. Sein persönliches Erscheinen hatte dem Heer Auftrieb gegeben, seine Personalpolitik aber zeigte, wie spannungsreich das Verhältnis Ottos I.

WENZEL VON BÖHMEN

Es kommt selten vor, daß ein Herrscher heiliggesprochen wird, und noch seltener, daß ihn das Volk über ein Jahrtausend hinweg verehrt und zum Schutzpatron des Landes erhebt. Wenzel von Böhmen wurden diese Auszeichnungen zuteil, und um seine Person rankt sich heute ein Kranz von Legenden und Sagen. Er stammt aus dem Geschlecht eines böhmischen Gaufürsten. Als sein Vater, Herzog Wratislav I., 907 starb, war er gerade acht Jahre alt. Die Erziehung des begabten Knaben übernahm die strenggläubige Großmutter Ludmilla, die ebenfalls zu den Heiligen Böhmens zählt. Wenzels Mutter Drahomira fürchtete aber einen zu starken christlichen Einfluß auf den Knaben. Sie ließ Ludmilla ermorden und übernahm ihrerseits die Erziehung, bis Wenzel 922 – möglicherweise nach einer bewaffneten Intervention des Baiernherzogs Arnulf – selbst die Herrschaft antrat.

Der fromme junge Herzog förderte sogleich mit allen Kräften die Christianisierung des Landes und rief vor allem aus dem benachbarten baierischen Herzogtum Mönche in sein Land. Bei aller Frömmigkeit war er jedoch keineswegs weltfremd, sondern erkannte durchaus die Bedeutung einer straffen Verwaltungsorganisation und eines gutgerüsteten Heeres. Die Legenden überliefern Berichte von seinem Bemühen, die Sklaverei in seinem Lande zu mildern und die heidnische Opposition zurückzudrängen.

Zu seinem Nachbar, dem deutschen König Heinrich I., scheint Wenzel ein gutes Verhältnis gehabt zu haben, wie der Chronist Widukind von Corvey berichtet. Als Heinrich I. nach der Niederwerfung des großen Aufstandes der Elbslawen nach Böhmen zog, um sich dort von Herzog Wenzel huldigen zu lassen, scheint das mit dessen vollem Einverständnis geschehen zu sein. Die Opposition im Lande aber war mit der freundschaftlichen Bindung an das deutsche Königreich nicht einverstanden. Wenzel konnte sich nur wenige Jahre an der Herrschaft halten, dann wurde er von Verschwörern unter Führung seines Bruders Boleslav am 28. September 929 (das Jahr ist unsicher) ermordet.

Kaiser Otto I. mit dem Modell des Magdeburger Doms *vor Christus.*
Elfenbeintafel (Mailand um 950–1000).
New York, The Metropolitan Museum of Art/Stiftung G. Blumenthal 1941.

zu seinen eigenen Landsleuten war. Es ehrt ihn, daß er zu den einmal getroffenen Entscheidungen stand, und rückblickend muß ihn der Erfolg seiner Leute bestärkt haben. Nicht nur die eigenen Fähigkeiten machten Ottos Größe aus, sondern auch ein sicherer Blick bei der Auswahl seiner Mitarbeiter, der sich nur dort trübte, wo eigene Verwandtschaft im Spiele war und Otto I. aus einer seltsamen Mischung von Familiensinn und gefühlsmäßiger Zuneigung oftmals eine geradezu gefährliche Bereitschaft zum Verzeihen, vor allem gegenüber dem jüngeren Bruder Heinrich, gezeigt hat. Die außenpolitischen Bewährungen setzten sich auch 937 fort, ohne daß Otto I. überzeugende Siege als Bestätigung göttlicher Huld vorweisen konnte. Der alte Erzfeind, die Ungarn, erprobten den neuen König, fielen in Thüringen und Sachsen ein, wichen aber einer Entscheidungsschlacht aus, der Schock von Riade 933 saß bei ihnen noch tief. Gerade jetzt hätte Otto I. einen spektakulären Erfolg nötig gehabt, um der inneren Schwierigkeiten Herr zu werden.

Otto I. setzt sich durch: Herrscherbegabung und die Gunst der Stunde

Die alten, durch die feierlichen Krönungszeremonien notdürftig übertünchten Stammeszwistigkeiten flammten wieder auf und zogen in den folgenden Jahren eine Bahn, die geprägt war von Intrigen, Verrat, Eidbrüchen, Selbstjustiz, Landfriedensbruch und Verschwörungen. Vom Gefühl einer Zusammengehörigkeit im Ostfrankenreich konnte häufig keine Rede sein. Größer als der 18 Jahre später erfochtene Sieg auf dem Lechfeld über die Ungarn war das Wunder des gemeinsamen Aufmarsches aller deutschen Stämme zu diesem Kampf. Daß Otto es mit einer wahren ›Hydra‹ von Schwierigkeiten zu tun hatte, die immer neue gebar, nachdem alte erledigt waren, und trotzdem nicht aufsteckte, daß er die partikularen Kräfte immer wieder zu einem größeren Ganzen zu vereinen suchte und gerade im Unglück am königlichsten war, das allein macht ihn ›groß‹. Vom König erwartete man Glück, Erfolg, Siege; Unglück war gleichbedeutend mit Schuld, Schuld mit Unfähigkeit, Unfähigkeit rechtfertigte eine Absetzung. Wenn Otto I. die Jahre der ›Prüfung‹ überstand, dann, weil er persönlich an sich glaubte oder besser an seine Erwählung durch Gott, weil er überzeugt war, daß Gott einen König nicht im Stich lassen kann.

König und Mensch, geprägt vom Mittelalter

Dieses rückhaltlose Vertrauen auf Gott war Zeichen einer demütigen Frömmigkeit, die Gott tagtäglich im Regieren zur Seite wußte. Sie konnte aber leicht in Jähzorn umschlagen, wenn Gott die Hilfe versagte. Im Zwiespalt der Gefühle, halb Heide noch, halb Christ, heuchlerisch und tieffromm zugleich, leidenschaftlich und gefühlskalt, aufgeschlossen und distanziert, freundlich und brutal, nüchtern und idealistisch, so steht der mittelalterliche Mensch vor uns, ein König machte da keine Ausnahme.

Die Sachsen waren zum wichtigsten Stamm geworden und ließen das spüren: Als Eberhard, Herzog von Franken und gleichzeitig Graf im sächsischen Hessengau, die Zinszahlungen vom dortigen sächsischen Adel verweigert wurden, wandte er sich nicht an das Königsgericht, sondern übte Selbstjustiz, indem er nach der Eroberung einer Burg alle Bewohner tötete. Otto I. mußte, um seine Autorität zu wahren, hart durchgreifen und ›verdonnerte‹ den Herzog zu einer empfindlichen Buße; er mußte nämlich beste Pferde im Werte von etwa 50000 DM hergeben. Seine Unterführer verurteilte er zu der Schmach, Hunde bis zur königlichen Pfalz in Magdeburg zu tragen als sichtbares Zeichen, daß sie »auf den Hund gekommen« waren. Zwar bewies ihnen Otto I. später seine Huld im Verzeihen, doch gewonnen hatte er sie nicht, dazu fehlte ihm Eberhards leutselige und gewinnende Art.

Otto I. war sicher keine ›Frohnatur‹. Im Gegensatz zu seinem Vater Heinrich, der in den Quellen als großer, stattlicher Herr von gewinnender Schönheit gepriesen wird, war Otto I. untersetzt, breitschultrig, von gewaltigem Körperbau, zu dem gar nicht die kurzen, schnellen Schritte passen wollten, die nichts von der Gemessenheit eines Königs hatten. Aus einem geröteten Gesicht, das von einem langen gepflegten Bart umgeben war, blickten große, lebhafte Augen. Nach außen verbindlich, war Otto I. gefürchtet ob seiner Zornesausbrüche.

Bekannt war Ottos Sparsamkeit. Dieser Zug zum Zusammenhalten war sicher ein Teil des väterlichen Erbes, aber auch erwachsen aus Verantwortungsbewußtsein gegenüber dem anvertrauten Reichsgut. Die Gegner hätten es lieber gesehen, wenn Otto I. bestechlich gewesen wäre und sich Blößen gegeben hätte.

Treffen gepanzerter Reiter *(»Reiterschlacht der Makkabäer«).*
Die Illustration aus der Schule von St. Gallen (um 924) spiegelt ihre Zeit.
Leiden, Universitätsbibliothek.

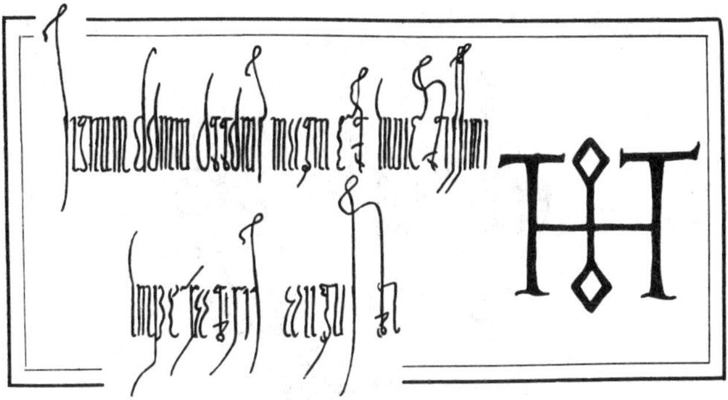

Signum Ottos des Großen. *Die kalligraphisch gestaltete Herrschersignatur eines Kaisers: »Signum domini ottonis magni et invictissimi imperatoris augusti«.*

Seine königliche Würde äußerte sich weniger im Äußeren als in mitmenschlicher Haltung. Ob Ottos I. Tugenden mehr einer glücklichen Veranlagung entsprangen oder durch Erziehung besonders gefördert wurden, wissen wir nicht. Jagen, Reiten und militärische Bewährung lagen dem nüchternen Sachsen sicher näher als geistige Betätigung. Bei Regierungsantritt konnte Otto I. weder lesen noch schreiben, erst nach dem Tode seiner ersten Gattin, der aus England stammenden Edith, 946 begann er zu erfassen, wie hemmend es war, beim Lesen oder Abfassen von Urkunden, Briefen und Verordnungen auf andere angewiesen zu sein. Sehr lernbegierig war Otto I. nicht, im Gegensatz zu seinem jüngsten Bruder Brun, dessen umfangreiche Bildung und hervorragenden Lateinkenntnisse der ältere sehr schätzte und benutzte.

Verschwörungen und Rivalitäten im Hause der Liudolfinger

Verläßliche Ratgeber hatte Otto I. in den Jahren 938–941 bitter nötig, denn die innenpolitischen Schwierigkeiten rissen nicht mehr ab, und die Gegner waren ausgerechnet die eigenen Brüder Thankmar und Heinrich. Konnte Otto I. beim Tode Arnulfs von Baiern 937 noch alle Bestrebungen der Söhne auf Sonderrechte unterdrücken und die Einsetzung von Arnulfs Bruder Berthold zum Herzog durchsetzen, machte ihm die Entwicklung in Sachsen schwer zu schaffen. Herzog

HROSWITHA VON GANDERSHEIM

Aus dem literarischen Schaffen der ottonischen Zeit ragt das Werk des sächsischen Edelfräuleins Hroswitha (geboren wohl nach 930, gestorben nach 970) aus dem Reichsstift Gandersheim am Harz durch kraftvolle Originalität hervor.
Beim Studium in der Klosterbibliothek erkannte die phantasiebegabte junge Nonne ihr poetisches Talent, das sie zunächst an Heiligenlegenden in lateinischen Hexametern schulte. Themen dieser Versdichtungen waren neben dem Marienleben vor allem das Glaubenszeugnis altchristlicher Märtyrer und die Bewahrung der Keuschheit inmitten einer ausschweifenden Umwelt. Im »Theophilus«, einem frühen Vorgänger des »Faust«, läßt sich gar ein ehrgeiziger Mönch auf einen Pakt mit dem Teufel ein, findet aber durch die Fürsprache Mariens zu Umkehr und Buße.
Dem Lobpreis der göttlichen Gnade, die sich im Leben der Heiligen offenbart, gelten auch sechs dramatisierte Erzählungen in gereimter Prosa, durch die Hroswitha zur Schöpferin des mittelalterlichen Bühnenspiels wurde.
Hroswitha verfolgte mit ihren ›Lesedramen‹ das erklärte Ziel, den Komödien des Römers Terenz Stücke aus christlichem Geist entgegenzusetzen; denn Terenz behandelte so bedenkliche Gegenstände wie Liebestollheit und Prostitution, wurde aber trotzdem wegen seiner gepflegten Sprache als Schullektüre geschätzt. Um den heidnischen Dichter mit seinen eigenen Waffen zu überwinden, scheute sie nicht davor zurück, ihre frommen Helden in recht verfänglichen Situationen vorzuführen. So begibt sich z. B. der Einsiedler Abraham in der Verkleidung eines zahlungskräftigen Liebhabers in ein Bordell, um seine dorthin geratene Nichte aus dem Bann des Bösen zu befreien. Mit weiblicher Zurückhaltung und sprachlichem Feingefühl meisterte Hroswitha selbst diese heikle Szene. Auch in ihren historischen Versepen, einer Familiengeschichte Ottos des Großen und einem Werk über die Anfänge ihres Klosters, offenbaren sich Hroswithas menschliche und literarische Qualitäten. *(H. H.)*

Eberhard, durch Ottos I. Buße wenig getroffen, hatte neue Händel mit sächsischen Adeligen angefangen. Das gegenseitige Morden und Brennen nutzte Ottos Bruder Thankmar aus, der sich bei der Besetzung einer Grafschaft von Otto I. übergangen fühlte, verband sich mit Eberhard und gab dem Aufruhr eine neue Wendung. Zunächst scheute er nicht vor einem Akt höchster Barbarei zurück, nahm Heinrich, den eigenen Stiefbruder und Ottos jüngeren Bruder, als Geisel gefangen und schickte ihn zu Eberhard. Als Otto I. daraufhin mit starker Heeresmacht gegen Thankmar anmarschierte, öffnete man freiwillig die Tore der Burg, und Thankmar, der sich an den Altar der Kapelle geflüchtet hatte, wurde hinterrücks ermordet. Otto I. beklagte den Tod seines Bruders, die vier vornehmsten Gefolgsleute aber ließ er sofort aufhängen. Gegen Herzog Eberhard als den noch verbliebenen Alleinschuldigen richtete sich Ottos I. ganzer Zorn. Doch Ottos 18jähriger Bruder Heinrich enthob den in der Zwickmühle befindlichen Eberhard eigener Überlegungen, indem er ihn in einem Geheimbündnis dazu brachte, alle nur mögliche Unterstützung zum Gewinn der Königskrone zu gewähren. Die Führung der Verschwörung und die Verantwortung lagen also nun beim purpurgeborenen Heinrich, Ottos Bruder selbst, der von maßlosem Drang nach Herrschaft verlockt war. In Erzbischof Friedrich von Mainz, »der nur darin allein Tadel zu verdienen schien, daß, wenn irgendwo auch nur ein Feind des Königs sich erhob, er sich als zweiter sofort dazugesellte«, fanden beide einen treuen Verbündeten. – So berichtet der Chronist. Friedrich konnte allerdings nicht verhindern, daß Otto I. Herzog Eberhard nach Hildesheim in die Verbannung schickte. Den Bruder nahm der König mit »reinerer Treue und Liebe auf«, als dieser mitbrachte.

Das ›Wunder‹ von Xanten

Der Familienzwist im Hause der Liudolfinger schien beseitigt, doch die trügerische Ruhe glich einem tiefen Atemholen vor der endgültigen Entscheidung. Zunächst lagen alle Trümpfe auf seiten der Verschwörer: Herzog Giselbert von Lothringen stieß zu ihnen, der sächsische Adel wurde durch Geschenke gewonnen, so daß mit Lothringen, Franken und Sachsen über die Hälfte des Reiches gegen Otto I. stand. Die Baiern hielten sich abwartend heraus, nur die Schwaben wollten »lieber mit der gerechten Sache und ihrem gerechten König unterliegen als wider das Recht mit ihrem Vetter Eberhard siegen«. An einen Sieg Ottos I. glaubten auch die Schwaben nicht mehr, die Ausgangslage konnte schlechter gar nicht für Otto I. sein. Zu allem Unglück griffen die Verschworenen Ottos Heer in dem Augenblick an, als ein Teil gerade über den Rhein bei Xanten gesetzt war. Der König mußte am Ostufer ohnmächtig mit ansehen, wie die Vorhut in einen Kampf verwickelt wurde, dessen Ausgang klar war. Eine Niederlage bedeutete für Otto I. das »Aus«. In dieser großen Not ergriff er – wie die Chronisten berichten – die Heilige Lanze und wandte sich in forderndem Gebet zu Gott. Und das Wunder – anders kann man die folgenden Vorgänge nicht nennen – geschah! Ottos kleiner Trupp umging die Lothringer, und diese, von ihm in französischer Sprache zur Flucht aufgefordert, liefen tatsächlich davon im Glauben, eigene Leute hätten ihnen zugerufen. Bruder Heinrich floh mit wenigen Begleitern nach Merseburg, wo ihn Otto I. zwei Monate erfolglos belagerte, obwohl der sächsische Adel, durch Ottos I. wunderbare Rettung beeindruckt, sich wieder auf dessen Seite geschlagen hatte. Schließlich ergab sich das Haupt der Verschwörung, setzte sich aber nach Vereinbarung einer 30tägigen Waffenruhe nach Lothringen ab.

Kämpfe und Verrat

Der Kampf begann von neuem, verbrannte Erde kennzeichnete den Weg Ottos I. nach Lothringen. Als er vor Lüttich lag und Herzog Giselbert von Lothringen belagerte, vernahm er vom erneuten ›Kriegseintritt‹ des Frankenherzogs Eberhard. Ein König ohne Fortune, der seit drei Jahren ruhelos seine Gegner hetzte oder selbst gehetzt wurde, der bei Xanten wie durch ein Wunder einer sicheren Niederlage entkommen war, die Gegner gerissen, einander ablösend in der Führung, nie unter dem Druck der Zeit oder dem Zwang zum Siegen stehend, bestimmten das Tempo der Verschwörung, die sich der Entscheidung erneut zuneigte, als nicht nur Eberhard den Kampf wiederaufnahm, sondern vor allem viele Bischöfe auf Betreiben des Erzbischofs von Mainz Ottos I. Lager heimlich bei Nacht verließen.

Die Entscheidungsschlacht

Entgegen dem Rat der nächsten Umgebung, sich ins sichere Sachsen zurückzuziehen, suchte Otto I. die endgültige Entscheidung, tief überzeugt von seiner göttlichen Erwähltheit und der gottlosen Maßlosigkeit seiner Gegner, nicht frei von Todesahnungen. Daß Otto I. nie verzagte, nicht zermürbt aufgab, obwohl seine Ratgeber dies nahelegten, ist wohl nur mit der Überzeugung zu erklären, daß er mit Gottes Hilfe

berufen sei, das Erbe Karls des Großen zu übernehmen, die Einheit des Reiches, wenngleich in kleineren Grenzen, wiederherzustellen und in fernerer Zukunft die Kaiserkrone zu gewinnen. Aber dafür fehlte noch das Schlachtenglück, ein Sieg über die Gegner, ein Gottesurteil, das Otto I. vor aller Welt als den Erwählten ausgewiesen hätte.
Im Rückblick muß man feststellen, daß Otto I. in der Tat ein ›Glückskind‹ war, dem – wie bei Xanten – noch einmal das Glück des Tüchtigen half: Eberhard und Giselbert, die beiden Herzöge, hatten Ottos Operationen im Elsaß zum Anlaß genommen, bei Andernach 939 mit einem Riesenheer den Rhein zu überschreiten, um Ottos I. Basis Sachsen zu gewinnen. An Königstreuen waren nur die Schwaben, Herzog Hermann, sein Bruder Udo, Graf des Rheingaues, sowie ihr Vetter Konrad »Kurzbold«, ein Haudegen, der vor nichts Angst hatte außer vor Frauen, den Verschwörern entgegengezogen. Aber sie wagten keine Schlacht, weil sie hoffnungslos unterlegen waren. Doch das Schicksal war ihnen am 2. Oktober 939 in einer nahezu unglaublichen Laune hold. Als das Heer der Gegner den Strom schon überfahren hatte, stießen Hermann, Udo und Konrad auf Eberhard und Giselbert, die sorglos beim Brettspiel saßen. Der folgende Kampf war schnell entschieden. Eberhard fiel, von Geschossen durchbohrt. Giselbert rettete sich mit wenigen Begleitern in einen Kahn, der vor Überlastung sank und alle in die Tiefe riß. Ein Gottesurteil . . .
Der Kampf war zu Ende. Heinrich ergab sich, wurde von Otto I. in Gnaden aufgenommen und erhielt zur ›Belohnung‹ das durch Giselberts Ertrinken verwaiste Lothringen. Dieser Schritt Ottos I. mag unerklärlich, obendrein gefährlich und äußerst naiv erscheinen. Aber bei aller Sentimentalität darf man nicht vergessen, was unabdingbar zum Moralkodex eines mittelalterlichen Königs gehörte: die Huld im Verzeihen. Ein Glück für Otto I., daß es in dieser Zeit innerer Wirren an den Grenzen einigermaßen ruhig blieb. Ein Ungarneinfall 937 konnte abgewehrt werden, und an der brodelnden Ostgrenze regierte Markgraf Gero mit harter Hand, so daß sogar die eigenen Leute rebellierten. Otto I. stellte sich unmißverständlich auf Geros Seite und zog den Haß schnell auf sich.

Der letzte Bruderzwist

Diese gereizte Stimmung blieb Heinrich nicht verborgen. Er sah die Stunde gekommen, durch Freigebigkeit und Geschenke Otto I. im eigenen Stamm auszumanövrieren und über die dortige Herzogswürde zur Königskrone zu kommen. Otto I. sollte während der Feier des

Osterfestes im April 941 in Quedlinburg beseitigt werden. Der Anschlag wurde jedoch verraten, und Otto I. ließ die Rädelsführer kurzerhand enthaupten. Heinrich selbst entkam, wurde aber schnell gefaßt und nach Ingelheim bei Mainz in strenge Haft gegeben. Mit Hilfe eines bestechlichen Priesters gelang Heinrich die Flucht – zu seinem königlichen Bruder. Das letzte Kapitel des Bruderzwistes ging Weihnachten 941 versöhnlich zu Ende. Otto I. verzieh nicht nur, sondern verlieh seinem Bruder, als Berthold 947 gestorben war, die Herzogswürde von Baiern. Heinrich vergalt die verzeihende Güte des Bruders von nun an mit beständiger Treue bis zu seinem Tod im Jahre 955.
Nach fünf Jahren beständiger Kämpfe war Otto I. am Ziel. Die Anerkennung, die er ursprünglich vielleicht schon durch den Krönungsritus als vollzogen angesehen hatte, war jetzt durch Bewährung in der Tat gewonnen. Bestätigung für die wachsende Festigung der Autorität war die Schiedsrichterrolle, die Otto I. im Westfrankenreich einnahm. Die politischen Rivalitäten zwischen den Karolingern und dem Grafen Hugo von Paris um die Königswürde konnte Otto I., der mit beiden Dynastien verwandtschaftlich verbunden war (Graf Hugo hatte 937 Ottos I. Schwester Hadwig, der Karolinger Ludwig IV. 941 Ottos I. Schwester Gerberga, ehemalige Gattin Herzog Giselberts von Lothringen, geheiratet), auf einer Synode in Ingelheim weitgehend schlichten. Ottos I. ausgleichende Vermittlerrolle trug zu seiner Anerkennung auch beim französischen Adel bei.

Auf den Spuren Karls des Großen: Otto I. in Pavia

Im Jahre 951 erreichte Otto I. ein schicksalhafter Hilferuf, der eine politische Entwicklung einleitete, die über grandiose Höhepunkte nach 300 Jahren in eine Katastrophe einmündete und von zahlreichen Historikern als die umstrittenste Entscheidung Ottos I. angesehen und sehr kontrovers diskutiert wird. In Italien herrschte seit 875, seit dem Erlöschen der karolingischen Linie auf dem Langobardenthron in Pavia das machtpolitische Chaos und ständiger Kampf um die Langobardenkrone zwischen den mächtigsten Rivalen, den Markgrafen bzw. Herzögen von Friaul, Ivrea, der Toscana und Spoleto. Mord, Blendung, Täuschung, Eidbruch und Rücksichtslosigkeit beherrschten die Szene, die Italiener schätzten zwei Herren, »um den einen durch die Furcht vor dem anderen in Schranken zu halten«. Ging es mit einheimischen Herrschern nicht weiter, bot man die Königskrone von Pavia landesfremden Machthabern an.
Im Machtwirrwarr behauptete sich zunächst Hugo von Burgund gegen

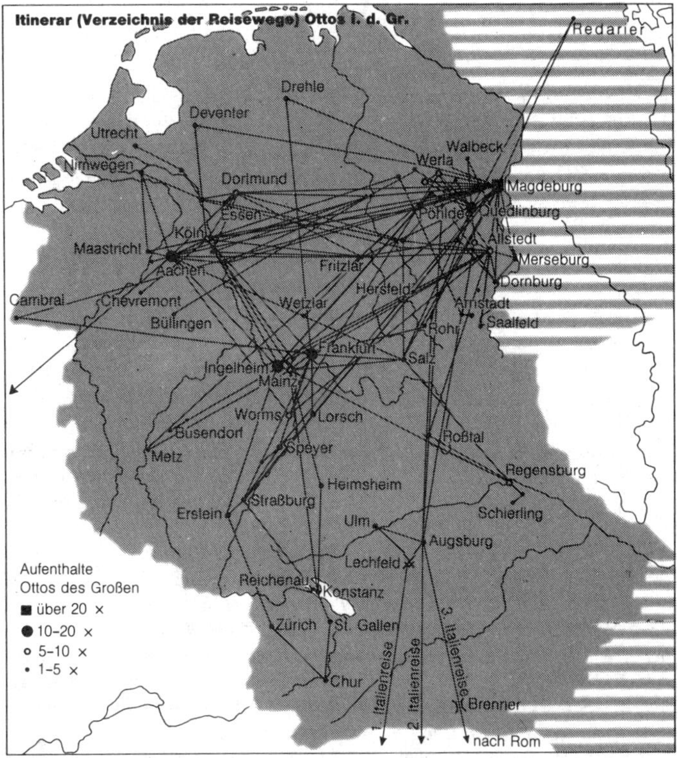

Herzog Eberhard von Baiern und den mächtigen Markgrafen Berengar von Ivrea. Der aufs äußerste gefährdete Berengar setzte sich zu Herzog Hermann von Schwaben ab, der ihn König Otto I. weiterempfahl. Als Hugo für viel Geld die Auslieferung des beileibe nicht ehrenwerten Berengar forderte, winkte Otto I. unter Hinweis auf die moralische Verpflichtung der Hilfeleistung ab.
Die Stimmung in Italien wendete sich schon bald, Markgraf Berengar kehrte zurück und war schnell der ungekrönte König. Nach dem Ende Hugos von Burgund und dem überraschend plötzlichen Tod seines Nachfolgers, des Sohnes Lothar, übernahm Berengar 950 in Pavia die Langobardenkrone. Die Opposition aber scharte sich um Lothars junge Witwe Adelheid, doch Berengar war stärker. Als Adelheid über die Alpen nach Deutschland zu entkommen suchte, wurde sie gefangen und auf das unzugängliche Schloß Garda gebracht. Durch eine

ADELHEID

Die Gattin eines Kaisers, Mutter eines Kaisers, Großmutter eines Kaisers, verwandt mit allen bedeutenden Geschlechtern des damaligen Europa – welche Frau hat im Mittelalter jemals einen so hohen Rang eingenommen wie Adelheid, die 931 geborene Tochter Rudolfs II. von Hochburgund?

Nach dem Tod des Vaters 937 heiratete Hugo, König von Italien, Adelheids Mutter, um seinen Anspruch auf Hochburgund durchzusetzen, und verlobte seinen Sohn Lothar mit der sechsjährigen Stieftochter. Als Lothar König geworden war, heirateten sie. Doch das Glück währte nur kurz. 950 starb der Gatte. Angeblich fiel er einem Giftanschlag seines politischen Rivalen Berengar zum Opfer. Für Adelheid brach eine schwere Zeit an. Sie wurde auf einer Burg am Gardasee gefangengehalten und entehrenden Demütigungen ausgesetzt. Als auf den Hilferuf ihrer Anhänger hin Otto I. 951 nach Italien zog, beeindruckte die Zwanzigjährige, kultiviert, gebildet und schön, den doppelt so alten Otto dermaßen, daß er sie sofort heiratete – natürlich auch, um seinen Anspruch auf Italien zu legitimieren. Durch Adelheid bekam Otto Kontakt zur cluniazensischen Reform.

Das zunächst enge Verhältnis zwischen Adelheid und dem Sohn Otto II. wandte sich in Entfremdung, als Adelheid mit ihren politischen Vorstellungen bei ihm nicht mehr durchdrang und ihr Einfluß am energischen Widerstand der Schwiegertochter Theophanu scheiterte. Doch die beiden grundverschiedenen Frauen fanden sich aus politischer Notwendigkeit zu einem Zweckbündnis zusammen, als es nach Ottos II. Tod 983 galt, für den dreijährigen Otto III. den Thron zu erhalten. Nach Theophanus Tod 991 führte Adelheid vier Jahre alleine mit Geschick die Regierungsgeschäfte bis zur Volljährigkeit Ottos. Jedoch konnte sie nicht verhindern, daß der Reichsadel viel Macht gewann. Dem Einfluß der alten Dame entzog sich der Kaiser dadurch, daß er sie vom Hof verbannte; 999 starb sie in Kloster Selz im Elsaß. Bald wurde sie als Heilige verehrt und 1097 heiliggesprochen. *(M. F.)*

List kam sie frei, fand Unterstützung bei den späterem Markgrafen von Canossa und bat 951 Otto I. um Hilfe.
Der König entschloß sich zum Eingreifen, zog im September 951 mit einem großen Heer über den Brenner, ohne zu ahnen, welche Konsequenzen sich aus diesem ersten Italienzug ergeben sollten. Wäre es nur die Konvention gewesen, nach der ein König hilfsbereit zu sein hatte – Otto I. hätte die Alpen kaum überschritten, um auf das Hilfegesuch einer ihm unbekannten Frau zu reagieren. So wichtig Ritterlichkeit war, da mußten schon handfeste politische Vorteile dazukommen: Durch eine Heirat der Witwe Adelheid konnte er König der Langobarden und Herr Italiens werden. Was spielte da der Altersunterschied – Adelheid war etwa zwanzig Jahre, Otto I. doppelt so alt – für eine Rolle?
Nach der feierlichen Hochzeit und der Krönung in Pavia war Otto »Rex Francorum et Langobardorum«, König der Franken und Langobarden. Das geschah sehr zum Unwillen seines Lieblingssohnes Liu-

Unterwerfung unter den Kaiser: *Otto I. empfängt das Schwert des aufständischen Berengars II. als Zeichen seiner Unterwerfung. Miniatur des 13. Jhs. Mailand, Biblioteca Ambrosiana.*

OTTO I.

Otto I. wurde am 23. Oktober 912 geboren; mütterlicherseits war er ein Nachfahre des berühmten Sachsenherzogs und Widerparts Karls des Großen, Widukind. 936 folgte er seinem Vater Heinrich I. auf dem Thron nach, was zumindest in der eigenen Familie nicht auf einhellige Zustimmung gestoßen zu sein scheint.
Von seinem Amt hatte der junge König eine hohe, christlich geprägte Auffassung, als Herrscher sah er sich bewußt in der Nachfolge der Karolinger. Ohne Zweifel besaß er ein hochentwickeltes Gefühl für Macht und Würde, in seiner Stellung als König kannte und schloß er keine Kompromisse, doch hinderte ihn sein angeborenes Naturell immer daran, ein nur dem politischen Kalkül folgender Machtmensch zu werden. Er besaß vielmehr ein gewinnendes Wesen und ein Temperament, das ihn z. B. einen überraschend eintreffenden, hochwillkommenen Kirchenfürsten mit nur einem Schuh am Fuß begrüßen ließ.
Ein bis zur Brust wallender Bart unterstrich im Alter Ottos I. Individualität, Thietmar von Merseburg nannte ihn deshalb »den Roten«. Er suchte die Harmonie, war erstaunlich langmütig, ja vertrauensselig, hatte aber sehr wohl eine Grenze, über die hinausgetrieben, er konsequent und hart reagierte.
Otto I. war kein »gelehrter« König, erst mit 30 Jahren lernte er lesen, seine Bildung lag durchaus auf dem für den damaligen Adel üblichen, niedrigen Niveau. Sein Bruder Brun als Erzbischof von Köln und Herzog von Lothringen oder sein illegitimer Sohn Wilhelm auf dem Mainzer Erzstuhl überragten ihn sicher weit. Das »Flair« der untergegangenen Antike berührte ihn nicht, obwohl er etwa zehn Jahre in Italien verbrachte. Als Politiker beging er Fehler, war aber immer fähig zu lernen. So kam er seinem Ziel eines machtvollen Königtums relativ nahe.
Otto I. starb am 7. Mai 973 und hatte nach Widukind von Corvey einen schnellen, friedlichen Tod: Das Mittagsmahl hatte er noch in gelöster Stimmung eingenommen, kurz darauf erlitt er einen Schwächeanfall und verschied nach Empfang der Sterbesakramente. Sein Grab fand er in Magdeburg. *(D. R.)*

dolf – seit 949 war er Herzog von Schwaben –, der um die Nachfolge bangte. Auch Berengar von Ivrea war nicht bereit, zu kapitulieren, wartete aber in der Felsenburg San Marino die Entwicklung ab.
Im Februar 952 kehrte Otto nach Deutschland zurück. Der halbjährige Aufenthalt in Italien war ein großer, doch kein vollkommener Erfolg gewesen: Eine Gesandtschaft des Königs unter Führung ausgerechnet des Mainzer Erzbischofs Friedrich hatte sich in Rom auf die Bitte um die Kaiserkrone, die seit 924 nicht mehr vergeben worden war, einen Korb geholt. Otto I. wollte mit diesem ›Vorfühlen‹ sicher eine Vorstellung seines Vaters erfüllen, der ja auch einen Romzug als sichtbare Dokumentation seines Anrechts auf die Kaiserkrone geplant hatte, doch vor der Ausführung gestorben war. Die vollständige Wiederbelebung des karolingischen Erbes, die mit der Königskrönung 936 so programmatisch begonnen hatte, war noch nicht gelungen.
Noch im selben Jahr 952 kam Berengar mit seinem Sohn Adalbert nach Deutschland und schwor Otto I. in Magdeburg den Treueid. Er erhielt das Königreich Italien zu Lehen, jedoch ohne Verona-Friaul, das aus politischen Gründen an Baiern fiel. Die Verhältnisse in Italien schienen nun geordnet, doch im Reich ging es bald drunter und drüber. Die gefestigte Macht Ottos I. wurde erneut einer schweren und letzten Prüfung unterzogen.

Die letzte Schlacht mit der Verwandtschaft

Wieder waren es die eigenen Familienangehörigen und Verwandten, die Otto I. in den Rücken fielen. Sohn Liudolf, schon 946 zum Nachfolger ausersehen, war über die erneute Ehe seines Vaters und den daraus hervorgegangenen jüngsten Bruder gar nicht erbaut und bereits 950 von seinem Vater schwer zurechtgewiesen worden, weil er durch einen eigenmächtigen Zug nach Italien selber die Langobardenkrone hätte gewinnen wollen. Jetzt, 952, nach der Gebietserweiterung seines Onkels Heinrich I. von Baiern um die Marken Verona, Aquileja und Istrien, fühlte er sich erneut übervorteilt und revoltierte, zumal er fürchtete, später die Herrschaft mit Ottos und Adelheids Sohn teilen zu müssen. Der »rote« Konrad von Lothringen, Ottos I. Schwiegersohn, schloß sich an, der dritte im Bund – wieder einmal – war Erzbischof Friedrich von Mainz. Ihr Ziel war es, Liudolf als Mitregenten durchzusetzen und den Einfluß Adelheids auf die Politik zu bremsen. Otto I. suchte die Entscheidung im Kampf, und genau wie früher, als er alle bedeutsamen Schlachten mit dem Gegner verloren, die entscheidenden Gefechte aber durch Zufall gewonnen hatte, war es auch diesmal. Weder schaffte es Otto I. das eine Mal, den in Mainz eingeschlossenen Sohn entscheidend zu treffen, noch das andere Mal, Regensburg einzunehmen, wo sich der Sohn mit den vom König abgefallenen Baiern verschanzt hatte. Verlassen vom größten Teil des Adels und der Bischöfe, mußte sich Otto I. unverrichteter Dinge nach Sachsen zurückziehen. Geradezu ausweglos wurde die Situation, als die Verschwörer mit den Ungarn Kontakt aufnahmen. Die schlimmen Zustände der Jahre 937–941 schienen sich zu wiederholen. Ottos I. machtvolle Klage auf einem Reichstag bei Langenzenn nahe Nürnberg 954 mag zeigen, wie tief er betroffen war vom bevorstehenden Zusammenbruch seines Lebenswerkes: »Ich wollte es ertragen, wenn der Groll meines Sohnes und der übrigen Verschwörer nur mich alleine peinigte und nicht das ganze Volk der Christenheit in Verwirrung brächte [. . .], wenn nicht die Feinde Gottes und der Menschen [die Ungarn] in diese Händel hineingezogen würden. Eben jetzt haben sie mein Reich verödet, das Volk gefangen oder getötet, die Städte zerstört, die Kirchen verbrannt, die Priester erwürgt [. . .]. Welche Freveltat, welche Treulosigkeit noch möglich sei, vermag ich nicht auszudenken«. Die geschickte Verbindung der innenpolitischen Schwierigkeiten mit dem Ungarneinfall und die Verlagerung des Problems auf die religiöse Ebene, in der alle Gegner mit Otto I. wieder einer Meinung sein konnten, verfehlte ihre Wirkung nicht. Herzog Konrad der Rote von Lothringen, Erzbischof Friedrich von Mainz und zuletzt sein Sohn Herzog Liudolf von Schwaben unterwarfen sich dem König, zumal die Zahl ihrer Anhänger sich rapide verringert hatte, nachdem die Kontaktnahme der Aufständischen mit den Ungarn bekannt geworden war. Ihre Herzogsämter wurden neu besetzt. Als die Ungarn 955 erneut in Baiern einfielen, stießen sie auf ein ideell geeinigtes Heer, in dem alle Stämme gemeinsam zum Kampf aufmarschierten. Nur vier Wochen vergingen bis zum Sammeln des Reichsaufgebotes bei Ulm.

Die Schlacht auf dem Lechfeld 955

Die Ungarn hatten sich unterdessen vor Augsburg festgebissen, wo Bischof Ulrich persönlich die Verteidigung der nur unzureichend befestigten Stadt leitete. Als die Ungarn zum Sturm ansetzten, geschah ein Wunder. Der Angriff wurde plötzlich abgeblasen, und die Ungarn zogen sich unter dem Jubel der Augsburger zurück, die nicht wissen konnten, daß dem ungarischen Führer durch Verräter der Anmarsch und die Zielrichtung des Reichsheeres gemeldet worden waren. Als man Feindberührung hatte, legte Otto für den folgenden Tag, den 10.

August 955, die Schlacht fest. Nach dem Gottesdienst und Empfang der Kommunion rückten die acht Heerhaufen der Deutschen, insgesamt 8000–10000 Panzerreiter, aus. Das erste ›gesamtdeutsche‹ Aufgebot war bereit, angesichts der »Heiden« alle bisherigen Querelen zu vergessen.

An der Spitze marschierten die Baiern mit drei Abteilungen, Herzog Konrad der Rote führte dann die Franken, in der fünften Abteilung ritt hinter der Fahne des heiligen Michael der König. Die sechste und siebte Schar bildeten die Schwaben, am Ende marschierten mit dem ganzen Troß die Böhmen. Ehe die Schlacht begann, schien sie schon entschieden. Die Ungarn hatten mit einem Teil ihrer Truppen das deutsche Heer umgangen und den Troß angegriffen. In der einsetzenden Panik behielt ein Mann eiserne Nerven, der vor kurzem noch ein erbitterter Feind des Königs gewesen war, der »rote« Konrad. Tollkühn wirft er sich auf die Feinde, sein Beispiel reißt die andern mit, die siegessicheren Ungarn geraten in die Defensive, werden selber umzingelt und in die Flucht geschlagen. Doch das Gros des Ungarnheeres hält stand, die Bewährungsprobe wartet auf Otto I. Nach kurzer Ansprache ergreift er die Heilige Lanze und wendet als erster sein Pferd gegen die Magyaren. Ihre leichte Reiterei steht angesichts der Angriffswucht der herandonnernden schweren Panzerreiter, die das Beispiel des roten Konrad beflügelt hatte, auf verlorenem Posten. Rot von Blut soll sich der Lech gefärbt haben, denn Otto I. befahl ganz gegen bisherige Gewohnheit, die Feinde zu verfolgen und völlig zu vernichten.

Ein entscheidender Sieg war gelungen, wenngleich sehr teuer erkauft. Neben einem großen Teil des Adels war der eigentliche Sieger gefallen, Herzog Konrad. In Worms fand er seine letzte Ruhestätte. Otto I., »glorreich durch den herrlichen Kampferfolg, wurde, ganz nach römischem Vorbild, von seinem Heer als ›Vater des Vaterlandes‹ und ›Imperator‹ (Kaiser) begrüßt«, berichtet Widukind von Corvey (siehe auch »Geschichtsschreibung unter Ottonen und Saliern«, Band 2). Es war für alle offensichtlich, daß Gottes Huld Otto I. den Sieg verliehen und die Rechtmäßigkeit seiner Königswürde offenbar gemacht hatte. An seiner Herrschaftsberechtigung bestand kein Zweifel mehr, Otto hatte den Rücken frei und konnte endlich Politik nach eigenen Plänen machen. Die Ungarn, die durch ihre ständigen Raubzüge bislang eine ruhige Entwicklung des Reiches verhindert hatten, wurden seßhaft, nahmen das Christentum an und sollten genau 41 Jahre später sogar in verwandtschaftliche Beziehungen zum sächsischen Herrscherhaus treten, als ihr König Stephan die Schwester Kaiser Heinrichs II., Gisela, heiratete.

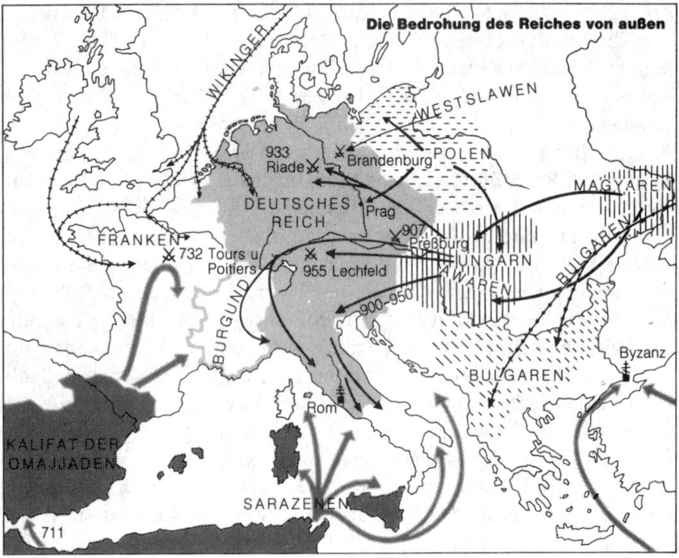

Expansion nach Osten: Kolonisation und Bistumsgründungen

Ein ähnlich hartnäckiger Gegner wie die Ungarn waren die Slawen in den Grenzgebieten östlich der Elbe-Saale-Linie. Sie leisteten der deutschen Herrschaft und Ostexpansion zähen Widerstand, und die wiederkehrenden Aufstände erlaubten höchstens, sie als zeitweilig besiegt, aber nicht als unterworfen zu bezeichnen. Diese slawischen Völker hatten den Ungarneinfall prompt zu erneuten Aufständen ausgenutzt.

König Otto I. erschien nun persönlich und errang im Oktober 955 an der Recknitz im heutigen Mecklenburg einen vollständigen Sieg. Da die Eroberung zugleich Christianisierung in großangelegter Missionierung bedeutete, sicherte Otto I. die westslawischen Gebiete durch eine Kette neugegründeter Bistümer Stargard-Oldenburg (968), Havelberg (948), Brandenburg (948), Merseburg, Zeitz und Meißen (968), die er alle mit Ausnahme Oldenburgs seiner Lieblingsstiftung, dem neugegründeten Erzbistum Magdeburg (967/68), unterstellte, das als Missionszentrum für die Elbslawen gedacht war. Magdeburg wuchs nicht nur schnell zur blühenden Stadt heran, sondern beeinflußte jahrhundertelang die Entwicklungen östlich der Elbe entscheidend mit.

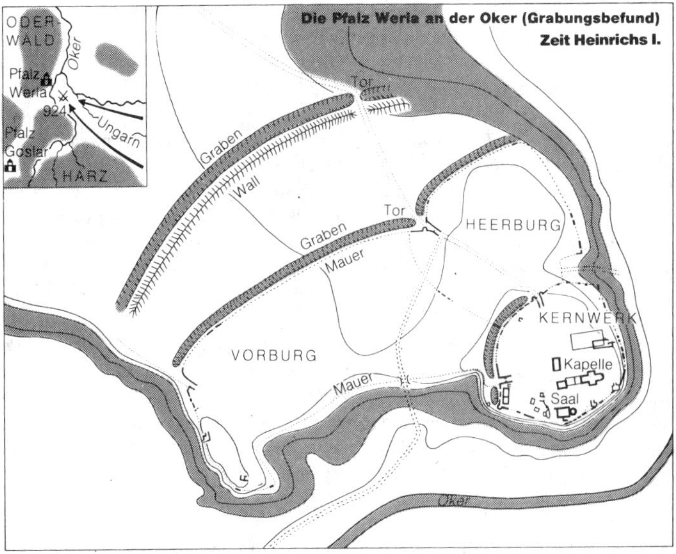

Der zweite Italienzug Ottos I. 961 und die Reichskirchenpolitik

Die Woge des Ruhmes spülte Gesandtschaften der Griechen, Römer, Sarazenen nach Sachsen mit dort vorher nie gesehenen Geschenken wilder Tiere und erlesener Kunstgegenstände. Kein Zweifel, Ottos I. Reich war ein wichtiger Faktor der Weltpolitik geworden, und Otto I. tat folglich erneut den konsequenten Schritt, um das Erbe Karls des Großen anzutreten, und brach 961 nach Rom auf, die Kaiserkrone zu erringen. Otto I. feierte das Weihnachtsfest 960 in Regensburg, als zwei Geheimgesandte des Papstes Johannes XII. bei ihm eintrafen, um Hilfe gegen König Berengar in Pavia zu erbitten, der Bischöfe nach eigenem Gutdünken auswählte und den Kirchenstaat angegriffen hatte. Otto I. wollte sich diesem Hilferuf nicht versagen, die Konvention verlangte Unterstützung, und die Verteidigung der Kirche hatte er bei der Königskrönung gelobt. Vor allem bot sich die langersehnte Gelegenheit, die Kaiserkrone ohne Kampf zu erhalten. Was Otto I. vom Romzug hätte abhalten können, war höchstens der Lebensstil des 18jährigen Papstes. Korrupt und skrupellos, war er ein ganz im Diesseits aufgehender Führer der Christenheit. Doch die persönliche Antipathie Ottos I. vor allem gegen dessen Vater, Alberich von Spoleto, der 951

Die Entscheidungsschlacht auf dem Lechfeld
Nach dem Bericht des Widukind von Corvey

Als Kaiser Otto Anfang Juli des Jahres 955 nach Sachsen zog, kamen ihm Gesandte der Ungarn entgegen, scheinbar als wollten sie ihn der alten Treue und Freundschaft halber besuchen, in Wirklichkeit aber, wie einige vermeinten, um den Ausgang des Bürgerkriegs gegen die aufständischen Herzöge zu erkunden. Als er sie einige Tage bei sich behalten und, mit einigen Geschenken bedacht, in Frieden entlassen hatte, trafen Boten seines Bruders, des Herzogs der Baiern, mit der Kunde ein, daß die Ungarn wieder in Deutschland eingefallen seien und einen Kampf mit ihm wagen wollten.
Sobald dies der König hörte, brach er, als hätte er noch gar keine Anstrengungen im vorangegangenen Krieg auszuhalten gehabt, sogleich gegen die Feinde auf und nahm nur ganz wenige Sachsen mit sich, weil bereits der Krieg mit den Slawen drohte. Im Gebiet der Stadt Augsburg schlug er sein Lager auf, und hier stießen die Heere der Franken und der Baiern zu ihm. Auch Herzog Konrad kam mit starker Reiterei in das Lager, und durch seine Ankunft ermutigt, wünschten die Soldaten, den Kampf nicht mehr länger zu verschieben. Denn Konrad war von Natur aus kühn, und, was bei kühnen Menschen selten ist, auch gleichzeitig klug im Rat, dazu im Kampf unwiderstehlich. [. . .]
Am 9. August wurde von den beiderseitigen Spähtrupps angezeigt, daß die Heere nicht mehr weit voneinander entfernt seien. Da ließ der König im Lager ein Fasten ansagen und befahl allen, am folgenden Tag zum Kampf bereit zu sein. [. . .]
Otto ließ dabei das Heer über einen unebenen und beschwerlichen Boden führen, um den Feinden keine Gelegenheit zu bieten, mit Pfeilen, die sie trefflich zu brauchen wußten, die Züge zu beunruhigen; denn Buschwerk gab den vorrückenden Truppen hier Deckung.
Die erste, zweite und dritte Abteilung bildeten die Baiern, an ihrer Spitze die Befehlshaber Herzog Heinrichs, denn er selbst war am Kampfplatz nicht erschienen, weil er an einer Krankheit darniederlag, an der er kurz danach auch starb. Die vierte Abteilung bildeten die Franken, deren Leiter und Führer Herzog Konrad war. In der fünften, der stärksten, die auch die königliche genannt wurde, ritt Otto selbst, umringt von den Auserlesenen aus allen Tausendschaften der Reiterei und von mutigen jungen Soldaten, vor ihm das Feldzeichen mit dem Bild des siegreichen Erzengels Michael, durch einen dichten Haufen gedeckt. Die sechste und siebte Schar bildeten die Schwaben, die Burchard befehligte. [. . .] In der achten befanden sich tausend auserlesene böhmische Streiter, besser mit Waffen als mit Glück bedacht; hier befand sich auch alles Gepäck und der gesamte Troß, weil man die Nachhut für den sichersten Platz hielt.
Aber die Sache kam anders, als man glaubte; denn die Ungarn überschritten sogleich den Lech, umgingen das Heer und fingen an, die letzte Abteilung mit Pfeilschüssen zu beunruhigen. Dann unternahmen sie mit gellendem Geschrei einen Angriff, hieben viele nieder oder führten sie in Gefangenschaft weg, erbeuteten alles Gepäck und zwangen die noch übrigen Bewaffneten dieser Abteilung zur

Flucht. In ähnlicher Weise griffen sie auch den siebenten und den sechsten Heerhaufen an, töteten eine große Anzahl Kämpfer und trieben die übrigen ebenfalls in die Flucht. Als der König bemerkte, daß vor ihm noch der Feind stand und in seinem Rücken die letzten Linien in eine gefährliche Lage geraten waren, entsandte er den Herzog Konrad mit der vierten Abteilung, der die Gefangenen befreite, dem Feind die Beute abjagte und ihre [...] Horden davonscheuchte. [...]
Als König Otto erkannte, daß er jetzt die ganze Wucht des Kampfes von vorn zu bestehen haben werde, munterte er seine Krieger mit folgenden Worten auf: »Daß wir in dieser großen Bedrängnis festen Mut beweisen müssen, seht ihr selbst. Bisher habe ich mit euch ruhmvoll gekämpft und außerhalb meines Landes und Machtgebietes allenthalben gesiegt. Sollen wir nun, in unserem eigenen Land und Reich dem Feind den Rücken zeigen? Ich weiß, daß sie uns an Menschen übertreffen, nicht aber an Tapferkeit, nicht an Rüstung; ihnen dient als Wall lediglich ihre Kühnheit, uns die Hoffnung auf Gott und seinen Schutz. Schimpflich wäre es für uns [...], jetzt dem Feind die Hand zu bieten. Lieber im Kampf, wenn unser Ende bevorsteht, ruhmvoll sterben, als den Feinden untertan in Knechtschaft leben! [...] Jetzt laßt uns lieber mit dem Schwert als mit der Zunge das Zwiegespräch eröffnen!«
Nachdem er so geredet hatte, ergriff er den Schild und die Heilige Lanze und wandte als erster selbst sein Roß gegen die Feinde, so die Pflichten des tapfersten Kriegers und des trefflichsten Feldherrn vereinend. Die Beherzteren unter den Feinden leisteten anfangs Widerstand, dann aber, als sie ihre Gefährten die Flucht ergreifen sahen, gerieten sie vor Bestürzung zwischen die Reihen der Unsrigen und wurden niedergemacht. Von den übrigen zogen sich Teile, deren Pferde ermüdet waren, in die nächsten Dörfer zurück, wurden da von Bewaffneten umringt und samt den Gebäuden, in die sie sich geflüchtet hatten, verbrannt. Andere schwammen durch den Lech, aber da das jenseitige Ufer beim Anstieg keinen Halt bot, wurden sie vom Strom verschlungen und kamen so ums Leben. Am Tag der Schlacht selbst noch wurde das feindliche Lager genommen und alle Gefangenen befreit; am zweiten und dritten Tag wurde von den benachbarten Burgen aus die übriggebliebene Menge der Ungarn derart aufgerieben, daß nur sehr wenige entkamen.
Freilich, nicht eben unblutig gelang der Sieg über ein so wildes Volk. Der Herzog Konrad nämlich, der tapfer gekämpft hatte, empfand in seinem feurigen Drang und in der Sonnenglut, die an diesem Tag überstark war, eine unerträgliche Hitze, und als er die Bänder seines Helms gelöst hatte und Luft schöpfte, fiel er, von einem Pfeil durch die Kehle getroffen. Sein Körper wurde auf des Königs Befehl ehrenvoll aufgebahrt und nach Worms geführt. [...] Nach dem herrlichen Kampferfolg begrüßte das Heer den König feierlich als Vater des Vaterlandes und Kaiser. [...] Eines solchen Sieges hatte sich keiner der Könige vor ihm in den letzten zweihundert Jahren erfreut.

Aus: Rerum gestarum Saxonicarum libri III (Geschichte der Sachsen) des Mönches Widukind von Corvey. Übers.: R. Schottin und P. Hirsch

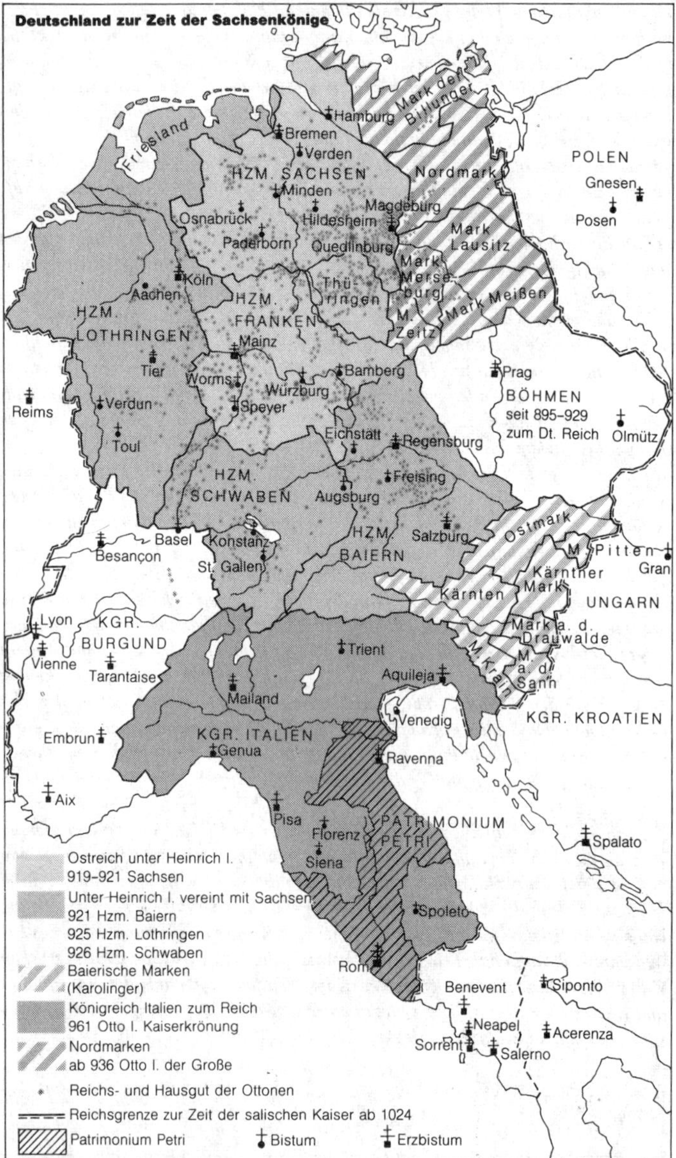
Deutschland zur Zeit der Sachsenkönige
Mark der Billunger
Hamburg
Bremen
Verden
Friesland
HZM. SACHSEN
Minden
Osnabrück
Hildesheim
Magdeburg
Paderborn
Quedlinburg
Nordmark
POLEN
Gnesen
Posen
Mark Lausitz
Mark Merseburg
Mark Meißen
M. Zeitz
Köln
Aachen
Thüringen
HZM. FRANKEN
HZM. LOTHRINGEN
Mainz
Tier
Worms
Bamberg
Würzburg
Speyer
Reims
Verdun
Toul
Prag
BÖHMEN
seit 895–929
zum Dt. Reich
Olmütz
Eichstätt
Regensburg
HZM. SCHWABEN
Augsburg
Freising
Ostmark
Basel
Konstanz
Salzburg
Besançon
St. Gallen
HZM. BAIERN
M. Pitten
Gran
Kärntner Mark
Kärnten
UNGARN
Lyon
KGR. BURGUND
Vienne
Tarantaise
Trient
Mark a. d. Drauwalde
M. Krain
M. a. d. Sann
Aquileja
Mailand
Venedig
KGR. KROATIEN
Embrun
KGR. ITALIEN
Genua
Ravenna
Aix
Pisa
Florenz
PATRIMONIUM PETRI
Siena
Spalato
Spoleto
Rom
Benevent
Siponto
Neapel
Acerenza
Sorrent
Salerno
Ostreich unter Heinrich I.
919–921 Sachsen
Unter Heinrich I. vereint mit Sachsen
921 Hzm. Baiern
925 Hzm. Lothringen
926 Hzm. Schwaben
Baierische Marken
(Karolinger)
Königreich Italien zum Reich
961 Otto I. Kaiserkrönung
Nordmarken
ab 936 Otto I. der Große
Reichs- und Hausgut der Ottonen
Reichsgrenze zur Zeit der salischen Kaiser ab 1024
Patrimonium Petri
Bistum
Erzbistum

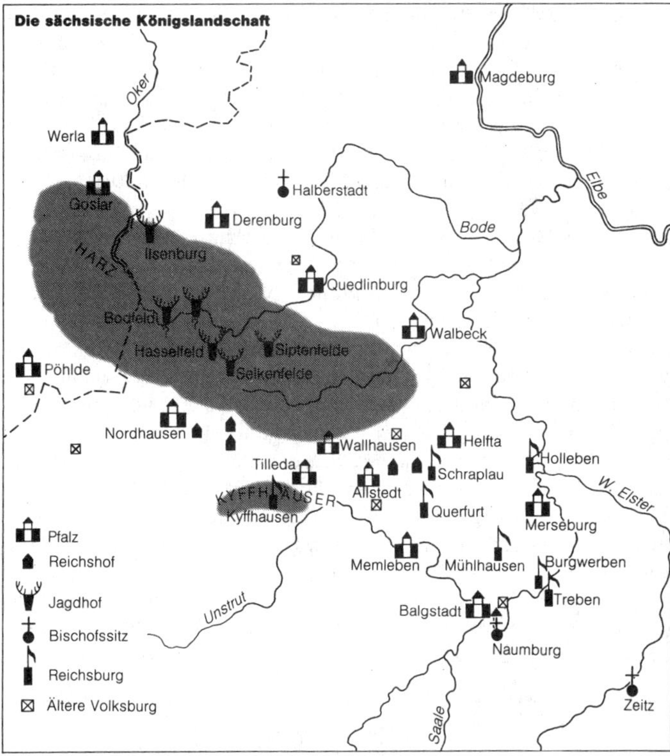

die Gesandtschaft hatte »abblitzen« lassen, wog wenig gegen die Kaiserkrone, die ihm auch starken Einfluß auf die Kirche sichern sollte.
Dies hing mit einer Besonderheit ottonischer Politik zusammen, die unter dem Schlagwort »Reichskirchenpolitik« rund zweihundert Jahre lang das politische Geschehen prägte. Die Bischöfe wurden, da Familienangehörige und weltliche Herzöge keine Stütze, sondern ständige Gefährdung der Herrscher bedeuteten, mit immer größeren weltlichen Rechten ausgestattet und mit Grundbesitz belehnt, um ein Gegengewicht gegen die Herzöge zu bilden. Das brachte zudem den Vorteil, daß beim Tod eines Geistlichen der Besitz an die Krone zurückfiel. Funktionieren konnte das System nur, solange der König die Bischöfe ohne Einspruch des Papstes ernennen konnte bzw. mit dem Papst einer Meinung war. Religion und Politik waren nicht zu trennen, seit Karl der Große das Bild des Kaisers als Beschützer der Christen-

heit und Hüter des christlichen Abendlandes geprägt hatte. Die enge Verwobenheit beider Bereiche und die Stellung des Kaisers als eines »Stellvertreters Gottes« (vicarius dei) war eine so selbstverständliche Anschauung der damaligen Menschen, daß Ottos I. Italienzug, soviel man auch die damit initiierte Politik kritisieren kann, nur die als notwendig erachtete Ergänzung seiner herausragenden Stellung bringen sollte, die Krönung zum Kaiser. Otto I. war sich des politischen Einschnittes bewußt. Nachdem sein Sohn Liudolf 957 beim Versuch, die Ansprüche des Reiches gegen Berengar durchzusetzen, in Oberitalien gestorben war, ließ Otto I. seinen sechsjährigen Sohn aus der Ehe mit Adelheid, Otto, zum Mitkönig krönen, ehe er Herbst 961 über den Brenner nach Italien zog.
Ende Januar 962 stand Otto I. zum erstenmal vor den Toren Roms. Wie alle folgenden Könige war er fasziniert von dieser ehemaligen Hauptstadt des Römischen Weltreiches, die selbst noch in ihren gewaltigen Ruinen Majestät und Größe ausstrahlte. In großartigem Pomp wurde Otto I. am 2. Februar 962 in Sankt Peter zum Kaiser gekrönt, nachdem er die »Pippinsche Schenkung« erneuert hatte, d.h. durch Eid die Verteidigung der Rechte des Heiligen Stuhles und seiner weltlichen Besitzungen, des Kirchenstaates, zugesagt hatte. Der Papst seinerseits gelobte Treue. Das Kaisertum Karls des Großen war erneuert, geringer zwar an Gebiet – das Westfrankenreich war ausgeschieden –, damit nicht mehr von universalem Anspruch, aber es blieb fortan in den Händen der deutschen Könige bis zum Ende des »Heiligen Römi-

Brun von Köln

Er wurde um 925 als jüngerer Bruder Ottos I. geboren und kam bald an dessen Hof. Dort wirkte er als Kanzler und Erzkaplan innen- und außenpolitisch im Dienst des Königs, des Reiches und der Reichskirche. Diese Doppelfunktion des königlichen Vertrauten wurde 953 noch weiter ausgebaut: Brun wurde zum Herzog (lat. dux) von Lothringen und dem Erzbischof (lat. archiepiskopus) von Köln ernannt. Damit wurde er zum Prototyp eines ottonischen Reichsbischofs innerhalb des Reichskirchensystems. Er war ein verläßlicher Garant für die Verbindung von Kirche und Reich, Politiker, geistlicher Oberhirte seiner Kirche und Lehrer – ein »archidux«! Von ihm ausgebildete Nachwuchsbischöfe brachte er, ganz im Sinne der Doppelverpflichtung, auf lothringische Bischofsstühle.

schen Reiches Deutscher Nation«. Am 13. Februar bestätigte Otto I. in einem »Staatsvertrag« zwischen Papst und Kaiser, dem sogenannten »Pactum Ottonianum«, nochmals schriftlich die Schenkungen, bestand aber gleichzeitig auf kaiserlichen Hoheitsrechten gemäß der »Römischen Vereinbarung«, der »Constitutio Romana«, die 824 Lothar mit Papst Paschalis I. geschlossen hatte.

Diese Vereinbarung räumte ihm und allen nachfolgenden Kaisern ein wichtiges Recht ein: Der neugewählte Papst hatte vor der Weihe dem Kaiser den Treueid zu leisten. So kostbar der Vertrag ausgefertigt worden war – eine Prunkabschrift befindet sich noch heute im Vatikan –, so wenig war er wert. Als Otto I. nämlich gegen Berengar vorging, der sich in San Leo südlich Rimini verschanzt hatte, und Italien ordnen wollte, verband sich der Papst, der seine bisherige Vorherrschaft gefährdet sah, mit Berengar und den Gegnern des Kaisers. Als Eidbrüche, Verrat, Verschwörungen und Morde sich zusammen mit Beschuldigungen gegen den sittenlosen Lebenswandel des Papstes zu einem unentwirrbaren Knäuel verwickelt hatten, kam Otto I. 963 nach Rom zurück und hielt auf einer Synode im Petersdom im Dezember strenges Gericht. Papst Johannes, dem u.a. vorgeworfen wurde, Diakone im Pferdestall geweiht und beim Würfelspiel heidnische Götter, Venus und Jupiter, angerufen zu haben, wurde durch Leo VIII. ersetzt, der als Laie an einem Tag alle nötigen Weihen erhielt. Otto I. hatte gezeigt, wer »Herr im Hause« war, und ließ die Römer schwören, keinen Papst mehr ohne seine Einwilligung zu wählen. Leichtsinnigerweise entließ er einen Teil des Heeres: er wußte nicht, wie wetterwendisch die Römer sein konnten. Mit dem Geld des Kirchenschatzes kaufte Johannes die Bewohner für einen Aufstand, der im Januar 964 blutig niedergeschlagen wurde. Kaum war Otto I. fort, riß Johannes das Regiment wieder an sich, verstieß Leo und wütete gegen des Kaisers Anhänger. Als er starb, wählten die Römer entgegen dem Eid den Kardinaldiakon Benedikt ohne Zustimmung Ottos I. Erneut griff der Kaiser ein, verbannte Benedikt nach Hamburg und setzte Leo im Juni wieder ein.

Die Situation in Italien begann sich nun endlich zu entspannen. Leo regierte unangefochten, Berengar wanderte nach der Gefangennahme mit seiner Familie über die Alpen ins Exil, wo er 966 in Bamberg gestorben ist. Nach Leos Tod respektierten die Römer das kaiserliche Votum und akzeptierten den Bischof von Narni als neuen Papst Johannes XIII.

Doch nur zu bald traten erneut die Spannungen offen zutage, der revoltierende Stadtadel setzte den Papst ab und warf ihn schrecklich zugerichtet ins Gefängnis. Otto I. mußte auf sein Hilfeersuchen 966 erneut nach Italien kommen, zum drittenmal.

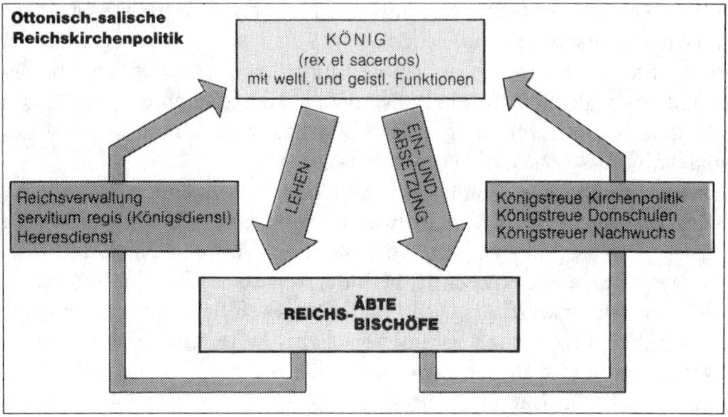

Der dritte Italienzug Ottos I. 966–972

Als Otto I. in Rom einzog, empfingen ihn die Bewohner mit Ovationen. Johannes saß wieder auf dem Papstthron, als ob nichts passiert sei. Doch mittlerweile wußte Otto I., daß dem »Hosianna« noch jedesmal ein »Kreuzige ihn« gefolgt und seine Milde als Schwäche ausgelegt worden war. So statuierte er diesmal ein Exempel, ließ 12 Vertreter des Adels öffentlich aufknüpfen und den Stadtpräfekten, nachdem er auf einem Esel durch die Straßen geschleift worden war, im Kerker des Lateranpalastes umbringen. Selbst die Gebeine toter Gegner wurden aus den Gräbern gerissen und verstreut.

Wenn Otto I. sich zu solchen, aus blindem Haß geborenen Maßnahmen hinreißen ließ, dann mußte er für die Italienpolitik, für die Zukunft des Kaiser- und Papsttums das Schlimmste befürchtet haben. Hier war ein Punkt erreicht, an dem der eher passive Otto I. zu konsequentem Handeln gezwungen war, wenn nicht das bislang Geschaffene im Strudel stadtrömischer Adelsauseinandersetzungen zerfallen sollte. Eigentlich hätte Otto I. nach dem Strafgericht heimkehren können. Daß er volle sechs Jahre blieb, zeigt, daß er das Papsttum konsolidieren und ein auch während seiner Abwesenheit ruhiges Italien zum gesicherten Bestandteil des Reiches ausbauen wollte. Ganz auf dieser Linie lag es, wenn er anläßlich eines Reichstages in Ravenna dem Papst den Exarchat von Ravenna zurückgab, auf einem Zug in den Süden die Herzöge von Capua und Benevent für seine Politik gewann und seinen 12jährigen Sohn Otto zum Mitkaiser krönen ließ. Das Ziel des dritten Italienzuges war erreicht, trotzdem blieb Otto I.

Man darf mit Recht vermuten, daß er im Süden Italiens im Wechsel von Diplomatie und militärischen Aktionen die Krönung seines Lebenswerkes gesucht hat, die Anerkennung seiner kaiserlichen Stellung durch das oströmische Byzanz. Durch den Frontwechsel der Herzöge von Capua und Benevent war ein wichtiger Brückenkopf im byzantinischen Machtbereich gewonnen, den Otto I. durch die Besetzung Apuliens und die Belagerung der byzantinischen Seestadt Bari 967 ausbaute, während er gleichzeitig auf diplomatischen Kanälen eine Braut für seinen Sohn von Ostrom erbat. Die Byzantiner schienen zunächst nicht abgeneigt, doch die Gesandtschaft erlebte in Konstantinopel eine Riesenenttäuschung. Der stolze Kaiser Nikephoros Phokas akzeptierte zwar einen »König der Deutschen und Langobarden«, aber keinen zweiten »Kaiser der Römer« neben sich. Von einer Braut für den barbarischen Emporkömmling war keine Rede mehr. Dem diplomatischen Mißerfolg folgten sofortige Kriegszüge Ottos I. nach Apulien und Kalabrien, um Nikephoros gefügig zu machen. Und wieder stand Otto I. im entscheidenden Moment das Glück zur Seite. Nikephoros wurde 969 ermordet, sein Mörder Johannes I. Tzimiskes wurde der Nachfolger. Weil diesem ein Zweifrontenkrieg gegen Russen und Bulgaren bevorstand, signalisierte er Bereitschaft gegenüber dem deutschen Kaiser und gab einer zweiten Gesandtschaft die Braut mit, nachdem man die gegenseitige Anerkennung des Besitzstandes in Unteritalien ausgehandelt hatte. Als Otto I. die heißersehnte Schwiegertochter in den Armen hielt, er, der vom oströmischen Kaiser anerkannte, gleichberechtigte Kaiser des Westens, machte sich Ernüchterung breit. Nicht die gewünschte Prinzessin Anna, eine »Purpurgeborene«, hatte der gerissene Armenier geschickt, sondern eine nahe Verwandte, Theophanu. Einen Moment zögerte Otto, dann siegte in ihm der Realist. Am Sonntag nach Ostern 972 war Hochzeit, Ottos I. Pläne vom christlichen Kaiserreich des Westens waren Wirklichkeit.
Unterdessen blieb es in Deutschland ruhig. Brun, Ottos I. tieffrommer, gelehrter Bruder, Erzbischof von Köln und nach Konrad des Roten Tod 955 gleichzeitig Herzog von Lothringen, hatte zusammen mit Ottos I. illegitimem Sohn Wilhelm, Erzbischof von Mainz, die Verwaltung des Reiches besorgt. Als Otto I. im Herbst 972 aus Italien zurückkam, waren beide nicht mehr am Leben. Gestorben waren auch seine Mutter Mathilde, der treue Markgraf Gero und andere Freunde. Erschüttert stand Otto I. an ihren Gräbern in Köln, Mainz, Quedlinburg und in Magdeburg, wo im Dom die erste Gemahlin Edith ruhte. Die Gesandtschaften, die Ostern 973 in Quedlinburg eintrafen, waren Symbol der anerkannten Weltgeltung Ottos I. Harald von Dänemark schickte Legaten, der Polenherzog gab seinen Sohn als Pfand, Boleslav

von Böhmen huldigte Otto I. ebenso wie die Vertreter der Russen, Ungarn, Bulgaren, Römer und Griechen. Aber Trauer mischte sich in die glücklichen Tage. Hermann Billung, der treue Freund, starb überraschend.
Christi Himmelfahrt feierte Otto I. in Merseburg, dann scheint es ihn in Vorahnung nach Memleben gezogen zu haben, dem Sterbeort seines Vaters. Pfingsten besuchte er dort die Frühmesse und erschien heiter bei Tisch. Nach dem Evangelium der Abendmesse fieberte er plötzlich hoch, schwankte. Hilfsbereit brachte man einen Sessel. Der Kopf fiel kraftlos zur Seite, Otto I. schien tot. Das Bewußtsein kehrte nochmals zurück, Otto I. kommunizierte »und übergab dann ohne Seufzer, mit großer Ruhe den letzten Hauch dem barmherzigen Schöpfer«. So berichtet der Mönch Widukind von Corvey und beschließt sein Buch mit einer knappen Würdigung Ottos I., des Großen, der die »Wiederbegründung« des Römischen Reiches als gelungen ansehen durfte, die Ausprägung und Konsolidierung aber dem Sohn hinterlassen mußte: »Das Volk sprach viel zu seinem Lobe und gedachte mit Gefühlen des Dankes, wie er mit väterlicher Milde seine Untertanen regiert, sie von Feinden befreit, die Ungarn, Sarazenen, Dänen und Slawen mit Waffengewalt besiegt, Italien unterworfen, die Götzentempel bei den benachbarten Völkern zerstört, Kirchen und geistliche Ordnung eingerichtet habe.«

Otto II. und sein Konflikt mit dem »Zänker«

Wenn ein übermächtiger Vater dem Sohn die Regierungsgewalt hinterläßt, sind Probleme schon vorprogrammiert. Das galt erst recht, als Otto II., im Todesjahr seines Vaters gerade 18 Jahre alt, von einem Tag auf den andern ein so drückendes Erbe auf seine jungen Schultern zu nehmen hatte. Otto I. hatte zwar den Fehler seines Vaters Heinrich I. vermieden, den Sohn von aller Verantwortung auszusparen, doch Schwierigkeiten gab es dennoch genug. Verwöhnt von den Eltern, wenig geübt in Selbstdisziplin, daher sprunghaft und mutwillig, brauchte der junge Mann oft scharfe Zurechtweisung. Die 967 vollzogene Kaiserkrönung und die sofortige Zustimmung des Adels zur Nachfolge waren noch keine Garantie für störungsfreie Herrschaft. Das hinlänglich bekannte Abtasten des neuen Königs auf Schwachstellen und die Versuche der Herzöge, die Zentralgewalt zu beschneiden, brachten sofort Konflikte mit dem Sohn seines Onkels Heinrich, Herzog Heinrich von Baiern, genannt »Zänker«. Dieser fühlte sich bei Grenzstreitigkeiten übervorteilt und Otto II. in der Abstammung durch seinen pur-

purgeborenen Vater ebenbürtig. Die alten, dank Ottos I. erfolgreicher Politik zugedeckten, aber nie beseitigten Familienrivalitäten brachen wie ein Geschwür wieder auf. Heinrich suchte Hilfe bei Böhmen und Polen und provozierte eine längst vergangen geglaubte Phase von Eidbruch, Verrat und militärischen Auseinandersetzungen, an deren Ende die Verurteilung des »Reichsfeindes« und seine Gefangensetzung in Ingelheim standen, wo schon sein Vater in gleicher Sache inhaftiert gewesen war. Genau wie damals dem Vater gelang dem Sohn die Flucht. Er stellte sich aber nicht wie sein Vater Weihnachten 941 dem König, sondern versuchte erneut mit Unterstützung des Böhmenherzogs Boleslav, baierischer Freunde und sächsischer Adeliger, Otto II. zu stürzen. Otto II. mußte lange kämpfen, ehe sich Heinrich 977 in Passau ergab. Das Herzogtum Baiern wurde ihm entzogen und, um das zum Herzogtum erhobene Kärnten vermindert, Ottos II. Neffen, Liudolfs Sohn Otto, verliehen.
Die vierjährige Dauer der Auseinandersetzungen war nicht Ottos II. mangelndem Geschick oder seiner Jugend zuzuschreiben. Da Heinrich der Zänker den Konflikt durch Hinzunahme Böhmens »internationalisierte«, ermunterte er weitere Gegner wie den Dänen Harald Blauzahn, der allerdings bald die Überlegenheit Ottos II. anerkennen mußte.

Die Auseinandersetzung mit dem Westfrankenreich

Einen weiteren Unruheherd, Lothringen, beseitigte Otto II., indem er Karl, den Bruder des karolingischen Königs Lothar von Frankreich, mit Niederlothringen (dem heutigen Belgien-Südniederlande) belehnte. Lothar schien der Augenblick günstig, das seit Heinrich I. verlorene Lothringen wiederzugewinnen. Aber da er gebietsmäßig nur ein kleiner König war, sich zudem ständiger Angriffe der mächtigen Herzöge von Franzien (Westfranken) zu erwehren hatte, konnte er keinen Krieg großen Stils führen und versuchte es mit ›Kidnapping‹: er fiel nach Lothringen ein und eroberte die Pfalz Aachen, wo sich Otto II. Juni 978 mit der schwangeren Theophanu aufhielt. Erst im allerletzten Moment erhielt Otto II. Meldung von dem Überraschungscoup und floh Hals über Kopf von der gedeckten Tafel. Lothar konnte dem verpaßten Sieg nur einen symbolischen Akt abgewinnen: Den Adler Karls des Großen, der auf dem Pfalzdach nach Osten zeigte und dem ostfränkischen Reich zugewendet war, drehte er nach Westen, um Frankreichs Überlegenheit zu demonstrieren und anzuzeigen, daß die Pfalz Aachen jetzt zu Frankreich gehöre. Die militärische Antwort

blieb Otto II. ein Vierteljahr lang schuldig. Dafür fiel sie in bislang nie gekannter Einmütigkeit aus. In Dortmund beschloß man Krieg gegen den Blutsverwandten, weil nicht Otto II. persönlich, sondern des »Reiches Herrlichkeit« herausgefordert war. Deshalb übermittelte man Lothar den genauen Einmarschtag, den 1. Oktober 978. Der Krieg verlief bis vor Paris recht erfolgreich, doch das Heer hatte sich verausgabt. Die Belagerung brachte keine Fortschritte, und Otto II. ließ sich eine Taktik einfallen, die damals bei den Einwohnern von Paris wie bei uns heute nur Kopfschütteln erregt. Das auf dem Montmartre angetretene Heer mußte ein lautes »Halleluja« schmettern. Aber Paris war nicht Jericho. Es stürzten weder die Mauern ein noch bat ein verzweifelter König um Frieden. Ruhmlos zog Otto II. ab, der Troß ging zu allem Unglück auch noch verloren.
Seltsamerweise regte sich ob dieser Mißgeschicke kein innenpolitischer Widerstand. Das harte Durchgreifen gegen Heinrich den Zänker und die Verbannung seiner Freunde Heinrich von Kärnten, Graf Ekbert und Bischof Heinrich von Augsburg hatten Eindruck gemacht. Nach fünf langen Jahren war Otto II. akzeptiert. Dafür spricht auch das freiwillige Erscheinen Lothars von Frankreich 980 vor Otto II. und sein Verzicht jeglicher Ansprüche auf Lothringen.

Otto II. in Italien

Der Kaiser brauchte gerade jetzt freie Hand. Aus Italien war wieder einmal ein Hilferuf über die Alpen gekommen, der aber zunächst wegen der lothringischen Händel nicht beachtet werden konnte. Das erbärmliche Schachern um den Papstthron hatte die rivalisierenden Adelscliquen Roms in einen Strudel gegenseitiger Gewalttaten gerissen, aus denen die eine Partei mit Ottos II. Unterstützung herauszukommen hoffte. Der 980 angetretene Zug führte zunächst in Pavia zur Versöhnung Ottos II. mit seiner Mutter Adelheid, die zwei Jahre zuvor den königlichen Hof im Streit mit Ottos II. Frau Theophanu verlassen hatte. Die Gründe lagen auf der Hand. Das Verhältnis zwischen der Kaiserinmutter – der ›biederen Dame‹ aus der ›Provinz‹ – und der hochkultivierten Byzantinerin Theophanu war nie frei von Mißtrauen, aus vielen kleinen Mißverständnissen geboren, und als Sohn Otto II. zu seiner Frau Theophanu hielt, räumte die Mutter enttäuscht das Feld. Nach dem gemeinsamen Weihnachtsfest in Ravenna, an dem auch Theophanu mit ihrem kurz zuvor geborenen Sohn Otto teilgenommen hatte, zog Otto II. mit Frau und Kind nach Rom, wo Papst Benedikt VII. unangefochten regierte.

Otto II. konnte die Früchte des langen Aufenthaltes seines Vaters genießen. Die Verhältnisse waren recht stabil: Italien erlebte eine Phase von Sicherheit, Ordnung und straffer Verwaltung, ohne daß es allerdings nach Ottos II. Planung politisch so organisiert war wie etwa ein Stammesherzogtum in Deutschland. Italien, dessen Besitz insofern wichtig war, als hier die Kaiserwürde vergeben wurde, sollte als Kernland des alten römischen Weltreiches gleichberechtigt neben Deutschland stehen. Darauf weist Ottos II. Kaisertitulatur hin: »Imperator Romanorum Augustus«, »Kaiser der Römer und Augustus«. Sie war mit dem Titel des oströmischen Kaisers identisch und signalisierte den deutlich geäußerten Anspruch Ottos II. auf ganz Italien.
Aber die Einigung der ganzen Halbinsel war gar nicht so einfach zu vollziehen, weil neben den Byzantinern in Unteritalien die Sarazenen lauerten, die durch ständige Übergriffe von Sizilien aus auch Italien mit Feuer und Schwert ›missionieren‹ wollten. Das Alibi eines Glaubenskrieges mußte auf beiden Seiten für die Erweiterung des Herrschaftsgebietes herhalten, so mag es uns anmuten. Otto II. dachte sicher nicht so. Für den mittelalterlichen Menschen waren Religion und Politik eine Einheit, und jeder Kampf gegen Ungläubige eine für den Kaiser als »Sachwalter Gottes« bindende Verpflichtung, der man sich als »Verteidiger der Kirche« nicht entziehen konnte, auch wenn es wenig Ruhm zu ernten gab oder sogar mit Niederlagen zu rechnen war. Kaiser Otto II. war es den Christen schuldig, die Sarazenen genauso mutig anzugreifen wie sein Vater die Ungarn auf dem Lechfeld.

Kaiser Ottos II. letzte Schlacht

Tief im Süden beim heutigen Crotone kam es Juli 982 zur Schlacht, in der die deutschen Panzerreiter anfangs siegreich blieben, dann durch Sorglosigkeit in einem Hinterhalt völlig aufgerieben wurden. Otto II. entkam mit wenigen Begleitern ans Meer, bestieg ein vor Anker liegendes Schiff, das hocherfreut über die kostbare Ladung sofort Kurs auf Konstantinopel nahm. Otto II. wußte zunächst nicht, daß es unter byzantinischer Flagge lief. Mit einem Trick überredete dann der Kaiser den habgierigen Kapitän zu einer Zwischenlandung bei Rossano und entkam schwimmend mit seinen Leuten. In Deutschland herrschte Bestürzung, als das Ausmaß der Niederlage bekannt wurde. Die Blüte des Adels war tot, die Position Ottos II. durch sein Versagen schwer erschüttert. Ermutigt durch die lange Abwesenheit des Kaisers, erhoben sich die Slawen auf breiter Front, überrannten den größten Teil der gerade erst unterworfenen ostelbischen Gebiete, überschritten so-

gar die Elbe, bedrohten Magdeburg, zerstörten Havelberg und Brandenburg und plünderten Hamburg. Die Billungische Mark und die Nordmark gingen an sie verloren, ebenso Wagrien (in Südostholstein). Nur die Marken Meißen und Lausitz konnten sich halten. In Italien hingegen blieb es ruhig, weil dem Kaiser Verstärkung aus Deutschland zugeführt wurde.
Von schweren Depressionen befallen, regelte Otto II. auf dem Reichstag von Verona 983 die Verhältnisse der Herzogtümer Schwaben, Baiern und Kärnten, ließ seinen dreijährigen Sohn Otto (III.) von den versammelten Fürsten zum Nachfolger wählen und das Weihnachtsfest als Krönungstermin festsetzen. Die Wahl des kleinen Otto fand erstmals auf italienischem Boden statt und spricht für die enge Verbindung Italiens mit dem Deutschen Reich – eine Konsequenz des römischen Reichsgedankens.
Als Papst Benedikt VII. gestorben war, setzte Otto II. seinen Kandidaten, den Bischof Petrus von Pavia, als Johannes XIV. durch und traf die nötigen Vorbereitungen zu einem neuen Feldzug, um die Sarazenenschmach zu tilgen. Das Heer war schon auf dem Marsch, da erkrankte der Kaiser plötzlich in Rom, angeblich an Gift, wahrscheinlich aber an Malaria, die falsch behandelt wurde. Am 7. Dezember 983 ist der Kaiser gestorben. Er wurde im Petersdom bestattet, als einziger der Ottonen in fremder Erde – vielleicht ein Sinnbild der Entfremdung, die zwischen ihm und Deutschland eingetreten war. Sein Andenken blieb mit den Verlusten östlich der Elbe-Saale-Linie belastet.

Die vormundschaftliche Regierung der beiden Kaiserinnen

In Deutschland hielt das vom Vater gelegte Fundament die Erschütterungen aus, die Ottos II. Tod verursachte. In Italien lag alles in der Schwebe. Ungeklärt blieben die Verhältnisse im Süden, dem von Otto II. eingesetzten Papst Johannes XIV. widerfuhr im Streit des stadtrömischen Adels das Schicksal aller kaiserfreundlichen Vorgänger, sobald die schützende Hand des Herrschers fehlte. Sein elender Hungertod in der Engelsburg beleuchtet grell, wie wenig stabilisierend das Papsttum im Grunde war und wie wenig Unterstützung ein deutscher König für seine Politik erwarten konnte.
Als der erst drei Jahre alte Otto III. von den Erzbischöfen Johannes von Ravenna und Willigis von Mainz Weihnachten 983 in Aachen zum König gekrönt wurde, platzte in die freudig gestimmte Festversammlung ein Bote mit der Nachricht vom Tod seines Vaters, Kaiser Ottos II. Lähmendes Entsetzen machte sich breit, jeder der Anwesen-

den empfand die Leere und Unsicherheit, die desto größer ist, je mehr Sicherheit und Autorität der verstorbene Herrscher ausstrahlte. Unsicherheit ruft aber immer entschlossene Männer auf den Plan. Heinrich der Zänker war einer. Aus der Verbannung im lothringischen Utrecht entlassen, nahm er aufgrund der Verwandtschaft den jungen Otto III. in Empfang, um ihn als Vormund großzuziehen oder richtiger: »seiner Würde zu entkleiden«. Denn ähnlich wie zehn Jahre zuvor versuchte Heinrich, diesmal ohne Rebellion, unter dem Deckmantel der Vormundschaft die Krone zu erwerben. Die alten Bundesgenossen Boleslav von Böhmen und Mieszko von Polen huldigten ihm mit vielen deutschen Fürsten Ostern 984 in Quedlinburg noch, aber seine Rechnung ging nicht auf: Eine starke Opposition unter Führung des Willigis von Mainz fürchtete die Verwirklichung egoistischer Pläne Heinrichs und brachte ihn kurz darauf durch geschickte Diplomatie zum freiwilligen Verzicht und zur Anerkennung Ottos III. Vormundschaft und Regierung übernahmen nun zunächst die beiden Kaiserinnen gemeinsam, Großmutter Adelheid und Mutter Theophanu. Theophanu schuf mit dem Zänker einen Ausgleich, indem sie ihn in das 976 entzogene Herzogsamt von Baiern wiedereinsetzen ließ. Theophanu brachte auch in Italien die Herrschaft ihres Sohnes zur Geltung: 989 übte sie in Rom und Ravenna kaiserliche Rechte aus. Daß sich Theophanu mit den Partikulargewalten rasch arrangieren konnte, spricht für ihren geschickten Regierungsstil.

Otto III. – »Mirabilia mundi«

Anders als der Vater genoß der heranwachsende Otto III. eine Ausbildung, die auch eines byzantinischen Thronfolgers würdig gewesen wäre. In Philosophie, Mathematik und Musik war er ebenso bewandert wie in der Redekunst und Literatur. Neben der Muttersprache beherrschte er fließend Griechisch und Latein. Die griechische Mutter und die lateinisch sprechende Großmutter führten ihn in die Welt der Antike mit ihren unübertroffenen, bleibenden Zeugnissen ein. Philosophie und Theologie erschloß sich Otto III. mit Hilfe seiner Lehrer Bernward, des berühmten Bischofs von Hildesheim, und des genialen Franzosen Gerbert von Aurillac, an dem er schwärmerisch hing. Kein Wunder, daß Zeitgenossen Otto III. fast ehrfürchtig als »Mirabilia mundi«, als »Weltwunder« bezeichneten. Ein blasser Schöngeist zu werden, davor bewahrten ihn die Kriegszüge, die er schon gleich nach seiner Geburt 980 mitmachen mußte. Als die Mutter im Juni 991 in Nimwegen gestorben und in St. Pantaleon in Köln beigesetzt war,

Kaiserfigur mit Zepter und Reichsapfel, *vielleicht Otto III. Detail von einer Situla (Weihwassergefäß) vom Anfang des 11. Jhs. Elfenbeinschnitzerei. Aachen, Domschatz.*

mußte seine Großmutter Adelheid aus Italien kommen, um für kurze Zeit die Regentschaft auszuüben. Obwohl die Vertreter der Reichskirche die alte Dame tatkräftig unterstützten, fehlte die Zentralgewalt merklich: In Italien, Polen, Frankreich und Dänemark setzten sich Kräfte durch, die das Deutsche Reich und seine Einflüsse schmälern konnten oder wollten, im Innern gewannen die Fürsten Macht und Einfluß auf Kosten der Zentralgewalt. 995 war Otto III. volljährig und gab der alten Dame endgültig den Laufpaß. Der große Gegenspieler, der Zänker, verschied im August 995. Otto III. übertrug das Herzogtum dessen Sohn Heinrich, seinem späteren Nachfolger.

Ottos III. Italienpolitik

Nach der Feier des Weihnachtsfestes 995 in Köln zog Otto III. noch im Winter über die Alpen (1. Italienzug), weil ihn, wie konnte es anders sein, Papst Johannes XV. gegen das tyrannische Regiment des weltlichen Herrschers in Rom, Crescentius, gerufen hatte. Nach dem Osterfest in Pavia 996 erfuhr Otto III. in Ravenna vom Tod des Papstes. Zur Lösung der ständigen Querelen um den Papstthron kam der König auf eine verblüffend einfache wie ungewohnte Lösung, die Schule machte. Er ernannte in eigenwilliger Mißachtung des bisherigen Brauches seinen 24jährigen Neffen Bruno, Sohn des Herzogs Otto von Kärnten, zum ersten deutschen Papst und ließ ihn als Gregor V. von Erzbischof Willigis in sein Amt einführen. Wenig später kam er selbst nach und wurde an Christi Himmelfahrt 996 von Gregor zum Kaiser gekrönt. Die erste Amtshandlung des neuen Kaisers wäre sicher die Abrechnung mit Crescentius gewesen, hätte nicht der Papst um Schonung gebeten. Kaum war Otto III. nach Deutschland gezogen, um Erhebungen der Slawen niederzuwerfen, vertrieb Crescentius den Papst aus Rom und ernannte einen Griechen, den Erzbischof von Piacenza, zum Gegenpapst Johannes XVI.
Otto III. eilte 997 erneut nach Rom mit Papst Gregor im Gefolge (2. Italienzug). Dem fliehenden Gegenpapst wurden von den Römern, die Otto III. milde stimmen wollten, Zunge und Nase abgeschnitten, die Augen ausgestochen. Crescentius floh in die Engelsburg. Otto III. hielt ein furchtbares Strafgericht. Der gefangene Crescentius wurde enthauptet und zusammen mit zwölf vornehmen Adeligen an den Beinen aufgehängt. Otto III. blieb zwei Jahre, verfolgt von den staunenden Blicken der Römer, die nicht recht klug wurden aus diesem 18jährigen Caesar, der einerseits ein strenger Asket war, Weltentsagung demonstrierte, wie ein Mönch lebte, sich andererseits mit allem Pomp

Der thronende Kaiser Otto III., *umgeben von Evangelistensymbolen sowie Vertretern weltlicher und geistlicher Macht. Miniatur aus dem Evangeliar Ottos III. von dem Mönch Lothar (10. Jh.).*

OTTO III.

Wohl etwas unverhofft kam Otto III. im Sommer 980 in einem Wald bei Nimwegen zur Welt und wurde als Dreijähriger in aller Form zum deutschen König gekrönt. Von frühester Jugend an erhielt er eine überaus sorgfältige und vielseitige Erziehung, für die seine Mutter, die gebildete Kaiserin Theophanu, sorgte. Otto war ein frühreifes, fast überbegabtes Kind, das vor dem sechsten Lebensjahr lesen und schreiben lernte, dann schon bald Latein, Griechisch und die Anfangsgründe von Mathematik und Geometrie. Früh wurde Otto III. ein Büchersammler, und das in einer Zeit, in der adelige Laien ein Buch kaum vom Ansehen her kannten! Doch sorgte die umsichtige Mutter auch dafür, daß der Thronfolger nicht zu einseitig intellektuell ausgebildet wurde; ein hochadeliger ›Trainer‹ wurde extra bestellt, den Knaben im Waffenhandwerk und in der Reitkunst auszubilden. Das alles machte den Jungen, den man als »Weltwunder« bestaunte, nicht zu einem arroganten, egozentrischen Besserwisser, vielmehr besaß und behielt er die Fähigkeit zur Freundschaft über lange Zeit, und »es gab«, wie Thietmar von Merseburg sagt, »in seiner Zeit keinen freigebigeren und in jeder Beziehung milderen Menschen«, der das geistreiche Gespräch mit Freunden genoß. In einem Punkt war Otto III. seinem Großvater Otto I. ähnlich: Er schlug hart und grausam zu, wenn er sein Vertrauen ausgenutzt sah; in der Affäre Crescentius/Johannes Philagathos wurde dies recht deutlich (siehe »Text der Zeit«, Seite 250).Als der ›hübsche Knabe‹ mit den dunklen Haaren und der eleganten Figur »in seinem 15. Lebensjahr die Salbung zum Kaiser empfing und Schutzherr von St. Peter wurde, regierte er wie seine Vorfahren und machte, was ihm an Alterserfahrung fehlte, durch seine Vorzüge und Hingabe wett« (Thietmar). Trotz seiner Jugend betrieb Otto III. eine eigenständige Politik, die zwar aus traditionellen Elementen sich zusammensetzte, aber in ihrer kühnen Tendenz fast als revolutionär bezeichnet werden kann. Zu früh, am 24. Januar 1002 in Paterno gestorben, fand er sein Grab neben dem verehrten Karl dem Großen. (D. R.)

der römischen Kaiser umgab, eine Pfalz mitten in der Stadt errichtete, das spätantike-byzantinische Hofzeremoniell einführte und abseits der Tischfreunde alleine an erhöhtem Platz speiste. Mit Recht hat man in dieser zwiespältigen Haltung den wechselnden Einfluß seiner beiden Freunde gesehen, des schon 999 heiliggesprochenen Bischofs Adalbert von Prag – den er 996 in Rom kennengelernt hatte und der inzwischen bei der Missionierung der Preußen als Märtyrer gestorben war – sowie des von ihm hoch verehrten alten Lehrers Gerbert, der Otto III. den Wunsch zur Wiederaufrichtung des römischen Weltreiches, der »Renovatio imperii Romanorum« eingepflanzt hatte. Aus diesen beiden Quellen speiste sich Ottos III. Leben. Nachdem 999 Gregor V. gestorben war, lag nichts näher, als Gerbert, damals Erzbischof von Ravenna, als Nachfolger vorzuschlagen. Gerberts Papstname Silvester II. war ein Programm, das auf die enge Zusammenarbeit von Silvester I. mit Kaiser Konstantin zum Heil der Kirche hinweisen sollte.

Ottos III. Konzept: Wiederherstellung des Römerreiches als christliche Herrschaft

Im Jahr 1000 war Otto III. nach Deutschland zurückgekehrt, um das Grab des 997 von heidnischen Preußen erschlagenen Freundes Adalbert in Gnesen zu besuchen.

Das Ergebnis dieser Wallfahrt in polnisches Gebiet war für die Zeitgenossen seltsam genug, für die Deutschen unerklärlich. Die Gründung des polnischen Erzbistums Gnesen mit den Unterbistümern Kolberg, Krakau und Breslau schien noch verständlich aus Verehrung für Adalberts Begräbnisort. Auf totale Ablehnung aber mußten der Verzicht auf polnische Tributzahlungen und die Ernennung des bislang unter deutscher Oberhoheit stehenden Polenherzogs zum »Patricius«, Stellvertreter des Kaisers, stoßen. Nationalistische Stimmen sprechen noch heute von einem Ausverkauf deutscher Interessen und schwerster Beeinträchtigung des Erzbistums Magdeburg. Unter nationalem Blickwinkel mag das stimmen, in der Gesamtkonzeption Ottos III., der Wiederherstellung des römischen Kaiserreiches als einer christlichen Herrschaft, hatte Deutschland die führende Rolle ausgespielt. Rom sollte Hauptstadt eines aus Deutschland, Italien und den slawischen Ländern bestehenden Machtgebietes sein, dem die übrigen christlichen Reiche Europas als gleichberechtigte christliche Partner angehören sollten.

Nur so ist ein weiterer Schritt zu einem ›vereinten, christlichen Eu-

PAPST SILVESTER II.

Das wechselhafte Leben dieses hochgebildeten Mannes war ein Spiegelbild der politischen und religiösen Veränderungen in wildbewegter Zeit: Für den hochintelligenten Benediktinermönch Gerbert, wie Silvester zunächst hieß, war bald die Zelle seines Klosters im südfranzösischen Aurillac zu eng. Das Studium griechischer Philosophen und Naturwissenschaftler, deren Schriften durch Vermittlung der Araber in Europa bekannt geworden waren, hatte ihn so fasziniert, daß er ein Leben der Praxis dem des Gebetes vorzog. Die Domschule von Reims, Bildungszentrum des französischen Adels, war seine nächste Station.
Gerbert konnte sich aus den politischen Machtkämpfen nicht heraushalten und ergriff gegen die schwachen Karolinger Partei für Hugo Capet, Herzog von Franzien. Dabei wußte er sich in Übereinstimmung mit seinem Erzbischof Adalbero von Reims, der Hugo 987 zum neuen König Frankreichs salbte. Als nach seinem Tod 989 das Erzbistum neu besetzt werden mußte, berief Hugo den Karolinger Arnulf, nicht Gerbert. Aber schon auf einer französischen Synode 991 wurde Arnulf wegen Konspiration abgesetzt und Gerbert zum Erzbischof bestimmt.
Politisch war diese Einsetzung klug, kirchlich dagegen unmöglich. Wenn Gerbert trotzdem eine Gegenposition zu Rom bezog, lag das an den ungebildeten, amoralischen Päpsten, die für ihn keine oberste Autorität verkörperten. Von Rom nicht anerkannt, von der »cluniazensischen Reformbewegung« bekämpft, bedeutete Otto III. für ihn die Rettung. Gerbert übernahm die wissenschaftliche Ausbildung des Kaisers und beeinflußte stark in einer Mischung von antikem und christlichem Denken dessen Vorstellungen von der Wiederaufrichtung des Römischen Reiches in christlichem Geist. 998 Erzbischof von Ravenna, folgte er auf Wunsch Ottos III. als erster Franzose dem deutschen Papst Gregor V. Der Papstname Silvester II. sollte Hinweis sein auf den ersten Silvester, der zusammen mit Kaiser Konstantin die Christenheit regiert hatte. Aber zu einer engen Kooperation kam es nicht mehr. Otto III. starb schon 1002, Silvester folgte im Mai 1003 nach. (M. F.)

Zeugnisse des Kulturaustauschs zwischen Polen und Deutschen. *Die Bronzetür des Gnesener Doms schildert in 18 Feldern Szenen aus dem Leben des heiligen Adalbert, der von Otto III. als Freund geschätzt und als Märtyrer verehrt wurde. Die Pilgerfahrt Ottos III. zu Adalberts Grab nach Gnesen führte zur Annäherung an Boleslaw I. und zur Gründung des selbständigen Erzbistums Gnesen. Oben: Adalbert predigt den Preußen. – Unten: Adalbert empfängt den Bischofsstab von Otto III.*

Otto III. in Rom
Nach den Annalen von Quedlinburg und dem Bericht des Brun von Querfurt

Im Frühling des Jahres 996 zog König Otto nach Italien und feierte nach Osterbrauch die Auferstehung des Herrn zu Pavia, zuvor hatte er zwischen den Sachsen und Slawen Frieden geschlossen. Hierauf nahm er machtvoll das ganze italienische Reich in Besitz und zog in Rom ein, da fand er den Papst Johannes seligen Angedenkens tot. Der König gab frommen Herzens seine Zustimmung, daß an dessen Stelle sein Vetter Brun nachfolgte. Der war ein ausgezeichneter Mann, der nicht nur auf den einstimmigen Wunsch des Klerus, sondern auch aller römischen Bürger zum Papst gewählt wurde; die Römer nannten ihn statt Brun Gregor [V.]. Er wurde also auf den Apostolischen Stuhl erhoben und weihte am 21. Mai, dem Hochfest der Himmelfahrt Christi, den Herrn Otto, der bisher König hieß, unter dem Beifall des römischen und fast des gesamten Volkes von Europa zum Kaiser und Augustus. Als dann das italienische Reich wohlgeordnet war, kehrte Otto nach Franken zurück. [. . .]
[In Rom empört sich noch im gleichen Jahr Crescentius, Oberhaupt einer kaiserfeindlichen Adelssippe. Er zwingt Papst Gregor V. zum Verlassen der Stadt und läßt den aus Kalabrien stammenden Johannes zum Gegenpapst (Johannes XVI.) weihen.]
[. . .] Als der Herr Kaiser von diesen Dingen Kunde erhalten hatte, rüstete er sich (998) zu einem zweiten Zug nach Italien. Der ehrwürdige Papst Gregor eilte ihm nach Pavia entgegen und berichtete ihm die Schandtaten des Johannes und Crescentius. Der Kaiser begab sich voll Gotteszorn mit dem Papst schleunig nach Rom. Als die Satansknechte dies vernahmen, flüchtete Johannes, während sich Crescentius mit den Seinen in die Engelsburg einschloß. Einige Freunde, mehr noch Christi als des Kaisers, jagten dem Johannes nach, ergriffen ihn, und voll Besorgnis, er könne straflos durchkommen, wenn er vor den Kaiser geführt würde, schnitten sie ihm Nase und Zunge ab und rissen ihm die Augen aus. Nachdem diesen also Gottes Strafe getroffen hatte, konnte Herr Papst Gregor den Apostolischen Stuhl wieder in Ehren einnehmen. [. . .]
Der erhabene Kaiser zog jetzt in Rom ein und feierte daselbst Christi allerheiligste Auferstehung. Gleich nach dem Weißen Sonntag eroberte er tapfer mit Leitern und Sturmmaschinen die Feste, welche Crescentius besetzt hatte und die bislang noch von niemand erobert worden war. Der Kaiser ließ Crescentius nach dessen Gefangennahme enthaupten, von der Burg herabstürzen und mit den Füßen an einem Galgen aufhängen. [. . .]
[. . .] Unterdes hüllte sich der listenreiche Vater der Bosheit und der Erfinder jeglicher Heimtücke [. . .] wiederum in das Schlangenkleid und schlich sich in die Herzen der Römer, blies ihnen Gift ein und beredete sie mit seiner dreispitzigen Zunge, an den Kaiser selbst die gottlosen Hände zu legen. Wie sie aber vom Himmel her der Schild der göttlichen Huld zurückwarf, so daß sie den Kaiser nicht verletzen konnten, nahmen sie in blutigem Morden an allen, die der gerechten Sache anhingen und deren sie habhaft werden konnten, Rache. Man konnte sie von

dieser verruchten Empörung nicht abbringen, bis der Kaiser nach Sammlung seiner Getreuen gegen den Willen der rasenden Menge die Stadt verließ, die er früher mehr als jede andere liebte und nun mehr als jede andere verabscheuen mußte.

Aus: Annales Quedlinburgenses (Annalen von Quedlinburg) – um 1000, unbekannter Verfasser.
Übers.: J. Bühler

Denn da Otto Rom allein gefiel und er das römische Volk vor allen anderen durch Geldgeschenke und Ehren auszeichnete, wollte er für immer in Rom verweilen und in kindischem Spiel die Stadt zu ihrem alten Ruhm und Glanz erheben. Vergebens. Du brauchst nicht lange nach einem hierfür passenden Wort der Bibel zu suchen [. . .]: »Eitel ist der Menschen Sinnen.« Dies war die Sünde des Königs: das Land seiner Geburt, das liebe Deutschland, wollte er nicht mehr sehen, so groß war seine Sehnsucht, in Italien zu bleiben, wo in tausend Mühen, tausend Todesgefahren schreckliches Unheil gewappnet heranstürmt. [. . .] Nichts hilft ihm sein Reich, nichts die lästigen Schätze, noch jenes gewaltige Heer, das er vergebens um sich gesammelt hatte. [. . .] Der gute Kaiser befand sich nicht auf dem rechten Wege, als er die gewaltigen Mauern der übergroßen Roma zu stürzen dachte; denn wenn auch deren Bürger seine Wohltaten nur mit Bösem vergolten hatten, so war doch Rom der von Gott den Aposteln gegebene Sitz. Und selbst da brach die Liebe zu seinem Geburtsland [. . .] nicht in ihm durch; das Land des Romulus, vom Blut seiner lieben Getreuen durchtränkt, gefiel in seiner buhlerischen Schönheit dem Kaiser immer noch mehr [. . .], er mühte sich zwecklos ab, den erstorbenen Glanz des altersmorschen Rom aufs neue zu beleben.

Aus: Brunonis Vita quinque fratrum (Lebensbeschreibung der fünf Brüder) des Brun von Querfurt.
Übers.: J. Bühler

Kaiser Otto III. am Grab Karls des Großen
Bericht einer alten Chronik

Nach vielen Jahren kam Kaiser Otto III. in die Gegend, wo Karl ordnungsgemäß bestattet ruhte. Otto begab sich mit zwei Bischöfen und dem Grafen Otto von Lumello zum Grabe. Dieser Graf erzählte mir nun folgendes:
»Wir gingen also zu Karl hinein. Er lag nicht, wie sonst die Toten, sondern saß, als lebte er, auf einem Stuhle. Er hatte eine goldene Krone auf dem Haupte, und hielt in seinen Händen, die in Handschuhen steckten, ein Zepter; die Fingernägel hatten sich durch die Handschuhe gebohrt und schauten aus ihnen heraus. Über ihm war eine Decke aus Kalk und Marmor. Als wir hinkamen, durchbrachen wir sie. Bei unserm Eintritt schlug uns ein überaus starker Geruch entgegen. Wir erwiesen Kaiser Karl sofort auf den Knien unsere Huldigung, und Kaiser Otto bekleidete ihn auf der Stelle mit weißen Gewändern, beschnitt ihm die Nägel und brachte, was Schaden gelitten hatte, wieder in Ordnung. Übrigens hatte Kaiser Karl noch keines seiner Glieder durch Verwesung verloren, einzig die Nasenspitze hatte er eingebüßt. Kaiser Otto ersetzte sie mit Gold, zog einen Zahn aus Karls Munde, vermauerte den Zugang zu dem Gemach aufs neue und entfernte sich.«

Aus: Chronikon Novalicence (Die Chronik des Klosters Novalese bei Turin wurde zwischen 1025 und 1030 geschrieben; daß Karl aufrecht auf dem Thron gesessen haben soll, gilt als sagenhafte Ausschmückung.)
Übers.: J. Bühler

Gründung des Bistums Bamberg 1007
Nach dem Bericht des Thietmar von Merseburg

Der König [Heinrich II.] setzte eine allgemeine Synode zu Frankfurt an, die von allen Bischöfen diesseits der Alpen besucht wurde. [. . .] Seit seiner Kindheit hatte der König die Stadt Bamberg in Ostfranken ganz besonders geliebt und mehr als jede andere gefördert, nach seiner Verehelichung verlieh er sie seiner Gemahlin als Morgengabe. Nachdem ihn Gottes Erbarmung zum König erhoben hatte, sann er im stillen immer darauf, Bamberg zum Bistum zu erheben. [. . .] Nachdem die Erzbischöfe mit all ihren Bischöfen der Reihe nach Platz genommen hatten, warf sich der König zu Boden, wurde vom Erzbischof Willigis [von Mainz] aufgehoben und richtete nun an alle Anwesenden folgende Worte: »Für künftigen Lohn habe ich Christus zu meinem Erben erkoren, seitdem ich keine Hoffnung mehr habe, Nachkommen zu erhalten. Darum brachte ich schon seit langem im Innersten meines Herzens dem ewigen Vater meine beste Habe zum Opfer dar: mich selbst, meine Besitzungen, und was ich noch je erwerben werde. Mit Genehmigung meines Bischofs [Heinrich von Würzburg, der hoffte, der König werde ihn zum Erzbischof machen und ihm Bamberg unterstellen. Als er merkte, daß der König dazu nicht bereit war, zog er seine Zusage zurück und erschien auch nicht auf der Synode] wünschte ich zu Bamberg ein Bistum zu errichten, und

heute will ich dies mein gerechtes Vorhaben ausführen. Ich wende mich darum an eure hocherlauchte Frömmigkeit, damit nicht durch die Abwesenheit dessen, der von mir etwas erlangen wollte, was ich ihm nicht gewähren darf, die Ausführung meines Wunsches verhindert werde. [. . .] Auf die Herzen aller Anwesenden muß es doch Eindruck machen, daß er aus Ehrgeiz gegen die Förderung der heiligen Mutter Kirche ist, und es wagt, sich durch einen Boten [. . .] hier vertreten zu lassen. Die großmütige Güte meiner hier anwesenden Gattin und meines einzigen Bruders und Miterben, tritt für die bestimmte Ausführung meines Vorhabens ein. Übrigens mögen beide versichert sein, daß ich ihnen alles, was sie abtreten [. . .] ersetzen werde. Auch der Bischof [Heinrich von Würzburg] wird mich ganz sicher zu allem bereit finden, was euch gut scheint, wenn er sich hier zeigt und sein Versprechen einlösen will.«
Hierauf erhob sich der Kaplan des Bischofs Heinrich und erklärte, sein Herr sei aus Furcht vor dem König nicht hierher gekommen, er habe auch nie seine Zustimmung zur Schädigung der ihm von Gott verliehenen Kirche gegeben. Er beschwor sodann alle Anwesenden [. . .] nichts zuzulassen, was für sie selbst einen Präzedenzfall schaffe. Dann wurden die Privilegien des Bischofs laut verlesen. Sooft nun der König die Richter ängstlich schwanken sah, warf er sich demütig zu Boden. Als schließlich der Erzbischof Willigis die Frage stellte, was in der Angelegenheit geschehen solle, antwortete Tagino als erster, die Sache könne dem Gesetze gemäß nach des Königs Worten entschieden werden. Alle stimmten dem zu und gaben hierfür ihre Unterschrift. Jetzt wurde Eberhard, der damals Kanzler war, vom König mit dem Bischofsamt betraut, und Erzbischof Willigis weihte ihn noch am gleichen Tage. Auch dem Bischof Heinrich wurde auf Verwendung von dessen Bruder Heribert [von Köln] die Huld des Königs wieder zuteil, und er erhielt eine Entschädigung, mit der er zufrieden war.

Aus: Thietmari Merseburgensis episcopi chronicon (Chronik des Thietmar, Bischof von Merseburg, 975–1019.)
Übers.: J. Bühler

ropa‹ zu verstehen. Mit der Gründung des Erzbistums Gran für Ungarn, das ebensowenig wie das polnische Gnesen an die deutsche Kirchenorganisation angeschlossen war, wurde der Weg frei zu einer selbständigen, nationalstaatlichen Kirche.
Im gleichen Jahr ließ Otto III. das Grab Karls in Aachen suchen und öffnen. Er entnahm ein goldenes Halskreuz, unverweste Teile der Kleider und ließ einen Zahn des Toten herausbrechen. Eine Blasphemie? Thietmar von Merseburg, der uns von dieser so seltsamen ›Grabräuberei‹ berichtet, erwähnt zuvor das Bestreben Ottos III., altrömische Bräuche zu erneuern. Daß Otto III. sich wie Vater und Großvater als Erbe Karls des Großen betrachtete, ist sicher. Wahrscheinlich sah er sich aber auch als eigentlichen Vollender der universalen Konzeption Karls, als Kaiser eines ›vereinten Europas‹ unter christlichem Vorzeichen. Sichtbar an Karl anzuknüpfen, etwas von ihm zu besitzen, eine ›Reliquie‹, die Kraft vermittelte und legitimierte, ließ Otto III. zum »Leichenschänder« werden. Aber alle Rückbindung an die Tradition des erfolgreichen Vorgängers half ihm schließlich doch nicht auf dem 3. Italienzug:
Daß die Weltreichsvorstellungen mehr ein fernes Ideal verkörperten und nicht harter Wirklichkeit entsprachen, stellte sich nur zu bald heraus. Ein harmloser Anlaß brachte nicht nur das hochgeschraubte Gedankengebäude zum Einsturz, sondern stellte die ganze Herrschaft Ottos III. in Italien in Frage. Nach einem Aufstand der Bewohner von Tivoli, Gegner der Römer, hatte Otto III. nicht so durchgegriffen, wie es die Römer erwartet hatten. Der Herrscher Europas mußte vor der Wut des Pöbels in die Engelsburg flüchten. Die Ansprache an ›sein‹ Volk ist ein Dokument für die Deutschlandferne und Entfremdung von der zentralen Machtbasis: »Hört eures Vaters Worte [. . .] Seid ihr nicht meine Römer, habe ich nicht euretwegen Vaterland und Verwandte verlassen? Aus Liebe zu euch habe ich die Sachsen, alle Deutschen geringgeachtet und den Neid aller auf mich genommen. Und dafür, daß ich euch zu meinen Söhnen machte, habt ihr die Waffen gegen mich erhoben?«
Die Römer sind betreten, liefern die Rädelsführer aus. Doch Otto III. ist vor den Kopf gestoßen, läßt Verstärkung aus Deutschland kommen, es ist das Eingeständnis des Scheiterns. Am 16. Februar 1001 mußte er nach einem erneuten Aufstand aus Rom fliehen. Er konnte nicht verstehen, daß die Römer ihn nicht so aus idealistischem Blickwinkel sahen wie er sie.
Auch in Deutschland rumorte es. Herzöge und Bischöfe setzten, enttäuscht von Ottos III. Politik, auf des Zänkers Sohn Heinrich, der aber treu zum Kaiser hielt.

Tod Ottos III. und die Nachfolge Heinrichs II.

Als Otto III. von den Intrigen gegen sich erfuhr, war er bereits sterbenskrank. Pusteln hatten seinen Körper übersät, am 23. Januar 1002 starb er in der Nähe des geliebten Rom, das seine Zuneigung so unerwidert gelassen hatte. Selbst der letzte Wunsch, in Aachen an der Seite Karls bestattet zu werden, stieß auf Schwierigkeiten. Mit der Waffe mußte sich der Leichenzug den Weg durch das aufständische Italien freikämpfen – ein vernichtender Nachruf auf Ottos III. Politik. Ob sein Tod in Deutschland wirklich solche Bestürzung auslöste, wie die Quellen versichern? Das offene Unverständnis für Ottos III. Vorstellungen scheint eher dafür zu sprechen, daß einem Teil der Fürsten der Tod nicht ungelegen kam, vor allem denen, die auf die Nachfolge spekulierten.

Heinrich, Herzog von Baiern, Sohn des Zänkers hatte schon beim Empfang des Leichenzuges auf seinem Gebiet alles versucht, sich als potentieller Nachfolger zu profilieren, war er doch nach dem Geblütsrecht als Urenkel König Heinrichs I. der nächste Anverwandte. Seinem massiven Anspruch traten Ekkehard von Meißen und Herzog Hermann von Schwaben entgegen. Auf Anraten der noch lebenden Schwestern Ottos III. und der meisten Bischöfe schlug sich der größte Teil der Sachsen auf Heinrichs Seite. Ekkehards Versuch, durch Zusammenarbeit mit Herzog Hermann von Schwaben den Thronanwärter auszuschalten, mißlang, weil Ekkehard am 30. März 1002 in Pöhlde am Harz umgebracht wurde. Des Schwabenherzogs Hermann Heer, das dem Baiern Heinrich den Weg nach Mainz, wo sich die fränkischen Adeligen versammelt hatten, verlegen wollte, wurde umgangen, und Herzog Heinrich von Baiern am 6. Juni 1002 von Erzbischof Willigis gesalbt und gekrönt. Rasch fand König Heinrich II. Anerkennung bei den Thüringern, in Merseburg huldigten ihm Sachsen und der Polenherzog Boleslaw »Chrobry«, der »Tapfere«. Dieser hatte sich so-

Signum Heinrichs II. *von einer Urkunde, datiert: Kaufungen 1016.*

HEINRICH II.

Historische Beinamen sollen ihren Träger charakterisieren; gelegentlich können sie sein Bild auch verzerren. So hat die Legende aus Kaiser Heinrich dem »Heiligen« einen pfäffischen Frömmler und schwächlichen Regenten gemacht. Die Zeitgenossen sind seinem zwiespältigen Wesen eher gerecht geworden: priesen ihn die einen als »Vater der Mönche«, galt er anderen als »Kirchenräuber«.
973 als Sohn des Baiernherzogs Heinrichs des Zänkers geboren, war seine Kindheit durch die Verbannung des Vaters vom Flüchtlingsschicksal überschattet. Wohl aus politischen Gründen wurde Heinrich II. schon früh für den Beruf des Geistlichen bestimmt. In der Domschule von Hildesheim hat er seine außergewöhnliche Bildung erhalten; hier und später durch die Erziehung des Bischofs Wolfgang von Regensburg wurden seine tiefe persönliche Frömmigkeit und seine kirchliche Haltung entscheidend geprägt. Noch als König ließ er sich in die Kapitel mehrerer Domkirchen aufnehmen. So wie er die Kirche reich beschenkte, aus eigenem Besitz etwa das Bistum Bamberg stiftete, so selbstherrlich verfügte er auch über sie und stellte sie voll in den Dienst seiner politischen Absichten: er war der »Papst seiner deutschen Kirche«.
Königsamt und Kaiserwürde verstand Heinrich II. als strenge geistliche Pflichten. Trotz eines lahmen Fußes und häufiger Koliken, die ihn oft wochenlang auf das Krankenlager warfen, bereiste er alljährlich sein ganzes Reich. Seine Politik führte er mit kühler Berechnung, gelegentlich mit grausamer Verschlagenheit.
Tiefe menschliche Zuneigung bestimmte Heinrichs II. Beziehung zu seiner gebildeten Gemahlin Kunigunde, der ersten gekrönten deutschen Königin. Ihre kinderlose Verbindung wurde später als »Josephsehe« mißdeutet. Kaiser Heinrich starb 1024 in der Pfalz Grona bei Göttingen. Das imposante Hochgrab im Bamberger Dom, in dem Heinrich und Kunigunde in einem gemeinsamen Sarg beigesetzt sind, wurde im 16. Jahrhundert von Tilman Riemenschneider geschaffen.
(W.S.)

fort nach Ekkehards Ermordung rechtswidrig die Lausitz und die Markgrafschaft Meißen angeeignet und erhielt nun vorläufig – um des lieben Friedens willen – offiziell die Lausitz zum Lehen, wähend Meißen seinem Stiefbruder übergeben wurde. Nach dem Einverständnis der Lothringer stand Heinrichs II. Thronerhebung in Aachen am 8. September 1002 nichts mehr im Wege. Herzog Hermann von Schwaben söhnte sich im Oktober mit dem neuen König aus.

Wiederherstellung des Frankenreiches unter Heinrich II.: »Renovatio regni francorum«

Nur ein halbes Jahr hatte Heinrich II. um die Krone kämpfen müssen. Nun lag es an ihm, durch siegreichen Kampf die Richtigkeit seiner Erwählung zu beweisen, denn körperliche Vorzüge besaß er nicht, im Gegenteil. Seine schwächliche Gesundheit und ein lahmer Fuß waren eher ein Handikap. Man hat diesen Mann lange unterschätzt, als blassen Frömmler abgetan, der eine »Josefsehe« geführt habe und dessen größte Leistung die Gründung des Bistums Bamberg gewesen sei. Gemessen an den hochfliegenden Plänen Ottos III. wirkt Heinrich II. altväterlich, bieder, bodenständig. Ist aber Politik die »Kunst des Möglichen«, dann hat Heinrich II. die Kaiser Otto II. und Otto III. übertroffen. Es wurde höchste Zeit für einen »Realisten« auf dem Thron, der handfeste Politik zunächst im eigenen Reich betrieb, der die nach Rom und Italien verlagerte Herrschaftsausübung Ottos III. wieder mehr auf Deutschland abstützte. Erst wenn das eigene Haus bestellt war, wollte Heinrich II. den Fuß nach Italien setzen.
Diese Art Politik sieht so einfach aus, war aber nach dem Gedankenflug der Ottonen der einzig richtige Weg, selbst wenn er nicht unbedingt vorwärts führte. Das Arbeitsfeld Heinrichs II. war groß genug und verlangte Konzentration, nicht Verzettelung der Kräfte.
Erstaunlicherweise hatte Heinrich II. weniger als die Ottonen mit innenpolitischen Schwierigkeiten zu kämpfen. Die unangefochtene Stellung, die diesen durch Bewährung im Kampf erst nach Jahren glückte, hat Heinrich II. nach einem halben Jahr des Ringens um die Krone ohne weitere kräftezehrende Auseinandersetzungen erreicht. Zum Teil hing das mit einer weitgehenden Respektierung der Rechte der Stammesherzöge zusammen, aber auch mit der zupackenden und konsequenten Art dieses »sächsischen Baiern«. Großzügigkeit gegenüber den Herzögen konnte sich Heinrich II. erlauben, weil auf die Kirche Verlaß war. Wie Otto I. stattete auch er die geistlichen Würdenträger mit reichem Grundbesitz und Rechten aus, behielt sich jedoch weitgehend die Besetzung der Bischofsstühle selbst vor. Die kanonische

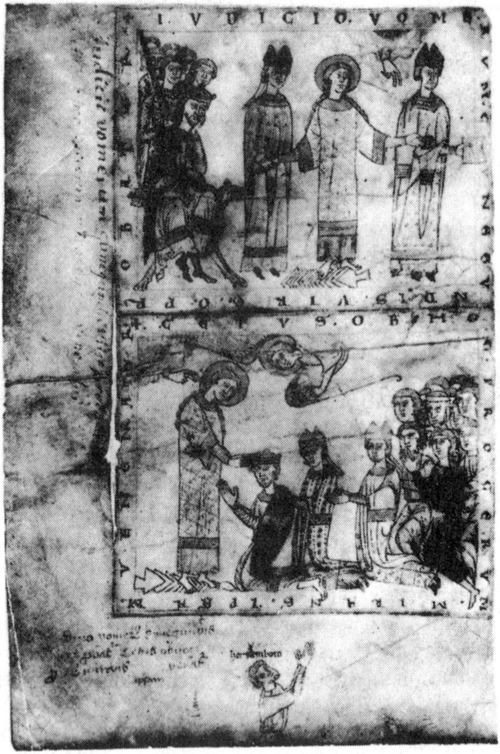

***Gott als Richter.** »Feuerprobe« der Kaiserin Kunigunde, der Gemahlin Heinrichs II., zum Beweis ihrer ehelichen Treue (»Gottesurteil«). Miniatur der Handschrift »Henrici et Cunigunde vitae«.*

Wahl dieser einflußreichen Kirchenfürsten war zu bloßer Formsache herabgesunken. Die Wiederbegründung des Bistums Merseburg und die gegen viele Widerstände des Würzburger Bischofs durchgesetzte Gründung des Bistums Bamberg 1007 belegen, wie sehr er, durchdrungen vom priesterlichen Charakter seines Amtes, die Kirche führte und zum Vorteil des Reiches einspannte. Seine Devise war so einfach wie pragmatisch: »Wer viel hat, dem kann auch viel genommen werden.« Die straffe Unterordnung der Kirche unter die Erfordernisse des Königs und Reiches war relativ unproblematisch, solange die Stellung des Königs stark und der Papst von ihm abhängig war, mußte aber zu schweren Konflikten führen, wenn ein selbstbewußtes Papsttum die oberste Führung der Kirche voll für sich beanspruchte oder die außerweltliche Aufgabe und Stellung der Kirche betonte. Die Romzüge und der Besitz Italiens fanden gerade hierin ihre entscheidende Berechtigung. Das hat auch Heinrich II. eingesehen, wenngleich er sich nicht mehr mit den universalen Zielen Ottos III. identifizierte. Seine ersten Siegel künden daher auch nicht von einer »Erneuerung des Reiches der Römer«, sondern bescheidener von der »Erneuerung des Reiches der Franken«. Die Kirche erkannte die politische Rückbesinnung auf das Kernland Deutschland dankbar an und unterstützte Heinrich II., als er nach außen die seit Otto III. stark erschütterte Stellung des Reiches zu festigen begann.

Der Osten im Zeichen Boleslaw Chrobrys

Seit dem Slawenaufstand 983 war die Ostgrenze des Reiches ein Unruheherd. Das Land zwischen Elbe und Oder war für das Reich verloren, ins Heidentum zurückgefallen. Ein Grund mehr für Heinrich II., die Missionstätigkeit der Vorgänger auch als seine Aufgabe zu übernehmen und zugleich mit dem Christentum die politische Oberherrschaft wieder nach Osten auszudehnen. Doch in dem polnischen Piastenherzog Boleslaw Chrobry war Heinrich ein ebenbürtiger Gegner erwachsen. Nicht nur ein furchtloser Kämpfer, sondern auch ein Diplomat, dessen Geschick bei der Gründung des polnischen Erzbistums Gnesen durch Otto III. deutlich geworden war, hatte er bei Regierungsantritt des neuen Königs die Lausitz und Meißen erobert. Nun versuchte er erneut, unter Ausnutzung der kleinstaatlichen Zerrissenheit im Osten ein großes, alle Westslawen umfassendes Reich zu gründen, das sich für Deutschland zu einer schweren Belastung entwickeln konnte. Den Herzog Boleslav von Böhmen hatte er nach der Vertreibung durch die eigenen Landsleute wieder zurückgeführt und bei dieser Gelegenheit gleich selber Ansprüche auf Böhmen erhoben.
Die Kämpfe mit Boleslaw Chrobry waren hart, und obwohl Heinrich II. persönlich das Heer führte, gelang ihm in den Jahren 1004–1017, in denen mit Unterbrechungen Krieg geführt wurde, kein entscheidender Sieg, weil er mit der Taktik der Polen, jeder offenen Feldschlacht auszuweichen und Wälder und Sümpfe als Bundesgenossen zu benutzen, nicht zurechtkam. Heinrich II. war unkonventionell genug, selbst die heidnischen Liutizen im Gebiet des heutigen Brandenburg ins Heer mit einzubeziehen und eine völlige Umkehrung bis-

BOLESLAW I. CHROBRY (»Der Tapfere«)

Boleslaw I. trat 992 die Nachfolge seines Vaters Mieszko I. als Herrscher von Polen an, wobei er sich der Konkurrenz aus seiner eigenen Familie mit konsequenter Härte entledigte. Sein Ziel war ein selbständiger polnischer Staat, der den slawischen Osten Mitteleuropas christianisieren und beherrschen konnte. Dazu brauchte Polen vor allem eine eigene Kirchenorganisation. Die Gelegenheit dazu ergab sich, als Adalbert von Prag, ein enger Freund Kaiser Ottos III., 997 als Missionar von heidnischen Pruzzen ermordet wurde: Boleslaw ließ dessen Gebeine nach Polen bringen und in Gnesen bestatten, wo sich der Legende nach alsbald viele Wunder ereigneten. Darauf bat der Polenherzog den Papst, dort ein selbständiges polnisches Erzbistum errichten zu dürfen.
Als Otto III., mit dem Boleslaw immer gut harmoniert hatte, im Jahre 1000 nach Gnesen wallfahrtete, empfing ihn der Polenherrscher mit dem Prunk eines orientalischen Potentaten und gab tagelange Bankette: Boleslaw wollte von Otto die Königskrone und die Hoheit über Polens Kirche erlangen. Den ersten Wunsch erfüllte ihm der Kaiser nicht; doch nahm er bei einem Gastmahl seine Kaiserkrone ab, setzte sie Boleslaw auf und ernannte ihn zu seinem bevorzugten Freund und Mitarbeiter. Polen war damit als selbständiger »Staat« mit eigener Kirchenorganisation faktisch anerkannt.
Nach Ottos III. Tod beschwor Boleslaw durch seinen Anspruch auf Böhmen drei lange Kriege mit dem Reich herauf, die erst 1018 endeten und Polens Grenze nach Westen vorschoben. Im selben Jahr unternahm der Polenherrscher einen kühnen Zug gegen Kiew, das er einnahm und ausplünderte, 1024 erlangte er dann mit päpstlicher Hilfe die lang erstrebte Königskrone.
Boleslaw war eine brillante, faszinierende Kriegergestalt. Nationale Antipathien gegen die Deutschen kannte er nicht, Bündnisse wie Kriege mit den Deutschen waren gleichermaßen nur Mittel seiner Machtpolitik, die er ehrgeizig betrieb, ohne immer seine Ziele zu erreichen oder Erreichtes zu bewahren. *(D. R.)*

heriger Normen zuzulassen, als er einen Knappen bestrafte, weil er eine heidnische Fahne mit der Darstellung eines Götzenbildes mit einem Steinwurf durchlöchert hatte. Erst 1018 kam es in Bautzen zum Friedensschluß. »Die Bedingungen waren freilich nicht solche, wie sie hätten sein sollen, sondern nur, wie sie damals zu erlangen waren«, kommentiert der Chronist Thietmar von Merseburg. Der deutsche König setzte zwar die Ansprüche auf die Mark Meißen durch, aber die Lausitz ging als deutsches Lehen an Polen über und verblieb dort bis 1031. Diesen polnischen Auseinandersetzungen war es auch zuzuschreiben, daß sich Heinrich II. bisher um die Wirren in Italien nicht intensiv hatte kümmern können.

Das ›Randproblem‹ Italien

Heinrich hatte zwar schon zwei Jahre nach seinem Regierungsantritt in Italien eingegriffen, um Arduin von Ivrea, der als Gegenkönig in Italien regierte, in die Schranken zu weisen, war aber dann vor allem von den Vorgängen an der Ostgrenze des Reiches in Anspruch genommen worden. Als auf diesem 1. Italienzug 1004 Heinrich II. von Merseburg über Magdeburg, Regensburg, Trient nach Verona gezogen kam, ließen die Anhänger Arduin im Stich, und Heinrich konnte ungehindert in Pavia zum König gekrönt werden. Während eines schweren Aufruhrs noch in der Nacht des Krönungstages wurde die königliche Pfalz erstürmt, nur mit Mühe konnte Heinrich II. sich bis zum nächsten Morgen halten. Dann schlug ihn das Heer heraus und legte alles in Schutt und Asche. Ohne sich um die Folgen weiter zu kümmern, zog Heinrich II. nach Deutschland zurück. Augenfälliger hätte er kaum dokumentieren können, wie sehr Italien aus dem Zentrum des politischen Interesses gerückt war. Das weitgehende Treibenlassen der dortigen Zustände war mit der Politik der Ottonen gar nicht in Einklang zu bringen und begünstigte geradezu das Chaos in Rom. Dort stritten Tusculaner und Crescentier erneut um den Papstthron. Heinrich mußte 1013/14 zum zweitenmal nach Italien ziehen, nachdem er Weihnachten 1013 in Pöhlde am Harz vom »Crescentierpapst« persönlich aufgesucht worden war. Der König hatte jetzt zu handeln, und er tat es mit der ihm eigenen, raschen Entschlußkraft. Schnell wie dieser 2. Italienzug seit 1013 war die Entscheidung. Nicht der Crescentier sollte rechtmäßiger Papst sein, sondern der Tusculaner Benedikt VIII., der Heinrich II. dankbar am 14. Februar 1014 in der Peterskirche salbte und krönte. Nicht anders, als er es in Deutschland mit Bischöfen gewohnt war, verfuhr Heinrich II. mit dem Papst und zeigte sich

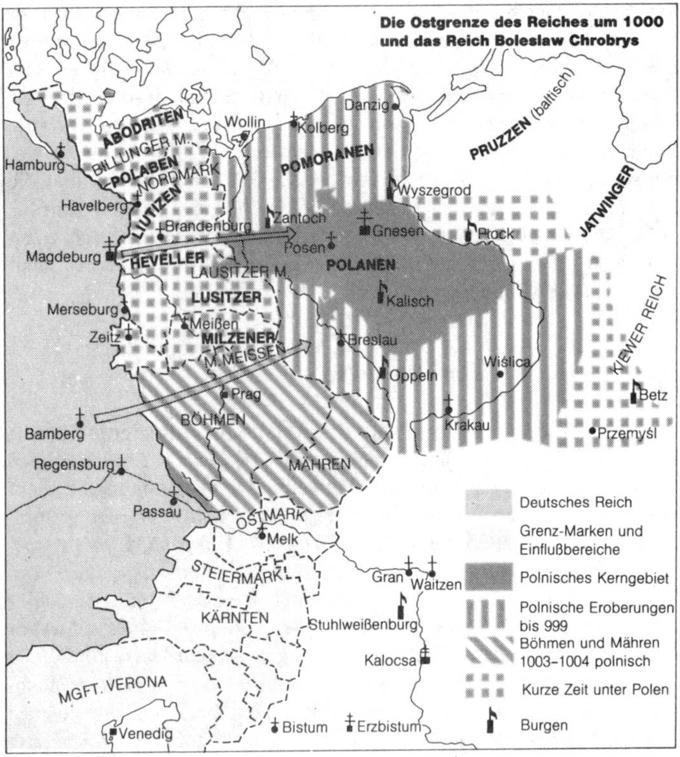

als eigentlicher Führer der Kirche. Er sollte seine Wahl nicht bereuen. Papst Benedikt war reichstreu und aufgrund herausragender politischer und militärischer Fähigkeiten in der Lage, sich in Rom auch ohne Anwesenheit des Kaisers durchzusetzen, ja sogar zur Verteidigung des Kirchenstaates Pflichten großen Stils zu übernehmen.
Das entscheidende, ungelöste Problem seit Otto II. waren die Sarazenen in Süditalien, die sich schließlich von Mallorca aus sogar in Sardinien, vor der Haustüre Italiens, festgesetzt hatten. Nach Heinrichs II. Rückkehr in die Heimat organisierte der Papst umsichtig die Abwehrkämpfe und konnte Sardinien zurückerobern. Doch für eine weitgespanntere Politik fehlte ihm die militärische Grundlage. So konnte er auch den Byzantinern unter ihrem Kaiser Basileios II., dem »Bulgarentöter«, nicht standhalten, als sie von Unteritalien her den Kirchenstaat bedrohten. Benedikt fand die Lage so besorgniserregend, daß er

höchstpersönlich 1020 in Bamberg erschien, offiziell, um die Weihe des Domes vorzunehmen, vor allem aber, um des Kaisers Beistand gegen die Griechen zu erlangen. 1021/22 zog Heinrich mit einem großen Heer zum drittenmal nach Italien, eroberte im Süden das byzantinische Troia und brachte die alten langobardischen Fürstentümer Benevent, Capua und Salerno wieder unter deutsche Oberhoheit. Eine abschließende, stabile Neuordnung des Südens blieb Heinrich indes ebenso versagt wie seinen drei Vorgängern. Gerade in den letzten Jahren hatte er sich mehr und mehr mit den Fragen einer innerkirchlichen Reform beschäftigt.

Heinrich II. und die Kirchenreformbewegung

Die Reformbewegung, von Mönchen des Klosters Cluny in Südfrankreich angeregt, wollte der Verweltlichung des Klosterlebens Einhalt gebieten, Eingriffe kirchlicher Stifter verhindern und den Universalanspruch des Papstes durch Betonung der außerweltlichen Funktion der Kirche stärken. Auf einer gemeinsamen Synode mit dem Papst in Pavia 1022 war Heinrich II. nachdrücklich gegen eine Verweltlichung der Kirche, gegen die Priesterehe und die Verschwendung von Kirchengut eingetreten, ohne sich die übrigen Forderungen der cluniazensischen Reformbewegungen zu eigen zu machen. Sie zu übernehmen, hätte

Literatur

de Ferdinandy, Michael: Der heilige Kaiser. Otto III. und seine Ahnen, Tübingen 1969

Festschrift zur Jahrtausendfeier der Kaiserkrönung Ottos des Großen. In: MIÖG (Mitteilungen des Instituts für Österreichische Geschichte), Ergänzungsband 20, 1, 1962 (darin die einschlägigen Aufsätze von Leo Santifaller, P. E. Schramm und E. Dupré-Theseider)

Hiller, Helmut: Otto der Große, München 1980

Holzmann, Robert: Geschichte der sächsischen Kaiserzeit, München 1961

Köhler, Otto: Die ottonische Reichskirche. In: Adel und Kirche (Festschrift für Gerd Tellenbach), Freiburg 1968

Schramm, Percy Ernst: Kaiser, Rom und Renovatio, 2 Bde., Leipzig 1929

Zimmermann, Harald: Das dunkle Jahrhundert, Graz 1971

Zimmermann, Harald (Hrsg.): Otto der Große, Darmstadt 1976

den Zusammenbruch des von Otto I. ausgebauten Reichskirchensystems (siehe Seite 227) bedeutet. Die Macht des Reiches beruhte ja gerade auf dem finanziellen, personellen und militärischen Leistungsvermögen der Kirche. Genau hier schwebte ein Konflikt, der für die Zukunft größten Zündstoff barg, wenn nämlich der Machtanspruch des Kaisers auch in kirchlichen Angelegenheiten mit dem aus der Klosterreform abgeleiteten Universalanspruch des Papstes kollidierte.

Stichworte zur Ottonenzeit

Ausbau der königlichen Zentralgewalt gegenüber den partikularen Stammesgewalten: Ausgleichende Politik gegenüber Herzögen und Bischöfen (Heinrich I.). Unterordnung der Herzöge; aufständische Familienmitglieder werden bekämpft und mit Herzogtümern belehnt (Otto I.). Konflikt mit Herzog Heinrich dem Zänker von Baiern durch Verkleinerung Baierns vorläufig entschärft; Markgrafschaft Ostmark an die Babenberger; Kärnten selbständiges Herzogtum (Otto II.). Friedliches Auskommen mit allen Herzögen (Otto III.). Energischer Führungsstil verhindert eigenmächtiges Handeln der Stammesgewalten (Heinrich II.).
Reichskirchenpolitik: Alle Ottonen bedienen sich in zunehmendem Maße der Reichskirche und bauen sie zu einem Gegengewicht gegen die Herzöge aus. Reicher Grundbesitz aus dem Königsgut wird an Bischöfe und Äbte übertragen, denen königliche Hoheitsrechte (Markt-, Münz- und Zollrecht) zugestanden werden. Die Kirche wird an Reichsverwaltung und Heerfahrt beteiligt. Besonders stark war der Einfluß Heinrichs II. auf die Kirche.
Kaiserkrone und Herrschaft – Italien: Keine Italienpolitik unter Heinrich I. Drei Italienzüge Ottos I. (König der Langobarden, Heirat Adelheids; Kaiserkrönung; Unterwerfung von Capua und Benevent, Ausgleich mit Byzanz in Unteritalien). Italienzug Ottos II. 980 gescheitert: Niederlage gegen die Sarazenen. Zwei Italienzüge Ottos III. (Papsteinsetzungen; Kaiserkrönung; »Erneuerung des Römischen Reiches«; Ausbau Roms zum Regierungsmittelpunkt). Drei Italienzüge Heinrichs II. (König der Langobarden, Papsteinsetzung und Kaiserkrönung; Konflikt mit Byzanz).
Grenzsicherung und stetige Expansion nach Osten: Krieg gegen Dänen, Slawen und Ungarn; Elbe als Ostgrenze (Heinrich I.). Unterwerfung der Slawen bis zur Oder; Erzbistum Magdeburg; Markgrafschaften als »Pufferzonen« gegen die Slawen; Oberhoheit über Böhmen und Polen; Ungarnsieg 955 (Otto I.). Slawenaufstand 983 – die Elbe wieder Ostgrenze (Otto II.). Gnesen/Polen und Gran/Ungarn selbständige Erzbistümer (Otto III.); Zurückeroberung Böhmens und der Mark Meißen; Verlust der Lausitz an Polen (Heinrich II.).

Noch war es nicht soweit. Aber zu einer ersten Kraftprobe zwischen Befürwortern einer alleinigen Zuständigkeit des Papstes in kirchlichen Angelegenheiten und Gegnern einer kurialen Zentralgewalt war es in Deutschland schon gekommen. Wenn der Konflikt nicht offen ausbrach, lag das an den rasch aufeinanderfolgenden Todesfällen des Papstes und Kaiser Heinrichs II. im gleichen Jahr 1024. Heinrich II. wurde gemäß seinem letzten Wunsch im Dom seines Lieblingssitzes Bamberg begraben und 122 Jahre später zusammen mit seiner Gemahlin Kunigunde heiliggesprochen. Seine Leistungen, aus Tatkraft und nüchternem Blick für das Machbare geboren, waren insgesamt wenig spektakulär, sprengten nie den politisch ererbten Rahmen. Aber gerade in dieser konsequenten Erfüllung der alltäglichen Herrscherpflichten ohne viel Aufhebens um die eigene Person, im rastlosen Dienst für Reich und Kirche, ohne es sich bequem zu machen, liegt die Größe dieses Kaisers. Er war im Kleinen groß und im Großen selbstbescheiden, ein »Knecht Gottes« geblieben. In Bamberg, diesem Juwel unter den deutschen Städten, glaubt man wie sonst kaum in einer deutschen Kaiserstadt, Aachen vielleicht ausgenommen, den zielgerichteten Willen dieses letzten Herrschers aus dem sächsischen Stamm zu ahnen.

HANSWERNFRIED MUTH

Die Kunst der Ottonenzeit

Grundzüge der ottonischen Kunst – Abhängigkeit und Unterschiede zur karolingischen Kunst – Die Anfänge der nationalen Stile in der ottonischen Zeit – Ottonische Baukunst – Malerei der ottonischen Zeit – Plastik der ottonischen Zeit – Bernward von Hildesheim – Die Goldschmiedekunst – Bedeutung der ottonischen Kunst.

Schon bald nach der Teilung des Frankenreiches (843) versiegte der verheißungsvolle Aufschwung, den die Kunst seit Karl dem Großen genommen hatte. Die folgenden politischen Wirren zerschlugen die ersten Ansätze einer abendländischen Kultur fast völlig; das Abendland trat in eine dunkle und allem Kunstschaffen abträgliche Zeit ein. Gleichzeitig wurden auch die letzten Reminiszenzen an die römische Antike ausgeräumt. Manches, was der Folgezeit das Gepräge gab, hat seinen Ursprung schon in diesen dunklen hundert Jahren: So weckten die brandschatzenden Überfälle der Normannen und Ungarn den vordem kaum gekannten Willen, Haus, Hof und Herrensitz aus widerstandsfähigem Stein zu bauen und die Siedlungen mit Wehrmauern zu umringen. Die Anfänge des mittelalterlichen Burgenbaues und der Stadtbefestigung wurzeln in dieser Notwendigkeit. Daß man den berittenen Ungarn nur mit einer eigenen Reiterei begegnen konnte, hat zum Entstehen des Ritterstandes und seiner Kultur beigetragen. Die Kirche wurde in den Wirren zu einem Ordnungsfaktor ersten Ranges. Gemeinsam mit der im ostfränkischen Reichsteil wieder erstarkten Königsmacht trug sie bei zu einer Erholung aus dem Zerfall von Gesittung und Kultur, die nach der Mitte des 10. Jahrhunderts einsetzte.
Die karolingische Kunst hatte an die Formen der hochkultivierten spätrömischen Antike angeknüpft. Das 10. und 11. Jahrhundert bestimmte hingegen eine Entwicklung, die das Überreife und Reife der vergangenen Epoche zum Einfachen und Schlichten, das Gelöste zum Gebundenen zurückführte. Im Gegensatz zur karolingischen Epoche, die noch begierig alles Fremde aufgegriffen hatte, setzte mit der Kunst der ottonischen Zeit eine ganz bewußte Stilprägung ein, die zwar durch das Medium des karolingischen Vorbildes auf römische Formen zurückgriff und in einer neuen Begegnung byzantinische Einflüsse ver-

arbeitete, doch mit dem Ziel, aus der Verschmelzung dieser Einzelzüge etwas Eigenes, Neues zu schaffen. Der Kunst fehlt jetzt die Eleganz, wie sie die karolingische besessen hatte; sie ist weniger differenziert, eher robust. Die kubischen, nahezu völlig schmucklosen Bauten zeugen von dem Willen zur klaren Form und zu einer maßvollen Ordnung. Auch die Bildkünste finden zu neuen, spirituellen Formen, die sich von der prunkhaft-repräsentativen Darstellungsweise der karolingischen Kunst unterscheiden. Die Figuren sind oft primitiv und derb in der Form, dafür um so stärker in ihrem Ausdrucksgehalt. Sie wollen nicht so sehr dem Kenner ästhetisches, sinnliches Vergnügen bereiten, sondern den betrachtenden Menschen mit der Kraft ihrer Aussage überzeugen.
Während an der karolingischen Kultur ostfränkischer und westfränkischer Reichsteil – ›Deutsche‹ und ›Franzosen‹ – in gleicher Weise Anteil hatten, verlagert sich in der Zeit der Ottonen das kulturelle Schwergewicht aus dem Grenzgebiet zwischen Maas und Rhein in das Kernland Deutschlands, in das Stammland des Herrscherhauses, nach (Nieder-)Sachsen. Dies berechtigt, die ottonische Kunst zugleich als erste Phase der deutschen Kunst zu betrachten und erstmals von einer nationalen Kunst zu sprechen, die in den einzelnen Ländern individuelle Züge und bis zu einem gewissen Maße auch eine eigenständige Entwicklung zeigt.

Die ottonische Baukunst

Führend in der Kunst der ottonischen Zeit war eindeutig die Baukunst, die wiederum ihre vornehmlichste Aufgabe im Kirchenbau sah. Auf der Grundlage des karolingischen Erbes wurden nun alle die charakteristischen Merkmale jener Bauweise aus- und fortgebildet, die dem architektonischen Schaffen zwischen dem späten 10. und dem frühen 13. Jahrhundert in ganz Europa ein nach Form und Entwicklung sehr einheitliches Gepräge geben sollten.
Die karolingische Architektur hatte als entscheidende Neuerung den Baugedanken des Westwerks und der Doppelchörigkeit in den Kirchenbau eingeführt, beides Erweiterungen und Veränderungen der basilikalen Grundform, die in ottonischer Zeit, vor allem bei Dombauten, bewußt aufgegriffen und weitergeführt wurden. Das eigentlich Neue in der ottonischen Baukunst zeigt sich in einer scheinbaren Zufälligkeit der Bautechnik an. Die Bauwerke werden nun nicht mehr aus kleinteiligen Bruchsteinen errichtet, sondern aus wohlbehauenen Quadern aufgebaut. Klein und eher eingeschränkt erscheint der For-

Archaische Strenge und Gedrungenheit früher Sakralbaukunst.
Die Krypta der Wipertikirche in Quedlinburg/Harz, entstanden um 1020.

menschatz dieser Architektur: Alle Bogen sind in der einfachen Form des Halbkreises geführt, die Fenster und Portale rund geschlossen. Rundbogenfriese beleben allein den Außenbau, breite Mauerbänder (Lisenen) fassen die Baublöcke ein und gliedern die Mauerflächen. Andere Grundzüge ottonischer Baukunst sind der »Stützenwechsel«, d.h. der rhythmische Wechsel von Pfeilern und Säulen als Träger der Arkadenwand, ferner die Anlage von Krypten, doppelte Choranlagen der Kirchen im Osten und Westen des Langhauses oder wuchtige, von zwei Türmen flankierte Westbauten, die sich aus den karolingischen Westwerken entwickelten.

Die großen Kirchen der Ottonen

Schon an einem der ältesten erhaltenen Großbauten aus ottonischer Zeit, der von Markgraf Gero 961 gestifteten Klosterkirche St. Cyriakus

in Gernrode, einer dreischiffigen Basilika mit Querhaus, quadratischem Vorchor und Rundapsis im Osten, zeigt sich die beschriebene reichere Durchbildung. Im Schiff wechseln Pfeiler und Säulen als Arkadenträger, so daß anstatt eines gleichmäßig nach Osten sich entwikkelnden ›Einheitsraumes‹ ein Langhaus mit einzelnen, nach dem Maß der Vierung ›additiv‹ aneinandergefügten Raumteilen entsteht. In Gernrode bilden zwei Quadrate das Langhaus. Deren Ecken markieren die Pfeiler, zwischen denen Säulen stehen. Nach dieser einfachen Ordnung sind auch die Hochwände des Langhauses gegliedert. Im Außenbau schloß ursprünglich eine hohe Wand, eingespannt zwischen zwei Rundtürme, das Langhaus nach Westen hin ab.
Das Anwachsen der bischöflichen Macht führte seit Otto I. zu.mächtigen Dombauten. Der erste Bau dieser Reihe, von Otto I. selbst gefördert, entstand von 955 an in Magdeburg, eine dreischiffige Basilika mit vermutlich zwei Querschiffen. Sichtlich wollte Otto I. hier ein neues Aachen schaffen. Gleich Karl dem Großen ließ er aus Italien römische Marmorsäulen für den Bau in die Neugründung an der Elbe schaffen; sie wurden später als kostbare Erinnerungsstücke in den gotischen Bau übernommen.
Im Dom zu Mainz, um 975 von Willigis, einem engen Vertrauten des Kaisers, begonnen, sind auch in der heutigen Baugestalt die Maße des großen ottonischen Baues noch spürbar. Der Mainzer Dom folgte in seiner Grundrißdisposition als dreischiffige Säulenbasilika mit großem westlichen Querhaus dem Vorbild der Fuldaer Klosterkirche und damit der karolingischen Tradition. In der Nachfolge von Fulda und Mainz steht auch der 1015 begonnene Bau von Straßburg, von dem Teile der Krypta noch erhalten sind.
Eine besondere beispielhafte Bedeutung kommt dem mächtigen und doch eleganten Bau von St. Michael in Hildesheim zu, begonnen um 1010 durch Bischof Bernward, vollendet um 1030. Mit der Doppelung der Chöre und des Querschiffs und in der Monumentalisierung des Außenbaus durch Türme steht auch er in karolingischer Tradition, aber die schlichte Herbheit der gemauerten Massen und die zierlose Kargheit der Formen sprechen eine neue Sprache. Der Grundriß zeigt eine völlige Ausgewogenheit von Ost- und Westteilen. Der gestaffelten Gruppe von Rundapsis, Querhaus, Vierungsturm und flankierenden Rundtürmen im Osten entspricht die gleiche Anordnung im Westen. Das Quadrat der Vierung bildet das Grundmaß der gesamten Anlage. In den vier Querhausarmen und im östlichen Vorchor erscheint dieses Quadrat je einmal, im Mittelschiff dreimal, durch den »sächsischen Stützenwechsel« (Pfeiler–Säule, Säule–Pfeiler) klar betont. Über den Stützen der Mittelschiffarkaden verläuft ein horizontales Gesims, dar-

***Höhepunkt ottonischer Kirchenbaukunst: St. Michael, Hildesheim.** Beeindruckend im ausgewogenen Wechsel von Weiß und Rot, von Säulen und Pfeilern (11. Jh., Decke erst 13. Jh.). Oben links: Querschiffarkaden. – Oben rechts: Schlichtes ottonisches Würfelkapitell (1020) und reicher Figurenschmuck der jüngeren »Adelog-Kapitelle« (1190). – Unten: Der gedrungene ottonische Baukörper mit zwei Vierungstürmen und Chören.*

über befinden sich in einer nicht mehr durchbrochenen Wandfläche die schlichten Obergadenfenster. Eine flache Decke schließt den Raum. So bildet das Innere eine durch die Flächigkeit von Wandzone und Decke räumliche Einheit. Für die klare Ordnung des Ganzen sind auch die Würfelkapitelle der Säulen bezeichnend. Entstanden aus der Durchdringung von Würfel und Halbkugel, begegnet diese seit der Antike erste neue Kapitellform erstmals in Hildesheim. Dieses Kapitell bildet sinnvoll eine präzise Überleitung der zylindrischen Säule zur quadratischen Grundfläche des Bogenansatzes. In gleicher Weise ist die in kubische und stereometrische Verhältnisse geordnete Gesamtkomposition von St. Michael nicht mehr von der Antike her bestimmt, sondern Grundlage der kommenden, der romanischen Baukunst.

Westwerk – Westchor

Die Entwicklung des Westwerks ist mit der späten Karolingerzeit fast abgeschlossen. Seine Funktion, nämlich eine königliche Eigenkirche der römischen Basilika anzuschließen und damit die Zweipoligkeit der Herrschaft – Priestertum und Königtum – zu veranschaulichen, übernimmt der Gegenchor. Im ottonischen Reichsgebiet wirkte das Westwerk nach, z. B. in St. Pantaleon in Köln (966–980) und in der Liebfrauenkirche in Maastricht (Ende des 10. Jahrhunderts), während es in Frankreich bezeichnenderweise ganz aufgegeben wurde. Auch der 1015 geweihte ›Meinwerkdom‹ in Paderborn besaß eine Westapsis, die von Treppentürmen begleitet, rechteckig ummantelt und von einem riesigen Turm überragt, an den Westwerkgedanken anknüpft. Eine ähnliche Westfassade zeigt Reichenau-Mittelzell. Der vereinfachte eintürmige Westbau ist als Reduktion in der Folge bezeichnend für Pfarrkirchen. Wie schließlich das Beispiel der Pfalzkapelle in Aachen als Westchor weiterwirkte, zeigt das Münster in Essen, wo unter der Äbtissin Theophanu (1039–1058), einer Enkelin Ottos II., eine der originellsten Lösungen entstand. Im Grundriß bildet der Westbau des Münsters die Hälfte eines Sechsecks. Umgang und Empore sind der Pfalzkapelle Karls des Großen nachgebildet. Nach außen erhält dieser Westchor mit Mittelturm und Treppentürmen die beliebte reiche Gruppierung, die ihn einem Westwerk vergleichbar sein läßt. Andere direkte Nachfolgebauten von Aachen finden sich in Ottmarsheim/Elsaß (1049 geweiht) und in Nimwegen (um 1050).
Neben dem sakralen Bauschaffen blieb das profane fast bedeutungslos. Nicht nur hat es, was an ihm Kunst ist, vom Kirchenbau übernommen, sondern es fehlten ihm vergleichbar große Aufgaben. Zwar hatte

Heinrich I. während des zweijährigen Friedens mit den Ungarn zum Burgenbau aufgerufen und selbst mit der befestigten Pfalz Werla bei Goslar für diesen gesorgt, doch eine nennenswerte Entwicklung fürstlicher oder ritterlicher Wohnstätten findet vorerst nicht statt. Die Städte aber, seit dem 11. Jahrhundert Stützpunkte des sich wieder belebenden Fernhandels, hatten einstweilen außer dem Wehrbau keine lohnenden Bauaufträge zu vergeben.

Die Malerei der ottonischen Zeit

Von der ottonischen Malerei blieb uns nur weniges erhalten. Vor allem die Zahl der leidlich erhaltenen Wandmalereien ist äußerst gering. Der Zyklus der Georgskirche in Oberzell auf der Reichenau, wahrscheinlich um 980 entstanden, muß stellvertretend für vieles Verlorene stehen. Die Fresken in großen, breitformatigen Bildern über den Arkadenbogen des Kirchenschiffes stellen die Wundertaten Christi dar; zwischen den Fensterbogen die Apostelgestalten. Das Landschaftliche ist auf drei farbige Streifen reduziert. Die Architekturmotive werden zu abgekürzten Zeichen, die Räume bedeuten, aber diese nicht darstellen. Christus, der Wundertäter, mit vorgeneigtem Haupt und der beschwörend ausgereckten, übergroßen Hand, tritt in jedem Bild mit neuer Kraft hervor, alle anderen Gestalten des Freskos sind ganz auf ihn bezogen.

Der Zyklus setzt die Tradition fort, für die aus dem 9. Jahrhundert die Wandbilder von Müstair charakteristisch waren, die ihrerseits eine südliche Voraussetzung haben, für die es in der karolingischen Hofkunst keine Entsprechung gab. Doch zeigt sich in dem Zyklus von Oberzell ein neuer, für die ottonische Kunst bezeichnender Zug: Die Szenen sind klar gegliedert, prägnant auf den entscheidenden Punkt der Erzählung gerichtet.

Ungleich reicher ist die Buchmalerei der ottonischen Zeit überliefert. Hier herrschen ganzseitige Miniaturen vor, kleinen Tafelbildern vergleichbar. Der Themenkreis engt sich gegenüber der karolingischen Zeit weiter ein. Die weltlichen Bildvorwürfe verschwinden vollends, auch die Darstellungen aus dem Alten Testament und aus der Passion Christi treten erheblich zurück. Dafür wird im Buch wie auf der Kirchenwand das überirdische Wunder in den Mittelpunkt gestellt, so wie es sich im Wirken des Gottessohnes geoffenbart hat. Besonders aus der Schreibschule des Klosters auf der Reichenau ist eine erstaunliche Fülle von Werken aus der Zeit von etwa 970 bis 1025 auf uns gekommen.

Ottonische Kirchenbaukunst

St. Cyriakus, Gernrode/Harz

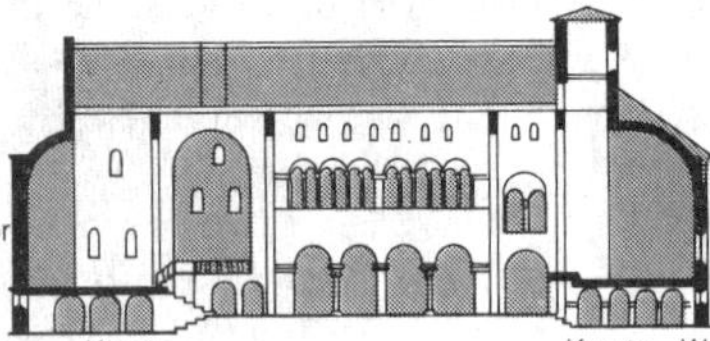

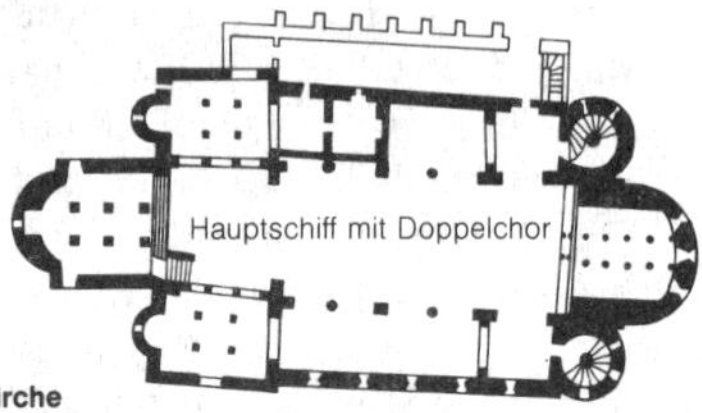

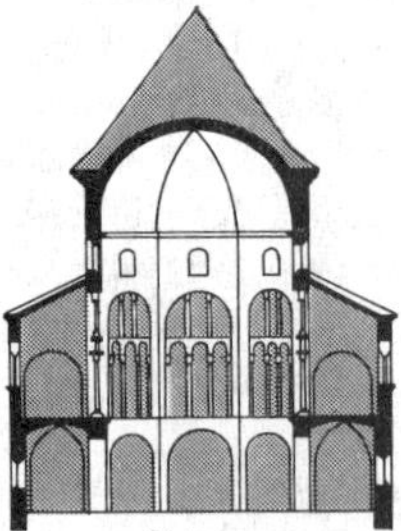

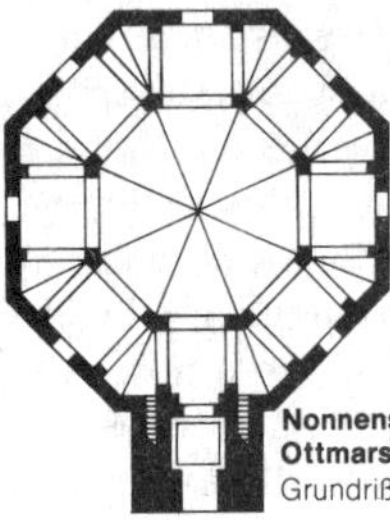

Nonnenstiftskirche
Ottmarsheim, Elsaß
Grundriß und Schnitt

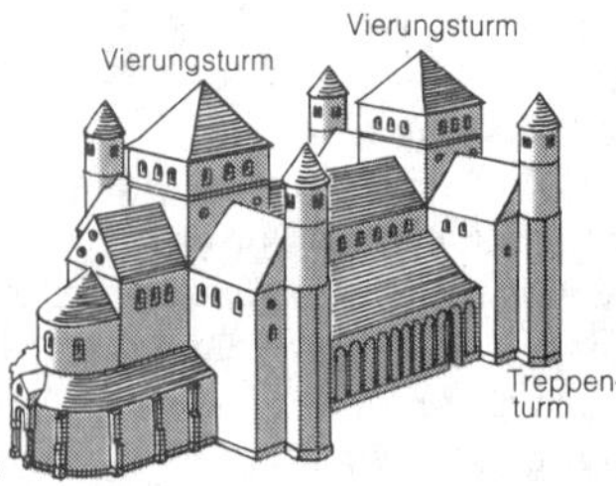

St. Michael, Hildesheim
Grundriß und Außenansicht

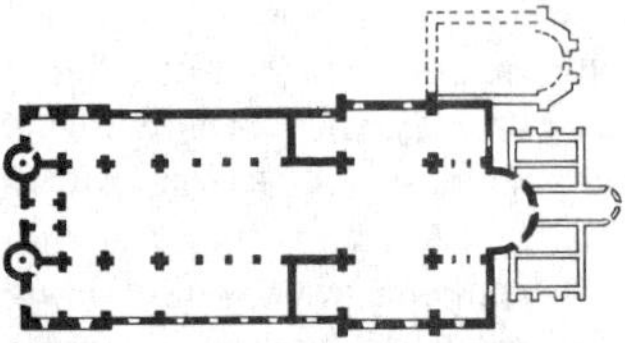

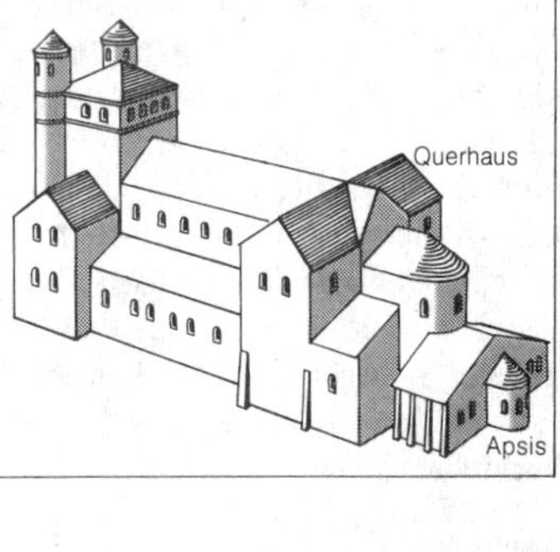

Frühottonische Stiftskirche, Essen-Werden
Grundriß und Außenansicht
Rekonstruktionsversuche

***Ottonisches Westwerk**, charakteristisch überragt von dem wuchtigen Mittelturm, flankiert von schlanken Treppentürmen: Köln, St. Pantaleon (984 bis etwa 1000).*

Die Reichenau beeinflußte auch fast alle anderen deutschen Schreibschulen nachhaltig.

Diese Prunkhandschriften wurden für Klöster, Domkirchen und vor allem für die sächsischen Kaiser selbst geschaffen, die sie wiederum als fürstliche Gaben begünstigten Domstiften widmeten. Je nach den enthaltenen Texten bringen diese Codices großartige Widmungsbilder, mit Säulenarkaden gegliederte Kanontafeln, Bilder der Evangelisten, Ereignisse aus dem Leben Christi und die Visionen der Apokalypse.

Alles Geschehen vollzieht sich hier in der Sphäre eines absoluten Raumes, die durch den Schimmer der goldglänzenden oder mattfarbigen Flächen angedeutet wird. Vorrang hat vor solchen Hintergründen ganz die Gestalt, aber diese Gestalt ist vor allem Ausdruck einer geistigen Funktion. Ihre Existenz erschöpft sich in Haltung, Blick und expressiver Gebärde.

Niemals mehr in der gesamten Kunst sind Bilder so eindeutig, so aus-

Blüte klösterlicher Kunst der Ottonenzeit.
Oben und unten: Reichenau-Oberzell,
ottonisches Kleinod der Stiftskirche St. Georg
(von Süden, »dörfliches« Westwerk und Hauptschiff).
Entstanden schon um 900, birgt die Kirche die
umfangreichsten und bedeutendsten ottonischen Wandmalereien (um 1000).

Byzantinischer Einfluß.
Die durch schlanke Säulen gegliederte Halle der Bartholomäuskapelle in Paderborn (1017) entstand unter byzantinischem Einfluß.

Verschmelzung unterschiedlicher Stile. *Perikopenbuch Heinrichs II. Kunstreiche Verbindung karolingischer Elfenbeinschnitzerei und byzantinischer Emailarbeit (1002–1012). München, Bayerische Staatsbibliothek.*

schließlich auf die bannende und visionäre Kraft weniger suggestiver Ausdrucksbewegungen aufgebaut worden.

Die ottonische Buchmalerei, ja die ottonische Malerei überhaupt, hat einen Höhepunkt in den Evangelistenbildern im Evangeliar Ottos III., entstanden um 1000 auf der Insel Reichenau. Als Stiftung Heinrichs II. befand sich die Handschrift ehemals im Domschatz Bamberg, heute verwahrt sie die Bayerische Staatsbibliothek München. Die Evangelisten dieses kostbaren und kostbar geschmückten Evangelienbuches sind ekstatische Visionäre, die von ihren Symbolen inspiriert werden und aus denen eine überirdische Macht aufbricht und spricht. In herabschießenden Lichtstrahlen ergießt sich über sie die Offenbarung, während die Gestalten zu repräsentativer Monumentalität aufwachsen.

Neben der Reichenauer Schule blühen die Malerwerkstätten der Buchkunst besonders in St. Gallen, Regensburg, Trier, Echternach, Köln und Fulda.

Die ottonische Plastik – Bernward von Hildesheim

Die Plastik der ottonischen Zeit beschränkte sich anfangs auf kleinere Reliefdarstellungen. Nur sehr langsam entwickelte sich auch die Kunst der Monumentalskulptur. Die Frage, ob große Bildwerke wünschenswert seien, war zunächst ein theologisches Problem. Die Großplastik war von Bedenken stärker betroffen als die Malerei, denn bei ihr war die Gefahr, das Bild, das körperlich gegenwärtige Wesen als Träger magischer Kräfte zu verehren, stärker als bei den anderen Künsten. So scheute man bewußt lange vor dem Schaffen von Kultbildern zurück.
Für die Entstehung der Großplastik in Deutschland wird die Darstellung des Gekreuzigten, von nun an das erste und wichtigste Thema christlicher Kunst, von Bedeutung. Unter den frühen Kruzifixen ist das Kreuz des Erzbischofs Gero im Kölner Dom, geschaffen um 970, das früheste erhaltene. Vorangegangene Werke sind uns nur aus literarischen Quellen bekannt. Schwer hängt der Körper am Kreuz. Alle Form ist dicht und rundgewölbt. Der Realismus des Leidens prägt die Gestalt des Menschensohnes. Hier wird bereits ein Weg eingeschlagen, der in deutschen Skulpturen des 14. und in Gemälden des 16. Jahrhunderts zu neuen Höhepunkten des Ausdrucksrealismus führen sollte.
Zentrum der ottonischen Plastik ist insbesondere Hildesheim. Dort entstehen unter Bischof Bernward (993–1022) eine beträchtliche Anzahl plastischer Werke, Arbeiten in Silber- und Bronzeguß; die Domtüren und die Bernwards-Säule sind bedeutende Zeugnisse ottonischer Kunst. Im Jahre 1015 waren die Bronzetüren vollendet; sie wurden zuerst in das Portal der Michaelskirche eingesetzt, 1035 in den Dom zu Hildesheim übertragen. Auf den über vier Meter hohen Türflügeln ist die Geschichte der ersten Menschen dargestellt, richtiger, erzählt. Wer vor diesen erzenen Bibelseiten steht und die Bilderschrift zu lesen sich müht, findet keine ihm vertrauten »Bilder«, er findet »Sinnbilder«. Auf den ersten Blick scheinen Tafel für Tafel die gleichen Formeln für Menschen und Landschaften wiederzukehren, erst ein geduldiges Hinsehen zeigt, wie das »starre« Ornament sich dem wechselnden Bedeutungsgehalt jeder Szene anpaßt. Gott ist vertreten durch das eingreifende Organ: die Gotteshand. Wie verschieden aber spricht diese Hand! Kain und Abel opfern. Kain bietet das Garbenbündel, Abel das Lamm dar. Auf ihn zu öffnet sich aufnahmebereit Gottes Hand. Oder: Kain erschlägt seinen Bruder Abel. Wieder greift die Hand Gottes aus Wolkensäumen. Zeige- und Mittelfinger ausgereckt, weisen auf den Mörder, stoßen auf sein Herz herab. Jeder, der die Geschichte von

Vollendete Zeugnisse ottonischen Bronzegusses im Dom von Hildesheim.
Links: »Bernward-Säule«, geschmückt mit einem Relief, das Szenen aus dem Leben Christi zeigt (1015–1022). – Rechts: »Bernward-Tür« (Detail) mit biblischen Szenen (u. a. Vertreibung aus dem Paradies, 1015).

Kain und Abel kennt, versteht, was diese Zeichen »bezeichnen«, er genießt eine Kunst, die nicht Ansichten, sondern Aussagen enthält.
Wie die Türen stammt auch die Bronzesäule aus St. Michael und wurde erst später in den Dom verbracht. Sie war Denkmal des Triumphes Christi und erinnert an römische Ruhmessäulen der Spätantike.
Um die Jahrtausendwende hatten sich die Bedingungen für die darstellende Kunst verändert. Das Bedürfnis nach plastischer Vergegenwärtigung der heiligen Gestalten war stärker geworden und hat die einst gültigen Bedenken überwogen. Zeichen dessen sind die Marienbilder, etwa die goldüberzogene, mit Juwelen geschmückte Essener Madonna, eines der frühesten Beispiele mittelalterlicher Skulptur (um 1000), während jenes Marienbild, das Bischof Imad an seine Domkirche Paderborn um 1050 stiftete, in der Strenge des Aufbaues und in der Geschlossenheit der Silhouette die monumentale Stufe der spätottonischen Kunst dokumentiert.

Ottonische Goldschmiedekunst

Die Goldschmiedekunst des 10. und 11. Jahrhunderts setzt die karolingische Tradition fort, ohne der noch barbarisch anmutenden Überhäufung mit Schmucksteinen zu verfallen. Prachtwerke dieser reifen Kunst sind das Mathildenkreuz im Essener Münsterschatz, geschaffen 971–982, das von Heinrich II. um 1020 nach Basel gestiftete goldene Antependium, heute im Cluny-Museum in Paris, die Reichskrone (Wien, Schatzkammer) oder die Kunigundenkrone aus dem Bamberger Dom (München, Schatzkammer der Residenz).
Zusammenfassend läßt sich sagen: Als sich nach dem Niedergang der Karolinger unter den Ottonen endlich die politischen und wirtschaftlichen Verhältnisse wieder konsolidiert hatten, wurden auch Kräfte frei für künstlerische Aufgaben. Man glaubte zunächst, unmittelbar an die vorhergehende Epoche anknüpfen zu können, um das einmal Errungene wiederzugewinnen: Die ottonische Buchmalerei begann mit Kopien karolingischer Codices. Doch wurden gegen Ende des 10. Jahrhunderts überall Erneuerungsbestrebungen sichtbar. Das Suchen nach schlichter Monumentalität, nach Ruhe und klarer Kraft wird deutlich und für die ganze Epoche charakteristisch. Diese Zeit der allmählichen Rückbildung vom Spätstil der Karolingerzeit hin zu einem neuen Anfang wird in Deutschland »ottonisch« genannt. Sie bereitet unmittelbar die Hochromanik der salischen Zeit vor.

Literatur

Boeckler, Albert: Die Reichenauer Buchmalerei, München 1925
Gall, Ernst: Karolingische und ottonische Kirchen, Berlin 1930
Jantzen, Hans: Ottonische Kunst, 2. Auflage, München 1959
Schrade, Hubert: Vor- und frühromanische Malerei, Köln 1958
Wesenberg, Richard: Bernwardinische Plastik, Berlin 1955

DIETGER REINHOLD

Die sozialen und wirtschaftlichen Verhältnisse im frühen Mittelalter

Das Ende Westroms – Die alte romanische und die neue germanische Oberschicht wachsen zusammen – Familie und Hausherrschaft – Der germanische König und ›sein‹ Adel – Gefolgschaft – Grundherrschaft – Neuer Reiteradel – Nachblüte der mittelmeerischen Wirtschaft – Wirtschaftlicher Rückgang im 8. und 9. Jahrhundert – Gesellschaftliche Auswirkungen – Wiederaufstieg – Entstehung der mittelalterlichen Stadt.

Betrachtet man West- und Mitteleuropa zwischen dem 5. und dem 11. Jahrhundert, so wird man da zunächst einmal keinen ›sauberen‹ Bruch gegenüber der Antike feststellen können: Westgotische und vor allem fränkische Könige regierten noch lange mit den Mitteln und dem Personal, das ihnen das Imperium Romanum hinterlassen hatte. Am besten ist dieser Übergangs- und Neuformungsprozeß auf dem Boden der ehemals römischen Provinz Gallien zu beobachten, wo unter maßgeblicher Assistenz der römisch-christlichen Kirche im 6. Jahrhundert das fränkische Großreich entstand. Besonders im Süden und im Zentrum Galliens hatte die Völkerwanderung das romanische Bevölkerungselement zwar angeschlagen, aber nicht grundlegend verändert; hier gab es noch Städte und Stadtkultur, eine zahlenmäßig gar nicht so geringe mittlere Beamtenschicht aus Laien; auf dem Lande hatte manche luxuriöse ›Villa‹, einst Herrensitz eines senatorischen Großgrundbesitzers, samt ihrem fortschrittlichen Meierhofsystem die Zeitläufe überstanden; nach wie vor kursierte die römische Edelmetallwährung in Gold und wurde auch von den fränkischen Königen nachgeprägt – manche von ihnen nannten sich bezeichnenderweise »Augustus«! Es gab das römische Straßennetz, und auch Ansätze des alten Steuersystems waren noch vorhanden.

»Hausherrschaft«, Loyalität und Rechtsverständnis

Zwischen den ansässigen Romanen und den germanischen Eroberern bestanden in der Rechts- undd Sozialordnung sicher deutliche Unterschiede, aber auch so manche Berührungspunkte: So besaß die Familie in beiden Bevölkerungsteilen eine zentrale Stellung, wobei der Fa-

milienbegriff erheblich umfassender als heute war: Bei den Romanen, deren Einfluß rechts des Rheins freilich sehr viel schwächer war, wie bei den Germanen umfaßte die Gewalt und Schutzpflicht des Familienvaters (ahd. munt: Rechtsschutz; vgl. Vormund) nicht nur Frau und Kinder, sondern buchstäblich alles lebende und tote Inventar des ›Hauses‹; dazu gehörten auch eventuell Verwandte mit ihren Kindern, die Leibeigenen und selbstverständlich die Sklaven. Das ›Haus‹ stellte schon bei den Römern, noch weit mehr aber bei den Germanen ein fest gefügtes, nahezu eigenständiges Rechtsgebiet dar, wo der »Hausherr« als oberste juristische Instanz waltete und auch für das Tun und Lassen der Hausangehörigen außerhalb des Hauses gegenüber Fremden verantwortlich war. Auch für sehr schwere Vergehen innerhalb des Hauses war der »Staat« als Strafverfolgungsbehörde nicht zuständig. Bei den Franken spielte der König die Rolle eines ›Hausvaters im Großen‹, was man aber keinesfalls mit spätantikem oder gar orientalischem Despotismus verwechseln darf, weil er eben Oberhaupt eines Stammes bzw. Staates war, der selbst aus vielen »Häusern« – großen, mächtigen und kleinen – bestand, in denen allen wiederum das Prinzip der »Hausherrschaft« galt, wodurch die staatlichen Zugriffsmöglichkeiten sehr stark eingeschränkt wurden.
Den indogermanischen Stämmen ist der Glaube an die göttliche Abkunft ihrer Könige gemeinsam – dies gilt somit für die griechischen Könige der Zeit Homers, den persischen Großkönig, für die sagenhaften Könige Altroms und ebenso für die Herrscher der germanischen Stämme, welche an der Schwelle zum Mittelalter auf römischem Reichsboden zu siedeln begannen. Unter dem Einfluß des Christentums wurde bei den Germanen aus dem göttlichen, mit glück- und

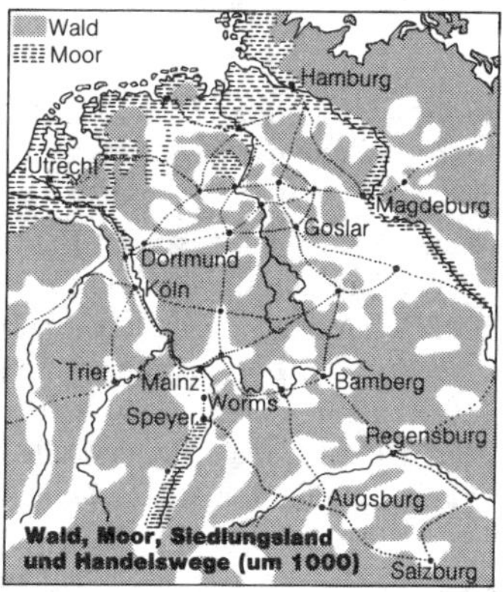

Wald, Moor, Siedlungsland und Handelswege (um 1000)

siegverheißenden »Heil« begabten Königtum ein von Gott verliehenes Amt, das der Herrscher als König und Priester zugleich in göttlichem Auftrag ausfüllt.
Obwohl er aufgrund seines göttlichen Charismas verehrt und überhaupt erst als König anerkannt wurde, war doch auch dieser »Priester-König« an Recht und Herkommen gebunden. Allerdings mußte das Recht keineswegs schriftlich niedergelegt und das Herkommen aufs Jota genau festgelegt sein. Diese Bindung galt für den König wie für den Untertan, wobei nicht so sehr der Gehorsam als die Treue der Angelpunkt des Verhältnisses zwischen beiden war – der Gehorsam kam von der Treue, nicht umgekehrt! Gehorsam ohne Treue war knechtisch, ja sklavisch! Verletzte nun der König diese Treue, stieß er sich sozusagen selbst vom Thron, da er damit auch seine Untertanen von der Treue zu ihm entband. Der Widerstand gegen einen »treulosen« König ist sozusagen das ›gute alte Recht‹ des Untertanen, ja fast dessen moralische Pflicht! Loyalität gibt es nur auf Gegenseitigkeit. Eine solche Denkweise harmonierte mit der tief eingewurzelten Überzeugung, daß dem freien Mann, besonders aber dem Adeligen, ein selbstverständliches ›Naturrecht‹ auf Selbsthilfe zustand, wenn es dann galt, sich sein ›gutes altes Recht‹ zu verschaffen – oder was man eben dafür hielt. Das konnte auch einmal Rache sein, man trennte hier nicht so genau. Nach dem Prinzip der Hausherrschaft konnte der Familienvater derartige Fragen regeln. Hier liegt wohl auch die Quelle zu dem im Hochmittelalter geradezu ritualisierten Fehderecht, das sich als klassisches, ungeschriebenes Adelsrecht hielt, bis schließlich der lückenlose, bürokratische Staat des 17. und 18. Jahrhunderts dieses Recht brach; prinzipiell Ähnliches geschah ja auch mit der Sitte des Duells, welches ursprünglich etwas mit dem Gottesurteil zu tun hatte (nach F. Kern).

Der Staat als ›Personenverband‹ – Loyalität als Grundlage der Gefolgschaft

In der für die Germanen und – mit gewissen Besonderheiten – auch für die Kelten typischen Einrichtung der Gefolgschaft treffen wir auf ähnliche Denkmuster. Es handelt sich hier um einen festen ›Personenverband‹ auf der Basis der Freiwilligkeit und der gegenseitigen Treue zwischen dem Gefolgschaftsherrn und dem Gefolgsmann, wobei natürliche Verwandtschaftsbeziehungen keine Rolle spielten. Der Gefolgsmann gelobte unbeschadet seiner persönlichen Freiheit Treue und Gehorsam, d.h. konkret Tat und Hilfe im Frieden und vor allem im Krieg, der Herr garantierte ihm dafür Schutz, Ausrüstung und Unterhalt. Diese Loyalitätsvereinbarung galt auf Lebenszeit oder aber zumindest so lange, wie beide Seiten ihren Verpflichtungen nachkamen. Grundsätzlich konnte jeder freie Mann Gefolgschaftsherr werden, sofern er die Mittel dazu besaß bzw. durch Raubzüge, Krieg, Piraterie oder aber auch durch die Gunst eines noch Höhergestellten sich zu verschaffen wußte. Je größer und schlagkräftiger die Gefolgschaft, um so höher war das Prestige und vor allem die persönliche Macht des Herrn. Über die größten Gefolgschaften verfügten naturgemäß die Könige, und deren persönliche Gefolgsleute waren es auch, welche zusammen mit den Resten des kulturell und bildungsmäßig überlegenen galloromanischen senatorischen Adels den sogenannten neuen Reichsadel des Frankenreiches bildeten; dieser Vorgang ging um so leichter vonstatten, als sich auch im spätrömischen Reich, insbesondere in Gallien, aus der Not der Zeit heraus gefolgschaftsähnliche Bindungen entwickelt hatten. Mit großer Wahrscheinlichkeit stellt das Patronats-

Kommendation

(lat. commendatio: Empfehlung)

Antike:	*Rechtsakt, der ein Knechtschafts- oder Vasallenverhältnis begründet. Verknechtungsritus, bei dem der Mann seine gefalteten Hände in die des Herrn legt, d. h. sich ergibt oder »kommendiert«. Diese Schutzgebärde zeigt, daß der Vasall sich zu Gehorsam und Dienst, der Herr sich zum Unterhalt verpflichtet. Vasallität und Kommendation untrennbar verbunden, unterscheiden sich zunächst dadurch von der Gefolgschaft, die durch Treueid begründet wird.*
Merowingerzeit:	*Nur noch die Könige haben das Recht, sich eine Gefolgschaft aus Freien zu halten: Der Adel muß sich mit den unfreien Vasallen begnügen.*
Karolingerzeit:	*In der Zeit des Aufstiegs der karolingischen Hausmeier steigen deren Vasallen ebenfalls sozial auf. Ihr Status der Unfreien geht langsam verloren, vor allem seit Karl Martell seine Vasallen mit Grund und Boden belehnt. Der Akt der Kommendation muß nun umgewertet werden: Er verliert seinen Unterwerfungscharakter dadurch, daß die Vasallen seit Mitte des 8. Jahrhunderts sich kommendieren und den Treueid leisten. Treue, seither der Zentralbegriff des Lehnswesens, bindet Gefolgsmann und Herrn.*

und Kolonatswesen der Spätantike an der Schwelle zum Mittelalter eine der Wurzeln der Grundherrschaft und des Lehnswesens dar.

Grundherrschaft, Lehnswesen und Rechtsposition der bäuerlichen Bevölkerung

Eine Skizze frühmittelalterlicher Sozialverhältnisse wäre völlig unvollständig ohne einen Abriß über Entstehung und Natur der »Grundherrschaft«. Kurz definiert besagt dieser Begriff: Der Eigentümer eines Landstücks, das er selbst nicht mehr allein bebaut, ist auch der Herr derjenigen, welche auf diesem Lande leben und für den Herrn arbeiten. Oder anders: Wer nicht den eigenen Grund und Boden bebaut, ist – ohne Rücksicht auf seinen persönlichen Sozialstatus – in seiner Freiheit und je nachdem auch in seiner Freizügigkeit immer eingeschränkt; dazu kommt noch, daß große Grundherrn meistens auch die

Allodialgut

(fränk. al [odis]: voll, ganz + od [?]: Besitz, Gut)

Frei verfügbar,	*im Gegensatz zum Lehnsgut (unten) Eigentum und deshalb verkäuflich und vererbbar. Vor allem*
Adelsland	*war im Mittelalter Allodialgut, jedoch besaßen es auch die sächsischen Freien. Im 8. Jahrhundert war der dortige Adel bestrebt, daß sie sich dem Schutz der Kirche, des Königs oder eines Herrn unterstellten und den erbeigenen Besitz aufgeben sollten.*

Lehnsgut

Karl Martell vergab Lehnsgut in größerem Umfang als

Gegengabe	*für Rat und Hilfe im Krieg. Diese Landleihen sollten beim Tod des Belehnten wieder an den Lehnsherrn zurückfallen. Das oberste Prinzip dieses Vorgangs war die*
Zweiseitigkeit:	*Land oder Amt gegen Rat und Hilfe. Rechtliche Verfügungen (Vererbung, Verkauf, Tausch) waren nur mit Zustimmung des Lehnsherrn erlaubt. Der Begriff »Feudalismus« (von ahd.: fehu: Vieh, Besitz) weist noch auf die Bedeutung der dinglichen Seite des lehnrechtlichen Vorgangs hin.*

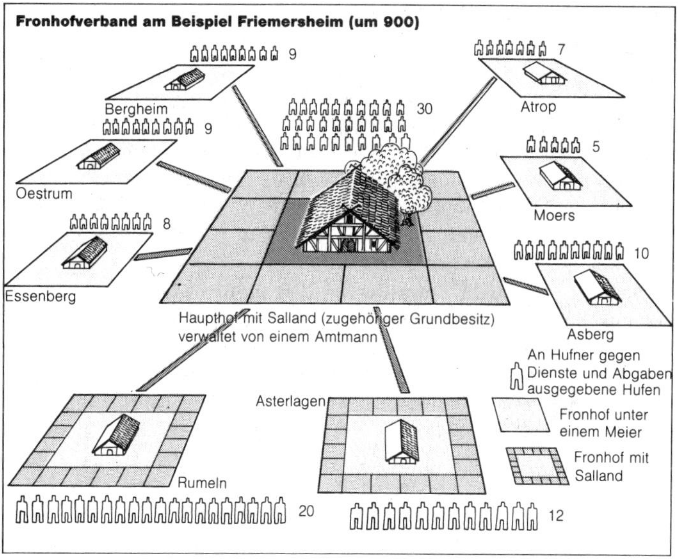
Fronhofverband am Beispiel Friemersheim (um 900)
9
Bergheim
9
Oestrum
8
Essenberg
30
7
Atrop
5
Moers
10
Asberg
Haupthof mit Salland (zugehöriger Grundbesitz) verwaltet von einem Amtmann
An Hufner gegen Dienste und Abgaben ausgegebene Hufen
Fronhof unter einem Meier
Fronhof mit Salland
Asterlagen
Rumeln
20
12

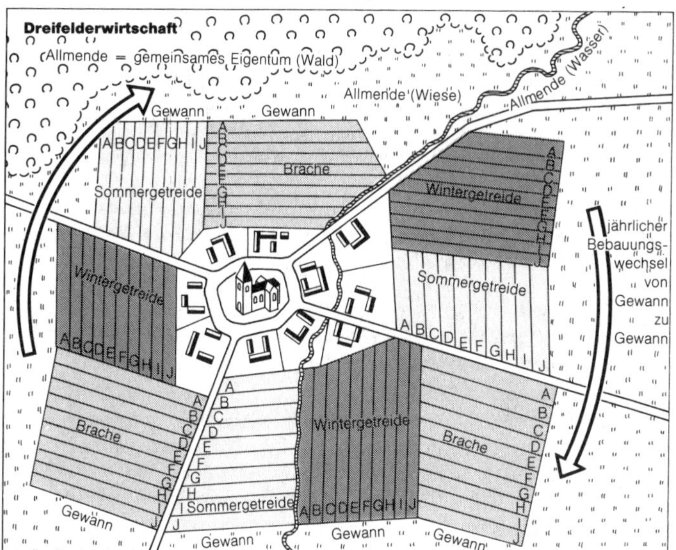
Dreifelderwirtschaft
Allmende = gemeinsames Eigentum (Wald)
Allmende (Wiese)
Allmende (Wasser)
Gewann
Gewann
ABCDEFGHIJ
Brache
Sommergetreide
Wintergetreide
Wintergetreide
Sommergetreide
jährlicher Bebauungswechsel von Gewann zu Gewann
Brache
Wintergetreide
Brache
Sommergetreide
Gewann
Gewann
Gewann
Gewann

hohe, kleinere zumindest die niedere Gerichtsbarkeit auf ihrem Besitz besaßen und so, wie der Rechtshistoriker Otto Brunner meint, die ›private‹ Herrschaft – d. h. die Grundherren – ein von Fall zu Fall sehr verschiedenes Maß ›öffentlicher‹, also nach heutigem Verständnis ›staatlicher‹ Rechte an sich zu ziehen vermochten! Im Gerichtsverfahren selbst galt dann nahezu allgemein – mit Ausnahme der Ostgoten und Langobarden – das Prinzip der ›Personalität des Rechts‹, d. h., jeder wurde vom Gericht nach dem Rechtsstatus abgeurteilt, in den er hineingeboren wurde. Dieses ›Personalitätsrecht‹ galt allerdings nicht für Gesandte, Juden und reisende Kaufleute, weil diese der königlichen Gerichtsbarkeit direkt unterstanden. Oft mußten die Gerichte auch noch nach verschiedenen Stammesrechten urteilen, was manchen Fall recht kompliziert machen konnte. Daher kommt es auch, daß in einigen uns überlieferten juristischen Handschriften aus praktischen Gründen mehrere Volksrechte nebeneinander aufgeführt sind.

Grundherrschaft erzeugte also Unfreiheit oder zumindest Abhängigkeit, in deren Sog schon in der Antike, stärker jedoch im frühen Mittelalter, ein großer Teil der freien Bauern durch die Entwicklung des Lehnswesens geriet. Grundherrschaft bedeutete aber nicht »Sklavenwirtschaft« in großem Stil, wie wir sie aus der klassisch-römischen Antike her kennen, wenngleich in der modernen Forschung auch die Ansicht vertreten wird, daß es auf den großen Domänen des Karolingerreiches durchaus eine solche »Sklavenwirtschaft« gegeben habe, wobei der Sklave in antikem Sinne als »Sache« galt. Richtig ist, daß die Kirche in dieser Zeit die Sklaverei nicht grundsätzlich verdammte und

Erblichkeit der Lehen

ist ursprünglich nicht erlaubt: Lehen fallen beim Tod ihres Inhabers automatisch an den König zurück. Dieser nimmt eine Neubelehnung je nach politischer Notwendigkeit vor. In Krisenzeiten Neubelehnung oft auf Wunsch des Inhabers, d. h. Lehen gehen faktisch oft vom Vater auf den Sohn über. König bleibt bis ca. 830 Zwischeninstanz, dann zieht die Gewohnheit der Erblichkeit ihre rechtliche Anerkennung nach sich:

877 anerkennt Karl der Kahle im Capitular von Quierzy prinzipiell die Erblichkeit der Lehen.

1037 wird auch den kleinen Vasallen Erblichkeit ihrer Lehen zugestanden.

Die Bindung der Vasallen an ihren Herrn wird dadurch abgeschwächt; Erblichkeit ist Vorstufe späterer Territorialisierung, d. h. Bildung von Landesherrschaft.

bekämpfte – zumindest wenn es sich bei den Sklaven um Andersgläubige handelte. Die germanisch-heidnische Tradition, deren Sklavereibegriff dem römischen nahestand, müßte dann im 8. und 9. Jahrhundert noch sehr lebendig gewesen sein. Dem widerspricht aber die allgemein akzeptierte Erkenntnis, daß in der christlichen Gesellschaft des frühen Mittelalters sich die Grundherrschaft als die große Gleichmacherin in der Unfreiheit, nicht freilich in der Sklaverei, durchsetzte und die Unterschiede zwischen hörigen Grundholden, Leibeigenen, Sklaven und auch armen Freien weitgehend ausnivellierte. Das Grundherrschaftsprinzip war »Herrschaft über Land und Leute«, verpflichtete alle von ihm Erfaßten zu Abgaben und Diensten an den Grundherrn und erlaubte es, den Boden samt den zugehörigen Menschen, den Grundholden, zu verkaufen, zu vererben oder zu verschenken; miteingeschlossen war auch meist eine Einschränkung der Freizügigkeit, da ein ›Schollengebundener‹ ohne Zustimmung des Herrn seinen Grundherrschaftsbezirk nicht verlassen durfte. Freilich war der Herr seinerseits zum Schutz seiner Grundholden verpflichtet, ob dabei aber ein echtes Gegenseitigkeitsverhältnis von Schutz gegen Dienste und Abgaben herauskam, wie manchmal behauptet wird, ist mehr als zweifelhaft. Denn im Gegensatz zur Gefolgschaft beispielsweise trennte Grundherren und Grundholden eine überaus hohe soziale Schranke. Was beispielsweise die Freizügigkeit betrifft, finden wir jedenfalls schon in Gesetzen des letzten römischen Gesamtherrschers Theodosius ganz ähnliche Bestimmungen restriktiver, einschränkender Art.

Aus einer Reihe anderer Belege wird klar, daß die Grundherrschaft, besonders im Westen eine Folge des germanischen »Hausherrschaftsprinzips« ist und ohne wichtige soziale Veränderungen in der Spätantike nicht entstanden wäre: So war es bereits spätestens im 4. Jahrhundert in Gallien zu grundherrschaftsähnlichen Verhältnissen gekommen, da ein großer – teilweise gar nicht unbegüterter – Personenkreis sich freiwillig mit all seinem Besitz unter den Schutz eines Mächtigen begeben und dafür auf seine persönliche Freiheit verzichtet hatte, um dem staatlichen Steuerdruck oder feindlichen Überfällen zu entgehen. Diese Leute standen dann, wie es germanisch hieße, unter der »Munt« ihres Grundherrn.

Da die Germanen nach Gallien als Eroberer kamen, wurde hier ihr König zum größten Grundherrn des Landes; von seinen Ländereien, dem Königsland, gab er dann einen erklecklichen Teil an seine persönlichen Gefolgsleute ab, aus denen in Gestalt einer besonders reich begüterten Grundherrenschicht später der künftige Reichsadel heranwuchs.

Die Kirche als Grundherr

Sehr schnell gelangte auch die Kirche durch königliche oder adelige Schenkungen zu großen Grundherrschaften, wobei die Spitzen ihrer Hierarchie ebenfalls in den Reichsadel gelangten. Weil das germanische Erbteilungsrecht bei den kinderlosen Vertretern der Kirche nicht durchschlug, sah sich diese bald im Besitz von besonders großen, zusammenhängenden Grundherrschaftskomplexen, aus denen sie dann aufgrund ihres Bildungsvorsprunges durch gekonnte Verwaltung und fortschrittliche Bewirtschaftungsmethoden besonders hohe Erträge zu ziehen verstand. Dies wog besonders schwer in einer Zeit, in der die wirtschaftliche Bedeutung des Grundbesitzes infolge eines ständigen Rückganges von Handel und Gewerbe im 8. und 9. Jahrhundert und damit der Geldwirtschaft kontinuierlich anstieg; übertriebene Vorstellungen freilich hinsichtlich der Wirtschaftskraft dieser Kirchengüter sind auch hier nicht am Platze, da die Siedlungsdichte sehr gering war: Auf dem Gebiet der heutigen Bundesrepublik lebten nur etwa 24 und links des Rheins höchstens 55 Personen auf einem Quadratkilometer. Die Erträge von Roggen, Hafer, Gerste, Hirse, Linsen, Bohnen, Rüben und Wein waren nach jetzigen Begriffen geradezu lächerlich gering. Der Schwerpunkt der Landwirtschaft lag, wie wir durch die Untersuchungen von Abel, einem Wirtschaftswissenschaftler, wissen, nicht auf dem Ackerbau, sondern auf der Viehwirtschaft, die sehr personalintensiv war.

Soziale Schichtung

Jede Grundherrschaft stellte ein mehr oder minder vollständiges, verkleinertes Spiegelbild der damaligen Gesellschaftsstruktur dar: Die unterste Schicht bestand aus absolut weisungsgebundenen Sklaven, oft Kriegsgefangenen, welche direkt auf dem Herrenhof arbeiteten; darauf folgten die Hörigen mit ›eigenem‹ Bauernhof, wobei wiederum zwischen strikt befehlsgebundenen und nur zu bestimmten Diensten und Abgaben verpflichteten zu unterscheiden wäre, danach kamen die persönlich freien Bauern, welche aber einen grundherrneigenen Hof bewirtschafteten und deshalb ebenfalls Dienste und Abgaben zu leisten hatten. Freie Bauern auf eigenem Grund und Boden bildeten in der damaligen Gesellschaft eine Minderheit. Dann, in der Sozialpyramide schon sehr weit oben, kam der meist adelige Grundherr mit seinem Gewaltmonopol und Fehderecht; über ihm rangierte nur noch die dünne Schicht des Reichsadels und die Spitzen der Kirche. Der hohe

Adel und die hohe Geistlichkeit war zweisprachig und hatte in ihren Reihen einen nennenswerten Prozentsatz von Abkömmlingen der alten romanischen Oberschicht, die sich mit den germanischen Eroberern arrangiert hatte. Im 8. und 9. Jahrhundert kam dann im Zuge der neuen militärischen Taktik zur ›alten‹ Aristokratie ein neues Element in Gestalt des professionellen Reiterkriegers hinzu. Zahlenmäßig spielte die Stadtbevölkerung nur mehr in der Provence eine Rolle, auch hier mit fallender Tendenz.

Die Mittelmeerwelt und Germanien als Wirtschaftsraum

Über 600 Jahre lang stellte das Imperium Romanum rings um das Mittelmeer ein in sich ausgeglichenes, sicheres und verkehrsmäßig erschlossenes Wirtschaftgebiet dar. Als die schlimmsten Völkerwanderungswirren zwischen dem 3. und dem 5. Jahrhundert vorüber waren, zeigte es sich, daß die wirtschaftliche Kontinuität dieses Raumes zur Antike doch nicht zerbrochen war. Der Ostmittelmeerraum erfuhr unter den frühbyzantinischen Kaisern wieder einen kräftigen Aufschwung, und auch der Westen erlebte nach dem Untergang des spätrömischen Staates mit seiner permanenten Kriegswirtschaft eine deutliche Konsolidierung und wirtschaftliche Stärkung. Zumindest in der Nähe der Mittelmeerküsten erholte sich die Stadtkultur, der Geldkreislauf funktionierte weiter, und die Handelsbeziehungen zum Osten konnten wieder geknüpft werden. In den mehr germanisch geprägten Gebieten des Nordwestens entwickelte sich ein neuer Handel – besonders bei den germanischen Friesen; auf dem flachen Lande freilich wurden die romanischen Impulse schwächer, und ein Rückzug zu den mehr archaischen Formen der Hauswirtschaft ist nicht zu übersehen.

Einen totalen wirtschaftlichen und zivilisatorischen Zusammenbruch, den der französische Historiker Pirenne als Folge der arabischen Expansion in den Mittelmeerraum während des 8. Jahrhunderts behauptet, hat es in dieser Härte nicht gegeben, da u.a. die Verbindung über Italien nach Byzanz halbwegs offenblieb. Von einer spürbaren Beeinträchtigung des Handels muß jedoch ausgegangen werden: So trennte diese neue Invasion das gotische Spanien und vor allem das fränkische Gallien doch recht empfindlich von den alten Wirtschafts- und Kulturzentren am Bosporus, in Syrien, Ägypten und Nordafrika; für das Franken- bzw. das frühe Karolingerreich beginnt mit den Sarazeneneinfällen eine Zeit wirtschaftlicher Selbstgenügsamkeit und eines gewissen zivilisatorischen Stillstands. An die Stelle der römischen übergreifenden Handels- und Wirtschaftsverbindungen tritt nun eine – wie R. Sprandel sagt – »Verschachtelung« von kleinen Rechts- und Wirtschaftseinheiten. Diese »Verschachtelung« entspricht in gewisser Weise dem auf Autarkie hin angelegten Grundherrschaftssystem, weil sie die Tendenz hat, jeden halbwegs geschlossenen, durchorganisierten Staatsaufbau zu durchbrechen. Mit anderen Worten: »Mittelalterliche« Verhältnisse kommen jetzt mit aller Deutlichkeit ins Blickfeld, da die Gesellschaft nun wirklich rein agrarisch geworden ist; diese Tendenz verstärkten seit dem 9. Jahrhundert die Plünderungszüge der normannischen Wikinger. Gleichzeitig fiel auch die Donau als natürlicher Handelsweg nach Byzanz weitgehend aus, da sie durch die Reitervölker der Awaren und später der Ungarn blockiert wurde. Diese Ereignisse trafen besonders die Wirtschaftsentwicklung im Osten des Karolingerreiches.

Silber statt Gold

Die Wirren im Gefolge des Reichszerfalls nach dem Tode Ludwigs des Frommen verschärften die Mißstände in Ostfranken spürbar: Der Geldumlauf brach zwar auch dann nicht zusammen, verdünnte sich aber stark, so daß anzunehmen ist, daß ein großer Teil der Bevölkerung damals überhaupt weitgehend aus der Geldwirtschaft ausschied und auf den vielen kleinen Lokalmärkten der Tauschhandel wieder seinen Einzug hielt. Doch bleibt im einzelnen hier manches in der historischen Forschung umstritten. So gibt es z.B. recht konträre Erklärungen für die Gründe, welche zur Umstellung der fränkischen Reichswährung von Gold auf Silber führten, wobei hinter dieser wissenschaftlichen Kontroverse auch ein im Grundsätzlichen recht unterschiedliches Urteil über die Wirtschaftsentwicklung im Westen steht. So ist für Henri Pirenne diese Währungsreform ein Indiz für Verarmung, für wirtschaftlichen Rückschritt; andere dagegen wie z.B. der belgische Historiker Dhondt sehen gerade darin den Beweis für hohe Handelsaktivität und die enge wirtschaftliche Verbindung des Frankenreiches zur byzantinischen und arabischen Welt. Sie sind dabei von einer verblüffend schlüssig wirkenden These inspiriert, welche besagt, daß die Goldbesitzer des Westens ihre Goldmünzen an die Byzantiner und vor allem die Araber verkauft hätten, weil eine Münzreform im Orient dort den Goldpreis erhöht habe. Gegen diese Begründung, welche nun tatsächlich enge Verbindungen und scharfes Wirtschaftsdenken voraussetzt, spricht freilich etwas die wirtschaftsgeschichtliche Erfahrung, daß Goldabfluß meist ein Beweis für deutliche wirtschaftli-

Beispiele für merowingische Münzen. *In der Tradition römischer, vor allem auch byzantinischer Münzkunst (Solidus und Triens) gestaltet mit ›Herrscherbildnis‹ und Umschrift (6.–7. Jh.). Mainz, RGZM.*

***Karl der Große im Habitus römischer Kaiser** auf einer Münze der Zeit mit der Umschrift »Imp(erator) Aug(ustus) Carolus«.*

che Unterlegenheit ist – und Westeuropa war damals in der Tat der unterlegene Partner! Womit hätte es denn seine notwendigen und nachweislich getätigten Einfuhren von bestimmten Luxusgütern aus dem Orient wie beispielsweise Seide bezahlen sollen außer mit Gold? Quantitätsmäßig umfaßten diese Importe kleine, ja kleinste Kontingente, waren also keine Massengüter und benötigten auch keinen Massenverkehr, für den die militärisch-politische Situation im Mittelmeer, das damals weitgehend von sarazenischen Flotten beherrscht wurde, recht ungünstig war. Dazu würde auch passen, daß die auf Autarkie ausgerichteten Grundherrschaften des Westens gewisse Luxusgüter einfach nicht herstellen konnten und daß ein städtisches, marktproduzierendes Gewerbe kaum vorhanden war, dessen Exportprodukte die Handelsbilanz ohne Goldabfluß hätten ausgleichen können (die Ausfuhr der in aller Welt geschätzten fränkischen Schwerter und Panzer war gesetzlich verboten). Dagegen wurde aber etwa zur selben Zeit das kirchliche Zinsverbot allgemein durchgesetzt – nicht gerade eine Maßnahme zur Förderung des Handels, da es die Kapitalbildung und deren gezielten Einsatz drastisch erschwerte – und die Juden, als Nichtchristen davon nicht betroffen und im Orienthandel führend, als Wucherer diskriminiert. Diese Maßnahme korrespondierte wiederum recht gut mit damaligem Zeitgeist, der stark vom weltabgewandten Denken der Kirche geprägt war: Für Handel und Gewinnstreben, für das Bemühen, die materiellen Lebensbedingungen hier auf Erden zu verbessern oder zu erleichtern, war da wenig Platz!

Es bleiben hier einige offene Fragen – nicht die einzigen im Frühmittelalter –, und es läßt sich nur so viel sagen: Grenzüberschreitenden Handel gab es im Karolingerreich, eine prosperierende, weltoffene Handels- und Wirtschaftsmacht war dieses Reich aber nicht.

Wie die Könige ihre Kriege und Verwaltung finanzierten

Für den Staat hatte der Vormarsch der reinen Agrarwirtschaft auch seine Folgen: In einer Zeit, da die Einfälle von Arabern, Normannen und Ungarn erhöhte militärische Anforderungen stellten und das herkömmliche Milizheer zu Fuß keine militärischen Erfolge mehr erzielte, machten es die wirtschaftlichen Umstände unmöglich, das taktisch notwendig gewordene Heer aus Panzerreitern mit Geld zu besolden; dies mußte vielmehr durch die Vergabe von Land geschehen, dem offenbar einzigen, akzeptablen Zahlungsmittel, das reichlich zur Verfügung stand. Der König gab seinen Kämpfern als Lohn für ihre Dienste quasi leihweise Land zu ihrer Verfügung und Bewirtschaftung, also zu »Lehen«. Beim Tod eines Lehnsträgers fiel das Land wieder an den König, der es für treue Dienste neu vergeben und so die Oberhoheit wahren konnte. Allerdings setzte das Funktionieren des Lehnswesens einen starken König voraus. In einem grundherrschaftlich strukturierten System sollte sich dies als zweischneidige Sache erweisen; die Staatsführung kam zwar so zu einer den Anforderungen gewachsenen Truppe, vermochte es jedoch nicht, diese im Sinne eines »stehenden Berufsheeres« ausschließlich an sich zu binden. Das beileibe nicht nur

Doppelvasallität

Prinzipiell darf ein Vasall nur von einem einzigen Herrn ein Lehen empfangen; anders ist die Treuepflicht nicht gewährleistet. Der Vasall möchte dagegen möglichst viele Lehen haben, ganz gleich von wem; die Herren brauchen Kämpfer für ihre Fehden und »ködern« entsprechend mit Lehen:

895 im Westfrankenreich erste Doppelvasallität belegt, im 10. Jahrhundert ausgeweitet.

Im Ostfrankenreich entwickelt sich die Doppelvasallität erst im 11. Jahrhundert und bringt den Vasallen eindeutige Gewinne: gerieten zwei sie belehnende Herren aneinander, konnten sie neutral bleiben. Die persönliche Verpflichtung durch das Treueband war abgeschwächt. Da Träger großer Lehen selbst wieder Lehen vergeben konnten, wurden die Unter- oder Aftervasallen allmählich von der Staatsgewalt getrennt (Mediatisierung).

in wirtschaftlichem Sinne autarkistische (unabhängige) Grundherrschaftssystem machte nämlich diese ›neuen‹ Grundherrn vom König materiell weitgehend unabhängig. Als dann das eigentlich nur verliehene Land schnell vererbbar wurde, hatte der König eine große Anzahl kleiner Dynastien ›eigenen‹ Rechts geschaffen, deren Träger selbst andere mit Teilen ihres Lehens belehnten und von sich abhängig machten. Er hatte sich auf lange Sicht einen Bärendienst erwiesen. Wirtschaftliche Gründe, wenn auch nicht allein, waren es auch, die den Aufbau eines durchorganisierten Verwaltungsapparates als reines Herrschaftsinstrument des Königs verhinderten, weil die Krone auch in diesem Fall ihre Helfer nur mit Land entlohnen konnte – mit den bekannten Folgen! Da nun aber gar nicht genügend Laien vorhanden waren, die bildungsmäßig den zunehmend schwierigeren Verwaltungsaufgaben des Reiches gewachsen waren, mußten die Herrscher dafür in immer stärkerem Maße die Kirche heranziehen und sie mit Land entlohnen. Wirtschaftlich gesehen bedeutete das sich dadurch wieder vergrößernde Kirchengut sogar einen Vorteil für das Reich, weil die Kirche ihre Güter am erfolgreichsten bewirtschaftete; bis zum Ende des ottonischen Reichskirchensystems (siehe auch Seite 227) stimmte auch die Gleichung: Viel Kirchengut bedeutet große Königsmacht. Als aber das aufstrebende Papsttum im Investiturstreit (siehe auch Band 2) die Loyalität der Reichskirche stark erschütterte, kehrte sich auch auf diesem Sektor das grundherrschaftliche System gegen die Zentralgewalt.

Die Fernhandelsbeziehungen des Frankenreiches seit dem 10. Jahrhundert

Bis zum 10. Jahrhundert blieb der Fernhandel allgemein recht schwach; den unbedingt nötigen Sakralbedarf der Kirche an Kerzen und Weihrauch z. B. deckte jene geschlossene Schicht jüdischer Kaufleute, deren Religions- und Familiengemeinschaften in nahezu den meisten Städten des Karolingerreiches nachweisbar sind. Wahrscheinlich waren sie eine Zeitlang überhaupt die einzigen Berufskaufleute mit überregionaler Betätigung. Seit der Mitte des 10. Jahrhunderts mehren sich in Europa jedoch die Anzeichen dafür, daß der Tiefpunkt der Stagnation überwunden war, denn der Fernhandel begann sich allgemein wieder zu regen. Diese ›Wiedergeburt‹ nahm ihren Anfang in zwei geographisch weit auseinanderliegenden Schwerpunkten: Der eine lag im Mittelmeer, genauer an der oberen Adria bzw. am Golf von Genua. An der Adria hatte besonders Venedig allen Widrigkeiten zum

Trotz die Verbindung mit Byzanz und anderen östlichen Metropolen nie aufgegeben – im Gegenteil, bald entdeckten die Venezianer in den ›ungläubigen‹ Muselmanen gute Handelspartner: Nach Osten lieferte Venedig vor allem Sklaven aus den slawischen Ländern und Rohstoffe, importiert wurden in ständig steigenden Raten Luxuswaren und seltene Gewürze. Bereits im 10. Jahrhundert war diese eigenartige Handelsrepublik, deren Verfassung in manchem an die des alten Karthago erinnert, der mit Abstand reichste Staat des Abendlandes; im 11. Jahrhundert ist Venedig bereits imstande, seine wichtigsten Handelsrouten militärisch selbst zu schützen. Etwa zur selben Zeit schlugen sich im Tyrrhenischen Meer Pisa und vor allem Genua immer erfolgreicher mit den arabischen Flotten herum, ca. 1060 war dort die sarazenische Seeherrschaft gebrochen, und die dortigen Seestädte konnten sich nun auch voll auf den Orienthandel konzentrieren.
Der andere Ausgangspunkt wirtschaftlichen Neubeginns lag im Nord- und vor allem im Ostseeraum. Dort nämlich hatten die Wikinger entdeckt, daß Fernhandel unter Umständen noch lukrativer sein konnte als reine Brandschatzung und Piraterie, zumal man je nach Situation durchaus beides miteinander verbinden konnte! So waren es die Normannen Schwedens und Norwegens, welche die alten Handelswege zwischen Ostsee und Schwarzem Meer wiederbelebten und so Nordwesteuropa wieder direkt mit den alten Zentren am östlichen Mittelmeer verknüpften (siehe auch Haithabu, Seite 109).

Die Stadt als neuer Lebens- und Wirtschaftsraum

Dieser großräumige, langfristige Aufschwung des Handels blieb nicht ohne tiefgreifende Auswirkungen auf Mittel- und Westeuropa: Sozusagen wieder voll an den Welthandel angeschlossen, entstanden dort seit längerer Zeit zum erstenmal wieder neue Städte und Häfen aus Ansiedlungen von Kaufmannsgilden und -familien; wenn auch diese Städte in ihren Anfängen sehr oft einem adeligen oder öfters noch bischöflichen Grund- bzw. Stadtherrn unterstanden, so trugen diese neuentstandenen Zentren des Fernhandels und des marktproduzierenden Gewerbes einen kräftigen Keim in sich, der sie zu etwas anderem als zu einem Abklatsch der spätantiken Residenz- und Bischofsstädte der galloromanischen Gebiete machte. Ihr »bürgerlicher« Kern bestand nämlich meist aus gildenmäßig organisierten, d. h. durch gegenseitigen Eid verschworenen Bruderschaften von Kaufleuten, einem selbstbewußten, unternehmenden Schlag von Leuten mit einem ausgeprägten Drang zur Unabhängigkeit. Diese Oberschicht war teilweise wirtschaftlich sehr leistungsfähig und reich; sie geriet deshalb oft auf Kollisionskurs zu dem jeweiligen Stadtherrn. Die daraus seit dem 11. Jahrhundert zunächst in Italien aufflammenden Konflikte brachten vielen Städten langfristig die Freiheit vom Stadtherrn. In diesen neuen Gemeinschaften bildete sich inmitten eines Meeres von Grundherrschaften eine neue Sozialordnung heraus, deren Rechtssystem oft seinen Ursprung in der Ordnung der tonangebenden Kaufmannsgilde hatte und häufig durch königliche Vorrechte und Privilegien abgesichert war; aus den Amtsträgern der Stadtherrn, dem ja eine solche Stadt einmal gehört hatte, wurden städtische Würdenträger und Beamte, die nicht selten ins städtische Patriziat, in die später adelige oder ritterliche Oberschicht der Stadt aufstiegen. Die Bürger einer solchen Stadt hatten ihren Bürgereid geleistet und lebten unter gleichem Recht nach dem Grundsatz »Stadtluft macht frei«; das war eine grundsätzlich andere Rechtssituation als auf dem flachen Lande, dessen Bewohner fast alle der Grundherrschaft unterlagen. Oft wurden die Städte durch ureigene Interessen zu Stützen der Zentralgewalt gegen die in Deutschland immer stärker werdende Tendenz der Zerstückelung des Reiches *(siehe K: Erblichkeit der Lehen, Seite 348, und K: Doppelvasallität, Seite 361).* Erst die Entstehung der mittelalterlichen Stadt machte West- und Mitteleuropa wieder zu einem Wirtschaftsraum von Gewicht und Dynamik und legte den Grundstein für die spätere, vor allem auf Wirtschaftskraft und Technik beruhende Weltgeltung des europäischen Kontinents.

Literatur

Bosl, Karl: Die Unfreiheit im Übergang von der archaischen zur Aufbruchsepoche der mittelalterlichen Gesellschaft, Sitzungsb. d. Bay. Akademie (Phil-hist. Kl.), München 1973/1

Bosl, Karl: Staat, Gesellschaft und Wirtschaft im deutschen Mittelalter. In: Gebhard, Handbuch der deutschen Geschichte I, Stuttgart 1970

Brunner, Otto: Land und Herrschaft, Wien 1965

Ganshof, François Louis: Was ist das Lehnswesen?, Darmstadt 1965

Lütge, Friedrich: Deutsche Wirtschafts- und Sozialgeschichte, Berlin 1966

Pirenne, Henri: Sozial- und Wirtschaftsgeschichte Europas im Mittelalter 1976

Rörig, Fritz: Die europäische Stadt im Mittelalter, Göttingen 1955

Schieffer, Theodor: Wirtschaftliche und soziale Grundstruktur. In: Handbuch der europäischen Geschichte I, Stuttgart 1976

MARGARETE SCHWIND

Der römische Kaiser, ein deutscher König: Herrschaftsauffassungen von 800–1014 im Wandel

Romzüge und kein Ende – Eine Krone als Konfliktherd – Karolingisches Kaisertum: vom Höhepunkt zum Niedergang – Fränkischer König, deutscher oder römischer Kaiser? – Wer krönt wen, wo und wofür? – Glanz der Sachsenkaiser – Ein »düsteres« Jahrhundert für die Kirche.

250 Jahre mittelalterlicher deutscher Geschichte – was diese schier endlose Reihe von Kaisern, Königen, Herzögen und Bischöfen von der Geschichte in anderen Ländern unterscheidet, sind die zahllosen Italienzüge der deutschen Könige – strapaziöse Gewaltmärsche von mehreren Monaten Dauer, ruinös für die Gesundheit aller Beteiligten. Verschneite Alpenpässe, eisige Gletscher, unbefestigte Straßen, Hitze und Kälte mußten die Italienfahrer ertragen; am Reiseziel angekommen, fielen sie oft erschöpft vom Pferd, leichte Beute im Grunde für einen Gegner. Für reines Machtstreben, bares Abenteurertum oder die häufig erbetene Hilfeleistung für einzelne Päpste waren diese Romzüge zu aufwendig und kostspielig. Es war allein die Kaiserkrone, die die deutschen Könige so in ihren Bann schlug, daß sie enorme Mühen und finanzielle Lasten dafür in Kauf nahmen. So sehr alle Italienfahrer dieses gemeinsame Ziel auch einte, so unterschiedlich waren die Probleme, die das Amt eines Kaisers den gekrönten Herren bereitete. Dies kann schon an den Kaisertiteln abgelesen werden: Nach seiner Kaiserkrönung nannte sich Karl der Große »König der Franken und Langobarden ... von Gott gekrönt ... der das Römerreich regiert«, Otto I. wählte nach seinem Einzug im oberitalienischen Pavia den Titel »König der Franken und Langobarden«, als Kaiser dagegen nannte er sich »Imperator Augustus«, d.h. Kaiser und Mehrer des Reiches, während Otto II. und Otto III. ihre Eigenschaft als »Kaiser der Römer« betonten und damit den alten römischen Kaisertitel führten, als herrschten sie tatsächlich noch ausschließlich über Römer und nicht vielmehr über Franken, Alemannen, Sachsen und andere germanische Stämme. Heinrich II. ließ sich einige Jahre später als »König der Franken« titulieren und griff auf die Siegelumschrift Ludwigs des Frommen zurück: »Wiederherstellung des Frankenreichs«.

Diese verwirrende Vielfalt von Titeln ist beileibe nicht dem Einfallsreichtum der Herrscher zuzuschreiben, sie gibt uns vielmehr wichtige Aufschlüsse über einige Besonderheiten mittelalterlicher deutscher Geschichte:
Im Unterschied etwa zu Frankreich oder England sind die deutschen Könige meist auch Kaiser. Als Könige beherrschen sie ein »Regnum« (Plural: Regna), d.h. ein Königreich – bei Karl dem Großen umfaßte dies noch ganz Westeuropa, bei Otto I. nur noch Deutschland, Burgund und Italien. Das Regnum ist ein geographischer Raum, in dem die Stämme angesiedelt sind, deren Herzöge dem König durch Lehnrecht verbunden sind. Das Regnum ist die wirtschaftliche Grundlage königlicher Herrschaft, das Territorium, in dem sich seine Politik zumeist in der Auseinandersetzung mit den Stammesgewalten abspielt.
Als Kaiser beherrschen die deutschen Könige seit der Erneuerung des Kaisertums durch Karl den Großen ein mehr ideell oder geistig verstandenes »Imperium«, d.h. Kaiserreich, in der Nachfolge des römischen. Dieses Imperium bezeichneten die Zeitgenossen als »einzig und unteilbar«. Diese Beschreibung drückte auch ihren Respekt und ihre Ehrfurcht vor dem Imperium und seinen Würdenträgern aus. Die Kaiserkrone, wichtigstes Symbol für das Imperium, setzte in der Regel ein Papst dem jeweiligen Kaiser aufs Haupt.
Die Existenz und der Charakter des Kaisertums warfen eine Reihe von Problemen auf, die alle deutschen Könige *auf ihre Weise* zu lösen versuchten. Schon die Formulierungen, mit denen sie ihren Rang umschrieben, werfen für uns heute ein Schlaglicht auf ihre unterschiedlichen Lösungsstrategien. Verzicht auf das Kaisertum wäre für sie einem Verzicht auf zusätzliche Legitimität und Weihe gleichgekommen und damit auf den Vorrang, den die deutschen Könige vor den Herzögen und den anderen europäischen Königen in Anspruch nahmen. Gerade deshalb scheuten die deutschen Kaiser auch nicht davor zurück, durch diese Würde möglicherweise in die Abhängigkeit des Papstes zu geraten, ebensowenig davor, durch wachsendes Engagement in Italien, durch häufig angeforderte Hilfeleistungen für den Papst und durch eine Politik zum Zwecke eigener Machterweiterung im Süden ihren Einfluß im deutschen Regnum preiszugeben und außerdem geradewegs auf einen Konflikt mit Byzanz zuzusteuern. Denn bis zur Krönung Karls des Großen galt der Herrscher von Byzanz, der Basileus, in der mittelalterlichen Welt unangefochten als rechtmäßiger Nachfolger der römischen Kaiser – erst mit dem Weihnachtstag 800 entstand das sogenannte Zweikaiserproblem.
Für uns ist heute die Frage nicht ganz uninteressant, wie die deutschen Könige diese Konflikte aus der Welt zu schaffen versuchten, wie sie

ein Dilemma bewältigten, das darin bestand, die Kaiserwürde einerseits dringend zu benötigen und damit andererseits zusätzliche politische Schwierigkeiten einzuhandeln. Dabei wollen wir nicht nur danach fragen, welche politischen Aktionen von den Herrschern ausgingen, sondern auch, wie denn nun dieses »Imperium« aussah, das seinen Charakter je nach dem Träger und der allgemeinen politischen Großwetterlage ständig wandelte.

Die Kaiserkonzeption der Karolinger

Karls komplizierter Kaisertitel zeugt von diplomatischem Geschick: Er nannte sich auch als Kaiser immer noch König der Franken und Langobarden und verwies damit unzweideutig auf die territoriale Grundlage seiner Macht. Nicht »Kaiser der Römer« wie der Herrscher von Byzanz wollte er sein; er wählte vielmehr die umständliche Umschreibung eines Kaisers, der »das Römische Reich regiert«. Rücksichtnahme auf den Herrscher des Oströmischen Reiches wird hier den Ausschlag gegeben haben – denn die Formel entschärfte in der Folge das Zweikaiserproblem erheblich. Daß Karl auf der anderen Seite auch mit einer drohenden Abhängigkeit vom Papst gerechnet hat, kann man an der Passage »von Gott gekrönt« ablesen. Sie behauptet recht kühn, Karls Kaisertum sei direkt von Gott begründet. Karl nahm also ganz unverfroren gleich die allerhöchste Instanz für sich in Anspruch und stellte damit zumindest indirekt den Papst als eine ziemlich unbedeutende Figur hin. Diese Vorstellung von »Gottesgnadentum« ergänzte die Position der sogenannten Aachener Hofpartei. Die Männer dieser Gruppierung forderten ein gänzlich romfreies Kaisertum, weil sie es politisch am geeignetsten hielten: Karl sei allein schon aufgrund seiner Machtposition Kaiser. Die Herrschaft über die Kaiserorte Rom, Ravenna, Mailand und Aachen mache ihn anderen Kräften weit überlegen. – Mehr theologisch war die Auffassung des Gelehrten Alkuin orientiert, der von einem christlichen Kaisertum sprach und die *Zweigewaltenlehre (K, Seite 302)* so auslegte, als sei der Kaiser Diener und Schützer der Kirche und gerade als Beschützer des Papstes diesem überlegen. Ganz anders ist die päpstliche Position: Sie ging davon aus, daß die Kaiserkrönung eine Gegengabe für die Rettung des Papstes vor seinen Widersachern sei. Das Kaisertum sei also gleichzusetzen mit dem Schutz Roms, der Kirche und des Papstes. Die Zweischwerterlehre wurde in Rom so definiert, als sei der Papst ein Sachwalter kaiserlicher Macht und habe dementsprechend darüber zu entscheiden, wer Kaiser sein sollte oder nicht.

Zweischwertertheorie/Zweigewaltenlehre

Wichtiges Argument in der Auseinandersetzung zwischen Kaiser und Papst um die Rangfrage.

Kaiser:	*In der Ottonenzeit geht man davon aus, daß Kaiser und Papst beide von Gott in die Herrschaft über die Christenheit eingesetzt sind, daß der Kaiser als Eigenkirchenherr, Schutzherr und Vogt der römischen Kirche und Schirmherr der Reichskirche aber Vorrang hat.* *Der Sachsenspiegel faßt dies anschaulich als Bild: Gott hat dem Kaiser das weltliche, dem Papst das geistliche Schwert verliehen.*
Papst:	*Konträr dazu steht die Position der Kirche nach dem Investiturstreit: Der Papst hat beide Schwerter von Gott erhalten und das weltliche dem Kaiser weitergegeben; d.h. Unterordnung des Staates unter die Kirche, Kaiser schuldet dem Papst Gehorsam, sonst entbindet Papst die königlichen Untertanen vom Treueid.*

Dieser Anspruch setzt sich nicht durch. 1338 legt ein Reichsgesetz fest, daß der König ein Schwert unmittelbar von Gott erhalten habe und deshalb mit dem Papst gleichrangig sei.

Karl selbst erkannte die Gefahren dieser päpstlichen Auslegung und veranlaßte deshalb seinen Sohn Ludwig I. zur Selbstkrönung nach byzantinischem Muster. Die Festkrönung fand wohl nicht ganz ohne Absicht in einem karolingischen Machtzentrum statt: in Reims.

Reichsteilungsprinzip und Unteilbarkeitsgedanke

Nach fränkischem Brauch wurde ein Königreich beim Tod eines Herrschers gewöhnlich auf dessen Söhne aufgeteilt. Dagegen galt das Kaisertum nach römischer Tradition von jeher als unteilbar.
Aus dieser widersprüchlichen Sachlage mußten von den Herrschern Auswege gesucht werden, die stets unterschiedlich ausfielen.
In der Reichsteilung von 806 (»Divisio Regnorum«) hatte Karl, wie wir schon gesehen haben, jedem Sohn einen eigenen Reichsteil zugesprochen. Alle drei sollten Zugang nach Italien haben und gemeinsam den Schutz der römischen Kirche übernehmen. Eine Verfügung über das Kaisertum traf Karl nicht. Man darf aber deshalb nicht annehmen,

Karl hätte nicht den Wunsch gehabt, einen seiner Söhne auf dem Kaiserthron zu sehen. Der Tod zweier Söhne klärte die Lage und erhielt die Reichseinheit; sie wollte auch Ludwig der Fromme wahren.
In einer Art Erbfolgeregelung von 817 (»Ordinatio Imperii«) ordnete er an, daß der Einheit der Kirche die Einheit des Kaisertums entsprechen müsse. Deshalb ließ er seinen ältesten Sohn Lothar zum Mitkaiser wählen, gab den jüngeren Söhnen Teilreiche an den Rändern des Reiches und setzte sie dort zu Unterkönigen ein, die dem Kaiser streng untergeordnet waren. Ludwig der Fromme hatte damit den konsequenten Versuch einer Synthese zwischen römischer Einheitsidee und fränkischem Teilungsprinzip gemacht, den er jedoch kurz darauf wieder aufgab und damit das Reich in kriegerische Wirren, von denen ein früheres Kapitel dieses Buches ausführlich gehandelt hat, stürzte.
Sie fanden ihren Abschluß im Vertrag von Verdun 843 (siehe auch Seite 134), der in der Folge den Verfechtern des Teilungsgedankens die Oberhand gab: Das Imperium war damit sozusagen mit dem Reichsteil Lothars I. gleichgesetzt – der schmalen »Kegelbahn« von der Nordsee bis Rom –, die Teilreiche Ludwigs II. und Karls II. entzogen sich zunehmend der kaiserlichen Gewalt und entwickelten allmählich ihr ›nationales‹ Eigenleben. Der Teilungsgedanke überflügelte den der Einheit.
Lothar hatte als Kaiser vor den anderen Königen nur noch einen ideellen Vorrang, denn die territorialen Grundlagen seiner Macht waren auf einen schmalen Streifen in der Mitte Europas zusammengeschnurrt. Daß dies weniger Untertanen und damit kleineres Heeraufgebot bedeutete, ist nur ein Aspekt für die schwindende Stärke des Kaisers. Nach seinem Tod 855 wurde sein Reich, das Mittelreich, noch einmal geteilt – und nun überwölbte das Imperium nicht mehr das Regnum Francorum, auch nicht mehr das Mittelreich, sondern einzig und allein nur noch Italien. Es war damit aus dem alten Frankenreich ganz und gar ausgeschieden. Aachen, die Stadt Karls des Großen, verlor ihre zentrale Stellung. Hincmar von Reims, ein Chronist, konnte den neuen Kaiser, Ludwig II., leicht verächtlich als den »sogenannten Kaiser Italiens« bezeichnen.

Der Niedergang des Imperiums

Nach langjährigen Wirren, in deren Verlauf die reale Macht und der Einfluß der Kaiser immer geringer wurden, entwickelte sich der Kaisertitel nach der Absetzung des unfähigen Karolingerkaisers Karls des Dicken 887 zum Streitobjekt oberitalienischer Herzöge und Grafen.

Parallel dazu setzte sich auch die päpstliche Vorstellung vom Kaisertum durch, wonach ja der Papst als Verwalter der kaiserlichen Würde verstanden, Ablehnung oder Durchführung einer Krönung in sein Ermessen gestellt wurde. Ein Indiz dieser Stärkung der kirchlichen Seite: Ab ungefähr 850 setzten die Päpste die Krönung in Rom durch – nicht die Selbstkrönung, sondern die Krönung durch den Papst wird damit in den kommenden Jahren zur Regel.

Die Erneuerung des Kaisertums

Trotzdem blieb es nicht sehr lange so schlecht um das Kaisertum bestellt, denn der Kirchenstaat verfügte über wenig wirkliche Macht: er hatte keine Truppen und auch kein Geld, um arabische, normannische und stadtrömische Übergriffe selbständig abwehren zu können – und nach den letzten schwachen Karolingerkaisern kam mit Heinrich I. ein König, dem der Sieg über die Ungarn so viel Ansehen als Sieger über die Heiden verliehen hatte, daß er, wie uns sein Biograph Widukind berichtet, eine Romfahrt plante. Und was außer der Kaiserkrone konnte das Ziel einer solchen Fahrt sein? Die innenpolitische Konsolidierung in seinem Reich war Anlaß genug für Heinrich I., nach einer, und zwar nach der überlieferten, ideellen Überhöhung seines Königtums zu streben. Seine Herrschaft war ja fest genug in den vier Stämmen verankert, der König und die Stammesherzöge waren durch das Lehnsrecht (siehe Seite 286) persönlich eng verbunden, die Einflußsphären waren damit abgesteckt. Die Unteilbarkeit des Königreichs hatte sich außerdem mittlerweile durchgesetzt und somit mögliche Schwierigkeiten aus dem Weg geräumt. Die gewonnene Unabhängigkeit gegenüber dem Westfrankenreich und die Reichskirche gaben dem Regnum ausreichende Stabilität. Trotzdem war eine Königskrone nur wenig mehr wert als ein Herzogshut. Denn im Grunde ihres Herzens strebten die Stammesherzöge immer – wenn auch mehr oder weniger offen – nach der Vergrößerung eigener Selbständigkeit und nach Ausweitung ihrer Machtbefugnisse. Zur dauerhaften Unterordnung dieser Kräfte, die es darauf angelegt hatten, die Reichseinheit zu sprengen, waren weitere Weihen nötig, nämlich spektakuläre, publikumswirksame Feiern im Stil von 800. Der Tod vereitelte jedoch Heinrichs I. Plan.

Otto I. setzte diese Weihen zielstrebig in Szene. Er kannte die karolingische Überlieferung genau genug, um diese Tradition souverän wiederaufleben zu lassen. So erwarb er sich zunächst Einfluß in Oberitalien, ließ sich dort von den Großen huldigen und trug wie Karl fortan den Titel »König der Franken und Langobarden« – die erste Hürde zum Kaisertum war genommen, der Papst zu diesem Zeitpunkt jedoch nicht auf einen fränkischen Helfer angewiesen: Ottos I. Anfrage in Rom, wie es denn mit einer Kaiserkrönung stünde, wurde von dort abschlägig beschieden. Für Otto I. und seine Reisebegleiter war dies sicher eine herbe Enttäuschung, weil man bereits vor der Anreise nach Italien fest mit der Kaiserkrönung gerechnet und eine herrliche Krone in die Koffer gepackt hatte. Erst der spektakuläre Sieg über die Ungarn – man feierte Otto I. daraufhin stürmisch und rief ihm schon den Ehrentitel »Imperator« zu – und die Bedrängnis des Papstes durch den so kriegslustigen, oberitalienischen Markgrafen Berengar II. machten den Weg frei nach Rom. Der Sieg über die »Heiden« war, so deutete es jedenfalls der Papst, Anlaß und Grund dafür, daß Otto I. von seiner Hand nun endlich zum Kaiser gekrönt werden konnte. Dagegen bewegte sich die ottonische Vorstellung vom Wesen des gerade erneuerten Kaisertums ganz in karolingischen Bahnen. Dies machte schon der äußere Ablauf des Krönungszeremoniells sichtbar. Wie an Weihnachten 800 war es eingeteilt in die Etappen Sicherheitseid, Salbung und Krönung durch den Papst, Beifallsrufe der Römer. Fest in der karolingischen Tradition verwurzelt, nannte Otto I. sein Kaiserreich auch »Reich der Franken« und erneuerte ganz folgerichtig alle Verträge, die bisher zwischen den Päpsten und den Kaisern geschlossen worden waren. Gleichzeitig baute er aber in einen berühmten Vertrag, das »Ottonianum«, auch Sicherungen ein, um den päpstlichen Einfluß auf das Kaisertum möglichst gering zu halten: danach durften die Römer keinen Papst ohne kaiserliche Zustimmung wählen, und die gewählten Päpste mußten jedem Kaiser von nun an den Treueid schwören.

Neben dieser intensiven Wiederbelebung karolingischer Traditionen wies Ottos I. Imperium jedoch auch deutliche Unterschiede zu dem seines verehrten Vorgängers auf dem Thron auf: Otto I. war nur Herr eines einzigen Königreiches, seine territoriale Basis war mit Deutschland, Burgund und Italien weitaus schmaler, dafür aber auch straffer durchorganisiert. Der Kaisertitel war fortan mit der deutschen Königskrone gekoppelt. Er setzte die konkrete Machtbasis in den drei Regna voraus und überwölbte diese ideell. Die Krönung in Rom leitete eine relativ feste Verbindung mit dem Papst und vermehrtes Italienengagement ein. Dies wiederum hatte eine oft jahrelange Abwesenheit der Kaiser zur Folge. Otto I. hielt sich ganze zehn Jahre in Italien auf, und es gehört nicht allzuviel Phantasie dazu, um sich vorzustellen, daß die Herzöge in den Perioden kaiserlicher Abwesenheit in Deutschland machten, was sie wollten.

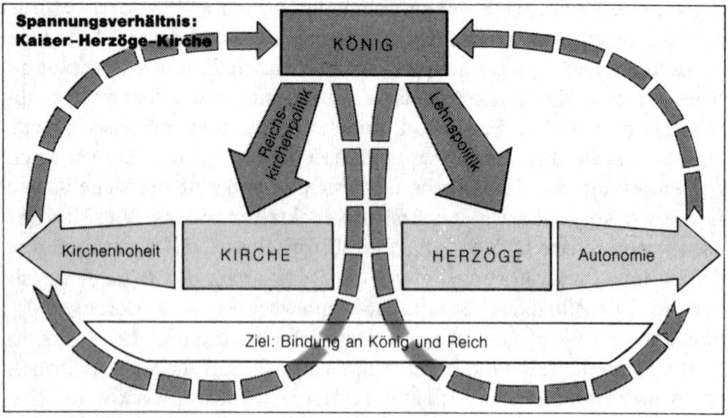

Als Resümee läßt sich festhalten: Obwohl man sich bemühte, ein vom Papst unabhängiges Kaisertum zu errichten und dafür besonders die karolingischen Traditionen mitunter fast bis zu einem wahren Karlskult betonte, war das ottonische Kaisertum doch weitaus mehr mit dem Papst verbunden, als es das karolingische Imperium jemals gewesen war.
Die problematischen Folgen ließen auch nicht lange auf sich warten: Wenn man das Kaisertum als ein von Gott verliehenes Amt mit sakralem, d.h. heiligem Charakter versteht, so ist es dennoch genausowenig wie der Inhaber dieses Amtes selbst heilig. Der Papst konnte sich mit dem Kaiser also nach dieser Definition zumindest gleichrangig fühlen. Bis zur Mitte des 11. Jahrhunderts war die Unterordnung der Päpste unter die deutschen Kaiser jedoch relativ unproblematisch – eine veränderte Machtkonstellation sollte sich erst im Investiturstreit entladen, dessen Höhepunkt, der Gang nach Canossa 1077, inzwischen fast sprichwörtlich geworden ist.

Kaiserkrönung in Rom – Auftrag und Ziel der Nachfolger Ottos des Großen

Die üblichen Hilfeleistungen für den Papst erweckten zunächst den Eindruck, als bewege sich der mit der byzantinischen Prinzessin Theophanu vermählte Sohn Ottos I. ganz in den überkommenen Bahnen der väterlichen Politik. Aber eine Siegelumschrift Ottos II. markierte bald deutlich die Wende: »Kaiser der Römer« – damit verkündete der junge Herrscher weltweit seinen Absolutheitsanspruch und stellte sich

als legitimer Nachfolger der römischen Cäsaren dar. Er interpretierte das Kaisertum also gerade in der Art und Weise, die Otto I. stets vermieden hatte. Die militärischen Aktionen Ottos II. gegen Byzanz waren ein unzweideutiger Ausdruck seines Kurswechsels. Sie führten zur Niederlage bei Cotrone (siehe auch Seite 239) und vielleicht auch zum frühen Tod des Kaisers, dessen kluge Gattin seine Politik allerdings kontinuierlich in seinem Sinne fortsetzte.
Was waren die Gründe für das Vordringen der römischen Kaiserkonzeption? Zum einen war die Verwandtschaft mit dem byzantinischen Herrscher nach dem Tod des Schwagers Nikephoras Phokas weniger eng. Die Rivalität zwischen dem östlichen und dem westlichen Kaiserhaus entstand fast zwangsläufig und mußte von dem deutschen Kaiser, der in den Augen der traditionsbewußten, altehrwürdigen byzantinischen Kaiser ja ein Aufsteiger, ein Emporkömmling war, durch eine griffige Formel zumindest verbal entschärft werden. Die Urkunden der Zeit geben Anlaß anzunehmen, daß diese Überlegung nicht ganz falsch ist. Das Finden einer schlagkräftigen Selbstinterpretation wurde dadurch erleichtert, daß Otto II. andererseits Kontakt zu Vertretern einer geistigen Strömung hatte, die die römische Kaiserkonzeption wiederbeleben wollten. Chefideologe dieser »Renovatio«-(d.h. Wiederbelebungs-)Politik war ein Geistlicher in Frankreich, nämlich Gerbert von Aurillac, der größte Gelehrte seiner Zeit, vertraut wie kein anderer mit der Welt der Antike. Bald sollte er als Papst Silvester II. noch größere Möglichkeiten zur Realisation seiner Idee vom Kaisertum bekommen.
Es war der Sohn Ottos II., der Gerbert auf den Papstthron setzte und damit dessen Vorstellung vom Kaisertum allgemein sichtbar zu der seinen machte. Unter Otto III. erfuhr die ›römische‹ Konzeption des Imperiums ihre höchste Steigerung; sie zeigte aber auch ihre Grenzen. Er trat von Anfang seiner Regierung mit dem Plan auf, das römische Kaisertum wiederherzustellen, begriff deshalb sein Königtum nur als eine Vorstufe zum Kaisertum, maß dem deutschen Königreich weitaus weniger Bedeutung bei, als seine Vorgänger dies getan hatten, und umgab dafür das Imperium mit dem Glanz einer Gottunmittelbarkeit, die in den Urkunden der Zeit fast selbstverständlich für Ottos III. Herrschaft in Anspruch genommen wurde.
Gegenüber dem Papst nahm er eine klar umrissene Führungsposition ein: Er setzte zunächst seinen Vetter Brun als Gregor V. auf den Papstthron und entwickelte damit ein ganz anderes Vorgehen als sein Großvater, der stets ausschließlich Römer aufgestellt hatte. Er erneuerte das Pactum Ottonianum nicht und erklärte rundheraus, die Konstantinische Schenkung (siehe Seite 33) sei eine Fälschung. Er hatte

ganz andere Vorstellungen von den kaiserlichen Rechten in Rom als seine Vorgänger und zeigte dies sehr deutlich. Da er mit seinen Päpsten auf freundschaftlichem Fuße stand, konnte der italienische Rhetor und Rechtsgelehrte Leo von Vercelli die große Harmonie zwischen dem weltlichen und dem geistlichen Oberhaupt besingen. Dieser Einklang zeigte sich bei gemeinsamen Synoden und beispielsweise in der Tatsache, daß der Kaiser päpstliche Urkunden unterzeichnete und umgekehrt.

Aber auch auf außenpolitischem Gebiet setzte Otto III. die angestrebte enge Verquickung von Römischem Reich und römischer Kirche immer entschiedener und mit weitreichenden Folgen durch: Mit der Errichtung von Erzbistümern in Gnesen und Gran löste er diese aus dem Zuständigkeitsbereich der deutschen Kirche, gestand ihnen eine eigene kirchliche Organisation zu und verband sie unmittelbar mit der römischen Kirche. Entsprechend veränderte er auch die politische Ordnung im Reich: die Herzöge von Polen und Ungarn wurden zu »Freunden des römischen Volkes« erhoben und damit aus der bisherigen quasi lehnsrechtlichen Bindung an das deutsche Regnum entlassen – ein Vorgang, den einige Zeitgenossen gar nicht positiv aufnahmen, denn damit würden aus Tributpflichtigen wahre »Herren« gemacht. So klingt zumindest bei dem Otto III. sonst sehr wohlgesonnenen Thietmar von Merseburg die Kritik an. Otto III. dagegen wollte – so sah er selbst es – Polen und Ungarn lediglich enger in die ›höhere‹ Ordnung des Imperium Romanum einbeziehen. Dies war eine Maßnahme, die schließlich zur staatlichen Verselbständigung Polens und Ungarns führte, andererseits aber auch unmittelbar eine gute Seite für das Deutsche Reich hatte, insofern der Osten Europas gegenüber byzantinischen Expansionsgelüsten gestärkt wurde.

Weitere Aktionen des jungen Herrschers mußten auf manche Zeitgenossen geradezu revolutionär gewirkt haben: Er band Deutschland und Italien organisatorisch enger zusammen, indem er statt der bisherigen getrennten nun *eine* gemeinsame Verwaltung durch einen einzigen Kanzler einrichtete; er verlegte die Reichsresidenz von Aachen nach Rom – also in die Stadt, die bisher nur den Aposteln und Päpsten vorbehalten war; er ließ sich wieder nach altem römischen Zeremoniell huldigen und verwendete römische und byzantinische Titel, die über lange Zeit ganz aus der ›Mode‹ gekommen waren. Denkt man noch an die spektakuläre Öffnung des Grabes Karls des Großen (siehe auch Seite 252), so kann man zusammenfassend für Ottos III. Politik sagen, daß er karolingische, ottonische, römische und antike Traditionen aufgefaßt, verschmolzen, insgesamt gesteigert und in den Dienst kaiserlicher Selbstdarstellung genommen hat. Die Gefahren dieser durch rasche Erfolge kurzfristig glanzvollen Politik machten sich auch schon bald bemerkbar: Ottos III. allzu starke Konzentration auf Rom (d.h. konkret: lange Abwesenheit des Kaisers und Königs aus seinem deutschen Reich) minderten den Grad der Beherrschung dieses Reiches. Denn Herrschaft ist im Mittelalter stets an die Person des Herrschers gebunden. Ist er zu häufig abwesend, fehlt das sichtbare Symbol für Herrschaft - Macht und Ansehen können dann an die Herzöge übergehen.

Ottos III. Außenpolitik - man kann sie imperial nennen - mußte labil bleiben, da die ungarischen und polnischen Könige nicht wie bisher durch das Lehnsrecht persönlich an den deutschen König gebunden und somit zur Loyalität verpflichtet waren.

Und schließlich scheiterte sein politisches Ziel an der Unwilligkeit der Römer, auf dem Aventin, dem früheren Regierungssitz der römischen Cäsaren, Ottos Kaiserpfalz zu dulden - sein Imperium, das Roma, Germania, Gallia und Sclavinia überspannen sollte, wurde nur auf einem berühmten Bildnis des jungen Herrschers Wirklichkeit.

Nach Ottos III. Tod kehrte sein Onkel Heinrich II. bei seinem Regierungsantritt sofort betont zu den Traditionen Ottos I. zurück, ohne jedoch die Politik seines Vorgängers, den er als ganz großen Kaiser schätzte, in irgendeiner Weise zu kritisieren. Heinrich II. wandte sich lediglich mit ganzer Energie wieder dem deutschen Regnum zu, das er vor allem durch die feste Einbindung Baierns und die Sicherung der Ostgrenzen innenpolitisch konsolidierte. Fast ein wenig skrupellos und allzu systematisch betrieb er die Reichskirchenpolitik, erweiterte den Reichskirchenbesitz, erhöhte aber auch die Abgaben und Aufwendungen recht drastisch, die ihm die Reichskirche zu leisten hatte. Nur ein Indiz soll als Beweis für Heinrichs II. kraftvolle politische Handschrift genügen: er behandelte Reichskirchenbesitz einfach wie Reichsgut - man kann sich hier unschwer ausrechnen, daß Heinrich II. von dieser wirtschaftlich und politisch soliden Grundlage aus nicht auf das Kaisertum zu verzichten brauchte: Die ökonomischen Probleme aus dem Wege geräumt, weltliche und geistliche Herren eng an die Krone gebunden, konnte er wiederum ganz in karolingischer und ottonischer Tradition 1004 den Titel »König der Langobarden« mit der entsprechenden Krone erwerben und sich 1014 zum Kaiser krönen lassen. Dabei ist nicht unwesentlich, daß er sofort das Ottonianum wieder erneuerte. Ein dritter Italienzug führte ihn wie auch Otto I. nach Süditalien: 1022 konnte er nach Kämpfen mit Ostrom sogar die entlegenen Regionen Capua und Salerno dem Reich zumindest lose anschließen.

Bei seinem Tod hatte Heinrich II. die Devise seiner Politik voll und

ganz erfüllt: Wiederherstellung des Frankenreichs. Damit war seine Kaiserkonzeption erfolgreich realisiert worden, wenngleich die praktische Politik Heinrichs II. ganz anders aussah als die des bewunderten und in der Siegelumschrift imitierten Karl.
Bei aller erfolgreichen Politik des letzten Sachsenkönigs dürfen wir nicht vergessen, daß die königlich-kaiserlichen Triumphe ohne die gleichzeitige Schwäche der römischen Kirche nie in dieser Form möglich gewesen wären und vermutlich auch die Chancen zur Durchsetzung bestimmter Kaiserkonzeptionen unter anderen Bedingungen geringer ausgesehen hätten. Bei allem kaiserlichen Glanz der deutschen Könige darf man nicht vergessen, daß diese Jahre von der Kirche als ›saeculum obscurum‹, als dunkles Jahrhundert, empfunden wurden, das man bald überwinden sollte.

Literatur

Beumann, Helmut: Das imperiale Königtum im 10. Jahrhundert. In: Welt als Geschichte 10, 1950

Bloch, Marc: Das Königtum. Seine geistigen und rechtlichen Grundlagen. In: Vorträge und Forschungen 3, 1956 (Neudruck 1963)

Kern, Friedrich: Gottesgnadentum und Widerstandsrecht im Mittelalter, Darmstadt 1970 (Nachdruck 1954)

Schramm, Percy Ernst: Herrschaftszeichen und Staatssymbolik. Mit Beiträgen verschiedener Verfasser. 1954–1956

Wolf, Gunther (Hrsg.): Zum Kaisertum Karls des Großen, Darmstadt 1972

Allgemeine Literaturhinweise

Borst, Arno: Lebensformen des Mittelalters, Berlin 1973. – Sorgfältig ausgewählte Quellen und Bilder
Bosl, Karl: Europa im Mittelalter, Bayreuth 1978
Bosl, Karl: Die Gesellschaft in der Geschichte des Mittelalters, Göttingen 1966
Braunfels, Wolfgang/Beumann, Helmut (Hrsg.): Karl der Große, Lebenswerk und Nachleben, 5 Bde., Düsseldorf 1965–1968 (auch als Rowohlts Bildmonographie, Reinbek 1972)
Dhont, Jan: Das frühe Mittelalter, Frankfurt 1968
Fichtenau, Heinrich: Das karolingische Imperium, Zürich 1949
Fleckenstein, Josef: Grundlagen und Beginn der deutschen Geschichte, Göttingen 1974. – Fundierte knappe Einführung
Gebhardt, Bruno: Handbuch der deutschen Geschichte. Hrsg. von Herbert Grundmann, Bd. 1, Stuttgart 1970. – Eine der grundlegenden, gut lesbaren Überblicksdarstellungen mit vielen Literaturhinweisen
Haller, Johannes: Das Papsttum. Idee und Wirklichkeit, Bd. 2: Der Aufbau, Reinbek 1965
Hampe, Karl: Das Hochmittelalter, Köln 1977
Kroeschell, Karl: Deutsche Rechtsgeschichte, 2 Bde., Hamburg 1976
Le Goff, Jacques: Kultur des europäischen Mittelalters, München 1970
Lintzel, Martin: Ausgewählte Schriften, Bd. 1: Zur altsächsischen Stammesgeschichte, Berlin (O) 1961
Mann, Golo (Hrsg.): Propyläen Weltgeschichte, Bd. 5: Islam. Die Entstehung Europas, Frankfurt/Berlin/Wien 1963
Mayer, Theodor (Hrsg.): Adel und Bauern im deutschen Staat des Mittelalters, Darmstadt 1967
Meyer, Otto/Klauser, Renate: Clavis medievalis. Kleines Lexikon der Mittelalterforschung, Wiesbaden 1962
Mitteis, Heinrich/Lieberich, Heinz: Deutsche Rechtsgeschichte, München 1978. – Eine verständliche Geschichte der Rechtsentwicklung
Pirenne, Henri: Mahomet und Karl der Große. Untergang der Antike und Aufstieg des germanischen Mittelalters, Frankfurt 1963
Sprandel, Rolf: Verfassung und Gesellschaft im Mittelalter, Paderborn 1975
Studien zu den Anfängen des deutschen Städtewesens. Reichenau-Vorträge 1955–1956, Vorträge und Forschungen IV., Darmstadt 1970
Tellenbach, Gerd: Die Germanen bis zum Beginn des 13. Jahrhunderts. In: Saeculum Weltgeschichte 4, Freiburg 1967
van der Ven, Frans: Sozialgeschichte der Arbeit, Bd. 1, München 1972
Zorn, Wolfgang: Einführung in die Wirtschafts- und Sozialgeschichte, München 1972

Sach- und Namensregister

Kursiv gesetzte Ziffern verweisen auf Abbildungen

ABBILDUNGSNACHWEIS

Antikvarisk-Topografiska Arkivet, Stockholm (2); Archiv für Kunst und Geschichte, Berlin (8); Bayerische Staatsbibliothek, München (2); Bechtold-Kuriosa, Neckarsgemünd (1); Klaus G. Beyer, Weimar (2); Biblioteca Ambrosiana, Mailand (1); Robert Braunmüller, Baldham (1); Burgerbibliothek Bern (2); Wim Cox, Köln (1); Deutsche Fotothek Dresden, Dresden (1) – Möbius (1); Deutscher Kunstverlag GmbH, München (1); Giraudon, Paris (3) – Lauros (1); Herzog Anton Ulrich-Museum, Braunschweig – Keiser (1); Th. Keller, Reichenau (2); Kunsthistorisches Museum, Wien (1); Landesamt für Denkmalpflege, Münster (1); Landesbibliothek und Murhardsche Bibliothek der Stadt Kassel, Handschriftenabteilung (2); LEXIKOTHEK Verlag GmbH, Gütersloh (3); Bildagentur Foto Marburg, Marburg (11); The Metropolitan Museum of Art, New York (1); Ann Münchow, Aachen (5); Österreichische Nationalbibliothek, Wien (6); Hans Reuter, Bad Godesberg (1); Rheinisches Landesmuseum, Bonn (1); roebild, Frankfurt – Busch (1); Römisch-Germanisches Zentralmuseum, Mainz (2); Scala, Florenz (1); Schleswig-Holsteinisches Landesmuseum für Vor- und Frühgeschichte e. V., Schleswig (2); Walter Schröder, Frankfurt (1); Soprintendenza Per I Beni Ambientali E Architettonici Di Brescia–Mantova–Cremona, Brescia (1); Staatliche Landesbildstelle Hessen, Frankfurt (1); Staatl. Museen zu Berlin – Münzkabinett (2); Stadt- und Universitätsbibliothek Frankfurt – Seitz-Gray (1); Stiftsbibliothek St. Gallen – Seltrecht (3); Franz Thorbecke, Lindau (1) – Freigeg. durch das Luftamt Südbayern Nr. G 5/2304; Universitätsbibliothek, Leiden (1); Universitetes Oldsaksamling, Oslo (3); Photo-Wehmeyer, Hildesheim (3); Fred Wirz, Luzern (1); Zentralbibliothek, Zürich (1).